EUROPA NEU DENKEN
Regionen als Ressource

Michael Fischer
Johannes Hahn (Hg.)

VERLAG ANTON PUSTET

VERLAG ANTON PUSTET

EUROPA NEU DENKEN

REGIONEN ALS RESSOURCE

MICHAEL FISCHER
JOHANNES HAHN HG.

Dank für die Unterstützung
zur Durchführung des Projekts:

Impressum

Bibliografische Information der Deutschen Nationalbibliothek
Die Deutsche Nationalbibliothek verzeichnet diese Publikation
in der Deutschen Nationalbibliografie; detaillierte bibliografische
Daten sind im Internet über http://dnb.d-nb.de abrufbar.

Grafik, Satz und Produktion: Tanja Kühnel
Lektorat: Dorothea Forster
Druck: Druckerei Theiss, St. Stefan im Lavanttal
Gedruckt in Österreich

ISBN 978-3-7025-0739-8

www.pustet.at

Inhaltsverzeichnis

Vorwort

Nach der Katastrophe der beiden Weltkriege, nach Menschenvernichtung und dem Zerfall Europas durch Hunger und Hass lebten die Nationalstaaten weitgehend von Freund- und Feindbildern. Deren Relativierung war ein mühsamer Weg der kleinen Schritte, bis das vereinte Europa auf unserem Kontinent zur größten Vision des 20. Jahrhunderts wurde. Bedingt durch das Grundbedürfnis nach Nahrung standen ökonomische Überlegungen an erster Stelle. In der Folge lieferten die Menschenrechte die Plattform für die ethischen und rechtlichen Grundregeln. Mit ihrer Hilfe gelang es, Barrieren zu überwinden und langsam ein Verständnis für die Kreativität kultureller Unterschiede zu wecken. Gerard Mortier mahnte anlässlich einer Tagung über die Zukunft der Salzburger Festspiele (2012): »Alle großen Kunstströmungen sind immer europäisch gewesen und nie nationalstaatlich, geschweige denn nationalistisch!«

In einer Zeit, in der die Idee und Identität Europas wieder heftig diskutiert wird, müssen wir an die Konzepte anknüpfen, die es ermöglichen, Europa neu zu denken, um auf dieser Grundlage Europa weiterbauen zu können. Neu bedeutet stets, die Dialektik von Herkunft und Zukunft zu bedenken sowie die Kreativität von Widersprüchen und Synergien. Die erste Tagung zu diesem Thema fand unter dem Titel *Region, Innovation und Kulturalität* vom 31. Mai bis 2. Juni 2012 im Palazzo della Regione Autonoma Friuli Venezia Giulia (Salone di Rappresentanza) auf der Piazza Unità d'Italia in Triest statt. Die zweite Tagung, *Europa neu denken*, hatte den Untertitel *Regionen als Zivilisationsagenturen* und wurde vom 23. bis 26. Mai 2013 im Palazzo Gopcevich (Sala Bobi Bazlen) in Triest abgehalten.

Leider können wir in dem vorliegenden Band nicht alle Beiträge berücksichtigen und schon gar nicht die spannenden Diskussionen und die ganz besondere Atmosphäre dieser beiden Tagungen wiedergeben. Die Lesung des mittlerweile über hundertjährigen slowenisch-triestinischen Schriftstellers Boris Pahor war solch ein besonderes Erlebnis. Pahor, dem erst im hohen Alter die ihm zustehende Würdigung zuteil wurde, verkörpert in Persönlichkeit und Werk die Geschichte der multikulturellen und faszinierenden Stadt Triest mit ihrer spezifischen Intellektualität und ihren historischen und ethnischen Brüchen. Besonders spannend war auch die Podiumsdiskussion mit Claudio Magris, diesem Vollbluteuropäer, der ebenso den Geist der Stadt Triest in sich trägt.

Zu den Tagungen waren ausgewählte Studentinnen und Studenten der Universitäten Graz, Klagenfurt, Laibach, Salzburg, Triest und Wien eingeladen. Die Konferenzsprachen waren Deutsch, Italienisch, Slowenisch, Kroatisch und Englisch. Für das wissenschaftliche Programm war Michael Fischer zuständig, unterstützt von Ingeborg Schrems (beide Schwerpunkt Wissenschaft und Kunst, Universität Salzburg/Universität Mozarteum, Salzburg), die Gesamtorganisation und Koordination war Ilse Fischer (Kulturdesign & Unternehmenskultur, Salzburg) anvertraut.

Wir danken den Unterstützern des Projekts, vorweg Raiffeisen und ACM-Projektentwicklungs GmbH, sowie für die Kooperationen der Europäischen Kommission für Regionalpolitik der Regione Autonoma Friuli Venezia Giulia (beiden vor allem für die Bereitstellung der Simultanübersetzung) und der Commune di Trieste.

M. F. u. J. H.

Einleitung

Kultur und Zivilisation
Einleitung zu den Triestiner Symposien

Michael Fischer

Welches Europa wollen wir?

Europa neu denken beinhaltet die Frage: Welches Europa wollen wir? Die Zukunft ist nicht etwas, das sich ohne unser Zutun ereignet. Sie ist vielmehr etwas, das unter den gegenwärtigen Rahmenbedingungen durch unser eigenes Mitwirken, durch unser Wissen und Nichtwissen, unser Können sowie unsere Hoffnungen und Befürchtungen erst entstehen wird. Kollektive Zukunftsentwürfe sind nicht nur entscheidender Bestandteil erlebter Gegenwart, sondern sie stecken auch den Aktionsrahmen für Mut und Wagnis ab. Im Sinne der Self-Fulfilling-Dynamik ist es alles andere als gleichgültig, welches Bild wir uns von der Zukunft machen, da uns dieses Bild erheblich festlegt.

Dialektik von Zukunft und Herkunft

Ein zentraler Appell der EU lautet »Entschlossenheit zur Zukunft«[1]. Das bedeutet, dass politisch, wirtschaftlich, künstlerisch und intellektuell die *Zukunfts-Kultur* bewusst gestaltet werden soll. Neben den treibenden Motoren Politik und Wirtschaft (mit der sozialen Frage im Zentrum) hat die EU als weiteres integrationsförderndes Vehikel die Kultur entdeckt, und zwar als wesentliche Metaebene der Politik. Empirische Ergebnisse der Jugendkulturforschung[2] belegen, dass junge Menschen die Zukunft als den Sinn der Gegenwart sehen. Darum ist ein positiver und offener Denk- und Erwartungshorizont so wichtig. Gleichzeitig gilt: Nichts ist vergänglicher als die Zukunft. Daher muss sie ständig neu gedeutet werden.

Dem Appell an die Zukunfts-Kultur korrespondiert in den EU-Dokumenten ein Appell an die Herkunftskultur, vor allem an das *kulturelle Erbe*. Die historische Kultur Europas wird als einheitsstiftendes Regulativ gesehen, das *Vielfalt in der Einheit* gewährleisten soll, sie gilt als einmalige Ressource, die zahllose Möglichkeiten bietet. Das europäische Bewusstsein gründet in kulturellen Beständen, mit denen die Europäer in selbstverständlicher

Vertrautheit umgehen. Das sind Musikwerke, Bilder und Bauwerke, Dichter und Denker, die Welt des Glaubens und der Wissenschaft.

Zivilisation und Kultur

Zivilisation und Kultur stehen in einem korrespondierenden Verhältnis. *Civilis* bedeutet regelförmig. Zivilisiertes Leben setzt die Institutionalisierung von Erwartungshaltungen voraus: Normierungsprozesse[3]! Kultur hingegen konstituiert die Differenz von Lebensformen. Hier helfen uns Lernprozesse als angemessene Reaktion. *Kultur* bedeutet Bildung und eben einen Kanon, bestehend aus dem gemeinsamen Erbe von Ideen, Werten und Kunstwerken.

Seit dem sogenannten Mexiko-Theorem der UNESCO 1982 (Kultur als Befähigung für ein sinnvolles Leben) bemühte sich die EU um eine Umsetzung dieser Perspektive. Die Intention war und ist es, Werte als faktisch festgelegte Kulturinhalte zu begreifen und im Politik-, Bildungs- und Wirtschaftsprozess zu implementieren. Dies geschah in mehreren Schritten: Kulturverträglichkeitsklausel des Maastrichter Vertrags der EU von 1992 (Art. 128), Lissabon und Nizza 2000 sowie Erneuerung der Lissaboner Ziele 2005 etc. bis hin zur Strategie *Europa 2020* mit ihrer Förderung der Kultur- und Kreativwirtschaft.

Gegenwärtig hat sich der Kulturbegriff auf eine vage Gesamtheit aus Bräuchen und Sitten, Sprache, Glaube, Kleidung, Technik ausgedehnt. Die Kochkunst gehört genauso dazu wie die Discoparty, Haute Couture und Fußball genauso wie die Salzburger Festspiele. Das World Wide Web erweist sich dabei als ein potentiell unendliches Gewebe menschlichen Wissens und menschlicher Banalitäten. Heute gibt es nicht nur eine Wirklichkeit, sondern viele Wirklichkeitsauffassungen, die oft widersprüchlich sind und miteinander konkurrieren. Alle sind das Ergebnis von Kommunikationsprozessen und kein Widerschein ewiger, objektiver Wahrheit.[4]

Die Kultur kennt keine Hierarchien und Begrenzungen mehr. Der Kulturpessimismus, etwa in Mario Vargas Llosas jüngst erschienenem Buch *Alles Boulevard*[5], hat keine erkenntnisfördernde Kraft: *Wer seine Kultur verliert, verliert sich selbst!*, so der Untertitel, und er ist eine mehr als triviale Behauptung.[6] Muss man aber deswegen eine Verfallsgeschichte des Geistes schreiben? Gewiss: Es werden kaum noch Gedichte gelesen und statt Dantes *Die Göttliche Komödie* wirklich einmal zu lesen, erfreut sich die Literaturkritik an Dan Browns Dante-Thriller. Empirisch gesehen hatte 1968 tiefgreifende Folgen: Die Literatur wurde nicht nur für ideologische Zwecke instrumentiert, sondern die Literatur wurde durch Theorie ersetzt. Und dieses *Theoriewollen* ersetzt häufig die konkrete und durchdachte Auseinandersetzung mit dem Kunstprozess.

Andererseits vollendet sich, was Guy Debord und die Situationisten als eine *Gesellschaft des Spektakels*[7] voraussahen. Zu ihr gehört wesentlich die Definition der Zuschauer, für die das gesamte öffentliche Leben zum Schauspiel wird. Alles wird zur Performance, weil der Inszenierungscharakter der Tätigkeit so wichtig geworden ist.

Event und Erlebnis

Performance, Event und Erlebnis konstituieren neue Formen von Gemeinschaft. Traditionelle Gemeinschaften haben immer historisch-kulturelle Ursprünge: Sprache, gemeinsame Werte und ästhetische Vorstellungen (wie Glaube und Ritual), eine gemeinsame politische Geschichte und eine gemeinsame Erziehung. Solche Gemeinschaften grenzen sich von fremden mit unterschiedlicher Vergangenheit ab und sie funktionieren nur unter bestimmten Bedingungen. Die gegenwärtige Kultur hingegen schafft Gemeinschaften jenseits gemeinsamer Vergangenheit, *bedingungslose* Gemeinschaften eines neuen Typs.[8]

Ob Festspiele, Popkonzerte oder Kinoerlebnisse: Die Ereignisse schaffen Gemeinsamkeit unter denen, die daran teilnehmen. Die Mitglieder solcher temporären Gemeinschaften kennen einander nicht, sie finden sich zufällig zusammen, haben keine gemeinsame Identität und Vorgeschichte. Dennoch bilden sie situative Gemeinschaften aus unmittelbaren, inszenierten Erlebnissen.[9] Auch diese Gemeinschaften bewirken ein Management von Komplexität, sind Publikumsgeschichten mit je eigenen Wertediskussionen und gerade darin liegt ihr gewaltiges Modernisierungspotential.

Öffentlichkeit wird heute unter ganz anderen Bedingungen geschaffen: nämlich durch das Publikum selbst, in unterschiedlichen Foren und Netzwerken. Niemand kann die Welt neu erfinden, aber man kann sie immer wieder neu interpretieren. Derartige Gemeinschaften bieten die Möglichkeit zur Selbstreflexion (und zur Reflexion des unmittelbaren situativen Kontextes), zu Identitätsbildung und Emotionsscanning. Dies können die anderen Medien nicht im selben Maß bieten. Ja mehr noch: Diese spontanen Lebensgemeinschaften liefern Innovationsprozesse für die Gesellschaft, sie inszenieren Bedeutungen und sorgen für kulturelle Evolution. So entstehen Trends, Deutungen, Kritiken und Leitbilder.

Zivilisierung der Kulturbarbaren

Stets war Europa ein Ort der Widersprüche, Auseinandersetzungen und Kämpfe. Bis 1945 war es eine der kriegerischsten, brutalsten und blutigsten Regionen der Welt: Kreuzzüge, Religionskriege, Imperialismen, Kolonien, Napoleonische Kriege, Sezessionskriege, Erster und Zweiter Weltkrieg etc. Auch das waren Entwicklungsstufen, die wichtig wurden, bei denen man sich *nicht* auf die kulturellen Unterschiede konzentriert hat, sondern auf die Konstanz menschlicher Bedürfnisse und Probleme.

Aus den blutigen Kämpfen um regionale, kulturelle, religiöse und politische Autonomie zogen die französischen *Aufklärer*, die englischen *Zivilisationstheoretiker* und die deutschen *Humanisten* des 18. Jahrhunderts Folgerungen, die heute noch beispielhaft sind: nämlich die *Zivilisation der »Kulturbarbaren«*. Funktionale Instrumente solcher Zivilisation waren Diderots *Enzyklopädie* (Wissen als Humanitätsgenerator), die Kant'sche Philosophie (vorweg ihre Begründung der Moral), die Amerikanische Verfassung (mit ihrer Rechtsstaat-Maxime) und die Menschenrechtsdeklaration der Französischen Revolution (als Institutionalisierungsprozess von Humanität).

Phänomen Europa

Europa hat aufgrund dieser Errungenschaften im 20. Jahrhundert ein außerordentliches Experiment gewagt: Es galt Feindschaften zu beenden und Einheit zwischen den unterschiedlichen Beteiligten zu schaffen: den mannigfaltigen Sprachen, den Traditionen, den verschiedenen Religionen und Kulturen, den vielfältigen Sitten.

Die Grundlagen bildeten materielle Schwierigkeiten: Es galt, den Hunger zu besiegen. Das neue Europa formierte sich nicht auf einer kulturellen Basis, sondern durch seine prekäre Bedürfnislage. Praktische Aufklärung beruht auf der Einsicht, dass nur Menschen, die eine Wohnung, einen sicheren Arbeitsplatz und damit eine materielle Zukunft haben, zu Bürgern werden, die sich Demokratie aneignen und sie lebendig gestalten wollen. Daraus formte sich dann auch der *kulturelle* Gestaltungsauftrag. So ist Europa im Namen der Werte Freiheit, demokratische Organisation, Toleranz, Ablehnung von Rassismus und Fremdenfeindlichkeit als vereintes Europa neu gestaltet worden.

Kultur: Differenz oder Integration?

Bereits vor über zwei Jahrzehnten hieß es im *Neuen Kulturkonzept der Gemeinschaft:* »Die Maßnahmen sollen zum einen zur Entfaltung regionaler ›kultureller Identitäten‹ beitragen, zum anderen den Europäern verstärkt das Gefühl vermitteln, dass sie trotz aller Unterschiede ein ›gemeinsames kulturelles Erbe und gemeinsame demokratische und humanistische Werte‹ teilen.«[10] Diese Behauptung wirft bis heute Fragen auf und bietet eine Plattform für den Streit der Meinungen.

1. Ist die europäische Dimension der Kultur darin zu sehen, dass Kultur ein *Differenzierungsmechanismus* ist, der die ökonomisch nicht mehr sinnvoll erscheinende und in einem globalen Kontext kaum haltbare Desintegration Europas für den Raum der individuellen (regionalen) Lebensweise dennoch erhalten soll? Das Problem einer Kulturpolitik, die sich so definiert, besteht darin, dass sie dort, wo ökonomisch immer mehr Einheit herrschen soll, kulturelle Vielfalt erhalten will.

2. Wenn die Kultur ein europäischer Integrationsfaktor ist, der regionale und soziale Identität vermitteln soll, dann ist die Kulturpolitik eine Funktion der Ökonomie. Integration ist leicht möglich, wenn es um den wirtschaftlichen Austausch geht, aber bei symbolischen und ideellen Produkten ist es schwieriger, diese effektiv in Handlungsoptionen umzusetzen. Europäische Kulturpolitik kann daher kein europäisches Identitätsbewusstsein stiften, sondern sie kann solches nur *kulturell repräsentieren.*[11] Auf die Frage, wie dies geschehen soll, gibt das Konzept der Kultur- und Kreativwirtschaft, das die EU im Programm *Europa 2020* verankert hat, Antworten. Damit soll ein »intelligentes, nachhaltiges und integratives« Wachstum in Regionen und Städten ermöglicht werden.[12] Regionen und sich überschneidende Grenzgebiete mit ihrem kulturellen Erbe sind heute hochwertige Marken, um sich in der internationalen Konkurrenz positionieren zu können. Nicht mehr die Abgrenzung regionaler Identität steht im Vordergrund, sondern gemeinsame Überlegungen für eine offene Zukunft. Die ausdrückliche Berücksichtigung der Kreativität im Programm *Europa 2020* soll gemäß EU-Leitlinien in nicht forschungsbasierten Innovationen geschehen. Kultur wird, wie Hedwig Kainberger formuliert, als »Türöffner für die europäischen Regionen« fungieren.

Kultur- und Kreativwirtschaft

Veronika Ratzenböck erläutert in ihrer Studie *Der Kreativ-Motor für regionale Entwicklung*[13]: Das Programm »Regionalpolitik als Beitrag zum intelligenten Wachstum im Rahmen der Strategie Europa 2020« fordert dazu auf, die Funktion der Kultur- und Kreativwirtschaft zur Stärkung des kreativen und innovativen Potenzials und der Schaffung von mehr sozialem Zusammenhalt in den europäischen Regionen vollständig anzuerkennen. Dazu müssen die Regionen die komplexen Verbindungen zwischen traditionellen Kulturgütern (Kulturerbe, dynamische kulturelle Einrichtungen und Dienstleistungen) und die Entwicklung von kreativen Projekten im Bereich grenzüberschreitender (interkultureller) Aktivitäten fördern. Ebenso Investitionen in Bildung, Qualifikation und die Mobilisierung von Kreativität.

Eine effiziente *Regionalpolitik* – so Ratzenböck – kann diese Ziele nur erreichen, wenn sie Kultur und Kreativwirtschaft sowie ihre Spillover-Effekte auf andere Branchen berücksichtigt und fördert. Um die Voraussetzungen dafür zu verbessern, müssen Kunst, Kultur und Kreativwirtschaft künftig besser in die europäischen Leitlinien und Zielsetzungen sowie in die regionalen operationellen Programme integriert werden.[14] So entsteht eine transformative Kraft, die zu besser funktionierenden Gemeinschaften beitragen kann. Selbstrealisierung als schöpferische Individualität repräsentiert so die reale Gegenwart von Sinn.

Europa neu denken I

Bei der ersten Tagung von *Europa neu denken* (2012) waren *Region, Innovation* und *Kulturalität* die zentralen Stichworte. Folgende Gesichtspunkte wurden deutlich: 1. Regionale Kulturen profitieren stark von ihrer Offenheit, ihrem Mut, Traditionen neu zu definieren und mit dieser Definition auch Neues zuzulassen. 2. Regionen werden von den Menschen als Emotionsdienstleistungen begriffen, als Betätigungsfeld ihrer ästhetischen Selbstinszenierung und Repräsentation. 3. Die Regionen brauchen eine kooperative Sozialtechnik und Politik, deren Standbeine kulturelles Erbe, immaterielle Werte und ästhetische Attraktivität sind. 4. Am erfolgreichsten sind Regionen, wenn sie sich selbst als vielschichtige Erzählungen darstellen. Denn letzten Endes entscheidet die emotionale Reichweite, also die sanften Faktoren. So gelingt es auch, Regionen als visuelle und verbale Codierungen darzustellen. 5. Regionen sind *Marken* in einem konkreten wirtschaftlichen Sinn, für die stetige Betreuung und Neuinterpretation notwendig sind. 6. Regionalismus ist ein offenes und zukunftsweisendes europäisches Erfolgsrezept. Kreative Regionen sind Europas Stärke.

Europa neu denken II

Die Veranstaltung *Europa neu denken II* (2013) stand unter dem Anspruch, die europäischen Regionen als wesentliche Zivilisationsagenturen darzustellen. Die Tagung war in folgende Module eingeteilt:

1. Aktuelle Probleme des Regionalismus, 2. Das moralische und politische Engagement der Kunst, 3. Lebenswelt und Raum, 4. Laboratorium Europa. Für die vorliegende Veröffentlichung wurden die Beiträge beider Veranstaltungen in drei Kapitel gegliedert, nämlich 1. Laboratorium Europa, 2. Künste, Erzählungen, Sprachen, 3. Lebenswelt und Raum.

Deutlich macht die Lektüre unter anderem Folgendes: Wir verwenden häufig – ohne weiter nachzudenken – die Begriffe Mensch und Menschheit. Doch zwischen den Menschen und dem großen Ganzen (dem Geist, der Geschichte der Europäischen Union etc.) gibt es noch einen anderen Bereich, in dem die Menschen in ihrer Vielfalt konkret da sind. Menschen, die sich voneinander unterscheiden, unterschiedliche Interessen verfolgen und durch ihr Handeln die kulturelle und *politische Wirklichkeit* hervorbringen. Dieser Bereich der Pluralität, der Verschiedenheiten, der effektiv gelebten Differenz der Einzelnen verschwindet allzu leicht in den kollektivistischen (politischen, religiösen, bürokratischen) Konzepten.

Wesentlich ist es aber zu lernen, dass wir von Menschen umgeben sind, die anders sind: die wir nicht oder nicht gut verstehen, die wir lieben, hassen, die uns gleichgültig oder rätselhaft sind, von denen uns ein Abgrund trennt oder nicht. Es ist notwendig, sich diese Fülle von Bezugsmöglichkeiten vor Augen zu halten. Wir müssen nicht nur mit Unterschieden leben, sondern diese auch denken und bedenken lernen. Das heißt gleichzeitig, dass wir uns *positiv von der Verschiedenheit der Menschen herausfordern lassen und die Probleme und Chancen kreativ aufnehmen, die sich daraus für unser Zusammenleben ergeben.*

Daher ist heute für die Menschen nicht nur die Sehnsucht nach Vertrautheit entscheidend, nach romantischen Naturerlebnissen oder glitzernder Eventisierung, sondern es wächst der Wunsch nach Wissen und Bildung in einem durchaus konventionellen Sinn: als kulturelle Aneignung und Kompetenz. Dies wird in vielfältigen Bereichen wie der Kunst, den Sprachformen, der Musik und ihrer Ausdruckskraft oder in unserem alltäglichen Lebensstil deutlich. Die Menschen wollen mit ihrem Interesse die Zeit sammeln und nicht bloß vertreiben, den Augenblick dicht füllen und nicht austauschbar vorübergehen lassen.

Wir hoffen, dass uns ein interessantes Lesebuch gelungen ist, in dem jeder einzelne Beitrag ein bedenkenswertes Problem aufgreift.

Endnoten

1 Seit dem Maastrichter Vertrag 1992.

2 Vgl. Albert, Mathias / Hurrelmann, Klaus / Quenzel, Gudrun, *16. Shell Jugendstudie. Jugend 2010*, Frankfurt am Main 2010.

3 Vgl. Luhmann, Niklas, *Rechtssoziologie* [1972], 4. Aufl., Wiesbaden 2008.

4 Vgl. Wazlawick, Paul, *Vom Unsinn des Sinns oder vom Sinn des Unsinns. Vorträge im Wiener Rathaus am 17. Mai 1989 und am 5. November 1991*, Wien 1992, sowie Schmidt, Siegfried J. (Hg.), *Der Diskurs des Radikalen Konstruktivismus*, Frankfurt am Main 1987.

5 Vargas Llosa, Mario, *Alles Boulevard. Wer seine Kultur verliert, verliert sich selbst*, Berlin 2013.

6 Der spanische Titel heißt eigentlich *Die Zivilisation des Spektakels* (*La civilización del espectáculo*)!

7 Debord, Guy, *Die Gesellschaft des Spektakels*, Berlin 1996.

8 Vgl. Groys, Boris, »Warum Museen?«, in: *Lettre international*, Europäische Kulturzeitschrift, Nr. 100 (2013), 140f.

9 Vgl. Schulze, Gerhard, *Erlebnis-Gesellschaft. Kultursoziologie der Gegenwart*, 8. Aufl., Studienausgabe, Frankfurt am Main–New York 2000.

10 Vgl. Vorsitzender des Kulturausschusses: Satorius, Joachim, »0,00016 % für Kultur. Ein Tatsachenbericht aus Brüssel«, in: *Lettre International*, Europäische Kulturzeitschrift, Nr. 16 (1992), 4–6.

11 Hermann Lübbe erläutert treffend: Jeder übereifrige Regionalist würde sich wundern, wie wenig von der Architektur seiner Heimatstadt übrig bleibt, wenn man alles entfernen würde, was darin an Stilelementen grosso modo sich als gemeineuropäisch wiederfinden lässt. Jedes Gesangbuch, ja nahezu jedes bessere Kochbuch, erweist sich als gemeineuropäisch durchkultiviert. Dass Europa über seine traditionellen Gehalte kulturell erfahrbar ist, setzt Bildung voraus. Das ist nun mal so. Die Massen, die Tag für Tag vor der Akropolis in Athen oder vor dem Louvre in Paris stehen, huldigen dem europäischen Geist. Dieser ist – unabhängig von sonstigen Reisemotiven – der Stolz gegenüber den Zeugnissen der uns europäisch verbindenden Wirkung. Vgl. Lübbe, Hermann, *Abschied vom Superstaat. Vereinigte Staaten von Europa wird es nicht geben*, Berlin 1994 sowie ders., *Politik nach der Aufklärung. Philosophische Aufsätze*, München 2001.

12 *Strategie Europa 2020*: Vgl. das Förderungsprogramm für die »Kultur- und Kreativwirtschaft« [KKW] 2014, das maßgebende Stichwort lautet *kreatives Europa*, die Dotation beträgt 1,8 Milliarden Euro.

13 Ratzenböck, Veronika / Kopf, Xenia / Lungstraß, Anja, *Der Kreativ-Motor für regionale Entwicklung. Kunst- und Kulturprojekte und die EU-Strukturförderung in Österreich*, hg. von österreichische kulturdokumentation. internationales archiv für kulturanalysen, Wien 2011.

14 *http://www.kulturdokumentation.org/index.html* (09.07.2013).

1. Laboratorium Europa

Europa der Regionen[1]

Johannes Hahn

Ich möchte mich zuerst bei der Regierung Friaul-Julisch Venetien bedanken, dass Sie unsere Idee aufgegriffen haben, uns mit der Frage Europa intensiver zu beschäftigen. Vor über einem Jahr bin ich mit meinen Freunden Michael und Ilse Fischer zusammengesessen und habe, inspiriert von meiner Zuständigkeit als Regionalkommissar, gesagt, wir müssen etwas unternehmen und uns mit der Frage Europa stärker auseinandersetzen. Wie bereits der Herr Minister erwähnt hat, ist Europa mehr als nur die Bewältigung einer wirtschaftlichen Krise oder des Findens von Gemeinsamkeiten im Finanz- und Steuerbereich.

Hierfür bietet sich immer wieder ein Zitat von Jean Monnet an: »Wenn ich es noch einmal zu tun hätte, würde ich mit der Kultur beginnen.« Das ist einerseits ein interessanter Hinweis. Andererseits ist diese Exklusivität jedoch nicht zielführend. Die entscheidende Frage ist vielmehr: Wie können wir die verschiedenen Elemente, die letztlich unser Leben ausmachen, zusammenführen?

Es ist mir ein Anliegen, meinem Freund Michael Fischer ganz besonders zu danken, dass er diese Idee gemeinsam mit seinem Team aufgegriffen hat. Durch die hohe Bereitschaft der hiesigen Regierung unter Präsident Renzo Tondo ist es gelungen, diese Veranstaltung in einem nicht nur spektakulären, sondern geschichtsträchtigen und für unser Thema passenden Ort, nämlich Triest, anzusiedeln, um darüber zu diskutieren, wie wir die europäische Vielfalt bewahren können, die letztlich die Stärke Europas ausmacht.

Im globalen Kontext, gemessen an seiner Einwohnerzahl, war Europa immer schon klein. Nicht nur heute, sondern auch in den Jahrhunderten und Jahrtausenden davor. Mit unseren 500 Millionen Einwohnern stellen wir sieben Prozent der Weltbevölkerung und sind dennoch wirtschaftlich der relevanteste Player weltweit.

Aber mein Ziel ist immer, dass wir Europa nicht nur neu denken, sondern in irgendeiner Form Aktivitäten auslösen.

Natürlich sollten die Erkenntnisse, der *Spirit*, der von hier hoffentlich nach zwei Tagen ausgeht, schneeballartig eine Verbreitung finden. Letztlich ist es spannend, dass grenzüberschreitende Kooperationen meistens mit kulturellen Aktivitäten beginnen, die offensichtlich eine Türöffnerfunktion haben. Es scheint, dass es Menschen sehr stark beschäftigt, wenn sie mit anderen etwas tun wollen, nämlich kulturelle Gemeinsamkeiten oder Unterschiede zu identifizieren, um daraus wieder einen Mehrwert zu generieren. Diese Möglichkeit hier in Triest sollte einfach genutzt werden, um Grenzen im Rahmen grenzüberschreitender Zusammenarbeit abzubauen.

Es geht also darum, Grenzen zu respektieren. Wir respektieren ja auch Grenzen im privaten Zusammenleben, aber gleichzeitig haben wir ein Interesse, in geeigneter Form diese Grenzen zu überwinden und daraus einen Mehrwert für uns zu schaffen. Das wäre meine Zielsetzung, dass wir aus den sehr intensiven Erfahrungen, die in dieser Ecke Europas in vielen Jahrzehnten gewonnen wurden, auch Hinweise daraus schöpfen können, wie wir diese Form der Zusammenarbeit in andere Bereiche Europas tragen können und wie wir daraus letztlich auch einen Mehrwert für Europa insgesamt schaffen können. Manchmal habe ich die Sorge, und die begleitet mich als Regionalkommissar ganz intensiv, weil ich viel in Europa unterwegs bin, dass es nicht nur eine Art von Renationalisierung, sondern eine Art von Partikularismusdenken gibt, das natürlich für ein gemeinsames Europa schädlich wäre.

Das wirklich Spannende ist, dass sich mittlerweile Europa, das ich eigentlich als Aggregatzustand betrachten würde, relativ mit der politischen Union deckt. Hier haben wir noch Arrondierungsmaßnahmen vorzunehmen. Im Prinzip kann man jedoch sagen, dass das, was wir gemeinhin unter Europa verstehen, sich in einem sehr hohen Maße mit dem deckt, was sich institutionell vorfindet. Insofern macht es wieder Sinn, diesen Gedanken Europa, dieses Verständnis von Europa, diese Art Aggregatzustand in institutionelle Überlegungen zu transformieren. Institutionen würden aber hohl bleiben, wenn ich nicht sozusagen eine Botschaft hätte, die aus dieser Institution hervorgeht oder umgekehrt diese Institution speist.

Ich denke, das werden spannende Fragestellungen. Was können wir mit der Vielfalt an Aktivitäten beitragen, um ein größeres gemeinsames Europa nicht nur zu denken, sondern auch zu praktizieren? Ein Aspekt ist diesbezüglich ganz wichtig, nämlich der Gedanke der Subsidiarität. Subsidiarität heißt nichts anderes, als dass nur jene Dinge, die aufgrund notwendiger Koordination und Kooperation einer höheren Ebene bedürfen, auf diese Ebene übertragen werden sollen. Diese Diskussion muss geführt werden.

Wir sprechen jetzt sehr oft, durchaus mit Recht, von europäischer Integration. Aber europäische Integration in meinem Verständnis, und ich darf Ihnen sagen, im Verständnis praktisch aller meiner Kollegen, ist nicht immer eine Einbahnstraße, nicht immer nur die Abgabe von Kompetenzen nach Brüssel, um es bildhaft zu sagen. Sondern europäische Integration heißt auch, die Spielregeln simpel zu definieren, nach denen das Zusammenleben in Europa geordnet oder weiterentwickelt werden soll. Das soll nicht heißen, dass wir eine Unordnung hätten, aber weiterentwickeln heißt ganz einfach, dass wir feststellen, was auf der Ebene einer Stadt, eines Dorfes geregelt werden kann. Wozu brauche ich eine Provinz, eine Region, wozu brauche ich überhaupt so viele Ebenen? Auch diese Diskussion ist, glaube ich, legitim und das bedarf letztlich der Kooperation und der Koordination auf europäischer Ebene. Dies zu denken ist es wert.

Ich habe ein letztes großes Anliegen und deshalb freue ich mich auf die vielen Gespräche, die sich hoffentlich jenseits des offiziellen Programmablaufes ergeben werden. Ich verhehle nicht, dass mir die Stimme der Intellektuellen in Europa zu leise ist. Wir erleben, dass die Meinungsbildung jenseits des Atlantiks auch sehr stark nach Europa getragen wird. Es wird uns ständig erklärt, was wir zu tun haben. Ich frage mich, wo sind die intellektuellen Stimmen Europas? Woran liegt es, dass es die intellektuellen Stimmen Europas nicht gibt? Wir können für jedes Land Denkerinnen und Denker aufzählen, aber es findet sich offensichtlich keine Möglichkeit, dass es hier zu einer starken intellektuellen Stimme Europas kommt.

Wir sind sehr stolz auf unsere Sprachenvielfalt. Es wurde bereits angesprochen, dass das eine absolute Stärke Europas neben der sonstigen Vielfalt ist. Dieser Wettbewerb ist über die Jahrhunderte grosso modo betrachtet etwas Gesundes.

Umgekehrt ist durch eine gemeinsame Sprache, die wir durch das Lateinische vor 2000 Jahren ja hatten, die Wirkungsmacht lateinischer Denker bis heute gegeben. Diese Dimension fehlt uns möglicherweise heute, und das ist unter Umständen mitverantwortlich für das Nichtvorhandensein dieser intellektuellen Stimme Europas. Es ist müßig, darüber zu räsonieren, aber mein Ansatz ist es zu hinterfragen, was können wir dazu beitragen, was können Sie dazu beitragen, welche Ideen haben wir, um letztlich sicherzustellen, dass es auf der Ebene des Geisteslebens, des Nachdenkens zu Erkenntnissen kommt, die dann auch europaweit diskutiert werden. Denn das brauchen wir unbedingt zur Ergänzung unseres Lebens. Genauso wie wir das auf regionaler und nationaler Ebene haben und brauchen, so brauchen wir das auch auf europäischer Ebene. Wenn diese Idee von dieser Veranstaltung in Triest ausstrahlen könnte, dann hätten wir schon ungeheuer viel erreicht.

Denker und Nachdenker sind unabdingbar für die Weiterentwicklung. Ich glaube, es war Friedrich Hebbel, der schon einmal formuliert hat: »Dies Österreich ist eine kleine Welt, in der die große ihre Probe hält.« Ich meine, hier könnte von Triest etwas ausgehen, was sich letztlich stimulierend auf andere Bereiche Europas auswirken kann und letztlich auch Einfluss auf unser Denken und Handeln hat.

Endnote

1 Rede von EU Kommissar Dr. Johannes Hahn zur Eröffnung von „Europa neu denken. Region, Innovation und Kulturalität" am 1. Juni 2012 im Palazzo della Regione Autonoma Friuli Venezia Giulia, Salone di Rappresentanza, Piazza Unità d'Italia 1, Triest.

Europa als Heimat?

Michael Fischer

60 Jahre lang wuchs Europa zusammen – von Portugal bis Polen. 60 Jahre lang war die Europäische Union Garant für Frieden und Wohlstand. Aber das Wir-Gefühl fehlt, das 27 Staaten in eine Schicksalsgemeinschaft verwandelt, wie die Euro-Krise zeigt. Hängt wirklich alles am Euro, den bloß 17 Mitgliedstaaten als Währung haben?

Bisher hat die Union all ihre Herausforderungen gemeistert, oft allein durch die Dichte ihres politischen und kulturellen Netzwerkes und aufgrund des gemeinsamen kulturellen Erbes. Aber wird dies auch morgen der Fall sein? Ich wundere mich oft, wie depressiv wir Europäer trotz dieser enormen Erfolgsgeschichte sind. Sind es wirklich bloß idealistische Assoziationen, an Europa als kulturelle Gemeinschaft zu glauben, weil es seine Existenz und Essenz mit den grundlegenden Menschenrechten rechtfertigt, mit Menschenwürde und der Ablehnung aller religiösen und politischen Fanatismen? Was wäre denn die leb- und realisierbare Alternative?

Die *Anatomie der Krise* (wie das Schauspielprogramm der Wiener Festwochen 2012 lautet) zeigt ein anderes Bild: eine Wirtschafts- und Finanzgemeinschaft, eine Gemeinschaft der Aktiengesellschaften. Als kulturelle Gemeinschaft erscheint die Europäische Union nur insoweit, als dies zur Belebung von Bankgeschäften, zur Prosperität der Telekommunikationskonzerne, zur Wettbewerbsfähigkeit der europäischen Ölindustrie beiträgt. Umgekehrt wollen wir kulturelle und soziale Herkunftsbestände bewusst oder unbewusst vor der Gefahr schützen, dass sie sich im unüberschaubaren Wandel restlos auflösen: eine Kompensationsstrategie gegen die Angst der Fragmentierung und Zersetzung des Ich.

Die Frage, die sich viele Menschen stellen, ist, ob der vertraute Raum – Heimat, Ort, Region –, diese hochemotionalen Sinnkonstrukte, wirklich von der Auflösung bedroht sind: Sei es nun kulturell, strukturell oder sozioökonomisch. Flughäfen, Einkaufszentren, Supermärkte, Freizeitparks, Hotelketten, Bahnhöfe, »Gated Communities«: Das Leben verlagert sich von Dörfern und Kleinstädten in die Einkaufszentren auf der Wiese, Kästen ohne Eigenschaften, »Nicht-Orte« (so der Pariser Anthropologe Marc Augé), die das Leben aus den gewachsenen Strukturen saugen: Abwanderung, Überalterung. Lemmingszüge durch die Wüsten der Arbeitslosigkeit. »Nicht-Orte«, die immer mehr Menschen zu vereinzelten, nicht bloß ökonomisch zu »asozialen« Benutzern machen: »sich selbst und einander fremd«, verbunden bloß »in der ängstlichen Erfahrung isolierter, leerer Existenz«. Orte, die uns Aufbrüche ohne Ankünfte zumuten, gleichsam Nietzsches Finale ins Nichts.

Phänomene, die man nicht sehr präzis unter verschiedenen Begriffen wie »Rechtsradikalismus«, »Modernisierungsververlierer«, »Empörungsbewegung«, »Wutbürgertum«, »Verwahrlosungskohorte« oder anderen Etikettierungen und Stigmatisierungen bündelt, versteht nicht, wer nicht sieht, welches Motiv die im Einzelnen sehr heterogenen Gruppierungen verklammert: soziale Angst und gleichzeitig soziale Nahebedürfnisse sowie der verzweifelte Versuch, ökonomische Sicherheit im gegliederten begrenzten Raum zu behaupten.

Auf die Forderung nach Kulturalität, Öffnung und universeller Verantwortung durch die Menschenrechte antworten zukunftsverunsicherte Menschen mit der Wiedererrichtung von Grenzen und Tabus. Dies ist ein rapid ansteigendes, gesamteuropäisches Problem: Wenn wir auf die Stichworte der Wertewandelforschung schauen, die auf Globalisierung, Beschleunigung, Virtualisierung reagieren, so bündeln sie genau jene Emotionen, die im Begriff Heimat enthalten sind: »Cocooning«, Geborgenheitsästhetik, Biotope der Vertrautheit, Sehnsucht nach authentischen Eindeutigkeiten und einer intakten Lebensatmosphäre. Gemäß einer vom SPIEGEL in Auftrag gegebenen Studie vom März 2012 gilt das für knapp 80 Prozent der Bevölkerung der Bundesrepublik Deutschland. Die Zahl dürfte zumindest auf Österreich analog übertragbar sein, vielleicht auch auf Slowenien. Überwältigend ist die Zustimmung zur Heimat als regionale Identität in Friaul-Venetien mit seinen spezifisch grenzüberschreitenden Identitätsformen.

Die Rückbesinnung auf Heimat und Herkunft als geografischen Raum wird freilich dort für Europa politisch prekär, wo sie direkt oder indirekt auffordert, die Welt der *großen Politik* und der *großen Strukturen* zu verlassen. *Small is beautiful* statt *Europa als Einheit*. Dies birgt Gefahren für eine offene Zivilgesellschaft, die darauf angewiesen ist, dass ihre Mitglieder sich internationalisieren und globalisieren, sich der Weltgesellschaft öffnen. Also: Heimat sowohl als Präsentation kultureller Identität wie auch als Ort der Innovation und Aufklärung. Denn so gesehen hat Europa, wie bereits gesagt, »so viel Herkunft, dass seine Zukunft nicht zu verhindern ist«.

Die Zivilisationstheoretiker der Aufklärung haben bereits über solche Zusammenhänge nachgedacht und praktische Konzepte entwickelt. Eine innovative Theorie der Heimat hat der Zürcher Pädagoge und Aufklärer Johann Heinrich Pestalozzi formuliert. Er machte deutlich, dass das Besondere unserer Herkunft nicht ein trennender, separierender Faktor ist, sondern der Brennpunkt für eine künftige, offene und tolerante »Völkerverbindung«, wie es damals hieß. Und bei dieser Verbindung dachte er natürlich an ein symbolisches (idealistisches) Kapital und nicht an ein finanzielles.

Freilich, die Geschichte des vergangenen Jahrhunderts hat dem Heimatbegriff seine Unschuld genommen. Durch die totale Enthumanisierung alles Menschlichen im Namen einer »besseren, rassenreinen Heimat«. Der katastrophalen Pervertierung durch Faschismus und Nationalsozialismus folgte nach 1945 die weitgehende Verdrängung. Aber stets haben namhafte Philosophen die Unverzichtbarkeit des Heimatbegriffs hervorgehoben. Ernst Bloch etwa notiert am Ende seines Werkes *Das Prinzip Hoffnung*: Bei jedem Menschen gibt es etwas, »das allen in die Kindheit scheint und worin noch niemand war: Heimat«. Stets sind wir gezwungen, so Sigmund Freud, den Blick auf den »Eingang zur alten Heimat des Menschenkindes« zu richten. Doch hat diese sentimentale (postromantische) Utopie noch eine Bedeutung?

Heimat ist zunächst eine raum-zeitliche Gegebenheit für jeden Menschen, in die er hineingeboren oder hineingekommen ist und in der er wohnt. Darüber hinaus ist Heimat das Ganze der an die engere Umgebung angelagerten weiteren »Lebenskreise« und ihrer »Horizonte« (Pestalozzi): die Landschaft, das Land, der sprachliche Großraum, dann Europa, schließlich die »Welt«. Heimatbewusstsein setzt das »Andere« voraus und daher auch Toleranz. Automatisch ist es auch immer eine Form des Weltbewusstseins. Dadurch verliert der Heimatbegriff seine bloß geografische Komponente und seine existentielle Bedeutung wird deutlich. Heimat ist ein Komplex, den es für jeden Menschen aktiv zu schaffen gilt, eine Beziehung, die eine stetige geistige Anstrengung voraussetzt.

Die hohe Bewertung der eigenen Heimat ist freilich nur unter der Bedingung sinnvoll und zulässig, dass man auch für die Heimat anderer eintritt. Das Recht auf Heimat, das als kategorischer Imperativ für alle Menschen gilt, hat elementar diesen Bedeutungskern. Die Sorge für die Heimat und das Heimatbewusstsein anderer, der nachfolgenden Generationen oder anderer Völker, ist die notwendige Konsequenz und Grenze des Bewusstseins der eigenen Heimat und der Sorge um sie. Daher ist es notwendig, gegen jede Art von regionalem Partikularismus aufzutreten (Johannes Hahn).

Die genannten Perspektiven sind kein verbohrter Traditionalismus, sondern ein evidentes Problem kraft der Einsicht, dass unter den Lebensbedingungen und Krisenerscheinungen unserer Gegenwartszivilisation Herkunftsprägungen und Traditionen ein knappes Gut sind, mit dem wir im Interesse unserer und künftiger Generationen behutsam umzugehen haben. Sie bieten ein wesentliches Zivilisationselement des 21. Jahrhunderts. Längstens liefern Landschafts-, Umwelt- und Naturschutz, Altstadterhaltung und Denkmalschutz positive Beispiele. Aber wir sind jetzt dabei – wie die Tagung zeigt – auch unsere Einstellungen zu Sprache und Alltagskultur, Festlichkeiten und Theater zu verändern. Herkunft öffnet die Zukunft für das Neue, heißt es. Und in der Tat ist das Neue mit all seinen Herausforderungen die Voraussetzung dafür, dass Tradition fortgeschrieben werden kann. (Hegel spricht zurecht »von der historischen Kategorie des Neuen«.)

Der Esstisch war stets ein großes Symbol intakter Gemeinschaftlichkeit, ja die gemeinsame Tafel ist die Keimzelle der Zivilisation. Dort begannen die Erzählungen von Menschen über Menschen, über ihre Leistungen und Fehlschläge, ihre Kämpfe mit den Göttern und den Triumph der Liebe. Durch Erzählungen, durch narrative Intelligenz lassen wir uns positiv herausfordern von der Verschiedenheit der Menschen und ihrer Räume, in denen sie leben, sowie von den Chancen, die sich daraus für unser Zusammenleben ergeben.

Veronika Ratzenböck zeigt dies deutlich, wenn sie sagt: »Das Unerwartete und Überraschende der Kultur ist das ›Kapital‹ Europas.« Wirtschaftlich wichtig sind neben Kreativität, Innovation und Unternehmergeist auch die sogenannten weichen Faktoren wie z.B. Lebensqualität, Wohlbefinden und kulturelle Vielfalt. Dies ist auch der Grund, bei der Neukonzeption der EU-Regionalpolitik Kultur in der Politik der lokalen und regionalen Entwicklung stärker und durchgängig zu berücksichtigen.

Verantwortungsvolle Politik darf weder den Menschen in seiner Individualität ignorieren noch die ökonomischen und kulturellen Räume, in denen er sich bewegt. Ansonsten werden wir uns immer häufiger fragen müssen, wohin wir gehen, weil wir immer weniger wissen, wo und wer wir sind.

Literaturliste

Assmann, Aleida / Friese, Heidrun (Hg.), *Identitäten*, Frankfurt am Main 1998 (= Erinnerungen, Geschichte, Identität, 3).

Augé, Marc, *Orte und Nicht-Orte. Vorüberlegungen zu einer Ethnologie der Einsamkeit*, 2. Aufl., Frankfurt am Main 1994.

Bauman, Zygmunt, *Soziologie zwischen Postmoderne und Ethik*, Stuttgart 2002.

Bickle, Peter, *Heimat. A critical theory of the German idea of homeland*, Rochester–New York u.a. 2004.

Bloch, Ernst, *Das Prinzip Hoffnung*, Bd. 5 d. Gesamtausgabe in 16 Bänden, Frankfurt am Main 1985.

Boa, Elizabeth / Palfreyman, Rachel (Eds.), *Heimat. A german dream. Regional loyalties and national identity in German culture, 1890–1990*, Oxford 2000.

Cacciari, Massimo, *Wohnen. Denken. Die Frage nach dem Ort*, Klagenfurt–Wien 2002.

Cremer, Will / Klein, Ansgar (Hg.), *Heimat. Analysen, Themen, Perspektiven*, Bonn 1990.

Dürrmann, Peter, *Heimat und Identität. Der moderne Mensch auf der Suche nach Geborgenheit*, Tübingen–Zürich–Paris 1994.

Gerschmann, Karl-Heinz, Johannes Hofers Dissertation ›De Nostalgia‹ von 1688, in: *Archiv für Begriffsgeschichte* 19 (1975), 83–88.

Grün, Anselm, *Wo ich zu Hause bin. Von der Sehnsucht nach Heimat*, Freiburg im Breisgau 2011.

Khakpour, Toumaj, Das Comeback eines Mythos, in: *Der Standard-online*, 4. November 2011 (http://dastandard.at/1319181992001/Heimatbegriff-in-Parteiprogrammen-Das-Comeback-eines-Mythos).

Köstlin, Konrad, Heimat geht durch den Magen. Oder: Das Maultaschensyndrom. Soul-Food in der Moderne, in: *Beiträge zur Volkskunde in Baden-Württemberg* 4 (1991), 147–164.

Krokow, Christian Graf von, *Heimat. Erfahrungen mit einem deutschen Thema*, München 1992.

Pestalozzi, Johann Heinrich, Abendstunde eines Einsiedlers (1779/80), in: *Sämtliche Werke, Kritische Ausgabe*, Berlin–Leipzig 1927ff., Bd. 1, 1927.

Ratzenböck, Veronika u.a., *Der Kreativ-Motor für regionale Entwicklung. Kunst- und Kulturprojekte und die EU-Strukturförderung in Österreich*, Wien 2011.

Schlink, Bernhard, *Heimat als Utopie*, Frankfurt am Main 2000.

Schmitt-Roschmann, Verena, *Heimat. Neuentdeckung eines verpönten Gefühls*, Gütersloh 2010.

Schnoy, Sebastian, *Heimat ist, was man vermisst. Eine vergnügliche Suche nach dem deutschen Zuhause*, Reinbek bei Hamburg 2010.

Schorlemmer, Friedrich, *Wohl dem, der Heimat hat*, Berlin 2010.

Seifert, Manfred, *Zwischen Emotion und Kalkül. Heimat als Argument im Prozess der Moderne*, Leipzig 2010.

Spranger, Eduard, *Pestalozzis Denkformen*, 2. Aufl., Heidelberg 1959, 35ff. und 49ff.

Waffender, Corinna, *Heimat*, Tübingen 2010.

»Was ist Heimat? Eine Spurensuche in Deutschland«, in: *Der Spiegel* 15 (2012), 60–71.

Die Dialektik von Tradition und Innovation

Henning Ottmann

Die Moderne ist ein Zeitalter, das Traditionen nicht freundlich gesinnt ist. Zumindest meinen manche, dass dies so sei. Als modern gilt das, was noch kommt: die Zukunft. Und als modern gilt, was jetzt neu ist, was anders ist, als es früher war. Sehr beliebt sind Wortkombinationen mit der Vorsilbe »post«: »post-metaphysisch«, »post-national«, »post-traditional«, »post-konventionell« und wie diese Wortkombinationen alle heißen. Die kleine, unscheinbare Vorsilbe »post« enthält eine ganze Geschichtsphilosophie. Sie soll nämlich besagen, *das*, was da als »*post*-metaphysisch«, »*post*-national«, »*post*-traditional« bezeichnet wird, das ist auf der Höhe der Zeit. Das ist zeitgemäß. Wer noch an der anderen Seite der Wortkombination festhält, also an »metaphysisch«, »national«, »traditional«, der ist nicht auf der Höhe der Zeit. Er ist ein bedauernswertes Opfer historischer Zurückgebliebenheit, ein Fußkranker des Weltgeistes, an dem die moderne Karawane längst vorbeigezogen ist.

Ja, wenn die Sache mit der Moderne so einfach wäre! Wenn sie sich so säuberlich in zeitgemäß und überholt sortieren ließe! In Wahrheit sind die beliebten Wortbildungen mit der Vorsilbe »post« nichts anderes als Versuche, sich geschichtlich ins Recht zu setzen. Sie dienen dazu, sich diskursive Vorteile zu verschaffen. Vorausgesetzt wird dabei immer eine, wie ich meine, *halbierte Moderne*. Die Moderne wird von einer und nur einer ihrer Seiten aufgenommen: ihrer progressistischen, ihrer futuristischen. Verschwiegen wird, dass sie ebenso ihre beharrenden Elemente besitzt. Schon als die moderne Spaltung von progressiv und konservativ in die Welt trat, also in der Zeit der Französischen Revolution, schon da war zu sehen, dass der Konservatismus nicht weniger modern ist als der Progressismus. Er ist eine Antwort auf den Progressismus und er ist eine Antwort, auf die nicht verzichtet werden kann, wenn man die Moderne nicht nur zur Hälfte, sondern als Ganzes erfassen will.

Zur Moderne gehören die Prozesse der Befreiung von traditionellen Bindungen. Zu ihr gehören aber ebenso die bewahrenden Kräfte, die den

Prozessen der Loslösung Grenzen setzen und sie davor bewahren, die Ursprünge zu vergessen, aus denen die moderne Freiheit stammt. Diese sind vielfältiger Art. Sie reichen vom griechischen und römischen Erbe unserer Kultur bis zur Erbschaft des Christentums. Das Christentum, heißt es bei Jürgen Habermas,

> »ist für das normative Selbstverständnis der Moderne nicht nur eine Vorläufergestalt oder ein Katalysator gewesen. Der egalitäre Universalismus, aus dem die Idee von Freiheit und solidarischem Zusammenleben, von autonomer Lebensführung und Emanzipation, von individueller Gewissensmoral, Menschenrechten und Demokratie entsprungen ist, ist unmittelbar ein Erbe der jüdischen Gerechtigkeits- und der christlichen Liebesethik«.[1]

Wie wir unser Leben verstehen und wie wir es in Zukunft verstehen wollen, das hängt von unserem Verständnis der Vergangenheit ab. Odo Marquard hat es wie immer bündig formuliert: »Zukunft braucht Herkunft.«[2] Der Blick nach vorn bedarf des Blicks zurück, und erst der Blick in beide Richtungen lässt verstehen, was unsere Zeit, was die Moderne ist.

Modern ist, dass die Moral universal und reflexiv wird. Modern ist, dass das Recht zum Recht des Menschen wird. Recht und Moral in ihrer Universalität sind Errungenschaften der Moderne. Diese gilt es, »modernitätskonservativ« zu bewahren. Die große Frage ist nur, auf welche Weise dies geschehen kann. Es kann nicht geschehen, wenn man die Moderne nur von einer ihrer Seiten aufgreift. Ich gebe drei Beispiele dafür:

Beispiel Nr. 1: Modern ist die *Beschleunigung des kulturellen Wandels.* »Erfahrungsraum« und »Erwartungshorizont« treten, so Koselleck, auseinander.[3] Während früher das Alter mit Weisheit gleichgesetzt wurde, versteht der Großvater den Enkel heute nicht mehr. Kopfschüttelnd steht er neben ihm, wenn dieser am PC sitzt und dort seine mysteriösen Dinge treibt. Die Veraltungsgeschwindigkeit kultureller Phänomene nimmt ständig zu. Aber was geschieht, wenn solche Prozesse der Beschleunigung auftreten? Sie rufen als Reaktion das Bedürfnis hervor, eine Welt wiederzufinden, die einem vertraut gewesen ist, eine Welt, in der man wieder zuhause sein kann. Aus diesem Grunde boomen die Flohmärkte und die Museen. Aus diesem Grunde wird heute auch noch die letzte Fassade renoviert. Das ist erfreulich. Je schneller das Tempo des kulturellen Wandels wird, umso größer wird der Bedarf an Historisierung. Je schneller uns immer Neues begegnet, umso schneller wird es auch zum Alten. Kunstwerke wandern immer zügiger ins Museum, manches Mal schon unmittelbar, nachdem sie produziert worden sind. Vom Atelier direkt ins Museum, das ist eine bisher unerhörte Veraltungsgeschwindigkeit. Aus jungen Wilden werden unversehens zahme Alte. Für Künstler der Avantgarde ein schmerzhafter Prozess. Da der Reichtum an neuen Einfällen begrenzt ist, kehrt auch immer schneller irgendetwas wieder. Man kann nun auch getrost auf der Stelle treten und man findet sich nach einiger Zeit unversehens in der Avantgarde vor.

Beispiel Nr. 2: Modern ist das *Schwinden der räumlichen Distanzen*. Der neue Welthandel der Devisen- und Kapitalmärkte, der rund um die Uhr in Echtzeit getätigt wird, die neuen Kommunikationstechniken, sie lassen die Räume und die zeitlichen Abstände schwinden. War es bisher den Heiligen vorbehalten, an zwei Orten gleichzeitig erscheinen zu können, so ist der moderne Mensch zur gleichen Zeit hier und dort. Medial ist er sogar allerorten, allgegenwärtig in seltsamer Omnipräsenz. Dabei sitzt er, wenn ihm die Welt medial begegnet, vermutlich in einem Sessel, an einem ganz bestimmten Fleck. Wie versteht der moderne Mensch die Welt? Ist sie ihm ein Fernsehbild? Eine Nachricht im Netz? Sieht er sie als eine Art Hotel? Als touristischen Aufenthaltsort? Wo ist sein Wohnort, sein Standort? Beides, *Wohnort* und *Standort*, sind Begriffe, die das griechische Wort *ethos* einmal bezeichnet hat, und ich frage mich immer, wenn Wirtschaftsführer vom *Standort* reden, ob sie sich an die alte Bedeutung noch erinnern.

Modern ist eine so nie gekannte Entortung des Lebens. Aber auch in diesem Fall gibt es Bewegung und Gegenbewegung. Je mehr wir virtuell (oder auch realiter) allerorten sind, umso mehr wollen wir wissen, wo wir eigentlich zuhause sind. Ort ist nicht gleich Ort, wie es uns manche Theoretiker der Globalisierung weismachen wollen. Ein Hotel ist kein Zuhause, eine Ferienwohnung keine Bleibe fürs Leben. Man kann heute jeden Winkel der Welt bereisen. In der virtuellen Welt können wir herumschweifen als neue Nomaden. Virtuell oder zeitweilig ist das Leben global, gelebt wird es immer lokal.

Beispiel Nr. 3: Die Moderne drängt zur *Globalität*. Sie drängt wirtschaftlich und politisch zur Großräumigkeit. Ein Prozess, der an Dynamik gewonnen hat, seit die Ost-West-Spaltung aufgehoben wurde und Demokratie und Kapitalismus alternativlos geworden sind. Die Globalisierungstheorien führen uns heute eine Welt vor, die immer enger zusammenwächst. Die Zivilisationen scheinen sich zu einer Weltzivilisation zu vereinheitlichen.

Von New York bis Tokio dieselben amerikanischen Fernsehserien, von Berlin bis Peking eine Jugend, welche dieselben Jeans und Turnschuhe trägt. Aber je ähnlicher sich die Lebensformen werden, umso mehr wollen wir wissen, wer wir selber sind. Im bayerischen Bierzelt wird immer noch Blasmusik gespielt und nicht Sirtaki getanzt. Zudem haben die lokalen Kulturen die Eigenschaft, sich das Globale anzuverwandeln. Es ist dann doch nicht ganz dasselbe, je nach Erdteil und Kultur. Es entstehen seltsame Mischgebilde wie die »Weißwurst Hawai«[4]. Eine solche Mischung schmeckt nicht jedem, in diesem Fall sicher nicht jedem Münchner. Für ihn hat die Qualität der Weißwurst - ähnlich wie das Reinheitsgebot beim Bier - quasireligiösen Status. (Der Theologe Metz hat einmal bemerkt, die Bayern hätten ein irdisches Verhältnis zur Religion und ein religiöses zum Bier.) Wie dem auch sei, auf jede Angleichung folgt eine neue Differenzierung. Die moderne Welt wird sich einerseits immer ähnlicher, andererseits nehmen gewisse Unterschiede zu. Nie hatte die romantische Idee, dass jeder sein eigenes, sein authentisches Leben zu führen habe, mehr Anhänger als heute. Charles Taylor hat es in seinen letzten Büchern demonstriert.[5]

Nun kann es sein, dass sich Angleichung und Differenzierung nicht im harmlosen Bereich der Kulinarik abspielen. Es kann schon sein, dass sich der Gegensatz von eigener Lebensform und Weltzivilisation bis zum Konflikt steigert. Der Kommunitarist Benjamin Barber hat ihn als Konflikt von McWorld und Dschihad beschrieben.[6] Die Moderne verunsichert und sie schwebt in der Gefahr, aus der Verunsicherung Fundamentalismen zu erzeugen, die das Gegenteil gelungener Modernität sind.

Wenn McWorld und Dschihad aufeinanderprallen, dann geraten zwei Fehlformen der Moderne miteinander in Konflikt. Es bekämpfen sich ein differenzblinder Ökonomismus und ein sich der Modernität verweigerndes Stammeswesen. Prima facie scheinen sie Welten voneinander entfernt zu sein, in Wahrheit sind sie feindliche Brüder, in falschem Modernismus und falschem Antimodernismus geeint. Sie untergraben die Moderne von beiden Seiten aus. Aber die Moderne ist weder vorbehaltlos zu bejahen noch ist sie pauschal zu verwerfen. Nur eine Balance von Modernitätskritik und Modernitätsaffirmation wird ihr gerecht.

Heute wird immer wieder der Ruf nach größeren politischen Einheiten laut: nach einem Weltstaat, einer Weltrepublik, einer globalen Demokratie. Manche meinen, dass sich nach Polis, Imperium und Nationalstaat ein neues Paradigma ankündige, die Wende zu einer transnationalen, einer großräumigen, ja einer die Welt umfassenden Demokratie. Einmal abgesehen davon, dass es sich hier um Wunschträume handelt, die nicht gerade selten auf sozialdemokratische Ursprünge zurückzuführen sind, auf Versuche, für New Labour einen Weg zwischen rechts und links zu finden, man übersieht, dass die politische Welt sich momentan nicht nur vergrößert, sondern ebenso Zug um Zug verkleinert. Es gibt nicht nur neue Großräume wie die EU, Amerika oder Asien. Es gibt auch eine immer kleinteiligere Zerbröselung der Einheiten. Imperien wie die Sowjetunion sind in einzelne Staaten zerfallen. Staaten stoßen auf ein neues Selbstbewusstsein der Regionen. Die Lebensformen vervielfältigen sich in eine postmoderne Vielfalt. Großräumigkeit und Kleinteiligkeit reichen sich die Hand. Auch da besitzt die Moderne keine Eindeutigkeit.

Ein heute wieder beliebtes Schlagwort der Antike ist der *Kosmopolitismus*, und manche fordern eine kosmopolitische Demokratie (Held, Beck).[7] Die Moderne macht uns in der Tat alle zu Weltbürgern. Das Recht ist Recht des Menschen geworden, die Moral ist universal, wir lesen Weltliteratur und wir können uns für die entferntesten Winkel der Erde interessieren. Aber dieser Universalismus und Kosmopolitismus ist politisch nicht unschuldig. Bereits in der Antike war er der Schatten der Imperien. Heute kann er die Kehrseite eines sich globalisierenden Kapitalismus oder eines universalen Interventionismus sein. Die Rhetorik ist übrigens schon in der Antike genau dieselbe wie heute. Wenn Arrian das Reich des Alexander lobt oder Aristides Rom, dann begegnen die Schlagworte von heute: »Eintracht«, »Völkermischung«, »Gleichheit«, »Frieden«, »freier Verkehr« etc.[8]

Der Kosmopolitismus ist machtpolitisch missbrauchbar, und er wird vor allem dann ideologisch, wenn er suggeriert, dass wir zu jedem Menschen auf dieser Erde in derselben Beziehung stehen wie zu unseren Eltern, Kindern oder Landsleuten. Man preist heute gerne die Nähe zum Fernsten, und in der Tat sind wir jedem Menschen in allgemeiner Menschlichkeit verbunden. Es gibt eine allgemeine Pflicht zur Hilfe, über die übrigens im Lehrstück vom Barmherzigen Samariter das Wesentliche gesagt ist. Aber neben der Nähe zum Fernsten gibt es auch die *Nähe zum Nahen*, und diese Nähe zum Nahen kann man nicht im Namen des Universalismus und Kosmopolitismus überspringen. Wohin die einseitige Favorisierung von Universalismus und Kosmopolitismus führt, dafür bietet der berühmte Fire case des Philosophen Godwin ein schlagendes Beispiel.[9] Godwin stellt sich die Frage, wen man aus einem brennenden Haus retten soll, den eigenen

Vater oder Fénelon, den berühmten Verfasser der *Télémaque*. Godwin meint, dass Fénelon zu retten sei, weil dieser für das Glück der Menschheit bedeutsamer sei als der eigene Vater. Das ist Universalismus pur, hier noch gepaart mit Utilitarismus. Man sieht auf einen Blick, der Universalismus für sich genommen führt zu einer Welt, in der es nur noch Menschen, aber keine Väter und keine Söhne mehr gibt. Der Philosoph Albert Camus hatte sich für das gegenteilige Extrem ausgesprochen. Er sagte während des Algerienkrieges: »Ich glaube an die Gerechtigkeit. Aber bevor ich die Gerechtigkeit verteidige, werde ich meine Mutter verteidigen.«[10]

Godwin und Camus – beide zeigen Extrempositionen, die zu vermeiden sind. Eine ausgewogene Theorie der Moderne muss Emanzipation und Tradition, Herkunft und Zukunft miteinander vereinen können. Ein Modell dafür liefert die Philosophie Hegels. Sie bietet einen Ausgleich von Emanzipation und Tradition, ausgehend von der Annahme, dass die moderne Emanzipation von Voraussetzungen lebt, die sie selber nicht garantieren kann. Ernst-Wolfgang Böckenförde hat dies bekanntlich vom modernen Staat behauptet, dass er von Voraussetzungen lebe, die er selbst nicht garantieren könne. Bei Hegel gilt dies von der Moderne insgesamt.

Im § 209 (A) der Hegelschen Rechtsphilosophie heißt es: »*Der Mensch gilt so, weil er Mensch ist*, nicht weil er Jude, Katholik, Protestant, Deutscher, Italiener u.s.f. ist.«[11] Die Französische und die Amerikanische Revolution haben den Menschen als Menschen befreit. Er wird seit dieser Zeit als frei und gleich anerkannt. Die Emanzipation hat den Menschen aus den Bindungen der Herkunft gelöst. Aber wenn diese Befreiung nicht blind werden soll für Herkunft und Differenz, dann muss sie auch bedeuten, dass es jedem von nun an freisteht zu sein, was er sein will: Jude, Katholik, Protestant, Deutscher, Italiener usf. Die Aufforderung, man solle *nur noch* Mensch sein, ist tendenziell totalitär. Sie reduziert den Menschen auf ein Abstraktum ohne Religion, Nation und Familie. Sie suggeriert, dass dies alles sei, was er als Mensch zu sein habe. In Wahrheit hat sie einen Menschen vor Augen, der nichts mehr sein Eigen nennt. Am Ende ständig wiederholter Prozesse reiner Loslösung kann Freiheit ja nur noch bedeuten, dass man nichts mehr zu verlieren hat. »Freedom's just another word for nothing left to loose.«

Tradition und Herkunft können zur Folklore erstarren und borniert werden. Die Gefahr besteht. Aber wer heute von sich selber sagt, ich bin Katholik, Deutscher, Westfale, ja, was weiß ich, der verhält sich nicht anti-modern, sondern absolut *modernitätskonform.* Er nimmt nur wahr, was bei gelingender Emanzipation sein gutes Recht ist. Er muss nicht nur das sein, wozu ihn die Moderne machen will. Er darf auch das bleiben, was er schon ist. Erst das wäre gelungene Emanzipation.

Endnoten

1 Habermas, Jürgen, *Zeit der Übergänge*, Frankfurt am Main 2001, 174f.

2 Marquard, Odo, Zukunft braucht Herkunft, in: Ders., *Philosophie des Stattdessen*, Stuttgart 2000, 66–78.

3 Koselleck, Reinhart, ›Erfahrungsraum‹ und ›Erwartungshorizont‹ – zwei historische Kategorien, in: Patzig, Günther u.a. (Hg.), *Logik, Ethik, Theorie der Geisteswissenschaften*, Hamburg 1977, 191–208.

4 Beck, Ulrich, *Was ist Globalisierung?*, 2. Aufl., Frankfurt am Main 1997, 85ff.

5 Taylor, Charles, *Quellen des Selbst*, Frankfurt am Main 1995; ders., *Ein säkulares Zeitalter*, Frankfurt am Main 2009.

6 Barber, Benjamin, *Jihad vs. McWorld*, New York 1996.

7 Held, David, *Democracy and the Global Order*, Cambridge 1995; Archibugi, Daniele / Held, David (Hg.), *Cosmopolitan Democracy*, Cambridge 1985; Beck, Ulrich, *Macht und Gegenmacht im globalen Zeitalter*, Frankfurt am Main 2002.

8 Ottmann, Henning, *Geschichte des politischen Denkens. Die Griechen*, Bd.1/2, Stuttgart 2001, 260ff.; ders., *Die Römer*, Bd. 2/1, Stuttgart 2002, 298f.

9 Godwin, William, *Enquiry Concerning Political Justice*, Vol. II, London 1793, c.2.

10 Zit. nach Todd, Olivier, *Albert Camus. Ein Leben*, Reinbek 1999, 754.

11 Hegel, Georg Wilhelm Friedrich, *Werke*, Bd. 7, Frankfurt am Main 1979, 360f.

Das Europäische an Europa ist nicht das Finanzielle[1]

Michael Fleischhacker

Wie lange es den Euro noch gibt, weiß niemand. Ob die EU sich von ihren Überdehnungssymptomen erholt, ist offen. Nur um Europa muss man sich nicht sorgen.

Europa neu denken lautet der Titel einer wissenschaftlichen Tagung, die an diesem Wochenende in Triest in vielerlei Varianten der Frage nachgeht, was Europa ausmacht und wie es seinen Bewohnern leichter fallen könnte, so etwas wie ein europäisches Heimatgefühl zu entwickeln. Sprache, Alltagskultur und Hochkultur, so viel lässt sich sagen, spielen dabei eine größere Rolle als die Zinsen, die man derzeit für griechische und spanische Kreditausfallversicherungen lukrieren kann.

Man muss nicht sehr tief in die europäische Herkunft eintauchen, um zu begreifen, dass Thilo Sarrazin mit seinem Buchtitel *Europa braucht den Euro nicht* die europäische Zukunft weit über den finanzpolitischen Horizont hinaus beschreibt. Man kann und muss Sarrazins These sogar zuspitzen: Nicht wenn der Euro scheitert, scheitert Europa. Europa scheitert, wenn die Behauptung, dass ein Scheitern des Euro Europa in Gefahr bringen könnte, ernst gemeint ist.

Günter Grass' neuestes Gedicht *Europas Schande* ist handwerklich vermutlich der schlechteste lyrische Text, der in diesem Jahrhundert in einer renommierten deutschsprachigen Zeitung erschienen ist. Inhaltlich markiert er die endgültige Kapitulation eines Teils der antikapitalistischen Intellektuellen vor der von ihnen so lautstark beklagten Ökonomisierung aller Lebensbereiche. Da wird tatsächlich mit maximalem Pathos beklagt, dass ein Austritt Griechenlands aus dem Euro ein Verrat an der europäischen Herkunft wäre. So kann nur schreiben, wer nicht denkt oder wer denkt, dass das Europäische an Europa das Finanzielle ist.

Der andere Teil der antikapitalistischen Intellektuellen (man könnte auch schreiben: »der Intellektuellen«, aber es besteht immerhin die theoretische Möglichkeit, dass auf dem Kontinent auch liberale Intellektuelle ein unentdecktes, glückliches Leben führen) hat sich dazu entschlossen zu glauben, dass Europa das Bürokratische ist. Die Europäische Union in ihrer Gewordenheit wird zwar ob ihrer Demokratie- und Legitimationsdefizite kritisiert, gilt aber doch als Europa schlechthin. Würde die Union zerfallen, zerfiele in ihren Augen Europa. Auch das ist ein Verrat an der Idee, zu deren Verteidigung die weißen Buchstabenritter ausrücken.

Europa braucht weder den Euro noch die Europäische Union. Nicht daran, dass er das ausspricht, erkennt man den Anti-Europäer, sondern daran, dass er es bestreitet. Es gibt für diese Behauptung ausreichend faktische Evidenz: Wer würde bezweifeln, dass die Schweiz ein Teil Europas ist? Was sagt uns der Umstand, dass nur 17 von 27 Mitgliedern den Euro als Währung haben?

Kein vernünftiger Mensch wird hoffen, dass die europäische Währung kollabiert. Kein vernünftiger Mensch wird das Ende der Europäischen Union herbeisehnen. Aber es ist an der Zeit zu sehen, dass die Europäische Union dabei ist, neben ihrem finanziellen auch ihr symbolisches Kapital zu verspielen. Die lindernde Salbe der Kooperation, die wesentlichen Anteil daran hatte, dass die Wunden der Jahrhundertkatastrophe heilen konnten, hat sich durch unsachgemäße Lagerung zum zentralistischen Suchtmittel entwickelt. Die regelmäßig geführte Klage, es sei doch ganz im Gegenteil eine schreckliche Renationalisierung zu beobachten, die uns zurück an die Abgründe des Faschismus bringen könnte, geht an den Tatsachen vorbei: Wir erleben keine Renationalisierung, sondern einen nationalistisch inszenierten Kampf um die beste Position im zentralistischen Spiel.

Wie lange es den Euro noch gibt, kann keiner sagen, ob die Europäische Union ihre Überdehnungssymptome kurieren kann, wird man sehen. Ohne Schmerzen wird beides nicht zu haben sein. Finanzpolitisch ist das inzwischen allen klar. Dass auch die Wiedergewinnung einer politischen Perspektive für die Union nicht ohne gröbere Turbulenzen zu haben sein wird, hat die öffentliche Wahrnehmungsschwelle noch nicht überschritten.

Nur um Europa muss man sich keine Sorgen machen: Es hat so viel Herkunft, dass seine Zukunft nicht zu verhindern ist, nicht von der Union und nicht von ihrer gemeinsamen Währung.

Endnote

1 Als Leitartikel erschienen in der Samstag-Ausgabe von *Die Presse* am 1. Juni 2012, siehe: http://diepresse.com/home/meinung/kommentare/leitartikel/762609/print.do.

Selbstkritik als historische Chance Europas

Volker Gerhardt

Das Versagen der Europäer

Europa ist mit Abstand der kleinste Kontinent, und wenn es keine geschichtlichen Gründe gäbe, dem Archipel am westlichen Ende Asiens eine politische Sonderrolle zuzugestehen, hätte man einer Bereinigung des geografischen Vokabulars wenig entgegenzusetzen. Dann gäbe es mit Amerika, Asien, Afrika und Australien nur noch vier Kontinente und das alte Europa könnte mit dem Platz auf dem zerklüfteten Ausläufer der größten Landmasse der nördlichen Hemisphäre sehr zufrieden sein.

Manches spräche dafür, diese Rückbindung in die wahren Dimensionen der Geographie als eine Chance für den geopolitischen Status Europas anzusehen. Mit der Einordnung wäre zumindest die wissenschaftliche Domestikation vollzogen, der sich Europa zu fügen hätte, wenn ihm wirklich daran läge, nicht länger als koloniale und ideologische Bedrohung der Weltgemeinschaft angesehen zu werden.

Aus der Sicht der Anderen läge es nahe, einen verfehlten kontinentalen Nationalismus zu vermuten, wenn Europa sich gegen den Verlust seines angemaßten geografischen Sonderstatus wehren und sich seiner Integration in die Familie der erdgeschichtlich eigenständig gewordenen Kontinente widersetzen würde.

Um zu illustrieren, dass ich es hier nicht auf jenen leicht durchschaubaren altruistischen Perspektivenwechsel anlege, wie er vor noch gar nicht so langer Zeit mit dem Abschied vom »Eurozentrismus« versucht worden ist, erinnere ich an ein Wort des Historikers Stephen Toulmin, der – vornehmlich mit Blick auf das Wien der letzten Habsburger-Jahre – den zivilisatorischen Optimismus um die Wende vom 19. zum 20. Jahrhundert anschaulich macht, um dann mit Blick auf das Geschehen des Ersten Weltkriegs festzustellen, dass in Europa plötzlich das »Dach« einstürzte.[1]

Die nachfolgenden Jahrzehnte, so kann man Toulmin ergänzen, haben dann mit den kommunistischen und faschistischen Totalitarismen sowie mit dem aus ihrem abwegigen Gegensatz erwachsenen Zweiten Weltkrieg dafür gesorgt, dass auch die Wände des Hauses in sich zusammenfielen und ein Teil des Fundaments herausgerissen wurde.

Das war der bislang folgenreichste weltpolitische Beitrag Europas, der nicht als beiläufiger Zufall abgetan werden kann. Man muss vielmehr der Tatsache ins Auge sehen, dass sich Europa teils in mutwilliger Abkehr von seinen eigenen Einsichten, teils in hybrider Fahrlässigkeit an den Rand eines Abgrunds gebracht hat, in den es leicht eine größere Zahl anderer Staaten in anderen Kontinenten hätte hinreißen können.

Gewiss: Europa hat in einer langen und wechselvollen Geschichte den weitaus größten Teil der zivilisatorischen Erwartungen aufgebaut, die uns heute immer noch bewegen.[2] Aber eben diese Leistung ist es doch, die uns selber nötigt, in schonungsloser Selbstkritik vom *Versagen der Europäer* zu sprechen: dass sie die Menschenrechte in ihre Verfassungen geschrieben haben, aber den Widerspruch zu ihrer in den Weltkrieg führenden Kolonialpolitik gar nicht erkannten; dass sie den Krieg theoretisch ächteten, sich aber bis an die Zähne bewaffneten; dass sie die *Menschheit in der Person* eines jeden Einzelnen zu achten versprachen und dennoch das weltweit größte System der Ausbeutung von Menschen durch Menschen erfanden; und dass sie die erstmals in Europa proklamierte und praktizierte Gewaltenteilung augenblicklich vergaßen, als es darum ging, Eroberungskriege zu führen.[3]

Muss man nicht vermuten, dass die Europäer ihre eigenen Errungenschaften selbst nicht verstanden haben? Und wäre es im Interesse der Bewahrung der großen Ideen des *Friedens*, des *Menschenrechts*, des *Rechtsstaats* und der *Demokratie* nicht allemal besser, den Einfluss derer zu verringern, die dazu beigetragen haben, die basalen Ziele der politischen Kultur vor aller Welt in Misskredit zu bringen?

Also hätte Europa, wenn es denn endlich und dauerhaft einen Platz unter Gleichen finden und von seinesgleichen auch als gleich anerkannt und geachtet werden will, allen Grund, auf *Sonderrollen*, *Sonderwege* und auf eine geografisch gar nicht gerechtfertigte *kontinentale Selbstauszeichnung* zu verzichten.

Der exemplarische Rang der Vergewisserung der europäischen Geschichte

Der gut gemeinte Rat hat nur den kleinen Schönheitsfehler, dass er selbst erneut nach einer totalisierenden Lösung sucht und dabei vergisst, dass

Politik stets im Interesse der *jetzt lebenden Generationen* gemacht wird. Politik ist wesentlich darauf verpflichtet, das bestehende Leben zu sichern und den Nachgeborenen die Zukunft offen zu halten. Diesem Ziel würde es widersprechen, das nach 1945 neu geschaffene Europa einfach aufzugeben und einen geschichtlichen Schuldspruch, so gut begründet er auch sein mag, auf die Gegenwart anzuwenden. Das historische Versagen kann politisch nur durch *Selbstkritik* und *Bescheidenheit*, nicht aber durch *Selbstpreisgabe* kompensiert werden.

Mit dieser möglicherweise apart erscheinenden und historisch wie geografisch doch so evidenten Begründung habe ich deutlich gemacht, dass wir uns in den Bemühungen um den weiteren Ausbau der Europäischen Union niemals bloß auf das Tagesgeschäft konzentrieren dürfen, so wichtig, vorrangig und unausweichlich es natürlich ist. Es reicht andererseits aber auch nicht aus, nur an die großen Errungenschaften aus zweieinhalbtausend Jahren politischer und kultureller Geschichte zu erinnern. Wir müssen uns vielmehr das Gedächtnis an die Widersprüche in der europäischen Entwicklung bewahren, müssen daran denken, dass es noch gar nicht so lange her ist, dass Europa sich selbst vernichtet hätte und zweimal nur durch das Eingreifen der Amerikaner vor dem politischen und ökonomischen Bankrott bewahrt werden konnte.

Schließlich dürfen wir nicht vergessen, dass es der tief sitzende Schock im Angesicht des eigenen Versagens war, der die europäische Politik endlich auf den Weg gebracht hat, die tödlichen nationalen und ideologischen Gegensätze zu überwinden.

Ich kann gestehen, dass es für mich immer noch an ein *Wunder* grenzt, dieses auf Selbstzerstörung programmierte Europa überhaupt wieder als eine politische Größe ernst genommen zu sehen. Umso größer ist die Herausforderung, aus dieser teils faktischen, teils nur errechneten Größe eine handlungsfähige politische *Einheit* zu machen, die im Inneren als lebendig, gerecht und zukunftsweisend erfahren und von außen als ernsthafter, berechenbarer und konstruktiver Partner beim Aufbau einer friedlichen Weltordnung angesehen werden kann.

Dieses Ziel verpflichtet die Europäer, nicht nur ihre *Währung zu ordnen*, für die *Produktivität ihrer Wirtschaft* zu sorgen, der *Verselbstständigung der Finanzmärkte* Einhalt zu gebieten und den *sozialen Ausgleich* zu bewältigen, sondern sich in alledem ihrer *Kultur* zu vergewissern, um das Versagen vor dem eigenen Erbe definitiv zur Vergangenheit zu machen. Dabei wird die größte Aufgabe sein, in der Einheit die Vielfalt zu bewahren und über der produktiv entfalteten kulturellen Vielfalt die politische Einheit nicht zu vergessen.

Wer dafür *Visionen* bieten kann, die insbesondere der Jugend in Europa den historischen, politischen und intellektuellen Gewinn der politischen Vereinigung anschaulich machen, ist immer willkommen. Aber es bedarf auch einer Vergewisserung der Höhen und Tiefen europäischer Geschichte.

Ich bin überzeugt, dass dies nicht nur für Europa, sondern für die Weltgemeinschaft im Ganzen von Bedeutung ist. Denn das Schicksal Europas ist sowohl in seinen Schwächen wie in seinen Stärken exemplarisch für das Politische überhaupt. Deshalb dürfen wir die Verfehlungen und Verbrechen nicht verschweigen. Denn nur was angesichts des Versagens dennoch gelingt, kann als politische Leistung überzeugen. Also haben wir die fortschreitende *Selbstorganisation* Europas in Verbindung mit seiner gewissenhaften *Selbstaufklärung* zu betreiben.

Und da sie nur *öffentlich* vollzogen werden kann, kann man sich überall auf der Welt, sofern man nur will, am selbstkritisch vorangetriebenen Lernprozess Europas ein Beispiel nehmen. Niemand soll befürchten müssen, aus der Wiege des *Kolonialismus, Imperialismus, Kommunismus* und *Faschismus* käme nunmehr, als gleichsam letzter Führungsanspruch, die *politische Schulmeisterei.* Europa braucht nicht mehr zu sein als das Subjekt und Objekt eines Lernprozesses, aus dem es für sich selbst Konsequenzen zieht. Damit würde es auf schwierigem politischem Terrain, im Bewusstsein großer kultureller Differenzen, aber immerhin auf einem kleinen Kontinent, ein Experiment auf die Lernfähigkeit der menschlichen Gattung geben.

Auf dem Weg zur vereinten Welt

Der skizzierte Prospekt muss keine abseitige Idee eines auf das Lernen spezialisierten Hochschullehrers sein. Das kann allein durch den Hinweis darauf deutlich werden, dass die Menschheit spätestens mit der Nutzung des World Wide Web zu einer *Gemeinschaft der Lernenden* geworden ist. Unter den Bedingungen globaler Vernetzung ist die seit Jahrtausenden nur *erdachte, religiös unterstellte* und schließlich *wissenschaftlich erfasste eine Welt* innerhalb weniger Jahre zu einer *bewusst erfahrenen Realität* geworden.

Soll sie eine Gestalt annehmen, in der die Menschheit zum Subjekt ihrer eigenen Geschichte werden können soll, hat sich diese Welt auf die Herstellung der technisch, ökonomisch und ökologisch längst unabweisbar gewordenen globalen Einheit vorzubereiten. Dazu haben zunächst die in kontinentaler Nachbarschaft lebenden Völker zu einer gemeinsamen politischen Organisation zu finden, die dann in der Lage sein muss, mit den anderen kontinentalen Einheiten zu kooperieren. Eine solche Organisation ist in Europa im Ansatz entwickelt.

Es liegt im Interesse der ganzen Welt, dass die Europäer dabei nicht scheitern. Und wenn es ihnen gelingt, die weitere Entwicklung zu einer echten politischen Union im Rahmen der *Vereinigten Staaten von Europa* voranzubringen, führen sie allen anderen Staaten in den viel größeren Kontinenten vor, wie man das Unmögliche möglich macht. Dazu müssen die anderen lernend Anteil nehmen können. Deshalb ist es entscheidend, dass sich die Europäer auch selbst vor Augen führen, dass sie vor einer *Quadratur des Zirkels* stehen, die in der Mathematik zwar unmöglich ist, in der Politik aber immer wieder neu versucht werden muss. Für die politische Theorie liegt die Quadratur darin, aus Partizipation, Repräsentation, Konstitution und Publizität einen tragfähigen Funktionskreis zu machen; für die weltpolitische Praxis der Politik besteht die Quadratur darin, der Vielfalt der Menschen durch politische Einheit zum Ausdruck zu verhelfen.

Ein Beispiel für viele

An der ersten Stelle der selbstkritischen Vergewisserung hätte die Erinnerung daran zu stehen, dass die Politik nicht, wie viele bis heute glauben, in Europa »erfunden« worden ist. Als afro-asiatisches Erbe ist sie vielmehr erst vergleichsweise spät nach Europa gekommen. Als dies geschah, hatten die Ägypter und Sumerer schon vorgeführt, wie mit Hilfe neuer *Techniken*, vornehmlich der Schrift und des Rechts, selbst große Reiche zu verwalten sind – von den anatolischen Burgsiedlungen und phönizischen Städten ganz zu schweigen.

Bei den Phöniziern war die Politik schon so alt, dass sie bereits um 1000 v. Chr. mit einer Demokratisierung ihrer hierarchischen Stadtverwaltungen experimentieren konnten, gut 500 Jahre, bevor die Athener die Partizipation zum ausdrücklichen Prinzip des politischen Handelns machten. Aristoteles konnte bereits um 340 v. Chr. sagen, die Einheit der *polis* komme nicht durch *Blutsverwandtschaft*, nicht durch einen über Mythen und Geschichte vermittelten *Glauben* und auch nicht durch die territorial vorgegebene *Nachbarschaft* zustande, sondern allein durch die *aktive Teilnahme* an den Geschäften der Bürgerschaft. Europa brauchte also mehr als 2000 Jahre, um auf den Stand einer in allen Lehrbüchern der Politik zu findenden Einsicht zu gelangen.

Durch die Erkenntnis der Griechen, dass sie für die von allen verantwortete Politik gebildete Bürger brauchen, musste bereits jeder zur Mitwirkung fähige Bürger nicht nur lesen und schreiben können, sondern auch ein Angebot haben, sich allgemein urteilsfähig zu machen. Das hat zur Ausweitung der – dummerweise immer noch als *sophistisch* abgewerteten – *Volksaufklärung*, zur *kritischen Geschichtsschreibung*, zur Erfindung der *öffentlich betriebenen Wissenschaften*, aber auch des *Theaters* und der die Paläste verlassenden *bildenden Künste* geführt.

Ganz nebenbei haben die Griechen es auch geschafft, die in ihren Kulten höchst geschätzte *Religion* politisch zu neutralisieren. Und so gehört es zu den großen europäischen Rückfällen, dass die Kirchen sich selbst als politische Macht etablieren konnten. Das kann man nur als tragisch bezeichnen, denn in der christlichen Botschaft, wie Paulus sie deutet, wird das Religiöse auf die persönliche Lebensführung und die individuelle Heilserwartung beschränkt.

Tragisch ist das Missverständnis der Kirchen als politische Machthaber auch deshalb, weil die größte Errungenschaft in der spezifisch europäischen Evolution des Politischen mit der christlichen Botschaft zu tun hat: Nach dem Vorlauf des platonischen und stoischen Denkens wird der *Staat* nach dem *Vorbild des Individuums* gedacht und das *Individuum* hat sich nach dem *Modell des Staates* zu verstehen. Dadurch kommt es zur engen internen *Vernetzung von Recht und Ethik*, die es erlaubt, beide durchaus getrennten Bereiche formal so zu verbinden, dass daraus wechselseitige Ansprüche an Moral und Politik erwachsen.[4]

So stehen *politische Institution* und *moralische Person* in einem funktionalen Zusammenhang. Von beiden wird erwartet, dass sie sich nach *Einsichten* richten. Beide sind genötigt, *Gründe* für ihre Entscheidungen zu haben, über ein *Gedächtnis* zu verfügen, *Zwecke* zu verfolgen, *Absichten* zu äußern und *Versprechen* halten zu können. Beide, politische Institution und moralische Person, wollen und sollen so berechenbar sein, dass sie zu dem stehen können, was sie veranlasst, zugelassen oder in Aussicht gestellt haben.

Pathos für das Andere

Es ist im Wesentlichen diese Verbindung des systematisch Getrennten, die es den Europäern möglich gemacht hat, die Gegensätze, die sie in den 2000 Jahren ihrer politischen, religiösen und nationalen (also durch Herkunft bedingten) Konflikte in überreichem Maße ausgelebt haben, *produktiv* zu machen. Die Region Europa ist unter Einschluss des römischen Imperiums, das sich ständig neue Widersprüche einverleibte, ein *Terrain unablässig mit allen Mitteln ausgetragener Gegensätze* gewesen. Es bestand aus sich fortgesetzt wandelnden *Provinzen vielfältigster Überzeugungen*; die lebensharte Grausamkeit, die wir in der Schule noch unter dem gemütlichen Titel der *Völkerwanderung* im Pensum hatten, war die Wirklichkeit einer eigentlich nie endenden *Migration* von einer Region in die andere.

In keiner anderen Region der Welt wurden über einen so langen Zeitraum hinweg so viele Kriege ausgetragen, die selbst wiederum unausgesetzte Schübe technischer und sozialer Entwicklungen mit sich brachten.

Mir scheint, der hochelaborierte, schon alsbald mit den raffiniertesten *historischen, juristischen* und *religiösen* Argumenten ausgetragene Streit hat es vermocht, den Europäern die Fähigkeit zu geben, ein *anthropologisches Grundmerkmal* des Menschen auf einzigartige Weise zu kultivieren: Das ist die *Fähigkeit zur Distanz*. Durch sie war ihnen möglich, sich in einer sie selbst herausfordernden Weise in *grundsätzliche Distanz* zu sich selbst zu begeben.

Wie keine uns bekannte andere Kultur hat sich die europäische immer wieder selbst in Frage gestellt und sich eben damit auf den Weg gebracht, der nachträglich als *Fortschritt des Rechts* oder sogar der *Kultur* erscheint. Jeder einzelne Akt des radikalen Widerspruchs aber war, man denke nur an die Reformation oder die Französische Revolution, eine existenzielle Herausforderung mit unabsehbaren Konsequenzen. Aus ihnen haben die Europäer in ihrer *einzigartigen Form geschichtlicher Reflexion Impulse für ihre Selbstaufklärung* gemacht. Hier liegt ihre Größe, und es wäre mir recht, wenn sie darin exemplarisch werden könnten. Selbstkritik kann man schlecht exportieren, aber hier mit gutem Beispiel voranzugehen wäre die erste *gute Form des Kolonialismus*, gleichsam die *Inversion imperialer Selbstbehauptung*.

Die Selbstkritik nötigt uns das Eingeständnis ab, dass die *selbstkritische Obsession* Europas auch früher schon einiges Gute bewirken konnte: Sie hängt auf das Engste mit der immer auch *wissenschaftlich inspirierten Neugier für andere Kulturen* zusammen. Man mag über die Europäer sagen, was man will: Sie waren sehr viel früher offen für das Andere, das ihnen gerade deshalb nicht als das (heute von so vielen für konstitutiv gehaltene) *Fremde* erschien: Sie kannten das Fremde aus nächster Nähe, vornehmlich von und an sich selbst; dazu brauchten sie nicht in abgelegene Weltgegenden zu reisen.

»Nichts Menschliches«, so zitierten die modernen Europäer ihre antiken Vorbilder, »sei ihnen fremd.« Mit Menander, Terenz, Seneca und Augustinus erschien ihnen das Andere gerade nicht als das Fremde, denn es gehörte zum Ganzen der Welt, in der sie sich heimisch fühlten. Auch wenn in der kopernikanischen Welt das Zentrum der Bewegung verloren ging und die Räume ins Unermessliche wuchsen, haben die neuzeitlichen Autoren den Kosmos nicht viel anders betrachtet. Denn er blieb für sie, was er schon für die Griechen gewesen war: *ihr Lebensraum.*

Wenn sie trotzdem mit dem größten Interesse Erkundungsreisen absolvierten, dann geschah es auch, um sich *mit dem Anderen* vertraut zu machen. Sie verfassten *Reiseberichte*, schrieben die *Geschichte anderer Völker* und *Königreiche* und suchten die Welt nicht nur zu *expropriieren* und zu *exploitieren*, sondern auch zu *explorieren.*

Dabei machten die Europäer die anderen Kulturen immer auch zu *Objekten ihres Wissens* und ihrer Wissenschaft. Sie haben die ihnen interessant erscheinenden Güter aus fernen Ländern gesammelt, beschrieben und ausgestellt; haben das Museum erfunden, um das Gefundene als Teile eines Weltzusammenhangs anzusehen, dem sie im Ganzen und mit allen anderen zugehören wollten.

Gewiss, das hat sie nicht nur zu Entdeckern, sondern auch zu Eroberern sowie zu Kunst- und Grabräubern gemacht. Aber sie wollten die gestohlenen Güter, sofern private und nationale Begehrlichkeiten im Spiele waren, immer auch wissenschaftlich erfassen, künstlerisch gestalten und museal bewahren. Viele der auf diese Weise erhaltenen Fundstücke sind überhaupt nur dadurch dem Gedächtnis der Menschheit erhalten geblieben.

Kurz: Was immer die Europäer sonst auch waren: Sie haben mit einem offenen Blick für andere Kulturen gelebt. *Eurozentrismus* kann man das nicht nennen. Es ist ein bereits seit 2000 Jahren eingeübter *intellektueller Universalismus*, der es auch einem Winzling von Kontinent leicht machen sollte, in einer globalisierten Welt eine Aufgabe zu haben. Und die Tatsache, dass Europa Teil einer sehr viel größeren Landmasse ist, kann man auch als Sprungbrett verstehen.

Die Kraft aus dem Gegensatz

Um *Eurozentrismus* handelt es sich auch deshalb nicht, weil Europa nie einen in sich ruhenden Mittelpunkt besaß. Die Zentren wechselten und die Unterschiede blieben groß, auch wenn kenntnisreiche Beobachter noch heute überall die Schatten Roms erkennen. Darüber darf man aber nicht vergessen, dass die gebildeten Römer der späten Republik und der frühen Kaiserzeit sich an Athen orientierten. Ihre Nachfahren waren genötigt, sich Ravenna und Byzanz zu fügen. Ehe sich Rom wieder erholte, standen Mailand und die Klosterstandorte der Cluniazenser im Vordergrund. Für die nachfolgenden Jahrhunderte ließen sich Paris, Köln, Oxford, Florenz, Madrid, London, Basel, Amsterdam, Wien oder Berlin aufzählen. Mit Blick auf die Wendepunkte der Geistesgeschichte kann man Prag, Wittenberg oder Zürich ergänzen. Heute darf man Brüssel und Straßburg für Zentren halten.

Wichtiger als die geografische Vielfalt ist der in den Zentren herrschende geistige Widerspruch nicht nur zur Peripherie und zu konkurrierenden Metropolen, sondern in ihrem eigenen Machtgefüge. Familien, Gruppen, Klassen und Parteien standen gegeneinander; hinzu kam der Widerstreit der Schulen, Theorien und Religionen. Die europäische Kultur hat sich in Gegensätzen aufgebaut. Sie hat ihre Kräfte in der Opposition gegen die eigenen Kräfte entwickelt und ist eben dadurch immer wieder über sich hinausgewachsen.

Auch in seinem Selbstbezug hat sich der europäische Geist von Anfang an in Widerspruch zu sich selbst gesetzt. Platons Dialoge vermitteln davon bereits einen komprimierten Eindruck, woraus sich schließen lässt, wie alt der innere Antagonismus des rationalen Denkens ist. Auf Platon, der den Sophisten widersprach, folgte der aristotelische Einspruch gegen ihn, der sich bereits in einer Vielfalt sokratischer Schulen behaupten musste. Die nachfolgende Philosophie der Antike bewegte sich zwischen den Gegensätzen der Akademiker und der Peripatetiker, der Epikureer, der Stoiker und der Kyniker. Darauf folgte die Auseinandersetzung mit der christlichen Botschaft, die sich selbst sogleich in Gegensätzen ausgeprägt und auf die spätantiken Neuplatoniker zurückgewirkt hat. Die Oppositionen verschärften sich durch die Konflikte mit der germanischen Kultur und wurden durch die Kirchenspaltung zwischen Byzanz und Rom verdoppelt. Mit dem Erstarken der jüdischen Mystik und den gleichzeitig erfolgenden Vorstößen islamischer Eroberer kam es zum Grundsatzstreit über die Religion, der bereits im Vorfeld der Reformation geführt worden ist.

Was danach an unablässigen Kontroversen über den rechten Glauben folgt, ist beispiellos. Wäre die Suche nach dem gottgefälligen Bekenntnis nicht mit so großem Ernst verbunden, könnte man von einer schier unerschöpflichen Lust an der Unterscheidung sprechen. Zwischen 1517 und 1648 kommen mehr als 50 neue Konfessionen hinzu. Doch belassen wir es bei der Feststellung, dass es die Einheit Europas ohnehin nur in Gegensätzen gab und gibt. Über einen großen Zeitraum hinweg erzeugen sie das Spannungsfeld, in dem sich das europäische Experiment mit seiner politischen Kultur entfalten kann.

Man kann zeigen, dass es seit dem ersten Versuch mit der Demokratie in Athen über die in der Neuzeit immer wieder als vorbildlich angesehenen Erfahrungen mit der altrömischen Republik bis hin zur konstitutionellen Demokratie unter dem Schutz des Menschenrechts ein Ergebnis gezeitigt hat, das für den Aufbau einer politischen Weltgemeinschaft wegweisend ist. Deshalb spricht, zumindest aus europäischer Perspektive, alles dafür, es mit dem weiteren Ausbau der Europäischen Gemeinschaft fortzusetzen. Der politische, religiöse, ästhetische und kulturelle Regionalismus, der auch mit unterschiedlichen Geschwindigkeiten der Ausbreitung und Entwicklung verbunden war, wird die Region Europa lebendig halten und gesetzt die Europäer verraten die Einsichten, die sie selbst in die Prinzipien des Politischen gewonnen haben, nicht ein weiteres Mal, könnte man es nicht länger bedenklich finden, dass in den anderen Kontinenten, trotz der selbst verschuldeten politischen Katastrophen, sogar von Europa wieder etwas zu lernen ist.

Die historische Chance Europas

Im Nachdruck, den ich auf die Rolle der *Selbstkritik* Europas lege, liegt meine Reaktion auf die *Krise* Europas. Vor Jahren habe ich über das *Laboratorium Europa* gesprochen und geschrieben.[5] Der ideale Fehler, der mir dabei unterlaufen ist, lag in der ausdrücklichen Unterstellung fortgesetzter ökonomischer Prosperität. Mir war zwar klar, dass die explosionsartige Zunahme der Zahl der Mitgliedstaaten ein hohes Risiko darstellte; deshalb hatte ich in der Debatte über die Einführung einer gemeinsamen Währung für eine Konzentration auf *Kerneuropa* plädiert, um insbesondere den neuen Mitgliedern aus dem ehemaligen Ostblock mehr Zeit zur Anpassung an die neuen Verhältnisse einzuräumen. Doch damit, dass die mediterranen Mitgliedstaaten sich mit der Krise der Finanzmärkte als das größere Problem erweisen würden, hatte ich nicht gerechnet.

Gleichwohl halte ich unter den nunmehr gegebenen Umständen nichts für schädlicher, als nachträgliche Zweifel auszustreuen und den bereits erfolgten politischen Einigungsprozess rückwirkend in Frage zu stellen. So groß die finanzpolitischen und in ihrer Folge auftretenden ökonomischen und fiskalischen Probleme auch sein mögen und so sicher es ist, dass daraus nicht nur in Griechenland, Portugal, Italien und Spanien, sondern auch in Frankreich innenpolitische Aberrationen entstehen, die eine weitere Belastung der Union mit sich bringen werden, so abwegig wäre es, die erreichte Integration in Frage zu stellen und neue Grenzen zu errichten.

Meine Reaktion auf die Krise ist die denkbar älteste: Denn der Ausdruck »Krise« kommt aus dem altgriechischen Verb *krinein*, was so viel wie »unterscheiden«, »trennen«, »sich lösen« bedeutet. In der »Krise« lösen sich die vertrauten Verbindungen auf; das löst Unsicherheiten aus, die mit dem Bewusstsein der Gefahr verbunden sind. Damit waren die Griechen des fünften vorchristlichen Jahrhunderts wohl vertraut, denn alle gewohnten politischen und gesellschaftlichen Bindungen schienen sich aufzulösen: Nicht nur, dass die Könige vertrieben waren. Nun hatten sie auch die Friedhöfe aus der Mitte der *polis* an den Rand verlegt, um im Zentrum Platz für Versammlungen und Märkte zu haben. Dort traf man sich, um in aufreibenden und viel zu häufigen Versammlungen zunehmend selbst über die Geschicke der Stadt zu entscheiden. Der Adel war entmachtet; in Athen berief man sogar den altehrwürdigen *Areopag* nicht mehr ein, um alles unter dem Anspruch der *Demokratie* auf der *agora* zu entscheiden.

Wie dramatisch die Lage war, lässt sich daran erkennen, dass man sich nicht einfach nur aus religiösem Anlass zur Verehrung der Götter zusammenfand, sondern Weihespiele aufführte, in deren Zentrum *Tragödien* rückten. Deren Texte verraten uns heute, wie groß die Spannung im Volk war, weil alles unsicher geworden zu sein schien: bis hinein in die alltägliche sittliche Ordnung, von der man geglaubt hatte, sie den Göttern zu verdanken.

Nun aber zogen nicht nur Musikanten und Schausteller von Stadt zu Stadt, sondern auch angeblich weise Männer, *Sophisten*, die erklärten, dass die Götter noch nicht einmal für Recht und Gesetz gesorgt hatten: Die politische Ordnung sei nicht *physis* (»von Natur aus«), sondern *thesis* (»von Menschen gemacht«).

Auf die alle Bereiche ihres Lebens erfassende *krisis* reagierten die Griechen mit deren *Verschärfung*, nämlich mit *Kritik*. Das Wort kommt aus demselben etymologischen Stamm, und es bedeutete für viele ein und dasselbe: *Kritik war gleich Krise*. Denn die Unterscheidungskünste der Rhetoren hatten die Irritationen vertieft, hatten gelehrt, wie man alles in Frage stellt, und dann, wie es schien, tatsächlich alles unsicher gemacht.

Zum Glück aber überließen sich nicht alle diesem Glauben. Einige erinnerten sich daran, dass die größte Not der Athener bereits in der Wende vom siebten zum sechsten vorchristlichen Jahrhundert entstanden war, als die Mehrheit der athenischen Bürger (vornehmlich Bauern, Handwerker und Händler) beim grundbesitzenden Adel der Stadt derart verschuldet waren, dass sie keine Chance mehr hatten, die Kredite zurückzuzahlen. Sie sahen sich zur Aufgabe ihrer Geschäfte genötigt, und wer der Schuldknechtschaft oder der Sklaverei entkommen wollte, hatte nur die Wahl zwischen Flucht oder selbst gewähltem Tod. So drohte der Stadt nicht nur der Zusammenbruch der Versorgung, sondern auch der Sturz in die politische Bedeutungslosigkeit.

Das war die historische Stunde Solons, eines Bürgers, der politisches Ansehen erworben hatte, weil es ihm gelungen war, Athen wieder mit Salamis und Megara zu vereinigen und damit eine schädliche Zersplitterung der Macht rückgängig zu machen. Mit dem erworbenen Vertrauen machte er dem Wucher der Gläubiger durch eine »Lastenabschüttelung« (*seisachtheia*) ein Ende und führte eine allgemeine Entschuldung herbei, die er durch eine neue Verfassung verbindlich machte. Die Schuldknechtschaft wurde für unrechtmäßig erklärt, die Schuldsteine auf den Feldern verschwanden, die Verpachtung von Feldern wurde verboten und die überteuerten Getreideeinfuhren aus Ägypten wurden eingeschränkt. Stattdessen schaffte man preisgünstig Getreide vom Schwarzen Meer und vom Hellespont herbei, um den Hunger der Menge zu stillen. Überdies wurden Maßnahmen ergriffen, die der handwerklichen Ausbildung von Söhnen aus armen Verhältnissen dienten.

Solon schuf auch eine neue Verfassung, die den Boden für die spätere demokratische Ordnung legte. Er begrenzte die Standesvorteile der Feudalherren und der Beamten, beseitigte die Erbrechte des Adels und band die Mitsprache der Bürger an den von ihnen selbst erworbenen Besitz. 594 v. Chr. wurde Solon der erste *Archon*, dem alsbald der Titel eines *Diallaktes*, eines »Wieder-ins-Lot-Bringers« zuwuchs, ein Ausdruck, den noch Platon als Funktionsbezeichnung für den überlegenden Politiker verwendet, um deutlich zu machen, dass die Politik nicht erst in Zeiten der Krise für Ausgleich zu sorgen hat.

Solon beschreibt seine vom Prinzip der *isonomia*, der gesetzlichen Gleichheit, getragene Leistung so:

> »So viel Teil an der Macht, als genug ist, gab ich dem Volke,
> nahm an Berechtigung ihm nichts, noch gewährt' ich zu viel.
> Für die Gewaltigen auch und die reicher Begüterten sorgt' ich,
> dass man ihr Ansehen nicht schädige wider Gebühr.
> Also stand ich mit mächtigem Schild und schützte sie beide,
> doch vor beiden zugleich schützt' ich das heilige Recht.«[6]

Solons Reformen, in denen er auch den Wohlhabenden gegenüber Gerechtigkeit üben will, waren ein durchschlagender Erfolg. Sie legten den Grund für die politische und kulturelle Größe Athens und waren ein mehrfacher Beleg für die Leistungskraft der *Kritik*. Denn Solon war ein *Weiser*. Er wurde später als einer der sieben Weisen des Altertums verehrt. Er ging »trennend«, nämlich *analytisch* an seine Aufgabe heran, rechtfertigte sein Handeln durch *Gründe* und hielt sie in seinem *biographischen Lehrgedicht in kunstvoller Form* für die Mit- und die Nachwelt fest.

Daran konnte man sich 200 Jahre später in der den Sophisten zur Last gelegten Krise auch deshalb so gut erinnern, weil inzwischen die *kritische Geschichtsschreibung* in Gang gekommen war, die in Verbindung mit der literarischen, juridischen, politischen und ethischen *Selbstkritik* der Gesellschaft eine völlig neue Wirkung nach sich zog – und es bis heute tut.

Damit ist der Kreis geschlossen: Die erste historisch aufgearbeitete *Krise Europas*, nämlich die *exemplarische Krise der athenischen Polis*, hat die Selbstkritik als zentrales Moment des alteuropäischen Selbstbewusstseins heraufgeführt. Ihr verdanken wir nicht nur das einzigartige *Selbstbewusstsein des autonomen politischen Handelns*, sondern auch die *kritische Geschichtsschreibung* von Herodot und Thukydides und schließlich das *kritische Philosophieren* des Sokrates.

Für Athen hat das nur eine viel zu kurze Weile lang zum Erfolg geführt. Aber die *Kultur der Selbstkritik* hat sich gehalten und hat uns, trotz schwerer Rückschläge, zu denen nicht nur der Untergang der Alten Welt, sondern auch die imperialen Verfehlungen gehören, von denen eingangs die Rede war, ein *einzigartiges historisches Panorama* hinterlassen, aus dem wir nun *selbstkritisch* lernen können.

Das sollten wir auch in der Krise tun, die derzeit die Europäische Union erfasst hat. Dabei lautet die erste und wichtigste Lehre: an der *Einheit* festzuhalten und das kleine Europa, das in seiner historischen und kulturellen Vielfalt seinen größten Reichtum hat, sich nicht erneut zersplittern zu lassen.

Wenn die Europäer dafür sorgen, dass sie nicht nur in allen ihren Ländern Urlaub machen, sondern auch unter gleichen politischen Grundsätzen *leben, lernen, arbeiten* und *sprechen* können, dann ist die Einheit Europas auch in exemplarischer Weise für die Einheit der Welt gerettet.

Endnoten

1 Siehe dazu: Reemtsma, Jan-Philipp, *Gewalt und Vertrauen. Grundzüge einer Theorie der Gewalt in der Moderne*, Berlin 2012.

2 Ende des 19. Jahrhunderts hatte es den russischen Zaren von einer Weltfriedensorganisation, die frühe Arbeiterbewegung von einer sozialen Demokratie und die Frauenverbände von der Gleichberechtigung träumen lassen.

3 Das war schon bei Napoleon so, gilt dann vornehmlich für die Deutschen, ist aber auch bei ihren Verbündeten und leider auch bei ihren Gegnern zu finden. Kolonialisten wollten sie alle sein, wenn sie es nicht schon waren.

4 Sodass die jeweiligen Pflichten mit eigener Verbindlichkeit aus eigenen Gründen gerechtfertigt werden können.

5 Gerhardt, Volker, Laboratorium Europa, in: *Merkur* 706 (2008), Jg. 62, 218–232, wieder in: *Exemplarisches Denken. Aufsätze aus dem Merkur*, München 2008, 297–314; Übersetzung in italienischer Sprache in: *TEORIA – Rivista di filosofia, Eurosofia. La filosofia e l'Europa.* XXVIII (2008), 2 (Terza serie III/2), 25–43.

6 Die Authentizität der Selbstbeschreibung Solons ist umstritten. Doch da sie zur ältesten Überlieferung griechischer Spruchdichtung gehört, hat sie auch unabhängig von der Echtheitsfrage historisches Gewicht. Zitiert nach der schönen Übersetzung von Geibel, Emanuel, *Classisches Liederbuch. Griechen und Römer in deutscher Nachbildung*, Berlin 1875, 8.

Osamljeni Evropejci (Lonely Europeans)

Goran Vojnović

Nikjer in nikoli v vsej svetovni zgodovini ni bilo pod soncem srečnejših ljudi kot so bili to Slovenci prvega maja 2004. Tisoče let so namreč ljudje na sončni strani Alp sanjali, da se bodo nekoč smeli pridružiti onim na drugi strani, ki so živeli v senci visokih gora, onim, ki so jim alpski vršaci vselej nudili varno zavetje pred vsemi oblikami balkanskega barbarstva in so bili zato civilizirani, kultivirani, in demokratizirani. Tisoče let so torej Slovenci v samem središču Evrope sanjali o tem, da bodo nekoč lahko postali Evropejci.

Ko so se prvega maja 2004 prebudili v svoje prvo evropsko jutro, so presrečni ugotovili, da so meje, vsaj tiste vidne, zares padle in da so zdaj končno tudi oni vsi drugačni in vsi enakopravni. Bilo je lepo opazovati, kako od te zgodovinske sreče žari obraz našega zunanjega ministra Dimitrija Rupla, ki je resnično verjel, da se je tistega dne vpisal v zgodovino kot človek, ki je iz vulgarnih in primitivnih Balkancev čez noč naredil politično korektne Evropejce, ljudi, ki si, preden naredijo požirek vina, ustnice nežno dotaknejo z bombažnim prtičkom. Bilo je lepo opazovati tudi Romana Prodija in Antona Ropa, kako si v prešernem vzdušju istočasno nazdravljata v italijanski Gorici in v slovenski Novi Gorici, verujoč, da so tam, kjer so tolikokrat »sekla bridka jekla« in je najlepša reka »krvava tekla«, meje enkrat za vselej zabrisane.

Bili so to krasni časi naivnosti in zablod, ko smo verjeli, da nas je Evropa širokogrudno sprejela medse samo zato, ker se je v minulih letih navdušila nad nami in nad našo v vseh ozirih evropsko kulturo. Bili so časi, ko smo verjeli, da so si Belgijci, Švedi, Irci, Portugalci in vsi drugi Evropejci resnično zaželeli živeti v Evropi, katere del bomo tudi mi, s svojo bogato kulturno dediščino.

Letos mineva deseto leto našega evropskega življenja in verjetno je pravi čas, da končno soočimo svoje evropske sanje s svojo evropsko resničnostjo in si priznamo, da nas Evropa s tem, ko nas je iztrgala iz večnega primeža

Balkana, ni naredila nič bolj evropske, temveč smo v Evropi postali le še bolj izkoreninjeni in osamljeni.

Seveda lahko danes kot posamezniki prosto potujemo v Madžarsko, Avstrijo in Italijo ter naprej, vse do Nordkappa ali Gibraltarja, plačujemo z evri in, vsaj simbolično, z izvolitvijo poslancev v evropski parlament, soodločamo o usodi celotne Evropske zveze. Kot posamezniki imamo tudi večje možnosti študija in tudi zaposlovanja po nekoč težko dostopni nam zahodni Evropi. Veliko je projektov na različnih področjih, pri katerih se omogoča in spodbuja sodelovanje strokovnjakov iz različnih evropskih držav, tudi iz Slovenije. Z vstopom v Evropsko zvezo smo postali tudi zanimivejši in dostopnejšimi številnim evropskim turistom, vse naše funkcionarje so polna usta črpanja mitoloških »evropskih sredstev«, radi se izgovarjajo na »pritiske Bruslja«.

A če je do nastopa finančne krize vsaj za slovensko gospodarstvo veljalo, da imajo odškrnjena vrata v Evropo nanj precej blagodejne učinke, so za našo novopečeno evropsko družbo v celoti ti učinki povsem neznatni. In če govorimo o naši kulturi, ali še bolj natančno, o umetnosti, so v določenih ozirih celo škodljivi.

Dejstvo je namreč, da je za časa SFR Jugoslavije, slovenska kultura intenzivno komunicirala s celotnim jugoslovanskim prostorom. To je pomenilo, da so imeli slovenski umetniki tako svoje slovensko, dvomilijonsko občinstvo, iz katerega izkušnje in tradicije so večinoma izhajali in ga tudi primarno nagovarjali, kot tudi dvajsetmilijonsko občinstvo svoje širše domovine. Slednje se je seveda razlikovalo od slovenskega, a je hkrati premoglo dovolj poznavanja slovenskega okolja in tudi zanimanja zanj, da je lahko kritično sprejemalo in se tudi odzivalo na številne stvari, ki so prihajale iz Slovenije. Tako so mnogi slovenski pisatelji, filmarji, glasbeniki in drugi umetniki takratnega časa imeli dragoceno možnost redno predstavljati svoja dela zunaj meja svoje majhne domovine, nekateri pa so tudi intenzivno sooblikovali skupni, jugoslovanski kulturni prostor in se kot jugoslovanski avtorji predstavljali širnemu svetu, ki je imel za jugoslovansko umetnost in umetnike celo nekaj malega posluha.

V državi z dvajsetmilijonskim trgom je obstajala tudi možnost razvoja raznolikih kulturnih središč z različnimi občutljivostmi, s čimer se je za avtorje odpirala možnost, da naletijo na paleto različnih odzivov oziroma si celo poiščejo zavetišče pri bolj naklonjeni jim publiki. Primerov, ko so se avtorji zaradi boljšega razumevanja lastnega dela in posledično boljših ustvarjalnih pogojev, vsaj začasno selili iz enega na drug konec Jugoslavije, je bilo veliko. Eni so bili pač priljubljeni v Beogradu, drugi v Zagrebu, tretji v Ljubljani. Seveda je pri tem »premikanju« umetnikov svojo, dokaj veliko vlogo igrala tudi politika in cenzura, a njena vloga ni bila vselej odločilna.

Ko smo torej prvega maja 2004 vstopili v Evropo, smo se tega veselili tudi zato, ker smo bili prepričani, da bo s tem Evropa dokončno prevzela vlogo naše nove širše domovine in da bomo v njej našli tudi svoje novo, tokrat še številčnejše in bolj pisano občinstvo, s katerim bomo komunicirali kot smo nekoč z jugoslovanskim.

Upali smo, da bo London postal naš Beograd, Pariz naš Zagreb in Berlin naše Sarajevo, da bomo povsod po Evropi raztreseni ljudje, ki bodo pozorno spremljali dogajanje v Sloveniji, ga kritično presojali in ocenjevali, da bomo imeli po evropskih središčih sčasoma našli svoje maloštevilno, a zvesto občinstvo, ki bo Slovenijo, njeno kulturo in zgodovino, dovolj dobro poznalo, da bo lahko razumelo, o čem govorijo naše knjige ali naši filmi.

Verjeli smo, da bomo kot neločljiv del njihove evropske domovine deležni zanimanja Francozov, Špancev, Nemcev, da bodo ti od časa do časa pokukali čez naše zabrisane meje in enega za drugim navdušeno odkrivali mlade slovenske talente. Verjeli smo, da se bodo tudi v Rimu, Madridu, Oslu, kot nekoč v Splitu, Skopju in Tuzli našli celo ljudje, ki se bodo iz ljubezni do naše literature in glasbe učili slovensko, brali naše časopise, spremljali našo televizijo.

Danes, devet let pozneje, je vsem, ki ne slišijo na ime Dimitrij Rupel jasno, da v naši novi širši domovini ni nobenega zanimanja za nas in našo kulturo. V Benetkah nas sprašujejo, če smo res že v Evropski uniji, v Stuttgartu nas ne ločijo od Slovakov, v Bilbau še niso slišali za nas. Res lahko danes kjerkoli v Evropi srečaš nekoga, ki je slišal za Tino Maze, res je, da večina evropskih moških ve, kdo je Samir Handanović in res je, da je že vsak evropski intelektualec kdaj citiral Slavoja Žižka, a to le pomeni, da je omenjena trojica svetovnih zvezdnikov znana veliko bolj kot država iz katere prihaja.

Dejstvo je, da slovenska kultura ne komunicira z nobeno drugo evropsko kulturo, da velika večina pomembnejših kulturnih dogodkov in pojavov v Sloveniji nima niti najmanjšega odmeva zunaj nevidnih, a še kako obstoječih evropskih meja. Preboj slovenskega umetnika v italijanski, avstrijski ali madžarski kulturni prostor se je izkazal za misijo nemogoče in z vsakim letom je slovenska kultura bolj zaprta sama vase, nereflektirana in nesoočena s pogledom od zunaj.

Predvsem popularna kultura se je s tem položajem popolnoma sprijaznila in je dostikrat zelo preračunljivo in populistično namenjena izključno slovenskemu občinstvu, pri čemer ji prepogosto sledi tudi tako imenovana resna kultura. Pri tem seveda ne gre za tisto znano krilatico »deluj lokalno, misli globalno«, saj so tudi misli umetnikov vse bolj izrazito lokalne narave. Dostikrat, in to je v resnici najbolj žalostno in zaskrbljujoče, povsem nehoteno in celo nezavedno.

Vse pa to seveda ne more ne puščati posledic na slovensko družbo v celoti, ki je v samem središču Evrope vse bolj osamljena, nepotešljivo obsedena sama s seboj, neopazno odmaknjena od zunanjega sveta, na katerega nimamo, in vse bolj se zdi, da tudi ne želimo imeti, nikakršnega vpliva.

Slovenci so najbolj osamljeni Evropejci, kar jih lahko srečate pod evropskim soncem. Starih balkanskih prijateljev ne maramo več, novih, evropskih še nimamo in vprašanje je, ali jih bomo sploh kdaj imeli. Smo kot tisti nesrečni šolarčki, ki se ne znajo vklopiti v novo družbo in le od daleč, sramežljivo opazujejo druge otroke, kako se skupaj igrajo. In bojim se, da si kmalu njihove družbe sploh ne bomo več želeli, saj se bomo znali igrati le še sami s seboj.

Zato, če kdo pozna kakšno socialno delavko, ki bi nam lahko pomagala, nujno prosim za njeno številko.

Aktuelle Kooperationen im Alpe-Adria-Raum[1]

Gerhard Katschnig

Die hier zu präsentierende Studie *Der Kreativ-Motor für regionale Entwicklung. Kunst- und Kulturprojekte und die EU-Strukturförderung in Österreich* wurde durchgeführt im Auftrag des Bundesministeriums für Unterricht, Kunst und Kultur und herausgegeben von der »österreichischen kulturdokumentation«. Sie umfasst eine Erhebung und Analyse von EU-kofinanzierten Kunst-, Kultur- und Kreativwirtschaftsprojekten im Rahmen der Regionalförderung in Österreich im Zeitraum 2007 bis 2010. Diese Studie hinterfragt den Stellenwert von Kunst, Kultur und des Kreativsektors in den grundlegenden Dokumenten der Regionalpolitik und entwirft Handlungsempfehlungen für eine zukünftig bessere Verankerung des Kulturbereichs und der kreativen Branchen in der regionalen Entwicklung.

Eines der wichtigsten Anliegen der EU ist die Struktur- und Regionalpolitik. Für die Umsetzung stehen der EU im Wesentlichen drei Strukturfonds zur Verfügung: der Europäische Fonds für regionale Entwicklung (EFRE), der Europäische Sozialfonds (ESF) und der Kohäsionsfonds. Ihr gemeinsames Ziel ist die Forcierung der wirtschaftlichen und sozialen Entwicklung der Mitgliedstaaten (Stärkung der Anziehungskraft Europas für Investoren und Arbeitskräfte durch gesteigerte Wettbewerbsfähigkeit, Attraktivität und Beschäftigungssituation der Regionen), die Verbesserung von Beschäftigungsmöglichkeiten in strukturschwachen Regionen (mit Schwerpunkt auf kleinere und mittlere Unternehmen) sowie die Förderung des inneren Zusammenhalts (Festigung des Zusammenhalts innerhalb der EU durch grenzüberschreitende, transnationale und interregionale Zusammenarbeit).

Die Ausrichtung der Regionalpolitik wird seit 1987 regelmäßig neu und für einen bestimmten Zeitraum konzipiert; die aktuelle Förderperiode dauert sieben Jahre (2007–2013). Kulturprojekte und der Kreativsektor beeinflussen die Entwicklung der Regionalpolitik wesentlich.

Ihr Mehrwert zeigt sich in der zunehmenden Attraktivität von Regionen, der Innovationssteigerung, der ansteigenden Lebensqualität der Bewohner sowie in der kulturellen Vielfalt, sozialen Entwicklung und des Zusammenhalts in Europa. Diese Faktoren bieten Anreize für die Ansiedelung von Unternehmen, begünstigen die Schaffung von mehr und besseren Arbeitsplätzen und kurbeln den Tourismus an. Der Bereich der Kultur kann auf diese Weise zu einer günstigen wirtschaftlichen Entwicklung beitragen.

Durch die immer neue »Entdeckung der werdenden Formen der Kunstkommunikation und des Kunsterlebnisses«[2] finden sich, salopp formuliert, interessierte Minderheiten in förderungsfähigen Massen zusammen. Man denke an Festspiele, Filmfeste, Literatur- oder Buchfeste und viele andere Kultur- und Kunsttreffen. Was wären die Salzburger Festspiele, was wäre das Nova Rock Festival in Nickelsdorf (Burgenland), wenn diese sich nur auf ein festes, ortsgebundenes Publikum verließen? Es sind die hauptsächlich zugereisten, aber regelmäßigen Besucher aus aller Welt, welche die Anziehungskraft des Ortes oder der Landschaft widerspiegeln. Diese Art des Kunstgenusses ist eben »kein reines Privaterlebnis, sondern ein soziales, manchmal sogar politisches [...]«[3].

Kunst und Kultur haben das Potential, einen wichtigen Beitrag für Wirtschaft, Arbeitsmarkt und Lebensqualität zu leisten. Das sollte vonseiten der EU für die kommende Förderperiode 2014–2020 – und um diese geht es schließlich! – beachtet werden. Österreich stehen in der aktuellen Förderperiode Mittel in der Höhe von 1,46 Mrd. Euro zur Verfügung. Nur zum Vergleich: Das jährliche Marketingbudget von Red Bull hat dieselbe Höhe! Basierend auf den Leitlinien der EU entwickelt jeder Mitgliedsstaat einen nationalen Rahmenplan für die Umsetzung der Struktur- und Regionalpolitik der EU; in Österreich ist dafür der Nationale Strategische Rahmenplan (STRAT.AT) verantwortlich. Bis 30. September 2010 wurden in der vorliegenden Studie insgesamt 534 Projekte recherchiert, die in der aktuellen Förderperiode Mittel aus den Instrumenten der EU-Regionalpolitik erhalten haben und im Zusammenhang mit Kultur oder Kreativwirtschaft stehen.

Der Betrag beläuft sich lediglich auf 78,8 Mio. Euro und umfasst neben den sogenannten *Core-Projekten* (Projekte mit unmittelbarem Bezug zu Kunst und Kultur wie etwa die Ausrichtung des *Alfred Kubin Jahres 2009* im Innviertel oder die *Europaausstellung 2009 St. Paul in Kärnten* zur Geschichte der Benediktiner in Europa; von der Domäne *Kulturelles Erbe* bis hin zu Großveranstaltungen und Festivals) auch *Peripherie-Projekte*, die nur einen gewissen Grad an Kulturbezug aufweisen wie zum Beispiel das *Danube River Network of Protected Areas* (eine Plattform für transnationale Naturschutzarbeit, die unter anderem regionale kulturelle Besonderheiten und Veranstaltungen wie die Donau-Festivals integriert). Ausschließlich in Kulturproduktionen (Core-Projekte), die im Weiteren die kulturelle Infrastruktur, Kulturorganisationen, Kulturvermittlung etc. umfassen, fließen somit noch weniger finanzielle Zuwendungen.

Den größten Anteil im Rahmen der Erhebung für Kunst, Kultur und Kreativwirtschaft mit österreichischer Beteiligung machen die grenzüberschreitenden Programme aus. Die höchste Summe an EU-Mitteln entfällt auf die Programme *Österreich-Italien. Operationelles Programm zur Förderung der grenzüberschreitenden Zusammenarbeit im Grenzraum zwischen Österreich-Italien* sowie die *Cross-Border-Cooperation Slovenia-Austria* (aufgrund der höheren EU-Kofinanzierungsrate für wirtschaftlich schwächere Regionen): Beide konzentrieren sich thematisch auf die Domänen *Kulturelles Erbe* und *Transversale Bereiche*.

Die Domäne *Kulturelles Erbe* beinhaltet das Immaterielle Kulturerbe, das Baukulturelle Erbe, Museen, Volkskultur, Archäologie, Denkmal sowie Wissenschaft, Archive und Bibliotheken. Ein Beispiel innerhalb dieser Domäne ist das Projekt *Kulturkarte*[4]: Seit 2008 besteht eine Kooperation der Museen und Natur- bzw. Nationalparkhäuser der Regionen Bezirk Landeck, Bezirk Imst, Vinschgau, Engadin und Val Müstair. Verbunden werden die einzelnen Museen und Naturerlebniseinrichtungen durch die Kulturkarte TERRA RAETICA, die in den Museen und Naturparkhäusern an die Besucher verteilt und in den Gemeinden und Tourismusbüros sowie Hotels aufgelegt wird. Durch die Verzeichnung der Museen im Rahmen des Programms *Österreich-Italien* wird Einheimischen sowie Gästen ein großer Kultur- und Naturerlebnisraum präsentiert und die Region nachhaltig touristisch aufgewertet.

Die Domäne *Transversale Bereiche* beinhaltet Kulturinitiativen, Großveranstaltungen oder Internationalen Kulturaustausch, wie z.B. das Projekt *CrossCulTour*[5] im Programm *Central Europe*. Hier werden Crossmarketing-Strategien für Kultur und Tourismus entlang der Europäischen Kulturstraße TRANSROMANICA entwickelt, die für das gemeinsame romanische Erbe von zehn Regionen zwischen der Ostsee und dem Mittelmeer stehen. 2003 wurde TRANSROMANICA bereits initiiert und legte den Grundstein für das darauf aufbauende Projekt *CrossCulTour*, welches, ausgehend vom romanischen Erbe, spätere Stilepochen und weitere kulturelle Aspekte der Regionen berücksichtigte. Zusammenschlüsse mit Marketingpartnern fördern branchenübergreifende Kooperationen. Auf der Grundlage gemeinsamer kulturgeschichtlicher Wurzeln werden durch die Bewahrung von Kulturstätten und -landschaften die regionale und europäische Identität gestärkt, Arbeitsplätze und Einkommen durch die Kooperation mit kleinen und mittelständischen Unternehmen geschaffen sowie wirtschaftlich schwächere Regionen mit kulturellen Zentren verbunden.

In Kärnten werden 45 Kulturprojekte mit einem Gesamtkostenaufwand von 11,8 Mio. Euro realisiert. Die höchste EU-Summe fließt in das grenzüberschreitende Programm *Slowenien-Österreich*, in dessen Rahmen neun Projekte kofinanziert werden, wie z.B. *Grenzenlos*[6] (2009–2012) als Theater-, Film- und Kulturprojekt zwischen Kärnten und Slowenien. Es thematisiert das Leben an der Grenze zwischen diesen beiden Regionen, das geprägt ist von vorgefertigten Meinungen, Gefühlen und Mythen: Man erlebt ein Theaterprojekt über das Leben an der Grenze in der Zwischenkriegszeit, einen Dokumentarfilm über das Leben der Menschen auf beiden Seiten der Grenze und eine vielfältige Reihe von Veranstaltungen zu den Themen Grenze und Grenzüberschreitung. Das Ziel ist die Förderung der regionalen Identifikation, der europäischen Integration und die überregionale Präsentation der Region zur Überwindung mentaler Grenzen.

Es liegt auf der Hand, dass sich Kultur- und Regionalentwicklung gegenseitig befruchten. Projekte wie die bisher genannten fördern Faktoren wie Partizipation, Bewusstseinsbildung und Lebensqualität von Menschen ebenso, wie sie gleichzeitig die Attraktivität der Standorte und Regionen verbessern. Durch die Investition in die Gestaltung des öffentlichen Raums (= Veranstaltungsort) und den Transfer von Wissen durch Kunst- und Kulturvermittlung (= sozialer/kultureller Austausch) werden der Arbeitsmarkt und die Wettbewerbsfähigkeit einer Region aufgewertet. Das Kulturwesen wiederum profitiert von den Instrumenten der Strukturförderung, weil diese vielfältige, regionale und grenzüberschreitende Kunst- und Kulturprojekte ermöglichen.

Ein wichtiger Schritt in Richtung »Bewusstmachen des europäischen Geistes«[7] als verbindende Tradition wurde durch das Inkrafttreten der Gründung der EU am 1. November 1993 gesetzt. Die neue Ausrichtung ging explizit über die vorherige Wirtschaftsgemeinschaft EWG hinaus, was die europäische Kulturgeschichte, dieses gemeinsame europäische Erbe, als Grundlage voraussetzt. Es ist die kulturelle Identität als gemeinsames Band der europäischen Nationen, die das europäische Kulturbewusstsein der Zukunft, dieses »*Europa neu denken*«, ausmachen muss. Hierbei sollte die Relevanz von Kunst, Kultur und Kreativwirtschaft für die Entwicklung der EU nicht unterschätzt werden. Der wirtschaftliche und finanzielle Mehrwert kann maßgeblich zu intelligentem, nachhaltigem und integrativem Wachstum beitragen, damit aus Europa, aus der Alpe-Adria-Region, aus dem Kulturerbe von morgen nicht ein – wie es Robert Musil in einem anderen Zusammenhang erwähnte – »europäischer Naturschutzpark für vornehmen Verfall«[8] (Buridans Österreicher) werde.

Literatur

Hobsbawm, Eric J., Wozu Festspiele im 21. Jahrhundert?, in: Fischer, Michael (Hg.), *Die Festspiele. Visionen, Wünsche, Wirklichkeit.* St. Pölten–Salzburg 2007, 149–156.

Johnston, William M., *Der österreichische Mensch. Kulturgeschichte der Eigenart Österreichs*, Wien–Köln–Graz 2009 (= Studien zu Politik und Verwaltung, Bd. 94).

Mortier, Gerard, Kunst als Notwendigkeit und Zukunftsvision, in: Fischer, Michael (Hg.), *Die Festspiele. Wirklichkeit, Deutung, Zukunft*, St. Pölten–Salzburg–Wien 2012.

Ratzenböck, Veronika u.a., *Der Kreativ-Motor für regionale Entwicklung. Kunst- und Kulturprojekte und die EU-Strukturförderung in Österreich*, Wien 2011, 50–65.

Vietta, Silvio, *Europäische Kulturgeschichte.* Eine Einführung, Paderborn 2007.

Internet

http://www.terraraetica.eu/de/cultura-raetica/projekte.html (28. August 2012).

http://www.transromanica.com/de/crosscultour (28. August 2012)

http://www.ktn.gv.at/178355_DE-INTERREG_Kurzbeschreibungen-KB_Grenzenlos (28. August 2012)

Endnoten

1 Sofern nicht anders angeführt, bezieht dieser Beitrag seine Daten aus der Studie von Ratzenböck, Veronika u.a., *Der Kreativ-Motor für regionale Entwicklung. Kunst- und Kulturprojekte und die EU-Strukturförderung in Österreich*, Wien 2011.

2 Hobsbawm, Eric J., Wozu Festspiele im 21. Jahrhundert?, in: Fischer, Michael (Hg.), *Die Festspiele. Visionen, Wünsche, Wirklichkeit*, St. Pölten–Salzburg 2007, 153.

3 Ebd., 150.

4 Siehe: http://www.terraraetica.eu/de/cultura-raetica/projekte.html

5 Siehe: http://www.transromanica.com/de/crosscultour

6 Siehe: http://www.ktn.gv.at/178355_DE-INTERREG_Kurzbeschreibungen-KB_Grenzenlos

7 Vgl. Mortier, Gerard, Kunst als Notwendigkeit und Zukunftsvision, in: Fischer, Michael (Hg.), *Die Festspiele. Wirklichkeit, Deutung, Zukunft*, St. Pölten–Salzburg–Wien 2012, 61.

8 Zit. n.: Johnston, William M., *Der österreichische Mensch. Kulturgeschichte der Eigenart Österreichs*, Wien–Köln–Graz 2009 (= Studien zu Politik und Verwaltung, Bd. 94), 154.

Politische Mitbestimmung in den Regionen*

Stefan Storr

Die Länder Deutschlands und Österreichs als Regionen

Anders als die Gemeinden als lokale Gebietskörperschaften, die Mitgliedstaaten und die Europäische Union sind die Regionen weder verwaltungsrechtliche noch staatsrechtliche Größen. Eine Region wird je nach Themenbezug durch ökonomische, räumliche oder politische Gesichtspunkte bestimmt und definiert.[1] Regionen können in Deutschland z.B. die Länder, die Bezirke oder die Landkreise, in Österreich die Länder oder die politischen Bezirke sein.

In der »Erklärung zum Regionalismus in Europa« hat sich die Versammlung der Regionen Europas darauf verständigt, unter Region die unmittelbar unter der Ebene des Staates angeordnete Gebietskörperschaft des öffentlichen Rechts mit politischer Selbstregierung zu verstehen. Die Region soll durch Verfassung oder Gesetz anerkannt sein, die ihre Selbstständigkeit, ihre Identität, ihren Kompetenzbereich und die Wahl ihrer Organisationsform garantieren. Demzufolge soll die Region über eine eigene Verfassung, ein Autonomiestatut oder ein Gesetz verfügen, das Teil der staatlichen Rechtsordnung auf höchster Ebene ist und das die Grundlage ihrer Organisation und Zuständigkeiten darstellt. Die Region soll eine eigene politische Identität besitzen und die Wahl der Form der politischen Organisation soll vom demokratischen Willen der Region abhängen. Sie soll über eine eigene Verwaltung, eigenes Personal und eigene Finanzen verfügen.[2]

In Deutschland und Österreich werden diese Voraussetzungen am ehesten durch die Länder erfüllt. Denn sie sind die maßgeblichen politischen Ebenen zwischen der Gemeinde und dem Zentralstaat, sie sind Gebietskörperschaften, ihnen kommt Verfassungsautonomie[3] zu und sie besitzen eine eigene politische Identität. Vertreter der Länder sind Mitglieder des Ausschusses der Regionen. Deshalb sollen im Folgenden die Länder in Deutschland und Österreich als die zu behandelnden Regionen im Vordergrund stehen. Dabei schadet nicht, dass die Länder Deutschlands nach der

Kommissionsnomenklatur die NUTS-1-Regionen, die Länder Österreichs die NUTS-2-Regionen[4] sind. Worauf es ankommt, ist, dass diese Regionen die bedeutendsten politischen Ebenen zwischen Mitgliedstaat und Gemeinde sind und dass ihnen eine gewisse Selbstverwaltungsbefugnis zukommt, also die Befugnis, bestimmte öffentliche Angelegenheiten autonom und selbstbestimmt wahrzunehmen. Nachstehende Überlegungen sind aber auch auf anders definierte Regionen übertragbar.

Die Bedeutung der Regionen für die Willensbildung in der EU

Für die Willensbildung der Europäischen Union spielen die Regionen als dritte politische Ebene *unter* der EU und den Mitgliedstaaten, aber *über* den Gemeinden, eine untergeordnete Rolle.

Der Unionsvertrag verpflichtet zwar die Union, die regionale Selbstverwaltung zu achten,[5] garantiert aber weder die Existenz von Regionen als politische Ebene zwischen dem Mitgliedstaat und den Gemeinden noch deren Selbstverwaltung.

Der Unionsvertrag verpflichtet die Union auf das Subsidiaritätsprinzip und zur Berücksichtigung, ob die Ziele einer europäischen Maßnahme von dem Mitgliedstaat auf regionaler Ebene ausreichend verwirklicht werden können,[6] garantiert aber nicht, dass die Regionen tatsächlich in den Entscheidungsprozess einbezogen werden.[7]

Er stellt den Regionen für eine politische Mitsprache im europäischen Entscheidungsprozess ein eigenes Organ zur Verfügung, den Ausschuss der Regionen, gewährt diesem aber nur beratende Funktion.[8] Umso wichtiger erscheint es, das Potenzial der Regionen für den europäischen Einigungsprozess nicht so sehr in der Willensbildung auf europäischer Ebene, sondern in der Wahrnehmung regionaler Angelegenheiten selbst zu sehen. Die Bedeutung der Regionen als *kleinere politische Einheiten* für die Integration liegt dann zunächst in der Integration der Einwohner der Regionen.

Politische Mitbestimmung durch Wahlen und Abstimmungen zu den Repräsentationsorganen

Das wahlrechtliche Homogenitätsprinzip

Verbindliche Mitbestimmung in den Regionen erfolgt maßgeblich nach den verfassungsrechtlichen Vorgaben der Mitgliedstaaten insbesondere zu

Wahlen zu den Regionalparlamenten und zu anderen Organen der Regionen. Diese sind geprägt von dem Demokratieverständnis des jeweiligen Mitgliedstaates.[9] Eine Beteiligung von Ausländern, ggf. Unionsbürgern, gibt es in einigen Ländern auf Kreisebene (z. B. in Deutschland, Dänemark, Irland, Schweden, England, Ungarn). Auf regionaler Ebene ist ein Vergleich schon deshalb schwierig, weil es regionale Parlamente mit Gesetzgebungsbefugnissen nur in Belgien, Deutschland, Finnland, Großbritannien, Italien, Portugal, Österreich und Spanien gibt. Die meisten dieser Mitgliedstaaten kennen ein Ausländerwahlrecht aber nicht.[10] Das Volk in den Regionen soll ein homogener Teil des jeweiligen Bundes-/Staatsvolkes sein. Daraus folgt, dass Angehörigen anderer Mitgliedstaaten wie überhaupt anderen Staatsangehörigen weder das aktive noch das passive Wahlrecht zukommen soll. Lediglich in Wales, Schottland und Nordirland gibt es ein Ausländerwahlrecht zum Parlament bzw. zur Versammlung.[11]

Für die deutsche Verfassungslage begründet das Bundesverfassungsgericht dies damit, dass »Volk« i. S. der das Wahlrecht regelnden Bestimmungen des Grundgesetzes die Gesamtheit der in dem jeweiligen Wahlgebiet ansässigen Deutschen ist.[12] Das Bundesverfassungsgericht verweist unter anderem auf das Homogenitätsprinzip des Art. 28 GG, also die bundesverfassungsrechtliche Vorgabe, dass die verfassungsmäßige Ordnung in den Ländern den Grundsätzen des republikanischen, demokratischen und sozialen Rechtsstaates im Sinne des Grundgesetzes entsprechen muss.[13]

Ferner argumentiert es mit der deutschen Regelungstradition, wobei das Gericht nur vordergründig nicht auf nationalstaatliche Zusammenhänge abstellt, sondern auf die kommunale Selbstverwaltung in Deutschland zu Beginn des 19. Jahrhunderts.[14] Die kommunale Selbstverwaltung hatte in den Reformen des Freiherrn vom Stein (1808) in Preußen ihren Anfang genommen.[15] Es war zwar allen Bürgern, ohne Rücksicht auf ihre Nationalität, das Wahlrecht eingeräumt, allerdings hatte es damals auch keine preußische Staatsangehörigkeit gegeben; diese wurde erst mit dem Gesetz über die Erwerbung und den Verlust der Eigenschaft als preußischer Untertan eingeführt.[16] Seither gewährten alle Gemeindeordnungen Preußens das kommunale Wahlrecht ausdrücklich nur den Preußen (und später den Angehörigen des Norddeutschen Bundes und des Reichs).

Demgegenüber – so das Bundesverfassungsgericht – soll die »mitgliedschaftlich-partizipatorische« Komponente, die aller Selbstverwaltung, auch der funktionalen, eigen ist, zurückgedrängt sein: Es soll nicht darum gehen, dass eine hoheitliche Entscheidung auf alle durch diese Entscheidung Betroffenen zurückgeführt werden kann; es soll die Einheitlichkeit der demokratischen Legitimationsgrundlage im Staatsaufbau sichergestellt werden.

Im Ergebnis ähnlich leitet der österreichische Verfassungsgerichtshof aus dem Bundesverfassungsgesetz ein »wahlrechtliches Homogenitätsprinzip« ab, das für alle allgemeinen Vertretungskörper gelten soll.[17] Obgleich das Wesen allgemeiner Vertretungskörper darin liegen soll, dass sie durch Gesetz eingerichtet sind und nicht die Interessen bestimmter, etwa durch Stand, Beruf oder Bekenntnis gleichartiger Personen, sondern die Interessen aller innerhalb eines bestimmten Gebiets lebenden Menschen vertreten,[18] soll der Begriff des (Wahl-)»Volkes« die österreichische Staatsbürgerschaft voraussetzen.[19] Insofern konsequent sollen Bundes- und Landesbürgerschaft »inhaltsgleich«[20] sein.

Politische Mitbestimmung durch Volksinitiativen, Volksbegehren, Volksbefragungen und Volksabstimmungen

Auch Instrumente sachunmittelbarer Demokratie wie Volksinitiativen, Volksbegehren, Volksbefragungen und Volksabstimmungen können Potenziale für eine Integration in der Region bieten.

Grundsätzlich gilt das verfassungsrechtliche Homogenitätsgebot auch hier; deshalb muss das Volk in den Regionen ein Ausschnitt aus dem durch das Staatsangehörigkeitsrecht definierten Staatsvolkes sein. Doch muss nicht zwischen der Inhaberschaft von Staatsgewalt, die beim Volk liegt, und der Ausübung von Staatsgewalt, die unmittelbar durch das Volk ausgeübt werden kann oder mittelbar durch Organe des Staates oder der Regionen, unterschieden werden.[21] Worauf es ankommen muss, ist, ob die Ausübung von Staatsgewalt auf das Staatsvolk zurückgeführt werden kann.

Daher widerspricht es einem die Staatsangehörigkeit voraussetzenden Volksbegriff nicht, wenn Volksinitiativen und Volksbegehren von oder unter Beteiligung von Nicht-Staatsangehörigen zustande kommen.[22] Volksinitiativen und Volksbegehren können ein Gesetzgebungsverfahren nur in Gang setzen, sie sind aber nicht konstitutiv für den Erlass eines Gesetzes. Insofern sind sie Petitionen nicht unähnlich, die keinen Rechtsanspruch auf den Erlass einer Rechtsnorm vermitteln. Staatsgewalt wird durch Volksinitiativen und Volksbegehren nicht verbindlich ausgeübt, wenn das regionale Parlament abschließend zu entscheiden hat. Dann wird die für eine Staatsgewalt erforderliche demokratische Legitimation durch das Regionalparlament vermittelt.

Von Volksinitiativen und Volksbegehren zu unterscheiden sind Volksbefragungen. Obgleich auch durch eine Volksbefragung ein Rechtsakt nicht unmittelbar gesetzt und Staatsgewalt daher nicht verbindlich ausgeübt wird, hat das deutsche Bundesverfassungsgericht entschieden, dass eine Volksbefragung, die »unter demselben Schutz« vollzogen werden soll, »den die Rechtsordnung für Wahlen und Abstimmungen des Volkes [...] geschaffen hat«, nicht mehr nur eine gesellschaftlich-politische Veranstaltung ist, sondern eine, die dem staatsorganschaftlichen Bereich zuzuordnen ist.[23]

Das kann zwar auch für Volksinitiativen und Volksbegehren gesagt werden, der Unterschied liegt aber darin, dass Volksbefragungen - obwohl unverbindlich -, darauf ausgerichtet sind, den Willen des Volkes zum Ausdruck zu bringen. Deshalb sollen Volksbefragungen - jedenfalls wenn sie wie Volksabstimmungen durchgeführt werden - entsprechend dem Homogenitätsprinzip auf das Staatsvolk zurückgeführt werden können, d.h. in den Regionen auf den Teilverband der Staatsangehörigen, der in der betreffenden Region seinen Wohnsitz hat.

Der Staatsangehörigkeitsvorbehalt gilt nach geltender Verfassungslage erst recht bei Volksabstimmungen. In Deutschland schon deshalb, weil dort Gesetzesbeschlüsse durch Volksabstimmungen gefasst werden können. Wegen des Homogenitätsprinzips müssen die Abstimmungsberechtigten deshalb zu einem Staatsorgan wahlberechtigt sein, d.h. Angehörige des jeweiligen Staates sein. Aber er gilt auch für Österreich, wo die verfassungsrechtliche Situation insofern strenger ist, als Volksabstimmungen auf Landesebene immer auch noch einer Zustimmung des Landtags bedürfen, um ein Gesetz zu beschließen.[24] Denn das Volk stimmt in einer Volksabstimmung als Staatsorgan ab.

Das Volk in den Regionen als die Summe der Einwohner der Region

Es gibt gute Gründe, das Wahlrecht zu den allgemeinen Vertretungskörpern in den Regionen und das Recht, an Volksabstimmungen und anderen Formen sachunmittelbarer Demokratie teilzunehmen, für Ausländer, jedenfalls für EU-Staatsangehörige, zu öffnen[25]: der Gedanke der mitgliedschaftlichen Selbstverwaltung auf regionaler Ebene, die Integration der

Einwohner in die Region[26] und damit mittelbar die Förderung der Europäischen Integration selbst.[27] Außerdem würden sich die öffentliche Meinungsbildung und die der Parteien verändern.

Ohnehin beschränkt sich die politische Mitwirkung des Bürgers an der Wahl oder Abstimmung nicht auf den Vorgang der Stimmabgabe. Mindestens genauso bedeutsam für die Integration sind der öffentliche Wahlkampf und die öffentliche Diskussion im Vorfeld der Wahl bzw. Abstimmung.

Rudolf Smend, der Begründer der Integrationslehre, hat bereits 1928 darauf hingewiesen, dass der Staat wie ein politisches Gemeinwesen überhaupt erst durch die Integration seiner Bürger existiert. Der Staat ist kein »ruhendes Ganzes, das einzelne Lebensäußerungen, Gesetze, diplomatische Akte, Urteile, Verwaltungshandlungen von sich aus ergehen lässt«, sondern er ist »nur vorhanden in diesen einzelnen Lebensäußerungen, sofern sie Betätigungen eines geistigen Gesamtzusammenhangs« sind.[28]

Wahlen und Abstimmungen sind Vorgänge funktioneller Integration.[29] Sie sind aber nicht lediglich im Sinne einer juristischen Betrachtung rechtsgeschäftliche Willensbildung, sondern dienen der »immer neuen Herstellung der Staatengemeinschaft als Willensverband überhaupt«. Dabei gehe es bei Wahlen nicht nur darum, »Abgeordnete (zu) liefern«, sondern um das Miterleben und um die Gruppenbildung.[30] *Smend* begreift den Wahlkampf als eine »wohltuende Entladung von Spannung, einer Katharsis ähnlich« und den Austrag als »wesentliche(n) integrierende(n) Lebensakt der Gemeinschaft und deshalb zugleich eine Erhöhung des Lebensgefühls des Einzelnen einerlei ob er zur Mehrheit oder zur Minderheit gehört«.[31]

Die integrative Funktion einer Teilnahme am Wahlkampf und an der öffentlichen Meinungsbildung im Vorfeld von Abstimmungen gilt auch für die Einwohner einer Region. Dabei ist das Band, das die *regionale Schicksalsgemeinschaft* zusammenhält, nicht allein die gemeinsame Staatsangehörigkeit der Bürger in der Region; vorausgesetzt wird auch eine regionale Verbundenheit, die durch den Wohnsitz in der Region zum Ausdruck gebracht wird.

Das Wohnsitzkriterium tritt nach geltender Rechtslage hinter das Staatsangehörigkeitserfordernis zurück: Das österreichische B-VG definiert als Landesbürger diejenigen Staatsbürger, die in einem Land ihren Hauptwohnsitz haben, lässt es aber auch zu, dass österreichische Staatsbürger, die einen anderen Wohnsitz als ihren Hauptwohnsitz in einem Land haben, Landesbürger sein können.[32] Gleichwohl gibt es kaum Vorschriften, die an eine Landesbürgerschaft anknüpfen.

Auch in Deutschland hatte das Grundgesetz zwar zunächst eine Landesstaatsangehörigkeit zugelassen,[33] eine entsprechende Kompetenzgrundlage für eine Regelung der Länder wurde später aber aufgehoben, weil kein Land ein Landesstaatsangehörigkeitsgesetz erlassen hat. Der Status eines Landesbürgers bzw. Landesstaatsangehörigen liegt sozusagen brach.

Zu überlegen ist, ob eine Landesbürgerschaft bzw. Landesstaatsangehörigkeit auch für Nicht-Staatsangehörige geöffnet werden könnte.[34] Diese könnte Grundlage für einen erweiterten Aktivbürgerschaftskörper sein, um mehr Einwohnern in den Regionen Möglichkeiten zu bieten, sich in der Region politisch einzubringen.

Der Staatsangehörigkeitsvorbehalt könnte durch eine Staatsangehörigkeit zu einem EU-Mitgliedstaat kompensiert werden. Das Unionsrecht regelt bereits für Kommunalwahlen, dass jedem Unionsbürger mit Wohnsitz in einem Mitgliedstaat das aktive und passive Wahlrecht zukommt.[35] Dieses Wahlrecht der Unionsbürger könnte auf die Einwohner von Regionen erweitert und auf Abstimmungen in den Regionen erstreckt werden. Freilich setzt eine Erweiterung des Wahlrechts auf Unionsbürger in Deutschland und Österreich eine Verfassungsänderung voraus,[36] in Österreich nach umstrittener Auffassung sogar eine Gesamtänderung.[37]

Politische Mitbestimmung außerhalb von Wahlen und Abstimmungen

Neben dieser Form der Integration durch Wahlen und Abstimmungen tritt – so *Smend* – die Integration durch Herrschaft, wobei hier vor allem die sogenannte rationale Herrschaft von Interesse ist, die durch die Verwaltung und die Rechtsprechung ausgeübt wird. Indem der Einzelne diese »Herrschaft erfährt«, tritt er in eine Wechselwirkung zum Gemeinwesen und das »Beherrschtwerden« wird zu einem integrierenden Erlebnis.[38]

Deshalb darf die Frage nach der politischen Mitwirkung in den Regionen nicht auf Wahlen und Abstimmungen reduziert werden. Zwar sind Wahlen und Abstimmungen unmittelbarer Ausdruck der Willensbildung des Volkes, sie finden aber nicht kontinuierlich, sondern nur in längerfristigen Zeitabständen statt.

Politische Kommunikation erfolgt auch im Verkehr mit der Verwaltungsbehörde, z.B. bei einer Teilnahme an einer mündlichen Verhandlung bei einer Bauverhandlung, in einem UVP-Verfahren, durch die Beteiligung an einer öffentlich geführten Diskussion, z.B. in einem Leserbrief oder durch Teilnahme an einer Bürgerversammlung.

Unionsrechtliche Strukturprinzipien, die eine politische Mitbestimmung von Unionsbürgern fördern

Diese Form der funktionellen Integration wird durch zwei unionsrechtliche Strukturprinzipien besonders unterstützt.

a) Diskriminierungsverbot

Erstens durch das Diskriminierungsverbot: Art. 18 AEUV verbietet jede Diskriminierung aus Gründen der Staatsangehörigkeit. Die Vorschrift wird vom EuGH weit interpretiert. Aus ihr folgt, dass Rechte, die ihrem Wortlaut nach nur für Staatsbürger gelten, grundsätzlich auch auf Unionsbürger Anwendung finden müssen. Der Anspruch der Unionsbürger auf Inländerbehandlung[39] bedeutet, dass z.B. das im österreichischen Staatsgrundgesetz und im deutschen Grundgesetz nur österreichischen bzw. deutschen Staatsbürgern zuerkannte Recht, sich zu versammeln und Vereine zu gründen,[40] allen Unionsbürgern zukommt.

b) Transparenz

Zweitens durch erhöhte Transparenzanforderungen: Transparenz in öffentlichen Angelegenheiten ist eine wichtige Voraussetzung für politische Mitbestimmung. Die Verwaltungsbehörde ist zwar durch das Gesetz und seine demokratisch bestellten Funktionsträger legitimiert; für die Wahrnehmung von Angelegenheiten von öffentlichem Interesse kommt dem Staat aber kein Monopol zu.

Damit sich Bürger in die Entscheidungsfindung einbringen können, müssen Vorgänge, die die Öffentlichkeit betreffen, möglichst transparent sein. Die Richtlinie über Industrieemissionen[41] verpflichtet die Mitgliedstaaten z.B. sicherzustellen, dass die betroffene Öffentlichkeit frühzeitig und in effektiver Weise die Möglichkeit erhält, an Verfahren zur Erteilung einer Genehmigung für neue Anlagen oder für wesentliche Änderungen teilzunehmen. Nach der Richtlinie zur Beherrschung der Gefahren schwerer Unfälle mit gefährlichen Stoffen haben die Mitgliedstaaten dafür zu sorgen, dass die betroffene Öffentlichkeit frühzeitig Gelegenheit erhält, ihren Standpunkt zu spezifischen einzelnen Projekten darzulegen.[42]

Besonders staatliche Vorgänge müssen transparent sein. Das schließt den Schutz von bestimmten Amtsgeheimnissen[43] und bestimmter individueller Interessen Dritter nicht aus; es ist aber ein Unterschied, ob, wie in Österreich, das Amtsgeheimnis[44] oder, wie in der EU, Transparenz als Grundsatz gilt.

Impulsgebend ist Art. 15 Abs. 3 AEUV, der jedem Unionsbürger sowie jeder natürlichen oder juristischen Person mit Wohnsitz oder satzungsgemäßem Sitz in einem Mitgliedstaat das Recht auf Zugang zu Dokumenten der Organe, Einrichtungen und sonstigen Stellen der Union gewährt.

Mit der Umweltinformationsrichtlinie hat die Union die Mitgliedstaaten verpflichtet zu gewährleisten, dass Behörden allen Antragstellern die bei ihnen vorhandenen oder für sie bereitgehaltenen Umweltinformationen zugänglich machen, ohne dass diese ein Interesse geltend zu machen brauchen.[45] Durch diesen Informationsanspruch sollen die Bürger nicht nur in die Lage versetzt werden, an umweltrelevanten Entscheidungsverfahren effektiver mitzuwirken, sondern in die Situation versetzt werden, Umweltbelange in die öffentliche Diskussion einbringen zu können. In einer freiheitlichen Demokratie fördert Transparenz der Verwaltung die öffentliche Diskussion der Bürger untereinander und mit staatlichen Einrichtungen. Indem das Informationsmonopol der Verwaltung gebrochen wird, muss sich diese vor der Öffentlichkeit rechtfertigen, sie muss auf entsprechende Vorhalte agieren und reagieren. Durch Transparenz wird die öffentliche Diskussion beeinflusst, Informationen kommt eine mittelbar steuernde Wirkung zu.[46]

Vor dieser Überlegung geht das Hamburger Transparenzgesetz besonders weit: Es gewährt »ein umfassendes Informationsrecht«, damit unter Wahrung des Schutzes personenbezogener Daten vorhandene Informationen unmittelbar der Allgemeinheit zugänglich gemacht und verbreitet werden, um über die bestehenden Informationsmöglichkeiten hinaus »die demokratische Meinungs- und Willensbildung zu fördern und eine Kontrolle des staatlichen Handelns zu ermöglichen«[47]. Ein Amtsgeheimnis gibt es grundsätzlich nicht mehr,[48] dem Transparenzprinzip korrespondiert ein Anspruch des Einzelnen auf Auskunft.[49] Das Auskunftsrecht gilt nicht nur gegenüber Behörden, sondern auch gegenüber ausgegliederten Rechtsträgern, soweit sie öffentliche Aufgaben wahrnehmen oder öffentliche Dienstleistungen erbringen und dabei der unmittelbaren oder mittelbaren Kontrolle Hamburgs unterliegen.[50]

Governance und Zivilgesellschaft

Insbesondere der zivilgesellschaftliche Bereich hat erhebliches Potenzial für eine politische Mitbestimmung in den Regionen durch die Einwohner.

Dabei ist auch hier die Europäische Union wesentlicher Impulsgeber.

Eine Vorreiterrolle hat die Kommission übernommen, als sie 2001 das Weißbuch *Europäisches Regieren*[51] vorgestellt hat und damit die maßgeblichen Leitlinien für ihre Governance-Strategie. Der Begriff »Governance« – so die Kommission – steht für die Regeln, Verfahren und Verhaltensweisen, die die Art und Weise, wie Befugnisse ausgeübt werden, kennzeichnen, und zwar insbesondere in Bezug auf Offenheit, Partizipation, Verantwortlichkeit, Wirksamkeit und Kohärenz. Partizipation zielt darauf ab, die Akteure in den Politikgestaltungsprozess – von der Konzipierung bis hin zur Durchführung – einzubeziehen. Denn verstärkte Teilhabe bewirkt größeres Vertrauen in das Endergebnis und die Politik der Institutionen.

Dabei muss es nicht so sehr um die Qualität des Prozesses und der Entscheidungen gehen,[52] als vielmehr um Partizipation an sich durch die Herstellung von Öffentlichkeit. Dieser partizipative Ansatz lässt sich auf die Politik in den Regionen übertragen. In der Steiermark gibt es z.B. ein Begutachtungsverfahren von Gesetzes- und Verordnungsentwürfen der Landesregierung, also noch bevor der Entwurf als Initiative in den Landtag eingebracht wurde. Jede Person hat das Recht, im Begutachtungsverfahren eine schriftliche Stellungnahme abzugeben.[53]

Ein anderes Beispiel ist der Bürgerrat, wie er in Vorarlberg zu ausgewählten Themen und parallel zu bestimmten Landtags-Enqueten durchgeführt wird. Zwischen zehn und 20 Personen werden nach dem Zufallsprinzip eingeladen, ein bestimmtes Thema von öffentlichem Interesse zu diskutieren und Lösungsvorschläge zu suchen. Der Bürgerrat selbst trifft keine Entscheidungen. Im Mittelpunkt stehen vielmehr der Diskussionsprozess und die anschließende öffentliche Präsentation. Diese dient als Inputgeber für die Regionalpolitik, vor allem aber auch als Katalysator für die öffentliche Meinungsbildung.

Wenngleich den Bürgerräten keine konstitutive Beschlussbefugnis zukommt, ist es für deren Legitimität doch von Bedeutung, dass dic Tcilnehmer nicht nur aus bestimmten gesellschaftlichen Gruppen kommen und die gesellschaftliche Vielfalt widerspiegeln. Sog. Seniorenbeiräte, wie es sie in Schleswig-Holstein gibt, müssen sich nicht nur dieser Vorhaltung stellen, sondern nähren auch Bedenken, ob Aufwand, Kosten und ggf. Verfahrensverzögerungen im Verhältnis zum Ertrag stehen.[54] Anders als Volksinitiativen und Volksbegehren sind solche Beiräte organschaftlich institutionalisiert, und es stellt sich die grundsätzliche Frage, ob eine solche Partikularisierung öffentlicher Meinungsbildung sinnvoll ist.

Das Hindernis der Finanzierung und Möglichkeiten für eine stärkere Einwohnerbeteiligung

Ein erhebliches Hindernis für eine stärkere Beteiligung der Einwohner bzw. der Bürger ist der Finanzierungsbedarf vieler vorgeschlagener Projekte. Partizipation schlägt in Frustration um, wenn die vorgeschlagenen Projekte nicht verwirklicht werden können.

Die Finanzierung aus öffentlichen Mitteln steht regelmäßig vor zwei Herausforderungen. Erstens sind die öffentlichen Mittel begrenzt, die öffentlichen Haushalte nicht selten verschuldet. Steuererhöhungen oder eine Kreditaufnahme sind in der Regel nicht opportun, die Gewinne öffentlicher Unternehmen, die für bestimmte öffentliche Aufgaben umgeschichtet werden könnten, begrenzt. Zweitens ist die Entscheidung, für ein Projekt öffentliche Mittel einzusetzen, eine Knappheitsentscheidung. D.h. die Entscheidung für ein Projekt bedeutet regelmäßig, dass andere Projekte deshalb nicht finanziert werden können.

Deshalb soll abschließend auf zwei Konzepte eingegangen werden, die darauf angelegt sind, finanzielle Engpässe zu überwinden bzw. jedenfalls die Sensibilität dafür zu stärken.

a) Bürgerhaushalt

Ursprünglich aus Brasilien kommt die Idee der Bürgerhaushalte.[55] Bürgerhaushalte sind Verfahren zur Beteiligung der Bürgerschaft zur Aufstellung eines öffentlichen (kommunalen) Haushalts. Die Bürger sollen z.B. Schwerpunkte für Investitionen vorschlagen können. Die Beteiligung erfolgt nicht durch eine Mitwirkung in bereits bestehenden Gremien, sondern durch einen eigenständigen Diskussionsprozess der Bürger, der vor oder neben dem eigentlichen Haushaltsaufstellungsverfahren abläuft. Über den Haushalt entscheidet das gesetzlich zuständige Organ, also regelmäßig der allgemeine Vertretungskörper. Dieser ist den Bürgern rechenschaftspflichtig, wenn er deren Vorschläge nicht aufgreift.

Der Begriff des Bürgerhaushalts ist insofern missverständlich, als nicht die Bürger über den Haushalt oder einen Teil entscheiden, sondern nur Vorschläge unterbreiten. Weil die Bürgerbeteiligung nicht konstitutiv ist, können auch Nicht-Staatsangehörige einbezogen werden. Bürgerhaushalte tragen erheblich zur Transparenz und zur Akzeptanz finanzwirksamer Entscheidungen bei. Das Verfahren gibt es bereits in mehreren deutschen Gemeinden, in einigen Fällen mit mehr als 10000 Teilnehmern.[56] Es kann auch auf die Haushalte von regionalen Gebietskörperschaften erstreckt werden. Denkbar erscheint es auch, Bürgerhaushalte für verschiedene Teilregionen differenziert anzubieten.

In rechtswissenschaftlicher Hinsicht stellen sich vor allem zwei Fragen: Zum einen muss sichergestellt sein, dass das gesetzlich geregelte Kompetenzgefüge nicht verschoben wird. Nach dem steiermärkischen L-VG beispielsweise erstellt die Landesregierung den Entwurf für einen Voranschlag.[57] Zum anderen darf de lege lata nur die Volksvertretung über einen Haushalt Beschluss fassen; konstitutiv dürfen Beschlüsse der Bürger daher nicht sein.[58]

b) Business Improvement Districts

Deutlich weiter geht es, die Finanzierung von Projekten, die durch Private initiiert wurden, durch Private zu finanzieren. Beispielgebend ist das aus Nordamerika stammende Konzept der Business Improvement Districts (BID) zur Sanierung des öffentlichen Raums.[59]

Ein BID ist ein bestimmter Bereich, z.B. eine Geschäftsstraße oder ein Häuserblock. Die dort ansässigen Geschäftsleute oder Grundstückseigentümer arbeiten auf eigene Initiative ein Sanierungskonzept aus, z.B. die Reinigung der Gebäude und Straßen, Graffiti-Entfernung, Begrünung, Gewährleistung von Sicherheit und Ordnung des öffentlichen Raums, ein eigenes Innenstadtmarketing, den Umbau einer Straße usw. Wenn diese Initiative von einer bestimmten Anzahl von Grundstückseigentümern getragen wird, entscheidet die Gemeinde, ob sie dem Konzept nähertreten will, und schließt gegebenenfalls mit der von den Initiatoren bestimmten Person (dem Aufgabenträger) einen Vertrag. Sodann wird ein BID für einen bestimmten Zeitraum (z.B. fünf Jahre) festgesetzt. Die Gemeinde erhebt von allen, die von der Sanierungsmaßnahme profitieren, Zwangsabgaben. Damit werden die Lasten gleichmäßig verteilt und verhindert, dass Einzelne Nutzen aus dem Projekt ziehen, ohne etwas beigetragen zu haben (Trittbrettfahrerproblem). Die eingesammelte Abgabe wird von der Gemeinde an den Aufgabenträger übergeben, damit dieser das Konzept umsetzt.

Das BID-Konzept gilt in den USA als äußerst erfolgreich. Es hat sich auch in Australien, Neuseeland, Südafrika, Brasilien, Großbritannien und Deutschland durchgesetzt. Die erforderliche demokratische Legitimation wird durch den Vertragsabschluss, das Erteilen gesetzlich vorgesehener

Genehmigungen und den Erlass der BID-Festsetzungs-Verordnung hergestellt. Ein Anspruch auf Abschluss nach Festlegung eines BIDs darf das Gesetz den Initiatoren nicht einräumen.

Das BID-Konzept wird sich nur im Bereich der örtlichen Selbstverwaltung verwirklichen lassen. Für größere Regionen wie die deutschen und österreichischen Länder wird es als überörtliches Mitbestimmungskonzept schon deshalb eher selten in Betracht kommen, weil es eine zivilgesellschaftliche Selbstinitiative bestimmter Personen- und Unternehmensgruppen erfordert, die in einer räumlichen Nahebeziehung stehen.

Das BID-Konzept ist aber *ehrlicher* als andere basisdemokratische Konzepte, weil es die Kosten denjenigen anlastet, die einen unmittelbareren Vorteil davon haben. Deshalb nimmt es die Zivilgesellschaft auch *ernster* als andere, allein auf Freiwilligkeit beruhende Mitbestimmungsverfahren.

Endnoten

* Mein besonderer Dank geht an Frau Stud.-Ass. Anna Gaich, Institut für Österreichisches, Europäisches und Vergleichendes Öffentliches Recht, Politikwissenschaft und Verwaltungslehre der Karl-Franzens-Universität Graz.

1 Vgl. Ast, Susanne, »Begriff: Regionen«, in: Bergmann, Jan (Hg.), *Handlexikon der Europäischen Union*, 4. Aufl., Baden-Baden 2012, 787.

2 Versammlung der Regionen Europas, Erklärung zum Regionalismus in Europa, 1996, Art. 1.

3 In Österreich: »relative Verfassungsautonomie«, vgl. Adamovich, Ludwig K. / Funk, Bernd-Christian / Holzinger, Gerhart, *Österreichisches Staatsrecht, Bd. 1: Grundlagen*, Wien–New York 1997, 166; Storr, Stefan, Österreich als Bundesstaat, in: Härtel, Ines (Hg.), *Handbuch des Föderalismus, Bd. IV: Förderalismus in Europa und der Welt*, Wien–New York 2012, 671 u. 676; in Deutschland »verfassunggebende Gewalt«: Storr, Stefan, *Staats- und Verfassungsrecht*, Baden-Baden 1998 (= Recht. Kompendien: Thüringer Landesrecht), 51.

4 Verordnung (EU) Nr. 31/2011 der Kommission vom 17. Januar 2011 zur Änderung der Anhänge der Verordnung (EG) Nr. 1059/2003 des Europäischen Parlaments und des Rates über die Schaffung einer gemeinsamen Klassifikation der Gebietseinheiten für die Statistik (NUTS), ABl. L 13 vom 18.1.2011, 3ff.

5 Art. 4 Abs. 2 EUV.

6 Art. 5 Abs. 3 EUV.

7 Vgl. Art. 6 Abs. 1 S. 2 Protokoll Nr. 2 über die Anwendung der Grundsätze der Subsidiarität und der Verhältnismäßigkeit. Allerdings gibt es ein Klagerecht des Ausschusses der Regionen, der ihnen die Möglichkeit geben soll, sich als »Hüter der Subsidiarität« zu etablieren: Thiele, Alexander, § 93 Der Ausschuss der Regionen – ein Beitrag zur föderalen Vielfalt in der Europäischen Union, in: Härtel, *Handbuch des Föderalismus, Bd. IV*, 543 u. 566; vgl. ferner Art. 1 Protokoll Nr. 26 über Dienste von allgemeinem wirtschaftlichem Interesse.

8 Art. 13 Abs. 4 EUV.

9 Vgl. aber auch Art. 25 Internationaler Pakt über bürgerliche und politische Rechte vom 19. Dezember 1966, wo das Wahlrecht nur Staatsbürgern vorbehalten ist; offen hingegen Art. 3 1. ZP EMRK.

10 Außer Südtirol.

11 Überblick bei Waldrauch, Harald, »Wahlrechte ausländischer Staatsangehöriger in europäischen und klassischen Einwanderungsstaaten. Ein Überblick«, in: *Wiener Hefte – Migration und Integration in Theorie und Praxis* 1 (2003), 1, 55–75.

12 BVerfGE 83, 60 u. 71; vgl. ausdrücklich für die politischen Ebenen über den Gemeinden: BVerfG vom 30. Juni 2009, 2 BvE 2/08, Rdn. 350.

13 Art. 28 Abs. 1 S. 1 GG.

14 BVerfGE 83, 37 u. 56.

15 Vom 19.11.1808, GS 1806 bis 1810, 324.

16 Vom 31.12.1842, GS 1843, 15.

17 Für den Landtag ausdrücklich Art. 95 B-VG. Iü leitet der VfGH das aus Art. 26, Art. 1, Art. 44 Abs. 3 iVm 46 Abs. 2 V-VG her: VfSlg. 17264/2004.

18 VfSlg Anh3/1956; VfSlg 3193/1957.

19 Umfassende Kritik bei Pöschl, Magdalena, Wahlrecht und Staatsbürgerschaft, in: Akyürek, Metin / Baumgartner, Gerhard / Jahnel, Dietmar u.a. (Hg.), *Staat und Recht in europäischer Perspektive. FS Heinz Schäffer*, Wien–München 2006, 633–667.

20 VfSlg. 2455/1952.

21 Neumann, Peter, *Sachunmittelbare Demokratie. Im Bundes- und Landesverfassungsrecht unter besonderer Berücksichtigung der neuen Länder*, Baden-Baden 2009, 151.

22 Storr, Stefan, *Verfassunggebung in den Ländern. Zur Verfassunggebung unter den Rahmenbedingungen des Grundgesetzes*, Stuttgart–Dresden u.a. 1995 (= Jenaer Schriften zum Recht, Bd. 4), 276.

23 BVerfGE 8, S. 104, 114.

24 Art. 97 Abs. 1 B-VG; vgl. dazu VfSlg 16241/2001.

25 Das Übereinkommen über die Beteiligung von Ausländern am kommunalen öffentlichen Leben Straßburg/Strasbourg, 5.2.1992, sieht ein Wahlrecht für Ausländer auf regionaler Ebene nicht vor; z.B. Bremische Bürgerschaft vom 16.1.2013, Drs. 18/73, Bericht und Dringlichkeitsantrag des nichtständigen Ausschusses »Ausweitung des Wahlrechts«.

26 Allgemein auch Schnedl, Gerhard, *Das Ausländerwahlrecht – Ein europäisches Gebot. Eine rechtsdogmatische, rechtsvergleichende und rechtspolitische Analyse zur Umsetzung der Kommunalwahlrichtlinie der EU in Österreich*, Wien 1995 (Juristische Schriftenreihe, 86), 27ff.

27 Vgl. auch ausdrücklich jüngst die Stellungnahme des Ausschusses der Regionen: »Stärkung der Unionsbürgerschaft: Förderung des Wahlrechts der EU-Bürger«, ABl Nr. C 62 vom 2.3.2013, 26ff.

28 Smend, Rudolf, *Verfassung und Verfassungsrecht*, München 1928, 18.
29 Ebd., 34.
30 Ebd., 39.
31 Ebd., 36.
32 Art. 6 B-VG.
33 Art. 74 Abs. 1 Nr. 8 GG aF.
34 Zur international gestiegenen Bedeutung des ius-soli-Prinzips: Wiederin, Ewald, »Staatsbürgerschaftsrecht in Europa: Elemente und Entwicklungen«, in: *ZÖR* (2009), 64/4, 421 u. 426f.
35 Art. 22 AEUV gilt nur für Wahlen: Magiera, Siegfried, in: Streinz, Rudolf / Kruis, Tobias / Michl, Walther (Hg.), *EUV/AEUV. Vertrag über die Europäische Union und Vertrag über die Arbeitsweise der Europäischen Union*, 2. Aufl., München 2012, Art. 22 Rdn. 8; näher Richtlinie 94/80/EG des Rates vom 19. Dezember 1994 über die Einzelheiten der Ausübung des aktiven und passiven Wahlrechts bei den Kommunalwahlen für Unionsbürger mit Wohnsitz in einem Mitgliedstaat, dessen Staatsangehörigkeit sie nicht besitzen, ABl. L 368 vom 31.12.1994, 38.
36 Für Österreich vgl. Handstanger, Meinrad, Wahlrecht mit Auslandsbezug: Europa-, Auslandsösterreicher-, Ausländerwahlrecht, in: *JRP* 15 (2007), 131 u. 135; vgl. a. VfSlg 2455/1952: Ein besonderer rechtlicher Gehalt der Landesbürgerschaft ist verfassungswidrig.
37 Schreiner, Helmut, in: Kneihs, Benjamin/Lienbacher, Georg (Hg.), *Rill-Schaeffer-Kommentar zum B-VG*, Art. 26, Rdn. 23.
38 Smend, *Verfassung und Verfassungsrecht*, 43.
39 Wollenschläger, Ferdinand, *Grundfreiheit ohne Markt*, Tübingen 2007, 197.
40 Art. 12 EMRK bzw. Art. 8 GG und Art. 9 GG.
41 Art. 24 Richtlinie 2010/75/EU des Europäischen Parlaments und des Rates vom 24. November 2010 über Industrieemissionen (integrierte Vermeidung und Verminderung der Umweltverschmutzung), ABl L 334 vom 17.12.2010, 17ff.
42 Art. 14 Richtlinie 2012/18/EU des Europäischen Parlaments und des Rates vom 4. Juli 2012 zur Beherrschung der Gefahren schwerer Unfälle mit gefährlichen Stoffen, zur Änderung und anschließenden Aufhebung der Richtlinie 96/82/EG des Rates, ABl. L 197 vom 24.7.2012, 1ff.
43 Art. 20 Abs. 3 B-VG.
44 Vgl. aber zum Transparenzpaket 2012: Lobbying- und Interessenvertretungs-Transparenz-Gesetz sowie Änderungen im Unvereinbarkeits- und Transparenz-Gesetz und im Parteiengesetz.
45 Richtlinie 2003/4/EG des Europäischen Parlaments und des Rates vom 28. Januar 2003 über den Zugang der Öffentlichkeit zu Umweltinformationen und zur Aufhebung der Richtlinie 90/313/EWG des Rates, ABl. L 41 vom 14.2.2003, 26 ff.
46 Schnedl, Gerhard, *Umweltrecht im Überblick*, Wien 2012, 107.
47 § 1 Abs. 1 Hamburgisches Transparenzgesetz vom 19. Juni 2012, Hmbg GVBl 271.
48 Vgl. aber §§ 5 bis 7 HmbgTG.
49 Vgl. demgegenüber § 1 Auskunftspflicht-GrundsatzG: Die Organe der Länder, der Gemeinden sowie der durch die Landesgesetzgebung zu regelnden Selbstverwaltung haben über Angelegenheiten ihres Wirkungsbereiches Auskünfte zu erteilen, »*soweit eine gesetzliche Verschwiegenheitspflicht dem nicht entgegensteht*«. § 2 Abs. 2 Stmk AuskPflG: Auskünfte sind nur insoweit zu erteilen, als durch die Erteilung der Auskunft die Besorgung der »*übrigen Aufgaben der Verwaltung nicht wesentlich beeinträchtigt wird.*« § 6 Abs. 1 Stmk AuskPflG: Auskünfte sind nicht zu erteilen, »*wenn sie mutwillig verlangt werden*«.
50 § 2 Abs. 3 HmbgTG.
51 Europäische Kommission, *Europäisches Regieren – ein Weissbuch*, vom 25.7.2001, KOM(2001) 428 endg., 10.
52 Vgl. aber Lederer, Michael/Stadelmann, Julia, Ansätze einer gelebten Verantwortungsdemokratie in Vorarlberg, in: Prorok, Thomas/Krabina, Bernhard (Hg.), *Offene Stadt*, Wien 2012, 68 u. 69.
53 Art. 68 Stmk L-VG, § 2 Stmk VolksrechteG.
54 Schulz, Sönke E./Tischer, Jakob, Institutionalisierte Beteiligung von Partikularinteressen im kommunalen Bereich, in: *KommJur* 8 (2012), 281 u. 285.
55 Näher: Müller, Martin, *Bürgerbeteiligung in Finanzfragen. Mittelbare und unmittelbare Bürgerbeteiligung im kommunalen Haushaltswesens de lege lata und de lege ferenda*, Baden-Baden 2009, 152f.
56 http://www.buergerhaushalt.org (13.08.2013).
57 ZB Art. 19 Abs. 1 Stmk L-VG.
58 ZB Art. 19 Abs. 5 Stmk L-VG.
59 Vgl. Storr, Stefan, Business Improvement Districts: Sanierung durch Private im öffentlichen Raum. Ein Konzept für Österreich?, in: *ZÖR* (2011), 66, 167–189.

Innere Sicherheit als eine europäische Aufgabe mit Blick auf den Alpe-Adria-Raum: Slowenien – Kroatien – Italien – Österreich

Franz Merli

Sicherheit als europäische Aufgabe

Die Gewährleistung von innerer Sicherheit, also die Verhütung und Ahndung von Verbrechen, ist eine der klassischen Rechtfertigungen des Staates. Einen Staat, der diese Aufgabe nicht einigermaßen bewältigt, halten wir zu Recht für gescheitert. Das gilt seit Langem und heute mehr denn je. Mehr denn je wird uns heute aber auch bewusst, dass diese Aufgabe kein Staat mehr alleine leisten kann.

Die internationale Verflechtung vieler Lebensbereiche spart die Kriminalität nicht aus, und die zunehmende Mobilität von Menschen, Waren, Dienstleistungen und Kapital wie auch die Entwicklung von Techniken, die die persönliche Anwesenheit der Akteure in vielen Fällen erübrigen, eröffnen neue Chancen auch für Verbrecher. Wenn Polizei und Strafverfolgungsbehörden dagegen nur auf nationaler Ebene agieren, geraten sie zwangsläufig ins Hintertreffen.

Das spricht für internationale Zusammenarbeit, aber noch nicht automatisch für Europäisierung. Die Europäische Union ist allerdings in zweifacher Hinsicht die nächstliegende Ebene der Kooperation. Zum einen hat sie einige der geschilderten Bedingungen, die grenzüberschreitendes Verbrechen erleichtern, selbst gefördert oder gar geschaffen, etwa ein Mehrwertsteuersystem, einen Stromhandelsmechanismus oder eine Mehrebenensubventionspolitik, die zu Betrug einladen, vor allem aber, wie es in den Gründungsverträgen heißt, einen »Raum ohne Binnengrenzen, in dem der freie Verkehr von Waren, Personen, Dienstleistungen und Kapital [...] gewährleistet ist«, in dem dann aber eben auch keine Personenkontrollen an Binnengrenzen mehr stattfinden. Daher liegt es nahe, dass die Mitgliedstaaten, die vom Binnenmarkt und der Unionsbürgerfreizügigkeit profitieren, auch bei der Abwehr negativer Folgeerscheinungen zusammenarbeiten.

Zum anderen ist die Europäische Union das am besten geeignete Forum für eine Sicherheitszusammenarbeit. Die EU ist groß genug, um merkbare

Kooperationsgewinne nach innen zu ermöglichen und gemeinsame Interessen nach außen wirksam zu vertreten. Sie setzt sich aus Mitgliedstaaten zusammen, die eine bestimmte Mindesthomogenität an Interessen, Kulturen und Rechtsgrundlagen aufweisen. Sie verfügt über kooperationserprobte Mitglieder, Institutionen und Verfahren und über Erfahrung in vielen Formen der Koordinierung, gegenseitigen Unterstützung und Harmonisierung und auch der Streitaustragung. Und sie ist unter allen in Frage kommenden Alternativen jene Organisation, die noch am ehesten die erforderliche demokratische und rechtsstaatliche Mindestqualität sichern kann.

Instrumente europäischer Sicherheitspolitik

Aus diesen Gründen ist Sicherheit im letzten Jahrzehnt zu einer Kernaufgabe der EU geworden. Ihre Bedeutung und Dynamik zeigt sich in den vertraglichen Grundlagen zum sogenannten »Raum der Freiheit, der Sicherheit und des Rechts«, in den systematischen Ausbauplänen wie dem Stockholmer Programm, in einer mittlerweile unübersehbaren Zahl von unmittelbar einschlägigen Sekundärrechtsakten und internationalen Abkommen, und sie zeigt sich auch im Institutionellen: Ich nenne nur die Betrugsbekämpfungsstellen OLAF, Europol und Eurojust, in denen Polizei und Staatsanwaltschaften zusammenarbeiten, das Europäische Justizielle Netz, die Grenzschutzagentur Frontex, die Europäische Beobachtungsstelle für Drogen und Drogensucht, die Task Force der europäischen Polizeichefs und diverse Expertennetzwerke. Teil dieser Entwicklung ist auch, dass die Sicherheit gegenüber den anderen Komponenten – des Raums der Freiheit und des Rechts – eindeutig dominiert und dass auch andere Politikbereiche, von Asyl über Telekommunikation und Verkehr bis zum Zoll, eine starke Sicherheitsaufladung erfahren haben.

Anders als manche Kriminalfilme uns glauben lassen, schießt aber Europol nicht. Trotz einiger Ausnahmen bleibt die operative Arbeit bei den Mitgliedstaaten, während die europäische Sicherheitszusammenarbeit zu einem großen Teil aus Datenverwaltung besteht. Im Regelfall geht es dabei um Informationsaustausch und -verarbeitung.

Die EU hat dazu eine ganze Reihe von Techniken entwickelt: Sie hat spezielle Agenturen und Einrichtungen wie eben Europol, Eurojust, OLAF und Frontex geschaffen, deren Aufgabe in erster Linie in der Informationssammlung und Analyse zur Unterstützung der Mitgliedstaaten besteht. Sie hat spezielle Datenbanken wie das Schengen Informationssystem (SIS), das Visa Informationssystem (VIS), das Zollinformationssystem (ZIS), Eurodac für den Bereich Asyl und illegale Einreise oder das europäische Kriminalitätsregister ECRIS geschaffen. Diese Datenbanken ermöglichen, dass einzelne Mitgliedstaaten für andere oder alle anderen Länder agieren: Zum Beispiel werden in das Schengen-Informationssystem gesuchte Personen, gestohlene Autos oder Leute, die nicht einreisen dürfen, von einzelnen Mitgliedstaaten eingetragen, und die Sicherheitsbehörden im gesamten Schengen-Raum müssen dann entsprechend handeln, also die gesuchte Person festnehmen und überstellen, das gestohlene Auto sicherstellen oder die Einreise verweigern. Die EU hat weiters die Mitgliedstaaten verpflichtet, ihre nationalen Daten - z.B. DNA-Datenbanken oder Fahrzeugzulassungsregister - den anderen Mitgliedstaaten zugänglich zu machen. Sie verlangt von den Mitgliedstaaten, bestimmte Daten zu sammeln, wie z.B. in der Vorratsdatenspeicherung von Telekommunikationsverbindungsinformationen. Und sie schließt Abkommen mit Drittstaaten wie jenes über Luftverkehrspassagierdaten oder das SWIFT-Abkommen zur Verfolgung von Terrorfinanzierung mit den USA.

Probleme

Damit ist einiges erreicht worden. Allerdings sind damit auch Probleme verbunden. Zwei von ihnen will ich hervorheben.

a) Datenschutz

Zunächst, das liegt auf der Hand, gibt es ein Problem mit dem Datenschutz und dem Recht auf Privatsphäre der europäischen Bürger. Es werden sehr viele Daten gesammelt, darunter auch sensible, die z.B. Aufschluss über Religionszugehörigkeit, politische Einstellung oder sexuelle Orientierung geben; sie werden nicht nur von Verdächtigen oder aus bestimmtem Anlass, sondern oft vorsorglich und von jedermann erhoben; sie werden lange gespeichert; sie werden vielfältig miteinander verknüpft; und sie werden an Dritte weitergegeben, die sich - wie die USA - wenig aus Datenschutz machen. Wie sonst oft im Guten passiert hier im Schlechten auf europäischer Ebene viel, was auf nationaler Ebene nicht machbar wäre. Die EU ist zwar derzeit dabei, ihre Datenschutzregelungen zu überarbeiten, aber es steht nicht zu erwarten, dass der Dammbruch, der beim Datensammeln nach den Terroranschlägen vom 11. September 2001 passiert ist, politisch wieder repariert wird; im Gegenteil: Die EU plant schon ihr eigenes Fluggastdatensystem und finanziert umfangreiche Sicherheitsforschung, die noch weitere Einbrüche in die Privatsphäre zum Gegenstand hat. Abhilfe könnte hier allenfalls der Europäische Gerichtshof schaffen, bei dem mehrere wichtige Fälle anhängig sind.

Doch gerade dann, wenn Bürger versuchen, ihre (ohnehin oft schmalen) Rechte durchzusetzen, treten besondere Schwierigkeiten auf. Dazu nur ein kleines Beispiel: Die französische Grenzpolizei verweigerte im Jahr 2000 einem israelischen Staatsbürger die Einreise. Der Betroffene klagte dagegen und erhielt 2001 vor dem zuständigen Verwaltungsgericht recht. 2003 wurde ihm allerdings ein Visum von der österreichischen Botschaft verweigert – unter Berufung auf eine Ausschreibung zur Einreiseverweigerung im SIS, die das französische Innenministerium aufgrund des grenzpolizeilichen Zwischenfalls im Jahr 2000 verfügt hatte. Davon wusste der Betroffene gar nichts, und so wendete er sich mit einem Auskunftsersuchen an das österreichische Innenministerium, das das Visum verweigert hatte. Die gewünschte Auskunft erhielt er im dritten Versuch ein Jahr nach der Visumsverweigerung, also 2004. Unter Hinweis auf die Entscheidung des französischen Verwaltungsgerichts beantragte er nun die Löschung der Ausschreibung in Frankreich. Doch der Antrag blieb ohne Reaktion, und so klagte er auf Löschung bei der österreichischen Datenschutzkommission. Die Datenschutzkommission machte alles richtig, obwohl das rechtlich nicht einfach war: Sie bejahte zunächst ihre Zuständigkeit auch für französische Ausschreibungen, gab dann dem französischen Innenministerium (erfolglos) Gelegenheit zur Stellungnahme und verpflichtete Frankreich schließlich zur Löschung der Ausschreibung binnen drei Wochen. Das war Mitte 2005. Die Ausschreibung wurde freilich von den französischen Behörden nicht gelöscht. Stattdessen beschäftigte Frankreich die Gemeinsame Kontrollinstanz des Schengen-Systems mit dem Fall. Frankreich brachte dort vor, das Urteil des Verwaltungsgerichts aus 2001 sei noch nicht rechtskräftig. Die Gemeinsame Kontrollinstanz löste den konkreten Fall nicht, nahm ihn aber zum Anlass für eine Umfrage über die Praxis in solchen Fällen und machte dann einen Interpretationsvorschlag für das Nebeneinander von Verfahren in mehreren Mitgliedstaaten. 2009, also nach neun Jahren, war die Ausschreibung jedoch immer noch aufrecht. Der Betroffene konnte also nach wie vor nicht in den Schengen-

Raum einreisen. Was seither geschah, ist öffentlich nicht bekannt. Klar ist aber: Effektiver Rechtsschutz sieht anders aus.

b) Gegenseitiges Vertrauen

Das zweite Problem der europäischen Sicherheitszusammenarbeit ist damit schon angedeutet: Sie kann nur funktionieren, wenn die Mitgliedstaaten einander vertrauen, und dafür gibt es nicht immer gute Gründe. Wenn sie die Binnengrenzkontrollen abschaffen, müssen sie darauf vertrauen, dass die Außengrenzkontrollen, etwa in Griechenland oder Malta, umso besser funktionieren. Wenn sie sensible Daten von Personen den Sicherheitsbehörden anderer Mitgliedstaaten an mehreren 100 000 Computerterminals in der EU zugänglich machen, müssen sie darauf vertrauen, dass an allen diesen Terminals Vorkehrungen gegen Missbrauch bestehen, von Portugal bis Finnland. Wenn sie Personen auf der Grundlage eines von einem anderen Mitgliedstaat ausgestellten europäischen Haftbefehls festnehmen und übergeben, müssen sie darauf vertrauen, dass der Haftbefehl einen guten Grund hat und den Verdächtigen im anderen Mitgliedstaat ein faires Verfahren erwartet.

Rechtlich schlägt sich dieses Problem vor allem in den Bedingungen für den Beitritt neuer Mitgliedstaaten nieder, und damit nähere ich mich dem Regionalen. Im Beitrittsvertrag mit Kroatien ist vorgesehen, dass wesentliche Elemente des sogenannten Schengen-Besitzstandes, vor allem der Wegfall der Binnengrenzkontrollen und die Vergabe von Visa durch Kroatien für den gesamten Schengen-Raum nicht sofort mit dem Beitritt anwendbar werden, sondern erst einige Jahre danach - nach einer ausführlichen Evaluierung, in der festgestellt wird, ob Kroatien eine ausreichende Außengrenzkontrolle und eine effektive und rechtsstaatliche Anwendung des Schengen-Informationssystems gewährleisten kann. Rumänien und Bulgarien, die 2007 beigetreten sind, haben diesen Test bekanntlich noch nicht bestanden. (Bei der Beurteilung durch die anderen Mitgliedstaaten spielten freilich auch andere Motive wie die Angst vor Armutszuwanderung, vor allem durch Roma-Familien, eine Rolle.) Die Erfüllung der Anforderungen für die polizeiliche und justizielle Zusammenarbeit, darunter auch die Achtung der Grundrechte, wird nach dem Beitrittsvertrag mit Kroatien von der Europäischen Kommission besonders überwacht; schon vor dem Beitritt gab es dazu regelmäßige Monitoring-Berichte mit Prioritäten für ausständige Reformen, zum Beispiel zur Richterausbildung und

Korruptionsbekämpfung. Nach dem Beitritt kann die Zusammenarbeit in bestimmten Bereichen aufgrund einer Schutzklausel im Vertrag ausgesetzt werden, wenn ernste Mängel bei der Umsetzung des Unionsrechts bestehen. Zugleich stellt die EU auch Geldmittel zur Verfügung, damit Kroatien seine Justiz- und Verwaltungskapazitäten stärken und die Außengrenzkontrollen verbessern kann.

Das ist allerdings nur die gesamteuropäische und institutionelle Seite. Vertrauen ist aber vor allem konkret; es entsteht am ehesten im direkten persönlichen Kontakt. In diesem Bereich nun können bilaterale Abkommen und regionale Praktiken eine wichtige Rolle spielen. Als Beispiel dafür möchte ich den Vertrag zwischen Österreich und Slowenien über die polizeiliche Zusammenarbeit nehmen: Vereinbart wurden darin u.a. vereinfachte Formen der Amtshilfe, die nicht über Zentralstellen, sondern direkt von Sicherheitsbehörde zu Sicherheitsbehörde laufen können, gemeinsame Fortbildung des Personals, grenzüberschreitende Observation und Nacheile, auch der Einsatz von verdeckten Ermittlern im jeweiligen anderen Land, gemeinsame Ermittlungsgruppen, die Entsendung von Verbindungsbeamten und ein gemischter Streifendienst. Hier geht es also nicht um bloßen Informationsaustausch, sondern um konkretes gemeinsames Handeln. Wenn das funktioniert, sind wir schon ein gutes Stück weiter.

Fazit

Wie in vielen anderen Bereichen gilt es auch in der Sicherheitspolitik, die Balance zu halten: zwischen Sicherheit und Freiheit, zwischen europäischer Harmonisierung und mitgliedstaatlicher Autonomie, zwischen abstrakten Rechtsregeln und konkretem Vollzug. Und wie in anderen Bereichen können die Regionen hier Vorbild oder Problemzonen sein: Es kommt eben darauf an, was man daraus macht.

Quellen

Eine ausführliche Beschreibung der Entwicklung der europäischen Sicherheitszusammenarbeit mit Einzelnachweisen und Literaturangaben findet sich in: Merli, Franz, Innere Sicherheit als eine europäische Aufgabe?, in: Iliopoulos-Strangas, Julia (Hg.), *Rechtsstaat, Freiheit und Sicherheit in Europa/Rules of Law, Freedom and Security in Europe/ État de droit, liberté et sécurité en Europe* (Societas Iuris Publici Europaei 6), Athen–Baden-Baden–Brüssel 2010, 367–402. Daraus wurden einzelne Passagen in diesen Text übernommen.

Einen detaillierten Überblick über den Informationsaustausch in der europäischen Sicherheitszusammenarbeit und ihre Probleme gibt: Boehm, Franziska, *Information Sharing and Data Protection in the Area of Freedom, Security and Justice*, Heidelberg–London–New York 2012.

Die genannte Entscheidung der österreichischen Datenschutzkommission stammt vom 07.06.2005, trägt die Aktenzahl K121.001/0009-DSK/2005 und ist unter: http://www.ris.bka.gv.at/Dsk/ zugänglich. Der Kontext wird geschildert von: König, Gregor, Die datenschutzrechtliche Umsetzung und Praxis von Schengen in Österreich, in: Breitenmoser, Stephan / Gless, Sabine / Lagodny, Otto (Hg.), *Schengen in der Praxis*, Zürich–St. Gallen–Wien–Baden-Baden 2009, 171–188 (180ff).

Der Beitrittsvertrag zwischen den bisherigen EU-Mitgliedstaaten und Kroatien kann unter: http://eur-lex.europa.eu/de/treaties/new_accession_treaties.htm (12.08.2013) nachgelesen werden. Die geschilderten Regelungen finden sich in den Artikeln 4, 30, 31, 36 und 39 der »Akte über die Bedingungen des Beitritts der Republik Kroatien« (die einen Vertragsbestandteil bildet). Der letzte Monitoring-Bericht stammt vom 26.03.2013 und ist unter: http://eur-lex.europa.eu/LexUriServ/LexUriServ.do?uri=COM:2013:0171:FIN:DE:PDF (12.08.2013) zugänglich.

Der genannte Vertrag zwischen Österreich und Slowenien über die polizeiliche Zusammenarbeit kann unter: http://www.ris.bka.gv.at/GeltendeFassung.wxe?Abfrage=Bundesnormen&Gesetzesnummer=20004037 (12.08.2013) nachgelesen werden.

Kreative Regionen – Europas Stärke[1]

Johannes Hahn

Ich freue mich sehr, auch dieses Jahr wieder gemeinsam mit Ihnen, *Europa neu zu denken.*

Weil wir in letzter Zeit medial immer wieder hören, um wie viel schneller sich die US-Wirtschaft von der Wirtschaftskrise erholt als die europäische, ist es mir ein Anliegen, eingangs ein paar Gedanken darüber zu verlieren.

Auch in Europa ist eine Trendumkehr zu bemerken. Ich selbst stelle in meinen Kontakten mit Wirtschaft und Politik in letzter Zeit immer mehr einen Stimmungswandel zum Positiven fest, vor allem in Krisenländern. Der Unterschied zu den USA ist, dass Europäer wahrscheinlich immer etwas pessimistischer und bescheidener sind als Amerikaner.

Stärkeres europäisches Selbstbewusstsein

Europäer tendieren dazu, das Glas eher als halb leer zu betrachten anstatt halb voll. Ich würde mir wünschen, dass wir ein stärkeres Selbstbewusstsein entwickeln. Wir haben allen Grund dazu.

Die Europäische Union hat in den letzten 56 Jahren eine enorme wirtschaftliche, politische und soziale Entwicklung vollzogen. Ich denke an die Erweiterung von sechs auf heute 28 Mitglieder mit über 500 Millionen Bürgerinnen und Bürgern, von der anfänglichen Kohle- und Stahlunion über die gemeinsame Agrarpolitik bis hin zur Währungsunion und bald echten Wirtschaftsunion.

Wenn wir uns die politischen und wirtschaftlichen Entwicklungen und Fortschritte in den Erweiterungsländern vor Augen führen - allen voran die Baltischen Staaten und Polen -, so müssen wir anerkennen, dass dieser Erweiterungsprozess - bei aller Unvollkommenheit - eine Erfolgsstory und einzigartig in der Weltgeschichte ist.

Aufgrund meiner Erfahrungen im Privatsektor weiß ich, dass Zusammenschlüsse dieser Größenordnung und solcher Unterschiedlichkeiten - hinsichtlich Sprache, Kultur und historischer Entwicklung - wohl nie zustande kämen oder schon längst gescheitert wären. Mit der Europäischen Union haben wir etwas geschaffen und weiterentwickelt, um das uns andere beneiden.

»Europa muss eine Begegnungsstätte bleiben, eine Zuflucht für die Verfolgten der Welt, eine weniger ungerechte Insel in einer ungerechten Welt und vor allem ein Weg, der zeigt, dass man Wahnsinn, Fanatismus und absolute Ungerechtigkeit überwinden kann.« (Michael Fischer)

Europa steht heute für 7, 22, 50: Die Europäische Union erwirtschaftet mit nur 7 Prozent der Weltbevölkerung (noch immer!) 22 Prozent der globalen Wirtschaftsleistung und finanziert nicht zuletzt 50 Prozent der globalen Sozialleistungen.

Ich meine das keineswegs negativ! Eine stabile Wirtschaftskraft, gepaart mit hohem sozialen Engagement und Standard, ist Teil des europäischen Lebensmodells, das in der Welt seinesgleichen sucht. Ich denke hier – trotz manches Optimierungs- und Verbesserungsbedarfs – an ein funktionierendes System einer Krankenversicherung, Arbeitslosenversicherung und eines Pensionssystems für jedermann.

Allein im Rahmen der Regionalpolitik schielen Brasilien, China, Russland und andere auf uns und beobachten, wie wir schwächere Regionen in ihrem Aufholprozess unterstützen und stärkeren Regionen ermöglichen, durch Anschubfinanzierungen ihre Wettbewerbsfähigkeit zu verbessern.

Unser politisches Ziel kann daher nicht darin bestehen, wie andere zu werden, sondern muss darin bestehen, unseren Lebensstandard zu erhalten und weiter zu verbessern.

Herausforderungen – Sicherung des sozialen Friedens

Umgekehrt will ich allerdings auch aktuelle Herausforderungen nicht kleinreden. Die aktuellen Herausforderungen sind ebenso vielfältig wie gewaltig, seien es die wirtschaftlichen Herausforderungen in einem immer kompetitiveren und sich ständig verändernden globalen Umfeld, die klimatischen Veränderungen mitsamt ihren Auswirkungen auf alle Lebensbereiche oder steigende Jugendarbeitslosigkeit inklusive ihren Auswirkungen in der Zukunft.

Deshalb ist es auch so wichtig, Veranstaltungen wie heute zu haben. Denn Europa ist zwar Alltag geworden, aber die Errungenschaften Europas sind nicht selbstverständlich!

Heute scheint ein Konflikt zwischen den Mitgliederstaaten denkunmöglich zu sein. Allerdings zeigen soziale Spannungen in Teilen Europas, wie schnell sich dieser soziale Sprengstoff in einen Konflikt weiterentwickeln kann. Daher lässt sich die ursprüngliche Gründungsidee, den Frieden in Europa zu sichern, durchaus auf die heutige Lage übertragen, wo es nicht minder um die *Sicherung des sozialen Friedens* geht.

Heterogenität Europas

Wenn wir über Herausforderungen reden, müssen wir uns auch darüber bewusst sein, wie heterogen Europa sowohl wirtschaftlich, geografisch als auch kulturell ist. Diese Heterogenität spiegelt sich schließlich auch in den verschiedenen Mentalitäten in Europa wider.

Aber das meine ich keineswegs negativ. Das macht schließlich auch den Charme Europas aus. Diese Erkenntnis spielt allerdings eine Rolle in der Politikgestaltung und verdeutlicht mehr oder weniger, dass wir in Europa Länder und Regionen nicht über einen Kamm scheren dürfen.

Ein Beispiel dafür ist zum Beispiel die Rolle der Körperschaftssteuer in Irland. Diese niedrige Körperschaftssteuer wurde von der irischen Bevölkerung als der Nimbus für den Erfolg des Keltischen Tigers ausgemacht, die dafür Sparmaßnahmen in Kauf genommen hat, die in unseren Breitengraden unvorstellbar wären.

Ein anderes Beispiel sind die unterschiedlichen Ausprägungen von Kompetenzen auf den verschiedenen Verwaltungsebenen in Europa. Die Kompetenzen des Bürgermeisters von Dublin oder von Athen sind ungleich geringer als jene eines österreichischen oder deutschen Bürgermeisters.

Das Wissen um diese unterschiedliche Ausgestaltung von Kompetenzen ist – wie Sie sich vorstellen können – von entscheidender Bedeutung, nicht nur wenn man eine neue Stadtpolitik für Europa anstoßen will, sondern auch, wenn es um die Verantwortung geht, europäische Zielsetzungen wie die *Europa-2020*-Ziele zu verwirklichen.

Subsidiaritätsdiskussion – Minimalkompetenzen

Wenn wir heute von Regionen als Zivilisationsagenturen sprechen, dann müssen wir auch dem Umstand Rechnung tragen, dass Regionen in vielen Mitgliedstaaten der EU auch nicht jener politische Stellenwert beigemessen wird wie in Österreich, Deutschland oder Italien. Wirklich föderale Strukturen finden sich nur in einer überschaubaren Minderheit von Mitgliedstaaten.

Wir haben in Europa sozusagen zwei Arten von Regionen: jene, die historisch gewachsen sind, und jene, die künstlich geschaffen wurden (aus welchen Gründen auch immer). Beiden gemeinsam ist jedoch oft eine künstliche Grenzziehung. Diese trägt meist nur bedingt dem Homogenitäts- und Funktionalitätskriterium von Regionen Rechnung. Eine Zusammenarbeit von Grenzregionen wie hier im Alpen-Adria-Raum bildet daher den Nukleus eines solchen aufgeklärten Regionalismus.

Ich glaube, wir müssen uns einer Subsidiaritätsdiskussion stellen, die sich fragt, welche Probleme auf welcher Ebene am besten gelöst werden können.

Forderungen und Gedankenspielen, die auf eine Abschaffung der nationalen Ebene abzielen, um Europa demokratischer zu gestalten, kann ich allerdings wenig abgewinnen. Es sollte keiner der Illusion erliegen, dass Europas Probleme von 273 gleichberechtigten Regionen effizienter regiert werden könnten. Zudem ist es historisch hinlänglich dokumentiert, dass sich Menschen in Europa auch vor der Entstehung der Nationalstaaten die Köpfe eingeschlagen haben.

Nein, ich glaube, dass eine Diskussion darüber sinnvoll wäre, welche Mindestkompetenzen eine Region oder eine Stadt haben sollte, um einer zweifelsohne erhöhten Verantwortung in Europa gerecht zu werden. Städte und Regionen sind der Wirtschaftsmotor für Europa. Das belegen zahlreiche Studien.

Sie sind es auch, die in der Verantwortung stehen, Projekte europäischer Tragweite wie zum Beispiel die transeuropäischen Netze im Verkehrs- oder Energiebereich, wichtige Umweltprojekte oder Gesundheitsprojekte lokal und regional zu verwirklichen. Die Umsetzung von Projekten dieser Tragweite erfordert aber auch oftmals ein koordiniertes und gleichzeitiges Vorgehen in mehreren Regionen über mitgliedstaatliche Grenzen hinaus.

Daher darf eine solche Subsidiaritätsdiskussion auch keine Einbahnstraße darstellen und muss auch Bezugsebenen implizieren, die größer als die Mitgliedsstaaten-Ebene, aber kleiner als ein Europa der 28 sind. Eine solche Ebene können vielleicht eines Tages die heutigen Makroregionen darstellen.

Ich glaube, dass eine Diskussion dieser Art durchaus auch imstande ist, künstliche Barrieren in den Köpfen der Menschen abzubauen und Europa noch demokratischer zu erden.

1 Beitrag von EU-Kommissar Dr. Johannes Hahn zur Eröffnung der Tagung „Europa neu denken. Regionen als Zivilisationsagenturen" am 26. Mai 2013 im Palazzo Gopcevich, Sala Bobi Bazlen, Via Rossini 4, Triest.

2. Künste, Erzählungen, Sprachen

Festspiele als Antwort auf den Ersten Weltkrieg: „Jedermann" als ein Friedensprojekt[1]

Helga Rabl-Stadler

Kunst bedeutet Verantwortung und Festspiele erst recht. Denn die Festspiele machen alljährlich das kleine Salzburg für sieben Wochen zur Welthauptstadt der Kultur. Ziemlich genau im Sinne der Gründerväter, die 1918 von der »Errichtung einer Weltkunstzentrale auf österreichischem Boden« sprachen.

Ich komme gerade von den Pfingstfestspielen, die unter der künstlerischen Leitung von Cecilia Bartoli schon zum zweiten Mal ein Pfingstwunder bewirkt haben. In den Mittelpunkt der heurigen Pfingstfestspiele hat Cecilia Bartoli das Opfer gestellt und ihr Programm hat viele Aspekte des im Deutschen doppeldeutigen Begriffes Opfer – im Italienischen vittima/sacrificio – beleuchtet. Der Höhepunkt war natürlich Vincenzo Bellinis Oper *Norma* mit Cecilia Bartoli in der Hauptrolle. Aufwühlend hat sie diese Frau im Konflikt zwischen Verantwortung und Leidenschaft verkörpert und uns ihren radikalen Schritt der Selbstopferung nachvollziehen lassen.

Der von meiner Vorrednerin Blanka Stipetić auf Berlin gemünzte Titel »Energiefeld Störungszone« passt sehr gut auf diese Interpretation der *Norma*. Im besten Falle gelingt den Festspielen das Kunststück, für den Zuschauer aus diesem verstörenden Erlebnis ein Energiefeld aufzubauen.

Besonders beeindruckend war für mich in den vergangenen Pfingstfestspielen auch das Konzert des West-Eastern Divan Orchestras. Junge Musiker aus den entzweiten, kriegführenden Ländern des Mittleren Ostens haben mit Daniel Barenboim das *Deutsche Requiem* von Brahms musiziert.

Daniel Barenboim begreift sein Engagement weniger politisch denn als Manifestation der Kraft des Humanismus. Musik bedeutet für ihn per se Integration, verbindet und überwindet Grenzen – geografische, kulturelle, religiöse und politische:

»Wenn ein junger Araber und ein junger Israeli gemeinsam an einem Notenpult sitzen, wenn sie versuchen, die gleiche Note mit der gleichen Dynamik, dem gleichen Bogenstrich, dem gleichen Klang und dem gleichen Ausdruck zu spielen, wenn beide etwas tun, wofür sie mit ihrer ganzen Leidenschaft einstehen, dann ist das Gespräch da. Das künstlerische Einverständnis über eine einzelne Note schon macht es unmöglich, dass die beiden dieselben bleiben wie vorher.«[2]

Die Salzburger Festspiele hatten von Beginn an eine politische Sendung. »In Salzburg an dieser einzig richtigen Stätte eine Triumphpforte österreichischer Kunst zu errichten mit Mozart als Krönung«, von Salzburg aus »die zerrissenen Fäden der europäischen Kulturgemeinschaft wieder anzuknüpfen«[3] – davon träumte Max Reinhardt. Er schaffte es, diesen Traum Wirklichkeit werden zu lassen. Mit Hilfe anderer großer Künstler, mit Hilfe kunstsinniger Bürger und mit Hilfe eines entschlossenen Landeshauptmanns, mit Franz Rehrl. Die Salzburger Festspiele verdanken ihre Existenz der Überzeugung,

> »dass die Kunst, insbesondere die Kunst des Theaters sich in den Stürmen dieses Krieges nicht nur behauptet, sondern ihr Bestehen und ihre Pflege geradezu als unumgängliche Notwendigkeit erwiesen hat«[4].

Sie sind nicht irgendein Festival, sie sind nicht gegründet worden, weil ein findiger Tourismusmanager die Hotelbetten zwischen zwei Saisonen füllen wollte.

> »Neben vielen höchst bedeutungsvollen Erscheinungen, die unsere Zeit uns offenbart, ist auch die bemerkenswerte Tatsache zu verzeichnen, daß die Kunst, insbesondere die Kunst des Theaters sich in den Stürmen dieses Krieges nicht nur behauptet, sondern ihr Bestehen und ihre Pflege geradezu als unumgängliche Notwendigkeit erwiesen hat. Die Welt des Scheines, die man sich durch die furchtbare Wirklichkeit dieser Tage ursprünglich aus allen Angeln gehoben dachte, ist völlig unversehrt geblieben, sie ist eine Zuflucht geworden für die Daheimgebliebenen, aber ebenso für viele, die von draussen kommen und auch für ihre Seele Heilstätten suchten. Es hat sich gezeigt, dass sie nicht nur ein Luxusmittel für die Reichen und Saturierten, sondern ein Lebensmittel für die Bedürftigen ist.«[5]

Dies schrieb Max Reinhardt 1917 in seiner *Denkschrift zur Errichtung eines Festspielhauses in Hellbrunn*. Diese Denkschrift gibt mehr programmatische Beschreibung des Gesamtziels der in Planung befindlichen Salzburger Festspiele als der poetisch, aber knapp formulierte *Erste Aufruf zum Salzburger Festspielplan* von Hugo von Hofmannsthal aus 1919.

Max Reinhardt – Schauspieler, Theatermacher und Festspielgründer – wurde 1873 in Baden bei Wien geboren und ist 1943 in New York gestorben. 1893 kam er als blutjunger Schauspieler ans eben neue eröffnete

Stadttheater, heute Salzburger Landestheater genannt. Er verliebte sich in diese Stadt und hatte mit ihr Großes vor, wie viele vor und neben ihm.

So träumte Hermann Bahr bereits 1903 gemeinsam mit Max Reinhardt von Ibsen-Festspielen im Jahre 1904, »aus welchen sich 1905 die Salzburger Feste entwickeln mögen«. Aber weder das Fünf-Städte-Theater Berlin – Hamburg – München – Salzburg – Wien noch ein Festspielhausbau des Stararchitekten Henry van de Velde kamen über das Stadium des Schwärmens hinaus.

Umso höher ist einzuschätzen, dass Salzburger Bürger unter Leitung von Dr. Friedrich Gehmacher 1910 die Grundsteinlegung für das Mozarteum-Gebäude durchsetzten.

Trotz Ausbruch des Ersten Weltkriegs wurde 1914 das Mozarteum, heute auch eine der schönsten Festspielstätten, fertiggestellt. Gehmacher war es auch, der gemeinsam mit dem Wiener Musikkritiker Heinrich Damisch konsequent die Pläne für jährliche Festspiele und ein eigenes Festspielhaus (unterhalb der Wallfahrtskirche Maria Plain gedacht) verfolgte. Gehmacher sprach schon damals vom »Weltmusikbetrieb«. Die internationale Ausstrahlung, die künstlerische und ökonomische Verantwortung, die Erwartung, dass die Salzburger Festspiele künstlerische und finanzielle Spitzenleistungen erbringen, schwang von Anfang an mit.

Dann aber rückte die Verwirklichung der seit Jahrzehnten heftig debattierten Festspielidee wieder einmal in weite Ferne. Wichtige Mitglieder des Kuratoriums der Stiftung Mozarteum, allen voran die deutsche Opernsängerin Lilli Lehmann, fürchteten, dass unter dem Projekt Festspielhaus der trotz Weltkrieg betriebene Ankauf des Mozart Geburtshauses leiden könnte, und sie fürchtete weiter, dass »die Musikfeste in ihrem Geiste, ihren Ansehen und ihrer patriarchalisch-würdevollen Durchführung beeinträchtigt werden könnten«.

So widersprüchlich das klingt: Lilli Lehmann kann zum einen als wichtige Promotorin gepriesen werden, denn ohne Mozarteum und Mozartfeste hätten sich Festspiele in Salzburg nie entwickeln können. Sie muss aber ab 1916 auch als mächtige Gegnerin einer möglichen Konkurrenz gescholten werden.

Für mich ist es immer wieder schwer verständlich, dass mitten im Ersten Weltkrieg Künstler und andere kunstsinnige Menschen sich mit aufs erste Hinschauen so kriegsfernen Ideen wie der Gründung von Festspielen beschäftigen. Nur ein kurzer Blick auf die Gräuel von damals:

- Seit 1915 gab es unweit der Stadt ein Kriegsgefangenlager, in dem 40 000 Gefangene, Flüchtlinge und Bewacher untergebracht waren. Das waren mehr Menschen, als Salzburg damals Einwohner zählte. Aus dem Holz dieser Baracken wurde die erste *Jedermann*-Bühne gezimmert. Auch in diesem Sinne: der *Jedermann* als Friedensprojekt.
- Im September 1918, kurz vor Ende des Krieges, erschütterten Hungerkrawalle und Geschäftsplünderungen Salzburg. Gleichzeitig sandte Max Reinhardt an den Generalintendanten der k.u.k. Hoftheater, Leopold von Andrian, zur Werbung einen Brief »über die künstlerische, kulturpolitische, ökonomische und wirtschaftliche Bedeutung einer Gründung von Festspielen in Salzburg«.
- Und nochmals zu 1917: Die USA erklärten Deutschland den Krieg und schickten 1,7 Mio. Soldaten nach Europa. »Die Urkatastrophe dieses Jahrhunderts«, wie George F. Kennan sie klarsichtig nannte, nahm ihren Lauf.

Trotzdem malte Lovis Corinth sein herrliches Stillleben *Blumenstrauß* und Georges Braque *Die Mandolinenspielerin*. Im Prinzregententheater in München konnte sich Hans Pfitzner über die Uraufführung von *Palestrina* freuen.

Und Max Reinhardt versuchte wieder einmal, der Festspielidee Taten folgen zu lassen. Bayreuth war ursprünglich Vorbild. Aber die Salzburger Idee ging immer mehr in eine andere Richtung. Da waren Gründerväter am Werk, die Ordnung in das Chaos des Ersten Weltkriegs und vor allem für die Nachkriegszeit schaffen wollten, die von der heilenden Kraft der Kunst überzeugt waren.

Dazu Reinhardt 1917:

> »Nie zuvor sah das Theater seine oft bezweifelte Würde vor eine ernstere Probe gestellt und niemals hat es irgend eine Probe so ehrenvoll bestanden. Nach dem Kriege wird seine Aufgabe zum Mindesten nicht geringwerden, ganz besonders dann nicht, wenn, wie man glauben darf, die kommende Zeit noch lange den Ernst in ihrem Antlitz bewahren wird. So sehr die Kunst ein Himmelskörper für sich ist, der unbeirrt seine Kreise zieht und sich um seine eigene Achse dreht, so empfängt er doch sein Licht von dieser Welt der Wirklichkeit und wenn die guten Geister der Kunst ihre Spiegel für den heutigen Tag auch streng verhüllen, so ist doch nicht anzunehmen, daß der ungeheure Weltenbrand für die Dauer ohne dichterischen Wiederschein bleiben wird. Ganz gewiss wird die Zukunft ihr neues Licht, neue Liebe und neues fruchtbares Leben schenken.«[6]

Der Festspielidee lag zuerst einmal der Wunsch zugrunde, außergewöhnliche künstlerische Ereignisse höchsten Niveaus in engem Bezug zur kulturellen Tradition des Landes, zum Genius Loci Wolfgang Amadeus Mozarts und zur besonderen Szenerie einer barocken Stadt zu schaffen. Nach den Wirren des Ersten Weltkriegs und in der allgemeinen Orientierungslosigkeit sollte die Festspielgründung die Bildung einer neuen österreichischen Identität unterstützen. »›Festspiele‹, das Wort klingt in unseren Ohren. Es drückt vollkommen aus, was wir in Salzburg suchen und schaffen wollen: Feste und Spiele sind es, die wir mit unserem Theater geben wollen«[7] - um der ganzen Welt Zeugnis abzulegen, was Österreich und seine Kultur bedeutet.

Abseits der Metropolen, fern der Sorgen des Alltags sollten Festspiele als Wallfahrtsorte, Theater als Zufluchtsort etabliert werden.

> »Die Unrast unserer Zeit, die Bedrängnis durch die Ereignisse des Tages nehmen in der Großstadt so überhand, bedrücken und belasten so sehr, daß wir uns abends von den Sorgen des Tages nicht immer so befreien können, wie wir möchten. Das Spiel kann als solches weder gegeben noch empfangen werden. Wahre Feste können wir in der Großstadt nicht mit dem Herzen feiern.«[8]

Am 17. Mai 1918 war es dann so weit. Aus der Vereinsanmeldung an die k.u.k. Polizeidirektion:

> »Die Bedeutung des Vereines ist in kultureller und volkswirtschaftlicher Beziehung eine ganz außerordentliche. Er strebt mit dem Baue des österreichischen Festspielhauses die Errichtung einer Welt-Kunstzentrale auf österreichischem Boden an. Das österreichische Kunstleben soll den ihm gebührenden ersten Platz im internationalen Kunstleben einnehmen. Das österreichische Festspielhaus, in dem die Meisterwerke aller Nationen auf dem Gebiete der Oper, des Schauspiels und Oratoriums in festlichen Musteraufführungen zur Darstellung gelangen und zu besonderen Zeiten die geistliche Kunst wiedererweckt und gepflegt werden wird, soll nach dem Kriege die Annäherung der Völker durch die versöhnende und bezwingende Macht der Kunst anbahnen und fördern.«[9]

Welch herrlich zukunftsfreudiger Text: eine »Welt-Kunstzentrale auf österreichischem Boden«, das klingt doch viel ermutigender als Karl Kraus' beißender Spott über »Österreich als Versuchsstation für den Weltuntergang«.

Und doch behielt Kraus zunächst recht. Die Zustimmung des Kaisers vom September 1918 »zu österreichischen den Hoftheatern verbundenen Festspielen in Salzburg« war zwei Monate später Makulatur. Kaiser Karl I. trat am 11. November zurück. Die Ausrufung der Republik Deutschösterreich am 12. November hob diese Anordnung des Kaisers auf.

Aber die Festspielidee, gewachsen in Jahrzehnten, war nun doch stark genug, um die Jahrhundertkatastrophe zu überleben. Oder wie es der unvergessliche Eric J. Hobsbawm im Rahmen der Festspiel-Dialoge hier in Salzburg formulierte:

> »Die Festspiele selbst gehören ihrem Ursprung nach zum Todesröcheln der Donaumonarchie, obwohl sie erst 1920 offiziell eröffnet wurden. Die Salzburger Festspiele sind so alt wie unser Jahrhundert, das heißt wie das sogenannte ›Kurze 20. Jahrhundert‹, das mit dem Ersten Weltkrieg, dem Zusammenbruch der Zentralmächte und der Russischen Revolution begann und 1989–91 in ein anderes Jahrhundert überging.«[10]

Am 15. August hielt Hugo von Hofmannsthal im Wiener Saal des Mozarteums vor viel Presse, Politik und Kunstverständigen eine Festrede zum Thema: *Die Idee der Salzburger Festspiele*. Er betonte darin die besondere Sendung Salzburgs als Schnittpunkt kultureller Strömungen.

> »Österreich hat Grillparzer und Karl Kraus, es hat Hermann Bahr und Hugo von Hofmannsthal, für alle Fälle auch die neue freie Presse und den Esprit de Finesse«, aber trotzdem gäbe es »nicht eine österreichische Kultur, sondern nur ein begabtes Land, das einen Überschuss an Denkern, Dichtern, Schauspielern, Kellnern und Frisören erzeugt«.

So lautete 1919 in *Buridans Österreicher* Robert Musils literarisches Attest. Musil überträgt den unter Logikern beliebten Fall von Buridans Esel auf den mentalen Zustand der Österreicher. Das arme Tier steht verzweifelt zwischen zwei Heubündeln, die genau gleich frisch und gleich groß sind. Ohne Anstoß von außen scheitert der Esel jedoch an der Qual der Wahl, verhungert elend, stirbt, weil er sich nicht entscheiden kann. Diesen Fall der tödlichen Unentschlossenheit bezieht Musil auf die seiner Meinung nach nötige Entscheidung Österreichs für eines der zwei Heubündel, die Donauföderation mit den slawischen Ländern oder Großdeutschland, und empfiehlt den Anschluss an Deutschland als die bessere Lösung, denn sonst werde Österreich als ein »europäischer Naturschutzpark für vornehmen Verfall« fortwursteln[11].

Für uns überzeugte Österreicher von heute hat dieser Anschlussgedanke etwas geradezu Empörendes. Damals allerdings, als Österreich vom Europa umspannenden Habsburgerreich zum Rest, der übrig blieb, schrumpfte (»l'Autriche, c'est ce qui reste«, wie es der Französische Ministerpräsident Clemenceau kalt formulierte), sahen viele Dichter, Denker und Politiker darin die einzige Chance für eine Zukunft.

Der Skeptiker Robert Musil beschrieb das Leiden des österreichischen Möglichkeitsmenschen an der Wirklichkeit. Der Schwärmer Hugo von

Hofmannsthal hingegen schritt zur Tat. Er nutzte nicht weniger beeindruckend seine dichterischen Möglichkeiten, um Österreich ein neues Selbstbewusstsein zu geben. Österreich sollte zu einem Leuchtturm der gesamtdeutschen Kultur werden. Österreich sollte aber auch stolz sein auf die jahrhundertelang geleistete mitteleuropäische Vermittlungsarbeit.

Der Festspielgedanke lag allerorts in den 10er Jahren des 20. Jahrhunderts in der Luft und so Reinhardt: »Man muss staunen, wenn man gewahr wird, wie mitten unter dem Wust und der Qual des Kriegsgeschehens der gleiche Gedanke in allen Ländern auftaucht.«[12]

Bei den Franzosen in Orange, bei den Schweizern - siehe oben - in Zürich, bei den Italienern in Viareggio –, die Sehnsucht, mithilfe der moralischen Kraft der Kunst ein neues friedliches Europa aufzubauen, war allerorts zu spüren. Für Österreich allerdings sollte die Idee, Festspiele als Leuchtturm der gesamtdeutschen Kultur zu bauen, noch eine viel weitreichendere Bedeutung haben.

Denn, so William M. Johnston in seiner 2010 publizierten *Kulturgeschichte der Eigenart Österreichs*:

»Der Begriff des ›Österreichertums‹ ist in einem verblüffenden Ausmaß ein Ergebnis des Ersten Weltkriegs [...] Jedenfalls hat es vor 1914 kein Essayist unternommen, die deutschsprachigen Bewohner der Donaumonarchie von den Deutschen des Bismarckreiches zu differenzieren. Aber schon in den ersten Monaten des Kriegs begannen zwei künftige Hauptrepräsentanten des Diskurses über das Österreichtum, Hugo von Hofmannsthal und Hermann von Bahr, Essays über die Unterschiede zwischen Österreich und Deutschland bzw. Preußen zu verfassen.«[13]

Hofmannsthal war überzeugt von der österreichischen Berufung zur kulturellen Synthese. Und der Wahlsalzburger Hermann Bahr sprach gar von der »Möglichkeit eines Nachkriegseuropas als ein vergrößertes Österreich«. Eine These, die Johnston in seinem Buch aufs Faszinierendste untermauert.

»Als Produkt der Ausbildung der imperialen Beamtenschaft diente der Charaktertypus des ›österreichischen Menschen‹ dazu, zwischen den Klassen, den Regionen und vor allem den Nationalitäten zu vermitteln. Er ist mit dem gleichzusetzen, was Sozialwissenschaftler heute einen Fundus an Sozialkapital nennen. Dieser Hypothese folgend, hat das rasche Verschwinden eines Sozialkapitals an vermittelnden Beamten Mitteleuropa in die Konflikte zwischen 1918 und 1989 gestürzt.«[14]

Johnston benützt den Ausdruck des »österreichischen Menschen« in drei Bedeutungen, von denen die zweite und dritte den Stoff des Buches bilden.

- Der erste verweist ganz banal auf die Österreicher im Allgemeinen.
- Im zweiten Sinne betrifft das Schlagwort »der österreichische Mensch« die Selbstsicht der Deutschösterreicher als Kulturmenschen.
- Im dritten bezeichnet Johnston mit »der österreichische Mensch« jenen Charaktertypus des k.u.k. Beamten bzw. »Dienstaristokraten«, der laut Hugo Hassinger, Oskar Benda und Alphons Lhotsky zwischen 1700 und 1918 das Habsburgerreich am Leben erhielt.[15]

Für diesen Charaktertypus hat Johnston in Anlehnung an Hugo von Hofmannsthal und Friedrich Heer den Ausdruck »der theresianische Mensch« geprägt. In dieser dritten Bedeutung haben der Kulturgeograf Hassinger (1925) und der Historiker Alphons Lhotsky (1962) neben dem Deutschösterreicher auch die Magyaren und Slawen mit einbezogen. Johnston hätte dem österreichischen Menschen viel zugetraut.

»Wenn man sich einen Leser für Hofmannsthals Kriegszeitessays wünschen dürfte, so müsste es der amerikanische Präsident Woodrow Wilson sein. Hätte der Verfasser der ›Vierzehn Punkte‹ vom Jänner 1918 Hofmannsthals Plädoyer für die zivilisatorische Funktion der theresianischen Menschen wahrgenommen, so hätte er das Prinzip der ›autonomen Entwicklung‹ (Selbstdeterminierung) in Ostmitteleuropa vielleicht etwas abgeschwächt oder zumindest ›Restösterreich‹ bei den Verhandlungen zum Vertrag von St. Germain mit mehr Respekt behandelt.«[16]

»Das Ausbleiben einer Werbekampagne für die Eigenart Österreichs hat fatale Konsequenzen für alle Europäer gehabt. 1916 sprach Bahr optimistisch von der Möglichkeit eines Nachkriegseuropas als eines ›vergrößerten Österreichs‹. Nicht nur hat der Untergang des Habsburgerreichs diese Vision vereitelt, sondern er hat die Relevanz der Tugenden des österreichischen Menschen als Sozialkapital für Europa als eine ›Liga der Nationen‹ verhüllt. Aber schon um 1925 hatte Hassinger befürchtet, dass es zu spät sei, eine Versöhnung zwischen den Tschechen und den Sudetendeutschen sowie zwischen der Tschechoslowakei und der Ersten Republik Österreich zu bewerkstelligen. Wenige Jahre nach dem Ersten Weltkrieg hatte sich das Sozialkapital an Vermittlungsarbeitern in Mitteleuropa unheilvoll verringert und noch einmal flatterte die Devise ›Zu spät!‹ über eine Hinterlassenschaft der Donaumonarchie.«[17]

Zu spät war und ist es im zögerlichen Österreich für so vieles. Umso dankbarer sollten wir den Gründern der Festspiele für ihre Tatkraft in kraftlosen Zeiten sein. Und umso wichtiger müssen wir den Gründungsgedanken nehmen: Festspiele als Friedensprojekt, als Projekt gegen die Sinnkrise ganzer Staaten, aber auch des einzelnen Individuums.

Es ist angenehm, dass die Festspiele wirtschaftlicher Motor einer ganzen Region sind. Aber gerade heute gilt es, die Kunst als moralische Kraft zu nützen.

Hedwig Kainberger hat zu Recht die totale Lähmung der Kulturpolitik der EU beklagt. Mehr Geld als aus dem Kulturprogramm der EU fließt aus den Regionalfonds in kulturelle Initiativen. Die Quelle Regionalfonds ist selbstverständlich erfreulich, aber, so Kainberger,

»die Ausrichtung an den Ansprüchen der EU-Regionalpolitik birgt die Gefahr, dass auch hier Kunst- und Kulturprojekte als Vehikel der Wirtschafts- und Beschäftigungspolitik gelten, wobei ihre andere moralische und politische Kraft mehr und mehr in Vergessenheit gerät«.

Hier entgegenzuwirken ist mir Anliegen und Auftrag.

- Mit Jugendprogrammen wie *Young Conductors Project, Young Singers Project* und *Young Directors Project*, die nicht brutale Casting-Shows sind, sondern von uns beschützte Entwicklungslabors.
- Mit Aufführungen wie *Norma*, mit der wir die Oper aus dem Museum holen und ergreifend aktuell die großen Konflikte zeigen.
- Mit Einladungen wie die an *El Sistema*, die den Beweis für die Feststellung liefern: Musik verändert.

Zum Schluss noch ein Zitat von Max Reinhardt:

»Es bewegt mich. Es bewegt mich mehr, als ich sagen kann. Es ist ein Traum, aber ein so unwahrscheinlicher Traum, wie ihn nur die Wirklichkeit hervorbringt, mit all den rätselhaften Wundern, die uns alltäglich umgeben. Da unten sitzen wirklich Tausende von Menschen, die aus aller Welt, weit über Land und Meer hergekommen sind und Jahr für Jahr herkommen, um dieses alte Spiel (Jedermann) zu sehen. Und wenn nicht der berühmte Salzburger Regen uns wie just heute unter das schützende Dach des Festspielhauses treibt, dann drängen sich noch Tausende von Menschen ringsherum in den Gassen, stehen in den Fenstern und auf den Dächern, um dieses alte Spiel zu sehen, dass ein deutscher Dichter, der große Österreicher, Hugo von Hofmannsthal, erneuert hat. [...]

Aber mit dem ›Jedermann‹ ist jedenfalls der alte und heute schon an vielen Orten in die Tat umgesetzte Gedanke der Festspiele siegreich geblieben. Er hat hier ein tausendfaches, von Jahr zu Jahr wachsendes Echo gefunden, und der ›Jedermann‹, der als Auftakt geplant war, ist zum Mittelpunkt und Symbol der Festspiele geworden.«[18]

Literatur

Hobsbawm, Eric J., *Kunst und Kultur am Ende des Jahrhunderts*, Vortrag am 31. Juli 1996 im Rahmen der Festspiel-Dialoge, *http://www.festspielfreunde.at/deutsch/dialoge2001/06_Hobsbawm.pdf*

Hofmannsthal, Hugo von, Festspiele in Salzburg, in: Ders., *Gesammelte Werke in zehn Einzelbänden*, hg. v. Bernd Schoeller u.a., Bd. 9: Reden und Aufsätze II (1914–1924), Frankfurt am Main 1979, 264–268. [Erstdruck anonym als Faltprospekt im Verlag der Salzburger Festspielhaus-Gemeinde, Wien 1919].

Johnston, William M., *Der österreichische Mensch. Kulturgeschichte der Eigenart Österreichs*, Wien 2009 (= Studien zu Politik und Verwaltung, Bd. 94).

Kainberger, Hedwig, *Armutszeugnisse der Kulturpolitik*, in diesem Band, 103ff.

Kraus, Karl (Hg.), *Die Fackel*, Nr. 400–403, XVI. Jahr, Wien, 10. Juli 1914.

Kriechbaumer, Robert, *Salzburger Festspiele 1945–1960. Ihre Geschichte von 1945 bis 1960*, Salzburg–Wien 2007.

Lemke-Matwey, Christine, *Lernen von der Musik*, Beitrag auf deutschland.de vom 15. November 2012, https://www.deutschland.de/de/topic/kultur/kuenste-architektur/lernen-von-der-musik

Prossnitz, Gisela, *Salzburger Festspiele 1945–1960. Eine Chronik in Zeugnissen und Bildern*, Salzburg–Wien 2007.

Reinhardt, Max, Brief Max Reinhardts an Leopold Freiherrn von Andrian zu Werburg. Berlin, 5. September 1918. Über die künstlerische, kulturpolitische, touristische und wirtschaftliche Bedeutung einer Gründung von Festspielen in Salzburg, in: Ders., *Die Träume des Magiers*, hg. v. Edda Fuhrich und Gisela Prossnitz, Salzburg–Wien 1993, 108–111.

Reinhardt, Max, Konzept für eine Rede in Salzburg. 1930, Gedenkworte für Hugo von Hofmannsthal, über die weltweite Wirkung der alljährlichen „Jedermann"-Aufführungen auf dem Domplatz, in: Ders., *Die Träume des Magiers*, hg. v. Edda Fuhrich und Gisela Prossnitz, Salzburg–Wien 1993, 111–113.

Reinhardt, Max, Festspiele in Salzburg. Denkschrift zur Errichtung eines Festspielhauses in Hellbrunn (1917), in: Ders., *Ausgewählte Briefe, Reden, Schriften und Szenen aus Regiebüchern*, hg. v. Franz Hadamowsky, Wien 1963, 73–78.

Reinhardt, Max, Festliche Spiele. Ein Gespräch mit Max Reinhardt, in: Kerber, Erwin (Hg.), *Ewiges Theater. Salzburg und seine Festspiele*, München 1935, 51–54.

Stipetić, Blanka, *Energiefeld Störungszone*, in diesem Band, 255ff.

Endnoten

1 Statement im Panel *Das moralische und politische Engagement der Kunst*, Symposion *Europa neu denken. Regionen als Zivilisationsagenturen* am 24. Mai 2013 im Palazzo Gopcevich, Sala Bobi Bazlen, Via Rossini 4, Triest.

2 Lemke-Matwey, Christine, *Lernen von der Musik*, Beitrag auf deutschland.de vom 15. November 2012, https://www.deutschland.de/de/topic/kultur/kuenste-architektur/lernen-von-der-musik

3 *Brief Max Reinhardts an Leopold Freiherrn von Andrian zu Werburg*, Berlin, 5. September 1918, 109f.

4 Reinhardt, Max, *Festspiele in Salzburg. Denkschrift zur Errichtung eines Festspielhauses in Hellbrunn* (1917), 73.

5 Ebd.

6 Ebd., 73f.

7 Reinhardt, Max, *Festliche Spiele*, 51.

8 Ebd.

9 Archiv der Salzburger Festspiele.

10 Hobsbawm, Eric J., *Kunst und Kultur am Ende des Jahrhunderts*, http://www.festspielfreunde.at/deutsch/dialoge2001/06_Hobsbawm.pdf, 1.

11 Vgl. Johnston, William M., *Der österreichische Mensch. Kulturgeschichte der Eigenart Österreichs*, Wien 2009, 153f.

12 *Brief Max Reinhardts an Leopold Freiherrn von Andrian zu Werburg*, Berlin, 5. September 1918, 109.

13 Johnston, William M., *Der österreichische Mensch*, 53.

14 Ebd., 20.

15 Vgl. ebd., 20f.

16 Ebd., 292.

17 Ebd., 293.

18 Reinhardt, Max, *Konzept für eine Rede in Salzburg*, 111ff.

Armutszeugnisse der Kulturpolitik

Hedwig Kainberger

Wenn es gilt, das *moralische und politische Engagement* der Kunst zu erörtern, so ist auch die zweite Seite dieser Medaille zu betrachten: nicht nur das Engagement der Kunst für die Gesellschaft, sondern auch jenes der Gesellschaft für die Kunst, also die Kulturpolitik.

Über die gibt es wenig Erfreuliches zu berichten. Denn viele Kulturpolitiker - wenigstens lässt sich dies für Österreich sagen - wissen nicht mehr, was sie zu tun haben. Wozu Kunst und Kultur? Was wäre zu fördern, also zu ermöglichen und zu vermehren, was zu lassen? Was ist zu tun, um dem gerecht zu werden, was Michael Fischer im Vorwort für das Programm der Tagung *Europa neu denken: Regionen als Zivilisationsagenturen* schreibt: »Die Menschen streben Identität, Geborgenheit und Selbstverwirklichung durch eine differenzierte Lebenskultur an«?

Nicht alle, doch viele der für Kultur zuständigen Politiker sind zu ideenarmen Verwaltern und Gießkannenstrategen geworden. Für Regierungschefs und Parteichefs fallen Kulturagenden sowieso längst unter ferner liefen. Das Einzige, was sie verstehen, sind Argumente der Wirtschaftspolitik: So wie Bildung immer mehr auf berufliche Ausbildung reduziert wird, so ist die Kulturpolitik nur dort einigermaßen sicher, wo sie der Tourismusförderung dient.

Doch so wie Bildungspolitik nicht allein Arbeitnehmerförderungspolitik sein sollte, so wie Agrarpolitik anderes bezweckt als Sozialpolitik, so wie die Sicherheitspolitik eine eigene Kategorie ist, so hat auch die Kulturpolitik eigene Aufgaben und eigene Instrumente. Diese können dort und da deckungsgleich mit anderen Politikbereichen sein, insbesondere mit Bildungs- und Wirtschaftspolitik, doch diese Kongruenz ist nur eine teilweise. Ein beträchtlicher Teil der gesellschaftlichen Aufgaben von Kulturpolitik, die Identität, Selbstverwirklichung und differenzierte Lebenskultur ermöglicht und verstärkt, liegt außerhalb solcher Schnittmengen. Geblieben ist vielen regierenden Politikern bestenfalls eine dumpfe Ahnung, dass

Kunst und Kultur irgendwie so wichtig sind, dass man das Geld dafür nicht über Nacht wegstreichen sollte. Daher werden die Budgets konstant gehalten - oft allerdings nur scheinbar, denn meist werden Inflation und Personalkostensteigerungen jahrelang nicht mehr abgegolten. Dahinter steckt eine schleichende - man könnte auch sagen: perfide - Strategie: Kulturinstitutionen werden langsam, aber sicher geschwächt.

Für viele freie, oft ehrenamtlich getragene Initiativen bedeutet diese Ignoranz zahlreicher Politiker den Todesstoß oder kaum mehr erträgliche Bedingungen - vor allem was soziale Standards betrifft. Doch auch die staatlichen oder staatsnahen Kulturinstitutionen müssen neue Wege einschlagen, um mit neuen Einnahmen die schrumpfenden Subventionsanteile wettzumachen. Nach außen werden fleißig die Programmhoheit und die künstlerische Freiheit beteuert. Doch nach innen müssen sie den neuen oder zusätzlichen Geldgebern gefällig sein. Diese zusätzlichen Geldgeber sind zum einen Sponsoren, zum anderen das Publikum.

Hier sei festgestellt: Jedes neue Publikum, jede weitere Verbreitung von Kunst und Kultur mit hohem moralischem und politischem Anspruch ist erfreulich und anzustreben. Doch ist in allen Bereichen der subventionierten Kunst- und Kulturinstitutionen zu beobachten, wie dieser Anspruch zugunsten von seichten Inhalten aufgegeben wird. Hochsubventionierte Theater spielen immer mehr triviale, ja, dumme Boulevard-Komödien. Opernhäuser und Festspiele verlassen sich auf die großen zehn oder 15 Klassiker der Opernliteratur. Museen kaufen Wanderausstellungen ein, oder sie werden zu Verwaltern von Privatsammlungen und damit zum Durchlauferhitzer für deren Marktwert. Wer das kritisiert, der wird mit Besucherzahlenrekorden mundtot gemacht, die nicht selten mit Gratis-Eintritten bei der Eröffnungsparty sowie bei Begleitevents auffrisiert sind.

Die Oberflächen - also Jahresprogramme und Saisonvorschauen - bleiben oft schön, doch darunter gibt es immer mehr seichte Stellen. Denn viele Kulturinstitutionen sparen an ihrer Substanz. Theater sparen in der Dramaturgie. Konzerthäuser bieten von Agenten vermittelte Tourneen arrivierter Künstler. Museen ohne Ankaufsbudget tun nichts mehr für ihre hauseigenen Sammlungen. Wie aber entsteht bei diesen Jahrmärkten der Kultur-Events eine *differenzierte Lebenskultur*?

Die zweiten zusätzlichen Geldgeber sind die Sponsoren. Diese zu gewinnen gelingt in erheblichem Ausmaß meist nur den traditionsreichen und folglich imageträchtigen Institutionen. Auch hier sei festgestellt: Werbung und Öffentlichkeitsarbeit von Unternehmen sind prinzipiell nicht verwerflich. Auch sind Dreierpartnerschaften von Staat (Subvention), Privat (Eintrittsgeld) und Unternehmen (Sponsoring) wünschenswert, wenn die Balance stimmt.

Eigentlich sollten Oper, Theater und Konzert gesellschaftliche, demokratische Ereignisse im besten Sinne sein. Doch was in einem Parlament, in der Vorlesung an einer Universität, in einer Schulklasse oder in einem städtischen Festakt undenkbar wäre, ist dem Publikum in Kulturinstitutionen offenbar zuzumuten: Vor Beethoven oder Tschechow kommt die Werbeansage der Telefonfirma. Oder man wird in öffentlichen Räumen um ein Kulturgebäude oder in deren Foyers von Werbeplakaten oder riesigen Logos gleichsam angebrüllt. Und mehr und mehr Presseaussendungen und Pressegespräche - etwa von den Salzburger Festspielen - werden zu Werbeveranstaltungen für Sponsoren.

Und auch wenn diese das künstlerische Programm nicht unmittelbar beeinflussen, so ist doch eine Tendenz zu beobachten: Sponsoren brauchen Werbewirksamkeit, daher möglichst viel und schnell zu beeindruckendes Publikum. Auch hier lautete das Schlüsselwort: Eventisierung. Und je größer der Druck auf Kulturinstitutionen, Sponsorgeld zu lukrieren, wird, desto eher werden sie sich diesem Interesse der Sponsoren unterwerfen.

Die Eventisierung einerseits und das Sparen an der Substanz andererseits lösen einen Teufelskreis aus. Die Stars werden immer wichtiger und immer teurer. Wer in Fernsehserien oder gar in der Fernsehwerbung auftritt, erhöht die Chancen und die Gage für Engagements in subventionierten Institutionen. Andererseits wird aus dem künstlerischen Mittelstand ein künstlerisches Prekariat. Das Engagement von jungen und daher billigen Künstlern wird immer wieder mit dem Anspruch kaschiert, besonders viele Talente besonders früh zu entdecken. Und in Kulturinstitutionen werden die Abteilungen mit künstlerischem Stammpersonal - wie Ensemblemitglieder, Dramaturgen, Kuratoren, Archivare - immer dünner besetzt und schlechter bezahlt.

Die Tendenzen zu seichter werdenden Programmen und schlechter werdenden Arbeitsbedingungen haben nicht nur Intendanten und künstlerische Direktoren zu verantworten, sondern sie sind auch ein Armutszeugnis für Kulturpolitiker. Denn als Geldgeber oder Eigentümervertreter tragen sie zu wenig Sorge. Eigentlich sollten sie für Kunst und Kultur den Druck des Kommerzes lindern und mit Subventionen das anstoßen und ermöglichen, was allein in den Bedingungen der Marktwirtschaft nicht oder in zu geringem Ausmaß entstehen würde. Tatsächlich aber erhöhen sie den kommerziellen Druck, indem sie Subventionen einfrieren und vor allem nach Besucherzahlen, Umwegrentabilitätsstudien und touristischen Kennzahlen entscheiden.

Was hat das alles mit der Europäischen Union zu tun? Was ist zu beachten, wenn es darum geht, Europa neu zu denken? Auch über die Kulturpolitik der EU ist wenig Erfreuliches zu berichten. In diesem Sinne ist auch ihr ein Armutszeugnis auszustellen. Und so wie in der nationalen und regionalen Kulturpolitik beruhen die Schwächen nicht primär auf dem Mangel an Geld, sondern auf dem Mangel an Inhalten, an Gestaltungswillen, an Bekenntnissen zu den ureigenen gesellschaftspolitischen Aufgaben und Stärken von Kunst und Kultur.

Die EU verfügt richtigerweise über ein Kulturprogramm, auch wenn dieses schwach dotiert ist. Doch von den damit stimulierten Projekten und ihren Ergebnissen wird kaum etwas bekannt oder erinnerlich. Das einsame Erfolgsprojekt in der Kulturpolitik der EU sind die Europäischen Kulturhauptstädte. Andere großartige Initiativen – wie das Jugendorchester der Europäischen Union oder das Gustav-Mahler-Jugendorchester – sind zu wenig wahrnehmbar. Zündende Ideen aus den letzten Jahren gibt es wenige. Der Kultur-Kommissar der EU ist so gut wie nicht vorhanden – keine Projekte, keine Initiativen, keine Eröffnungsreden, keine Pressegespräche, kein Weiß- oder Grünbuch. Was ist in den letzten Jahren je an Beschlüssen der EU-Kulturminister in Erinnerung geblieben?

Mehr Geld als aus dem Kulturprogramm der EU fließt aus deren Regionalfonds in kulturelle Initiativen. Das ist erfreulich, weil eine so zu stimulierende »differenzierte Lebenskultur« für förderwürdige Regionen und für grenzüberschreitende Kooperationen wichtig sein kann. Doch: Oberstes Ziel der Strukturförderung aus EFRE (Europäischer Fonds für Regionale Entwicklung) und ELER (Agrartopf für ländliche Entwicklung) ist die Wirtschaftsförderung. Mit diesem EU-Geld darf und soll nur unterstützt werden, was zusätzliches Bruttoregionalprodukt oder zusätzliche Beschäftigung bringt. Und so birgt die Ausrichtung an den Ansprüchen der EU-Regionalpolitik die Gefahr, dass auch hier Kunst- und Kulturprojekte als Vehikel der Wirtschafts- und Beschäftigungspolitik gelten, wobei ihre andere moralische und politische Kraft mehr und mehr in Vergessenheit gerät.

Wie wichtig ist der Bereich der Kultur wirklich für die EU?

Robert Lexer

Sowohl in den Beiträgen des ersten Symposions zu *Europa neu denken* (2012) als auch während der kürzlich stattgefundenen zweiten Veranstaltung zu diesem Thema war es interessant zu vernehmen, wie sehr der hohe Stellenwert der Kultur für Europa von einzelnen Vortragenden hervorgehoben wurde. Die Kultur als großer Harmoniebringer, als Linderung in Kriegszeiten, als Türöffner für die europäischen Regionen, als Träger der Europa-Idee, als Motor des Wohlstands und einer günstigen wirtschaftlichen Entwicklung - das sind nur einige Beispiele, die in diesem Kontext genannt wurden. Hinzu kommt noch der mehrmalige Verweis auf den (angeblichen) Ausspruch von Jean Monnet, einem der Gründungsväter der Europäischen Gemeinschaft, dass man, wenn man noch einmal mit dem europäischen Integrationsprozess beginnen könnte, bei der Kultur ansetzen müsste. Anhand dieser Punkte sollte man ja fast meinen, die Kultur wäre so etwas wie die *Heilige Kuh* der Europäischen Union und genieße eine ganz besondere Priorität.

Dass dies allerdings nur bedingt der Fall ist, zeigt bereits ein kurzer Blick auf die Historie der europäischen Kulturpolitik: Dahingehend fällt auf, dass diese zunächst lange Zeit gar nicht zu den politischen Aktionsfeldern der EG, dem Vorläufermodell der EU, gehörte. Erst Ende der 1960er Jahre wurde die Kultur schließlich auf die Tagesordnung verschiedener Gipfeltreffen gesetzt, mit der Hoffnung, durch ihren bürgernahen und grenzüberschreitenden Charakter die Idee der europäischen Integration stärker im Bewusstsein der BürgerInnen verankern zu können. Dagegen gab es jedoch von Anfang an Vorbehalte, speziell bezüglich der dadurch befürchteten Aushöhlung der nationalen Kulturhoheit. Die eher stiefmütterliche Rolle der Kulturpolitik untermauert zudem die Tatsache, dass die EU ihre rechtliche Grundlage, im Kulturbereich aktiv zu werden, erst 1993 mit Inkrafttreten des Vertrags von Maastricht erhielt. Die erste offizielle Phase (1994-1999) kultureller Maßnahmen bildeten in diesem Zusammenhang die drei Förderprogramme *Ariane* (Buch und Lektüre), *Kaleidoskop* (Förderung des künstlerischen Schaffens) und *Raphael* (Schutz des kulturellen Erbes). Diese wurden dann durch ein einheitliches, spartenübergreifendes Rahmenprogramm mit dem Titel *Kultur 2000* ersetzt, welches wiederum vom aktuellen Kulturförderprogramm *Kultur 2007–2013* abgelöst wurde.[1] Hierzu noch ein weiteres aussagekräftiges Detail: Der Großteil der EU-Fördermittel für Kultur von etwa 80 Prozent stammt aus den EU-Strukturfonds, wobei der Anteil der Kulturförderung an den gesamten Strukturfonds-Mitteln lediglich 1,7 Prozent beträgt[2] – ein wahrlich mehr als überschaubarer Wert. Dieser Umstand ließ nicht zuletzt Veronika Ratzenböck resümieren, dass die Kultur trotz zunehmend stärkerer Berücksichtigung in den letzten Jahren nicht durchgängig als elementarer Faktor der Strukturförderung verstanden und ihre Bedeutung in der Union (noch) zu wenig wahrgenommen wird.[3] Oder um es ganz lapidar in den Worten von Hedwig Kainberger zu formulieren, so stellt die Kulturpolitik ein Manko der EU-Politik dar.[4]

Wenn man sich nun die Frage stellt, was die Kultur für Europa stiftet, dann ist ihr immaterieller Wert unbestritten, vor allem in Hinblick auf den europäischen Integrationsprozess und das ethnische Zusammenleben. Das große Problem der Kulturpolitik liegt meiner Ansicht nach stattdessen vielmehr im materiell geprägten, pekuniären Denken der heutigen Zeit, dem sich im Endeffekt auch die EU nicht verschließen kann. Dahingehend werden jede Idee und jedes Projekt zunächst wirtschaftlich in Geld gedacht, weshalb letztendlich kulturelle Interessen hinter ökonomischen Belangen immer nur die zweite Geige spielen werden. Dieser Umstand wurde im Zuge der Abschlussdiskussion dieses EU-Symposions in Triest ebenfalls von Schirmherr Johannes Hahn nochmals erhärtet, als er erklärte, dass für gewöhnlich nur solche Projekte von der Europäischen Union gefördert werden, von denen man sich auf längere Sicht einen wirtschaftlichen Nutzen verspricht. Auf diesem Hintergrund erscheint die hier von mir im ersten Absatz angeführte Äußerung von Jean Monnet zwar ganz nett gemeint, in der vorherrschenden Realität der ökonomischen Zwänge ließe sie sich aber nie und nimmer umsetzen. Und auch die Forderung von Helga Rabl-Stadler, dass Kultur ihre Berechtigung niemals aus ihrer Rentabilität beziehen darf,[5] wird aufgrund dessen wohl bloß ein frommer Wunsch bleiben.

Endnoten

1 Vgl. Weidenfeld, Werner/ Wessels, Wolfgang (Hg.), *Europa von A bis Z: Taschenbuch der europäischen Integration*, 12. Aufl., Baden-Baden 2011, 274ff.

2 Vgl. Ratzenböck, Veronika/Kopf, Xenia/Lungstraß, Anja, *Der Kreativ-Motor für regionale Entwicklung. Kunst- und Kulturprojekte und die EU-Strukturförderung in Österreich*, Wien 2011, 18.

3 Vgl. ebd., 7.

4 Vgl. Fischer, Michael (Hg.), *Europa neu denken. Region, Innovation und Kulturalität*. Bd. 1., Salzburg 2012 (e-book: http://www.w-k.sbg.ac.at/fileadmin/Media/arts_and_festival_culture/1Europa_neu_denken_Band1.pdf), 173.

5 Vgl. ebd., 166.

La Mitteleuropa – riferimento per la crescita sociale e politica dell'Estremo Oriente

Alessandro Gilleri

L'Unione Europea si estende oggi dall'Oceano Atlantico al Mar Nero fino ad esser contermine con la con quell'area comunemente definita Medio Oriente.

Le culle delle civiltà del mondo sono nuovamente in contatto. Come un tempo le popolazioni della Mesopotamia furono la spinta culturale dello sviluppo del continente Europeo, oggi la vecchia Europa deve contribuire alla riappacificazione dell'area. Trieste è la sede ideale per le riflessioni del convegno che si svolge in questi giorni. La sua collocazione geografica e la sua storia rappresentano indubbiamente il palcoscenico ideale per discutere come ripensare all'Europa. Oggi più che mai l'Europa può e deve assumere un ruolo strategico nello scacchiere mondiale. Le capacità produttive e di ricerca, del sapere vanno convogliate in un unico convergente, sforzo per togliere dalla subalternità un continente che ha tutte le potenzialità per esser leader globale e non patire le crisi e le speculazioni finanziarie che sono le vere «bombe» del terzo millennio. Un tempo le nazioni si contrapponevano con i cannoni oggi «lo scenario di guerra» è la tastiera dei computer degli speculatori finanziari. L'Europa è la culla della musica. L'Italia ha il melodramma, la Germania Wagner, la Francia la «Grande Opera», la Mitteleuropa i grandi compositori del sinfonismo dell'800 e del 900, l'Inghilterra, seppur nel suo endemico isolazionismo, i Beatles, la musica è dunque un linguaggio universale che unisce e diffonde usi culture europee nel mondo. I musicisti ebrei mitteleuropei, che emigrarono in conseguenza alle persecuzioni razziali dei nazisti, rappresentarono la linfa che unì il valzer al blues sviluppando uno dei generi più affermati e conosciuti al mondo: il musical.

Il nostro Teatro, la Fondazione Teatro Lirico «Giuseppe Verdi», ha svolto fin dalla sua inaugurazione una funzione di intermediazione culturale infatti, Il Teatro Verdi[1], nato con il nome di Teatro Nuovo, è uno tra i più antichi teatri lirici in attività. Fu costruito tra il 1798 e il 1801 dagli architetti Gian Antonio Selva (lo stesso della Fenice di Venezia) e Matteo Pertsch. La struttura dell'edificio riprende quella del «Teatro della Scala» edificato dall'architetto Piermarini, incluso anche il porticato proteso in avanti a richiamare il pubblico a teatro. Piermarini fu anche consultato per la definizione della struttura interna.

L'inaugurazione avvenne il 21 aprile 1801 con *Ginevra di Scozia* di Giovanni Simone Mayr, *Annibale in Capua* di Salieri e Oreste di G. Renzi, mentre il contiguo Teatro «San Pietro», che era stato sino ad allora il centro della intensa vita teatrale di Trieste nel Settecento, veniva definitivamente chiuso.

Lavori di abbellimento e di restauro sono stati effettuati a più riprese nel 1819, 1834, 1848, 1881/84, allorché la capienza della sala venne portata dagli originari 1400 a 2000 posti; nel 1889 l'illuminazione a gas fu sostituita da quella elettrica. In tempi più recenti gli interventi di maggiore consistenza sono stati attuati nel 1950, mentre un'opera di radicale restauro, di consolidamento strutturale e di adeguamento alle vigenti norme tecniche e di sicurezza è stata attuata tra il 1992 e il 1997, con il trasferimento dell'attività del Teatro nella neo-costituita Sala Tripcovich, avente una capienza di circa 900 posti, che anche dopo la riapertura della sede storica ha continuato ad essere utilizzata per manifestazioni liriche, sinfoniche e cameristiche. Il Teatro – fornito di un Ridotto, all'origine di circa 700 posti – ha mutato più volte nome: nel 1821 fu chiamato «Teatro Grande»; nel 1861, acquistato dal Comune, «Teatro Comunale» e il 27 gennaio 1901, poche ore dopo la morte del grande compositore, venne consacrato al nome di Verdi con delibera della Deputazione Comunale: primo Teatro al mondo intitolato a Giuseppe Verdi.

Divenuto Ente Autonomo nel 1937 e Fondazione di diritto privato nel 1999, è attualmente gestito dalla Fondazione Teatro Lirico «Giuseppe Verdi».

Benché nel corso dell'Ottocento fossero operanti a Trieste una dozzina di teatri, l'attività del «Nuovo» fu senz'altro la più importante, identificandosi con la vita stessa della città. In due secoli di storia il Teatro è stato infatti l'epicentro della vita civile e culturale di Trieste, che ha conosciuto con le occupazioni napoleoniche sino al 1814 il periodo dell'appartenenza all'Impero francese nell'ambito delle Province illiriche, della restaurazione asburgica e della grande floridezza commerciale ed economica dell'emporio mitteleuropeo sino alla prima guerra mondiale con il successivo inserimento nell'ambito statuale italiano, le occupazioni tedesche, jugoslava, anglo-americana a seguito degli eventi della seconda guerra mondiale, il ricongiungimento nel 1954 con l'Italia.

Il Teatro è stato il simbolo dell'identità culturale italiana della città, diffondendo la conoscenza della cultura musicale italiana anche nei contigui territori di tradizione tedesca e slava, ma è stato nel contempo interprete del cosmopolitismo di Trieste portando alla conoscenza del pubblico le opere dei compositori mitteleuropei. L'attività del Teatro Nuovo fu intensissima fin dall'inizio; tutti i melodrammi, balli, drammi, commedie che ottenevano successo sulle scene italiane ed europee trovavano pronta accoglienza nel Teatro triestino affollato da un pubblico di appassionati e di intenditori. Rossini esordì per la prima volta a Trieste con *L'Italiana in Algeri* (1816), Donizetti con *L'Ajo nell'imbarazzo* (1826) e Bellini con *Pirata* (1831). La prima opera di Verdi fu il *Nabucco* (11 gennaio 1843), cui seguirono tutte le altre, quasi sempre a poca distanza dalla prima assoluta; due opere, anzi furono appositamente composte da Verdi per il Teatro Nuovo: *Il Corsaro* (25 ottobre 1848) e *Stiffelio*, la cui esecuzione triestina il Maestro curò e concertò personalmente avendo come interprete Giuseppina Strepponi (16 novembre 1850). Furono date al Teatro Nuovo le prime italiane della *Muta di Portici* (1832) di *Auber e Mignon* (1870) di Thomas. Tra le opere in prima esecuzione assoluta vanno citate, per il successo ottenuto, quelle del triestino Giuseppe Sinico (*Marianella*, 1854; *I Moschettieri*, 1859; *Aurora di Nevers*, 1861; *Spartaco*, 1886). La prima opera di Wagner che ottenne grande successo di pubblico e di critica fu, nel 1875, il *Lohengrin*, accolta da unentusiastico consenso; molte altre opere wagneriane furono rappresentate a Trieste, dove il musicista tedesco trovò un ambiente eccezionalmente favorevole.

Nel Novecento le rappresentazioni di opere liriche, di spettacoli di balletto, di concerti i hanno portato all'attenzione del pubblico triestino, oltre al repertorio classico, tutti i grandi compositori moderni, sia italiani che stranieri, con alcune prime assolute per l'Italia come la *Medea* di Tommasini nel 1906 e *La Fiera di Sorocincy* di Mussorgskij, dopo l'esecuzione a San Pietroburgo nel 1911. Il teatro triestino ha visto passare sul suo palcoscenico i grandi interpreti rossiniani (dal Duprez alla Tadolini, dalla Grisi alle Marchisio), quelli belliniani e donizettiani da Moriani alla Pasta, quelli verdiani dalla Barbieri-Nini alla Stolz, ha visto le operose presenze di musicisti come il Farinelli e i fratelli Ricci, e quelle di direttori gloriosi come Mahler, Strauss, Toscanini, De Sabata, Marinuzzi, allineando nel proprio albo d'oro tutta l'aristocrazia dell'interpretazione fino alle indimenticabili imprese di Karajan e della Callas.

Ma forse è peculiarità storica del Teatro Verdi l'aver consacrato al successo innumerevoli giovani artisti: l'essere stato cioè il teatro di grandi debutti o di leggendarie affermazioni, da Rossi Lemeni a Josè Cura, solo per indicare due «estremi» significativi nella seconda metà del novecento.

Nelle ultime stagioni liriche è stata dedicata particolare attenzione anche alla riproposizione di opere che avevano avuto particolare successo al loro apparire ma che per cause diverse da molti anni erano scomparse dalle scene; hanno così trovato rinnovato consenso *Hamlet* di Ambroise Thomas, la cui precedente rappresentazione al Teatro Verdi era stata nel 1883, e *I Cavalieri di Ekebù* di Riccardo Zandonai, che dopo l'esecuzione alla Scala nel 1925 con la direzione di Arturo Toscanini, che la riprese anche l'anno successivo, era stata progressivamente dimenticata.

Oggi la Fondazione Teatro Lirico «Giuseppe Verdi» dispone di un'orchestra, di un coro stabile, di un corpo di ballo e di eccellenti laboratori (scenografia, attrezzeria, sartoria, ecc.). La Fondazione Teatro Lirico «Giuseppe Verdi» svolge un'intensa attività nell'arco dell'anno attraverso una stagione Lirica e di Balletto, una ricca stagione concertistica ed un celebre Festival Internazionale dell'Operetta (che giunto alla sua 41ª edizione non è stato più proposto a causa della grave crisi finanziaria che condiziona pesantemente l'attività culturale nel nostro Paese). Ha compiuto varie tournèe: Spoleto *(Festival dei Due Mondi)*, Wiesbaden, Parigi, Lubiana, Zagabria, Budapest, Giappone (Tokyo e Osaka), Cipro (Festival di Pafos) e Corea del Sud (Seoul).

L'esempio che ho portato dello storico teatro triestino, dimostra come la Cultura diventi strumento fondamentale per lo sviluppo delle relazioni internazionali e l'investimento culturale investimento economico di crescita per le future generazioni.

La musica è armonia ma anche il rispetto di tempi e regole uguali per tutti e la sua efficacia deriva dal tempo unico per tutti gli esecutori ed interpreti dato dal direttore d'orchestra. Così l'Europa deve trovare la sua armonia il tempo uguale per tutti, con il suo «direttore d'orchestra» una Governance unica tale da armonizzare non solo la moneta ma anche le sue note che ne articolano la melodicita cioè la sua Politica, sia essa economica, internazionale, sociale, culturale. Per assumere quel ruolo fondamentale nel Mediterraneo e nello scacchiere globale.

Può sembrare una prospettiva avventurosa già diversi programmi culturali dell'Unione Europea si indirizzano per favorire la cooperazione nel Mediterraneo.

Gli operatori culturali in un momento di crisi finanziaria ma di forte domanda di crescita ed integrazione culturale nell'area hanno un vasto scenario per operare in tale ambito. Si pensi ai progetti Media Cultura con i Paesi Enpi.

Ma la domanda di crescita culturale viene anche da aree in estremo sviluppo quali la Cina, la Corea e lo stesso Vietnam. L'Unione Europea similmente a quanto sta iniziando a fare per il Medio Oriente e per singoli Paesi extra europei, deve muoversi verso l'Estremo Oriente, come si mossero le navi del Lloyd austriaco quando sciolsero le cime e le vele e dal canale che vediamo fuori dal Palazzo Gopcevich, raggiunservo Cina e Giappone.

Endnote

1 http://www.teatroverdi-trieste.com

Kultura kao identifikacijsko polazište u regionalnom okružju (Mogućnost teatra da prelazi granice?)

Dubravka Vrgoč

Kada iz današnje perspektive, na ovim prostorima govorimo o Europi nameće se pitanje - o kojoj Europi zapravo govorimo, odnosno na koju Europu mislimo? Na onu srednju ili centralnu u kojoj su se plesali valceri, ispijala kava u bečkim kavanima, prakticirala psihonaliza i koketiralo s filozofijom po salonima? Ili onu galicijsku s blatom do koljenja gdje su se gubili životi za ideju neke nikada dosanjane Europe? Ili pak ovu našu, smještenu između nekoliko Europa, na rubovima različitih svjetova, onih geografskih i onih kulturoloških, uvijek sklonu istodobno i ljubavnom zovu i ratnom pokliča. Europa izgubljenjih žudnji i oplakanih sjećanja.

Uvijek je to ista Europa, čini mi se, oteta od Zeusa ili nekih drugih bogova u nekim drugim vremenima. Europa koja je spalila Giordana Bruna i izdala tijekom tisućljetne povijesti mnoge svoje junake, koja je nebrojeno puta dobro zamijenila zlom i potom okajala vlastite grijehe, i majka i svodnica svojim sinovima koji su u nju slijepo vjerovali pogibajući na mnogobrojnim njezinim frontovima. Europa zagubljene aristokracije, umornog građanstva i zbunjenog proleterijata, uznemirenih političara i hirovitih umjetnika, te sve one gospode koja su se u nju klela i izdavala je zbog najčešće besmislenih ili banalnih razloga. Europa koja istodobno, u prijevodu, znači i dalekovidnica i večer i zapad. I ako bilježimo što se s Europom događalo stoljećima, svakako prije svega trebamo zabilježiti kako su se u posljednjem, 20. stoljeću Europi »dogodila« dva svjetska i nekoliko »lokalnih« ratova od kojih ponajbolje pamtimo onaj što je izmjenio izglede naših života i odredio nam sudbine. Tijekom tih stotinu godina nastajali su i nestajali paktovi, gradili se i rušili zidovi, pomicale su se geografske granice, brisani su i iznovi crtani gradovi, ujedinjavali su se narodi, stvarala nova europska zajednica, propadale su ideologije, zakoni, mode i književni stilovi ... kao što bi jedan od najvećih hrvatskih književnika Miroslav Krleža rekao ili napisao *dogodilo se toliko toga i nije se dogodilo ništa.*

I dok se novija povijest na ovim prostorima ispisuje padom Berlinskog zida koje je pratila isprva euforija, a potom razočaranje stanovnika ne samo bivše Zapadne i Istočne Njemačke, već i ostalih dijelova Europe, sve što je uslijedilo nakon te 1989. godine teško bi bilo podvesti pod zajednički predznak i ispisati istim rukopisom. To je povijest i društvenih borbi i apatija, povijest paradoksa, predrasuda, vjernosti i izdaja, straha od sebe i nerazumijevanja Drugoga (u kojoj se nerijetko plašimo ne njegove različitosti, koliko njegove blizine), povijest procjepa, posrtanja i rizika, izgubljenosti i herojstva. Na prostorima bivše Jugoslavije ta se povijest započela odbrojavati tek godinu ili dvije nakon rušenja Zida i sloma sovjetske imperije, ratom s kojim je u nas i završilo 20. stoljeće. I ako je specifičnost kraja stoljeća, praćenog ideološkim lomovima u Europi obilježena najavama katastrofa te teorijama raznih »endizama« - od kraja povijesti, ideologije do kraja svijeta, u našem su slučaju devedesete godine obilježene tranzicijom s jedne i okolnostima rata s druge strane. No, i jedan i drugi faktor bitno su nam odredili životne i kulturne izglede. Upravo je pozicija desetogodišnje izoliranosti, u periodu kada su gostovanja u nas bila rijetka, a naši teatri, glazbeni ansambli, umjetnici... nisu gostovali u ostalim dijelovima Europe, utjecala na izgled te kulture te pripomogla u procesu urušavanja njenih vrijednosti (estetskih, institucionalnih, organizacijskih...). Taj je proces okončan krajem 90-ih u vrijeme koje pamtimo kao doba sveprisutne krize umjetničkog iskaza. Bolan proces tranzicije i ratno stradanje izravno su utjecali, primjerice, na hrvatsko kazalište koje pod tim traumatičnim okolnostima ne samo nije moglo biti svjedokom prijelomnih društvenih promjena, već se i udaljilo od Europe.

Dvadeset godina kasnije koliko je kultura danas doista u regiji ili regijama (na sjecištu Srednje Europe i Balkana), koje povezuje zajednička prošlost i naizgled razdvojena sadašnjost, indentifikacijska točka? I može li ona biti prostorom ako ne spajanja, onda barem razumijevanja nekih problema koji su nam bili bliski, koje smo dijelili u zajedničkim povijesnim nedaćama, ali koji su bitni i za prepoznavanje današnjih izgleda koji određuju ovaj dio Europe? I koliko je ovaj dio Europe u svojoj daljoj ili bližoj prošlosti zadužila kultura ili je kultura ovdje bila potisnuta na društvene rubove, kao marginalna pojava u kontekstu viška povijesnih previranja?

I unutar toga koliko teatar danas doista prelazi ne samo geografske granice, nego utječe na spomenuti prostor i koliko potiče publiku da prepoznaje neke zajedničke opsesivne teme, ako već ne iznalazi neka zajednička rješenja? U posljednjih osam godina Zagrebačko kazalište mladih nastojalo je biti prisutno na ovim prostorima i mijenjajlo izglede tih prostora, u nalaženju novim mogućnosti komunikacije. Svojim scenskim istraživanjima i kazališnim istupima u domeni umjetničkog kazališta potvrdilo je svoj značaj u rasporedima zagrebačkih i hrvatskih kazališta te se predstavilo na europskoj kazališnoj sceni kao primjer teatra koji ulazi u izravan dijalog sa svojim vremenom i postavlja pitanja što se tiču ne samo naše publike, nego i gledatelja iz cjelokupnog europskog prostora. U tom je periodu zabilježilo više 160 gostovanja na prestižnim festivalima i u svjetskim kazališnim kućama od New Yorka do Moskve, Pariza, Bruxellesa, Berlina, Beča, Helsinkija, Budimpešte, Lyona... te 15 međunarodnih koprodukcijskih projekata. Prvom koprodukcijom, onom s Teatrom Toubleyn i predstavom »Requiema za metamorfozu«, u režiji Jana Fabra, Zagrebačko kazalište mladih predstavilo se 2007. u programu Salzburškog festivala, dok je prije nekoliko dana na pozornici ZKM-a izveden veliki koprodukciji projekt sombolićkog naziva Europa.

Zagrebačko kazalište mladih prvo je nakon rata izvelo premijerno tekst srpske spisateljice Biljane Srbljanović i bilo prvo kazalište koje je nakon šesnaestogodišnjeg prekida gostovalo u Srbiji, prvo na Sterijinom pozorju u Novom Sadu, a potom na pozornici Jugoslavenskoga dramskog pozorišta u Beogradu. Prvi smo također nakom šesnaest godina ugostili u Zagrebu, u programu Europski ciklus u Zagrebačkom kazalištu mladih, Jugoslavensko dramsko pozorište iz Beograda s tri predstave u zimu 2007. godine. Nastupali smo u i u teatrima u Sarajevu, Podgorici, Ljubljani, Mariboru, Novom mestu, Trstu i Grazu te ugošćavali sve te teatre na pozornicama u Zagrebu.

U međunarodnom koprodukcijskom projektu Orient Express Europske kazališne konvencije ZKM je sudjelovao zajedno s teatrima iz Turske, Rumunjske, Srbije, Slovenije, Švicarske i Njemačke. U vlaku koji je vozio od Ankare do Stuttgarta izmjenjivale su se predstave na temu mobilnosti i tranzicije. Izabran na natječaju Njemačke kulturne zaklade Ministarstva vanjskih poslova Republike Njemačke kao najbolji projekt »Pozor:pioniri!« zajednički su realizirali Državno kazalište iz Braunsweiga i ZKM. Riječ je o dvogodišnje projektu koji se bavio, u dramama Juli Zeh, Charlotte Roos i Ivane Sajko ne samo pričom o letenju na primjeru zepelina (kojeg je patentirao Zagrebčanin David Schwarz, a potom patent otkupio grof Zeppelin) već i odnosima između Hrvatske i Njemačke, te Europom u turbulentnom 20. te na početku neizvjesnog 21. stoljeća. »Ideš dalje« međunarodni je kazališni projekt koji se izvodi u školama i kazalištima, nastao je u sklopu projekta Kazalište u razredu, a okuplja tri teatra: Deutsches Theatre iz

Berlina, Gradsko kazalište iz Parme i ZKM. Bavi se utjecajem reality showa na mlade te im se izravno obraća u školskim klupama.

I naposljetku, u dvogodišnjem projektu »Četiri grada, četiri priče«, financiranom sredstvima iz programa »Kultura 2007-2014« Europske komisije sudjeluje Repertoarno kazalište iz Birminghama, Državno kazalište iz Dresdena, Kazalište iz Bydgoszcza i ZKM. U projektu, koji promiče interkulturalni dijalog, četiri pisca iz četiri zemlje (Tena Štivičić, Steve Waters, Lutz Huenber i Malgortza Sikorska-Miszczuk) napisali su jednu dramu na četiri jezika koja se izvodi u četiri grada, s jedinstvenim ansamblom sastavljenim od glumaca iz četiri kazališta. Predstava se zove Europa i bavi se upravo svim onim problemima koje zaokupljaju europsku stvarnost - problemima itenditeta, neimaštine, nerazumijevanje, ksenofobije, izgubljenih ideala, viška povijesti, potrošenog sjećanja...

Europa, to je najprije obećanje sila koje sačinjavaju da svoje sporove više neće rješavati oružjem, to je prednost koja se daje oprostu pred osvetom, pomirdbi pred razdorom, sjećanju pred mitom, raspravi pred bitkama ... zapisao je Pascal Bruckner u *Babilonskoj vrtoglavici.* Može li kultura u tome pomoći? Zagrebačko kazalište mladih svojim primjerom pokazuje da je moguće. Glumci toga teatra danas s lakoćom prelaze brojne granice, one geografske, lingvističke, kulturološke ... U njihovim predstavama se govori više jezika, njihove koprodukcijske projekte prati publika u različitim europskim središtima, njihov teatarski govor razumljiv je i prepoznatljiv u različitim dijelovima Europe.

No, ono po čemu oni kulturološki povezuju regiju i čine je prepoznatljivom u kontekstu europskog teatra upravo su teme kojima se bave njihove predstave, bazirane ponajprije na tekstovima domaćih autora. »Zagrebački pentagram« Filipa Šovagovića, Nine Mitrović, Igora Rajkija, Damira Karakaša i Ivana Vidića, »Moj sin samo malo sporije hoda« Ivora Martinića, »Krijesnice« Tene Štivićić, »Rose is rose is rose« Ivane Sajko, »Garaža« Zdenka Mesarića, »Pismo Heinera Mullera« Gorana Ferčeca i »Žena bez tijela« Mate Matišića predstave su koje portretiraju rasute obitelji u tranzicijski nesretnim vremenima, osobe zagubljene u prostorima zračnih luka ili vlastitih domova, one koji se ne uspijavaju približiti Drugome, one koji se suočavaju s uzaludnošću svih pokušaja, one koji u osamljenosti halucinantno prizivaju žudnju, one koji doživljavaju ljubav kao bolnu fiksacija ili jedini izlaz u svijetu neosjetljivom na ljubav, one koji su suočeni sa siromaštvom, gubitkom radnog mjesta, ratnim traumama i onom nemoći koja sve više zaokuplja cijelu Europu.

Pitanje identiteta postaje tako identifikacijsko polazište u regionalnom okružju i to onda kada u sebi uključuje pojam kulture. Govorimo o identitetu koji je autentično naš, ali istodobno u teatarskom kontekstu zajednički u prepoznavanju opsesivnih tema koje su nerijetko jedinstvene i koje dijelimo kao nasljeđe tranzicijskog vremena te naše nemoći u njemu. Identitetu o kojem se s neobičnom lakoćom govori, ali kojeg je teško pronaći izvan općih tradicionalnih mjesta folklornih obilježja i stoga ima značaj neposredne umjetničke identifikacije. Napokon, o onom kulturnom identitetu pomoću kojeg se Europa danas može (re)definirati i ponuditi možda neke stabilnije izglede u neizvjesnoj budućnosti.

Zoran Mušič – ein Künstler und Mitteleuropäer

Michaela Strasser

Mit Zoran Mušič rückt ein Maler und Mitteleuropäer in den Fokus unserer Aufmerksamkeit. Er gilt zu Recht als eine der herausragenden Künstlerpersönlichkeiten des 20. Jahrhunderts. Geboren 1909 in Görz/Gorizia und 2005 in Venedig verstorben, hat er in seiner Lebensspanne das 20. Jahrhundert durchmessen. Einem späten Selbstporträt gibt er selbst den Titel *Il Viandante*[1]. Mušič begegnet uns als Wanderer, als ein die Grenzen Überschreitender - seien es nun Sprachgrenzen, Ländergrenzen oder geistige Grenzen. Und er ist ein Suchender - auf der Suche nach Wahrheit, auf der Suche nach dem eigenen Selbst.

Das Staccato einer politisch gesättigten Geschichte Mitteleuropas im 20. Jahrhundert und die persönliche Lebenszeit gehen bei Zoran Mušič eine eigene Symbiose ein, die den Bruchlinien dieser Geschichte folgt, ja folgen muss. Und so liest sich seine Lebenschronologie wie die Chronologie Mitteleuropas.

Dies gibt auch die Struktur des Porträts vor, das hier von Zoran Mušič skizziert wird, indem zunächst der Chronologie, dem Rhythmus von Zeit und Ereignis, gefolgt wird. In einem zweiten Schritt werden dann jene »Botschaften« herauszufiltern versucht, die im Fluss des Vergänglichen als Spuren des Unvergänglichen bleiben.

Ereignisgesättigte Lebenszeit

Der Lebensweg von Zoran Mušič ist ein »odysseischer« - den Weg, den er als »Il Viandante« geht, geht er für sich - nicht für uns, nicht für ein Publikum.

Michael Peppiatt - einer der renommiertesten Kunsthistoriker und Kunstkritiker unserer Zeit - hat mit Zoran Mušič zwischen 1988 und 1998 Gespräche geführt und aufgezeichnet. In der Einleitung hebt er gleich zu Beginn Worte von Mušič hervor: »Man kann nichts sagen«, wirft er ein, »das ist es. Es gibt über die Malerei nichts zu sagen.«[2] So setzen die Gespräche mit einem gemeinsamen Schweigen ein und setzen sich darin immer wieder fort. Dazu Peppiatt:

»Wenn Mušič sprach, war das Schweigen lang und beredt. Bei Mušič ist das Schweigen wichtiger, aufschlussreicher als jegliches Wort«, [denn] »durch seine Art zu sprechen wie durch seine Malerei ermöglicht er es uns unmerklich, unsere eigene Wahrheit zu suchen«[3].

Zoran Mušič wurde am 12. Februar 1909 in Görz geboren, das damals noch zur österreichisch-ungarischen Monarchie gehörte, in einer Stadt, die »am Schnittpunkt verschiedener Kulturräume, des romanischen, slawischen und germanischen«[4] lag. Die Mušič entstammten einer Gutsbesitzer- und Winzerfamilie im Görzer Collio. Der Vater war Schuldirektor, die Mutter Lehrerin. Es ist die Welt seiner Kindheit, mit Italienisch und Slowenisch als Alltagssprachen, Deutsch als Amtssprache und Französisch als die Sprache der Gebildeten. Mehrsprachig verlief auch seine Schulzeit.

Mit Ausbruch des Ersten Weltkrieges 1914 wird der Vater zum österreichischen Militär eingezogen, die Familie wird aus Görz evakuiert und Mušič kommt mit seiner Mutter und seinem Bruder 1915 in die Steiermark, 1918 kehrt die Familie nach Görz zurück, das italienisch geworden war. Bedingt durch die Versetzung des Vaters gelangt die Familie 1920 nach Griffen in Kärnten. Mušič besucht in Völkermarkt das Gymnasium, die Matura legt er in Maribor in seiner Sprache, dem Slowenischen, ab.

Ursprünglich wollte er Zeichenlehrer werden, entschloss sich aber dann, nach Zagreb an die Kunstakademie zu gehen, wo der dort lehrende – und in seiner Zeit wohl bedeutendste – kroatische Maler Ljuba Babic zu einer prägenden Gestalt für die künstlerische Entwicklung Mušič' wird. Mušič begibt sich einige Male von Zagreb aus nach Wien (1929). Dort lernt er viele junge Leute aus der Theater- und Kulturszene kennen. »Seine erste Begegnung mit der Malerei erfährt er vor den Werken Klimts und Schieles. Etwas später lernt er in Prag die Impressionisten kennen. Er liest Kafka und Musil.«[5]

In den Jahren 1935/36 folgt die erste große Auslandsreise. Mušič bleibt ein Jahr in Spanien, abwechselnd in Madrid und Toledo. Tagelang hält er sich im Prado auf, um Goya, Velazquez und El Greco zu studieren und zu kopieren. Der Spanische Bürgerkrieg beendet jäh Mušič' Aufenthalt in Spanien. Er kehrt nach Dalmatien zurück. »Die Karstlandschaft« – so der Bericht von Paolo Rizzi – »wird für die Entwicklung seiner Malerei ausschlaggebend. [...] Mušič versucht in die Spiritualität der Karstlandschaft einzudringen.«[6]

1942 ist Mušič wieder in Görz, arbeitet in kleinen Dorfkirchen in der Umgebung der Stadt an Fresken. Erste Ausstellungen folgen in Zagreb, Triest und Venedig.

1943 übersiedelt er nach Venedig. Dort lernt er Guido Cadorin kennen, mit dem auch Babic eng befreundet ist. Er selbst erzählt viel später:

»In Venedig, dem altehrwürdigen Schmelztiegel abendländischer und morgenländischer Kulturen, erkannte ich meine künstlerische Bestimmung und meine innere Wahrheit. Wenn ich an den strengen Ikonen vorüberging, mir die byzantinischen Mosaike oder die Fresken in den serbischen Klöstern betrachtete, glaubte ich, am Knotenpunkt der modernen Kunst angelangt zu sein.«[7]

Oktober 1944 wird Zoran Mušič in Venedig von der Gestapo wegen Kollaboration mit antideutschen Kreisen verhaftet. Es folgen Verhöre in Triest in der »Risiera di San Sabba«. Dann im November die Deportation nach Dachau mit weiteren 200 slowenischen Gefangenen. Mušič wird zum Häftling Nr. 128231.

»Vermutlich im März/April 1945 beginnt Zoran Mušič Leichname zu zeichnen. [...] Die meisten der erhaltenen Zeichnungen von Toten im Konzentrationslager entstehen wenige Wochen vor der Befreiung am 29. April 1945 und danach bis Anfang Juni.«[8]

Es ist die Rede von etwa 200 Zeichnungen, die so entstanden sind, 36 davon blieben erhalten. (Die Zahlen schwanken, je nach Bericht und Aufzeichnung.)

Nach der Befreiung im April 1945 kehrt Mušič nach Görz, dann nach Venedig zurück. Er trifft Guido Cadorin und dessen Tochter Ida wieder. Ida Cadorin-Barbarigo ist selbst Malerin und wird 1949 seine Frau, Freundin und Weggefährtin. In Venedig arbeitet Mušič als Graphiker und Maler. Mušič selbst zu dieser Zeit: Nach Venedig zurückgekehrt, habe »ich ganz langsam begonnen, die Dinge zu malen, die ich früher gemalt hatte: Pferde, dalmatinische Landschaften, dalmatinische Frauen – die Themen, die ich liebte«[9].

Und nochmals Mušič mit eigenen Worten:

»In diesem ungeheuren Licht entdecke ich mit einem Mal das Gold von San Marco. Ich habe den Eindruck, dass sich etwas vor mir enthüllt, etwas, das tief in meiner frühesten Erinnerung verborgen war. Erinnerungen an meine vergessene Kindheit, an Ikonen, an vergoldete, mit Perlen behängte Bilder. [...] Etwas Vertrautes wachte in mir auf und zog mich alle Tage nach San Marco. Ich hatte den Eindruck, bereits ein anderes Leben inmitten der Arabesken des Orients gelebt zu haben.« [10]

1948 findet die erste Biennale in Venedig statt. In all dem Treiben wirkt Mušič selbst sehr

»zurückhaltend [...] dennoch gibt es Menschen, die auf den spröden und in sich zurückgezogenen Görzer aufmerksam werden. [...] Alix de Rothschild wird seine erste französische Sammlerin. Kokoschka kommt Mušič in seinem Atelier besuchen und wird sein Freund. [...] Von nun an stehen ihm alle Wege offen.«[11]

1952 stellt Mušič erstmals in Paris in der Galerie de France aus und 1953 lässt er sich zusammen mit seiner Frau in Paris nieder. Von nun an lebt er abwechselnd in Paris und in Venedig. Paris wird für ihn zur unverzichtbaren internationalen Plattform. 1953 ist auch das Jahr der ersten Ausstellung in New York.

1960 wird Mušič bei der Biennale in Venedig der UNESCO-Preis zuteil.

In Mušič wächst allerdings auch »die Unzufriedenheit mit dem künstlerischen Klima von Paris – bereits 1961 kehrt er zum ersten Mal nach dem Krieg nach Dalmatien zurück – es entstehen die Bilder der Serie *Terre dalmate*«.[12]

Nach einer langen Zeit des »Schweigens« über Dachau kam mit 1970 die Zeit, als die »Dinge auftauchten«[13]. Für den sich nun über Jahre entwickelnden Zyklus wählt Mušič »einen Satz, der kurz vor der Befreiung im Konzentrationslager kursierte: ›Wir sind die Letzten‹.«[14] Doch 1970, unter dem Eindruck neuerlicher Kriege und Menschenrechtsverletzungen, wandelt er diesen Satz ab: »Wir sind nicht die Letzten« – »Non siamo gli ultimi« – »Nous ne sommes pas les derniers.« Der Zyklus umfasst Zeichnungen, Graphiken und Ölgemälde. 1970 stellt Zoran Mušič in der Galerie de France mit einigen Bildern diesen Zyklus der *Totenlandschaften* aus.

Thema dieser Arbeiten sind ausschließlich die Toten von Dachau.

Stimmen dazu: »Er zeichnet, was er sieht: Den offenen Viehwaggon, die Toten, die herausquellen, einen Überlebenden, der schreit, Berge von Leichen.«[15] Er erlebt die Bürokratisierung des Todes, die er auch auf eine der Zeichnungen, die in Dachau entstanden sind, bannt. Es ist »jener Buchhalter«[16] – wie Jean Clair beschreibt –

»dessen starres Gesicht Mušič auf einer seiner Zeichnungen festgehalten hat. Auf einem Kasten stehend, überwachte er, wie man den Leichen die Goldzähne ausriß. Dabei blickte er niemals auf, sondern machte nur jedesmal, wenn das schwache, metallische Geräusch eines in den Eimer fallenden Zahnes erklang, einen Strich in sein Heft«[17].

Der organisierte, der bürokratisierte, der industrialisierte Tod raubt den Menschen ihre Individualität.

»Der Tod tritt als Kollektiv auf. Leichen werden wie Waren aufgestapelt. Mušič repetiert Leichen, er macht aus ihnen Bildmaterial. Das entspricht dem industrialisierten Tode, den er am Werk gesehen hatte.«[18]

Jacques Lassaigne schreibt anlässlich der Retrospektive des Werkes von Mušič in Paris 1972:

»La démarche de Mušič n'est pas un cri de révolte, elle n'élève pas de protestations, c'est une méditation sur ce qu'il a vécu dans les camps de concentration [...] Mais sous son pinceau aujourd'hui, les thèmes les plus terribles gardent une retenue, une sorte de pureté. Le tableau parle par lui-même, sans jamais rien de théâtral ou de littéraire.«[19]

Und Mušič selbst:

»Was mich in meiner Erinnerung ganz besonders berührt hat, das war die entsetzliche Schönheit all dieser gestapelten Körper, die aussahen wie die Äste eines Scheiterhaufens, mit den Händen und Füßen, die daraus hervorragten. Diese tragische Eleganz faszinierte mich: die Haut war fast durchscheinend, die Finger muteten so zart, so zerbrechlich an ... Ich betrachtete sie wie ein Schlafwandler, der jegliches normale Reaktionsvermögen verloren hat, wie einer, der die Lagerrealität akzeptiert hat, als gäbe es keine andere.«[20]

Zahlreiche Ausstellungen, Preise und Ehrungen folgen. An der Wende 1972/73 gestaltet Jacques Lassaigne die erste große Retrospektive, die bis dahin einem lebenden Maler im Musée d'Art Moderne de la Ville de Paris gewidmet worden war. Zahlreiche Gemälde kommen in öffentliche Sammlungen, so in Paris ins Centre Georges Pompidou und ins Musée d'Art Moderne der Stadt Paris und in vielen anderen Städten (Jerusalem, Venedig, Kopenhagen, Oslo u.a.).

Das Werk schwillt in seiner Fülle an, führt bisherige Motive weiter, greift neue auf - das Motiv des Canale della Giudecca in Venedig wird wiederaufgenommen, venezianische Bilder von den *Zattere* (1980/81) - Porträts von Ida - die zarten Aquarelle der *Dogana di Venezia* - die geheimnisvollen *Ateliers* (1983) - die wenigen, aber kraftvollen Bilder der *Cozze* (1985) - die *Interni di cattedrali* (1984) - die lebensvollen Nachtansichten von Paris (1988) - und die Doppelporträts (nach Rizzi 1990).

1988 widmet das Centre Georges Pompidou Mušič eine bedeutende Ausstellung, die insbesondere Gewicht auf die Zeichnungen legt. Sie wird von dem Kunstkritiker und Kunsthistoriker Jean Clair organisiert, der zum größten Förderer von Mušič wird.

1995 ist Zoran Mušič der erste Künstler, »der zu Lebzeiten eine Retrospektive in den Galeries nationales im Grand Palais eingerichtet bekommt«.[21] Wieder ist es Jean Clair, der diese Ausstellung ausrichtet. Eröffnet wird sie vom französischen Ministerpräsidenten François Mitterand, den mit Mušič eine enge Freundschaft verbindet.

Am 25. Mai 2005 stirbt Zoran Mušič in Venedig.

Vergängliches und Unvergängliches

Als Botschaften des Unvergänglichen in diesem Fluss des Vergänglichen bleiben uns:

Mušič als Mitteleuropäer

Die Brüche, die immer wieder Zäsuren in der Geschichte Europas im 20. Jahrhundert markieren, bilden auch die Zäsuren in der Biographie von Zoran Mušič. Und dennoch zeichnet sich eine Kontinuität in den Diskontinuitäten ab. So bekennt Mušič selbst in einem seiner Gespräche mit Michael Peppiatt:

> »Meine Kultur ist österreichisch-ungarisch oder mitteleuropäisch, aber die existiert nicht mehr. [...] Ich habe darüber niemals in dieser Art nachgedacht, aber es ist wahr, dass ich durch die mitteleuropäische, die byzantinische, venezianische, spanische und französische Kultur geprägt worden bin.«[22]

In weiteren Urteilen und Betrachtungen wird dies immer wieder betont. So sieht der österreichische Schriftsteller und Journalist Humbert Fink in Mušič einen »der wirklich bedeutenden Repräsentanten einer mediterranen Kunst, deren geistige Wurzeln gleichermaßen in Byzanz und in den bitteren Erfahrungen eines Europäers des 20. Jahrhunderts zu suchen sind«[23] und Rizzi formuliert - hier vor allem Bezug nehmend auf Mušič' Leben in Spanien und Paris -, »man könnte davon sprechen, dass die großen europäischen Kulturen in ihm aufgegangen sind«[24].

Dieses Mitteleuropa ist - wie der österreichische Kulturjournalist Bertram Karl Steiner betont - als »Heimat [...] eine geistige, die sich nicht in politische, ideologische oder gesellschaftliche Grenzen pferchen lässt«[25]. Es ist diese Kultur - die österreichisch-ungarische, die Donaukultur, die mitteleuropäische Kultur –, die einen imaginären Raum umfasst, in dem sich Mušič bewegt. Die aber auch gerade durch Menschen und Persönlichkeiten wie Zoran Mušič repräsentiert wird, ja eigentlich erst lebt und fortwirkt. Mušič ist ein Weltbürger dieser mitteleuropäischen Welt, die von ihm vom Collio aus über Griffen (Kärnten), die Steiermark und die Stajerska, von Maribor und Zagreb bis Madrid, von Dachau über Görz und Triest bis Venedig und Paris überblickt wurde. Eine Welt, in der auch Orient und Okzident ihre Symbiose eingehen.

Unverkennbare, vielfach nur unterschwellig wirkende Elemente sind der Orient und Byzanz, die im Werk von Mušič als wirkmächtiges Erbe in dieser mitteleuropäischen Kultur hervortreten.

Für Mušič selbst ist es ganz klar, dass er »nicht so sehr von der byzantinischen Malerei beeinflusst wurde, weil ich Byzantiner bin. Das ist in meinem Blut, durch meine slowenische Herkunft«[26].

Ausdruck dieser Symbiose sind die Selbstporträts und Doppelporträts mit seiner Frau Ida, die er »in fast nachempfundenem Stil griechischer Ikonen malt«[27]. Und auch für France Huser besitzen sie die »Einfachheit von byzantinischen Mosaiken«[28]. Und in den sienesischen und umbrischen Landschaften, »erscheint« – so das Urteil von Paolo Rizzi – »alles verwandelt, in die Ferne gerückt, ist auf eine byzantinische Zweidimensionalität reduziert«[29].

Vor allem Jean Grenier – der Philosoph und Kunstkritiker und ein weiterer Wegbegleiter Mušič' – macht es uns nochmals deutlich:

> »Die Begegnung von Orient und Okzident, von Byzanz und Rom, ist [...] ein großes historisches Faktum, ohne das man eine Kunst wie die von Mušič nicht gut verstehen kann. [...] Obwohl er das nicht sagt, wird deutlich, dass Mušič die weise Verzauberung der Mosaiken von Ravenna und Rom [...] empfangen hat, deren Erbe wiederum Venedig ist.«[30]

Mušič und Dachau – Die Totenlandschaften

Unbestritten ist der »Ewigkeitswert« seiner Werke, entstanden in Dachau und nach Dachau, die er im Zyklus *Wir sind nicht die Letzten* geschaffen hat.

Das Konzentrationslager von Dachau wurde für Mušič – wie er selbst erklärt – zu jenem Ort, wo er »lernte, die Dinge anders zu sehen«. Denn – so Mušič weiter – »nach der Vision dieser von allem Überflüssigen entkleideten Leichen, welche die Maske der Verstellung und des Dünkels abgelegt hatten, glaube ich, die Wahrheit entdeckt zu haben. Ich habe die tragische Wahrheit entdeckt und begriffen, ich habe sie mit Händen berühren dürfen«[31].

So mussten wir schließlich alle lernen, die Dinge nach Auschwitz anders zu sehen. Angesichts der radikalen Botschaft, die uns Mušič hinterlässt: »Wir sind« – auch nach Auschwitz – »nicht die Letzten«, muss ein Wandel des kollektiven Bewusstseins stattfinden, ein Wandel unseres selbstherrlichen Selbstverständnisses.

Mit Blick auf seine *Angesichter des Todes*, seine *Totenlandschaften* zieht Mušič uns Gegenwärtigen eine der Masken vom Gesicht, wenn wir – ganz im Geist der Moderne – den Tod verleugnen, ihn aus unserer Wirklichkeit verbannen. Doch er ist da, in einigen wesentlichen Strichen gebannt, ist er da, unauslöschlich. So setzt Mušič unserer Amnesie mit dem Zyklus *Wir sind nicht die Letzten* seine Anamnese entgegen.[32]

Im Urteil anderer, so z.B. Humbert Fink, gelingt Mušič mit diesen »›Totenlandschaften‹ [...] der endgültige Schritt hinein in die Zone absoluter Kunst«. Und dieser Zyklus ist – nochmals Fink – das »vielleicht rücksichtsloseste, eindringlichste Memento Mori, dessen die zeitgenössische europäische Kunst fähig ist [...]«[33].

Jorge Semprun verbindet sein Urteil mit einer Mahnung gegen diese uns so eigene Selbstgewissheit: Denn

> »später [...], wenn die unmittelbare, lebendige Erinnerung an all diese Tode erloschen sein wird, dann werden die Zeichnungen und Gemälde von Zoran Music, gleich den Desastres de la Guerra und den schwarzen Bildern von Goya, weiterhin die emblematische, universelle Gestalt des radikal Bösen umreißen, das die Freiheit des Menschen in sich birgt [...]«[34].

Nochmals Mušič – Il Viandante

Mušič der Wanderer, einer, der unterwegs ist, einer, der Grenzen überschreitet, eigentlich Grenzen nicht kennt –, obwohl sie sich in sein Leben immer wieder wie Gräben einschneiden.

In den Gesprächen mit Michael Peppiatt, auf die schon mehrfach Bezug genommen wurde, bezeichnet sich Mušič als »Wanderer«, der selbst keine Wurzeln hat. »Ich bin ein Mensch *senza fissa dimora*, wie man auf Italienisch sagt: ohne festen Wohnsitz.«[35]

So tritt uns Mušič auch in den »schemenhaft zerfließenden« Selbstporträts und den Doppelporträts mit seiner Frau Ida entgegen, die in den 80er und 90er Jahren entstanden sind. »Über der Welt dieser letzten, Ton in Ton gemalten Bilder steht«, nach der Interpretation von Werner Spies, »der ›Wanderer‹. *Viandante* nennt der Künstler diese kurz im Farbnebel auftauchende, definitiv verschwindende Silhouette.«[36] In diesen Porträts ist er

»sich selbst zum letzten Gegenstand seiner Bilder geworden«, indem er »die Wahrheit nur noch in sich selbst« sucht, wie der Kunsthistoriker und Kunstkritiker Wieland Schmied in seiner Deutung des Spätwerks von Mušič betont.[37]

Er konfrontiert uns dadurch mit der unausweichlichen Frage: Wer sind wir? Wer bin ich? Ein Schemen der Zeit, eine verfließende Silhouette?

Nach Jean Clair verbirgt sich hinter dem »Viandante« die »eigentümliche Figur eines zwischen Landstreicher und Pilger schwankenden Wanderers als der »Vorübergehende« oder der »Reisende«[38]. In dieser Metapher kulminiert das »Transitorische unserer Erscheinung, das Vergängliche unserer Existenz« und für Wieland Schmied hat Zoran Mušič »im Viandante seine Lebensfigur gefunden«[39].

Und schließlich: Die Suche nach dem Wesentlichen

Bei Mušič gibt es kein Andienen an Moden, an Trends oder (Kunst-)Märkte. Es ist seine Suche nach Wahrheit und nach dem Wesentlichen, die sich für uns in seinen Bildern manifestiert. Im Angesicht seiner Bilder ergeht an uns die stille Aufforderung, die je uns eigene Wahrheit in uns selbst zu suchen. Denn - so Mušič - »im Grunde hat jeder seine eigene Wahrheit. Wichtig ist, mit dieser Wahrheit in Kontakt zu treten«[40]. Dazu Mušič selbst:

> »Mit der Zeit habe ich als Künstler erkannt, dass ich gezwungen war, den Kern der Dinge zu sehen. Wenn ich von schroffen und steinigen Berglandschaften angezogen werde, ist das darauf zurückzuführen, dass dort alles ausgeschöpft wurde. In Formbegriffen sind die Hügel rund um Siena beispielsweise Leichen, sie wurden auf das Wesentliche reduziert.«[41]

Bestechend sind das Reale, das Diagnostische, das Sezierende, eine geistige Suche, auf die uns Mušič ein langes Stück des Weges mitnimmt und die er an uns als Auftrag weitergibt. Zugleich verbindet sich dieser Auftrag mit einer Art von Hoffnung, die in der Überzeugung Mušič' mitschwingt, die er im Gespräch mit Karlheinz Essl in Venedig 1998 formuliert hat: »Die Kunst ist eine Notwendigkeit, die immer wieder auf's Neue geschieht.«[42]

Sparsam mit den Worten - und eben auf das Wesentliche konzentriert - sagt Mušič, der in der Suche nach dem Selbst stets nur sich selbst porträtiert hat:

> »Ich brauche nur mich selbst. Ich selbst zu sein. Die Zeichnung ist jener Ort, wo ich meditiere, der Platz, wo ich mit mir allein bin. Wenn ich zeichne, schreibe ich unbewusst meine Memoiren.« (Mušič anlässlich der Ausstellung seiner Zeichnungen in Asiago)[43]

Und für uns - die wir die Werke von Mušič betrachten - sind dies zugleich die Memoiren Mitteleuropas. Nahtlos fügt sich hier Peter Handke an, der für den Katalog der Ausstellung Zoran Mušič im Grand Palais, Paris 1995, schrieb:

»Und jetzt sehe ich alle Bilder, Gravuren und Zeichnungen von Zoran Mušič als eine Karte von Europa - eine andere Karte von Europa. Eine Karte eines anderen Europa. [...] Seine Karte von Europa, die in seinen Bildern skizziert wird, eine luftige Karte wie keine andere, mit dem richtigen Maßstab und mit der Proportion, die allen Völkern passt, dehnt sich, je öfter ich sie betrachte, umso anmutiger und morgendlicher in eine Zukunft aus.«[44]

Das Werk, das nur so von Zoran Mušič im Gewebe seiner Lebenszeit und in dem Ereignisraum des 20. Jahrhunderts geschaffen werden konnte, trägt in sich die Spannung zwischen Herkunft und Zukunft. Auf der Suche nach dem Allgemeingültigen in Formen und Strukturen löst es sich von der Gebundenheit an Ort und Zeit und weist über sich hinaus. Denn »comme toute grande œuvre, la peinture de Music, a travers un regard personnel, intime, touche à l'universel«[45].

Bibliographie

Literatur

Metelko, Siegbert/Hug, Charlotte, *Zoran Music*, Beiträge in Deutsch, Englisch, Französisch, Vaumarcus–Zürich 2009.

Peppiatt, Michael, *Zoran Music. Gespräche 1988–1998*, aus dem Französischen von Franziska Raimund, Salzburg–Paris 2002.

Ausstellungskataloge

Music 1946–1972, Musée d'Art Moderne de la Ville de Paris, Paris 1972.

Zoran Music. L'œuvre graphique, Ausstellungskatalog, Centre Georges Pompidou Paris, Musée National d'Art Moderne Paris, Paris 1988.

Zoran Music. Zeichnungen, Aquarelle, Gouachen 1945–1990, Ausstellungskatalog, Künstlerhaus Klagenfurt. Konzept, Auswahl, Buchredaktion und Organisation von Siegbert Metelko, Texte: Bertram K. Steiner, Humbert Fink, Paolo Rizzi, Fotos: Ferdinand Neumüller, hg. v. Kunstsammlung Alpen-Adria, Klagenfurt 1990.

Zoran Music. Peintures et œuvres sur papier, Ausstellungskatalog Galerie Jean Krugier, Texte von Jean Clair und Jean Leymarie, Genf 1990.

Zoran Music, Ausstellungskatalog Schirn Kunsthalle Frankfurt, hg. v. Sabine Schulze, mit Beiträgen von Jean Clair, Peter Handke, Jorge Semprun, Werner Spies, Frankfurt am Main 1997.

Zoran Music – Eremit, Zeitzeuge, Philosoph, Ausstellungskatalog Schömer-Haus, Klosterneuburg, Sammlung Essl Privatstiftung, Klosterneuburg 1999.

Music, Ausstellungskatalog Musei Provinciali Palazzo Attems, Gorizia, Conegliano 2003.

Anton Zoran Music. Music und Dachau. Zeichnungen, Gemälde, Grafiken, Ausstellungskatalog KZ-Gedenkstätte Dachau, Texte von Barbara Distel, Michaela Haibl, Christine Müller, Ivo Gregorc, Dachau 2005.

Zoran Music, Ausstellungskatalog Galerie Claude Bernard 2010, Paris 2010.

Beiträge

Clair, Jean, *Der Engel in Dachau*, in: Zoran Music, Ausstellungskatalog Schirn Kunsthalle Frankfurt, hg. v. Sabine Schulze, mit Beiträgen von Jean Clair, Peter Handke, Jorge Semprun, Werner Spies, Frankfurt am Main 1997, 77–84.

Essl, Karlheinz, *Venedig, November 1998. Karlheinz Essl im Gespräch mit Zoran Music*, in: Zoran Music – Eremit, Zeitzeuge, Philosoph, Ausstellungskatalog Schömer-Haus, Klosterneuburg, Sammlung Essl Privatstiftung, Klosterneuburg 1999, 16–23.

Fink, Humbert, *Zoran Music*, in: Zoran Music. Zeichnungen, Aquarelle, Gouachen 1945–1990, Ausstellungskatalog Künstlerhaus Klagenfurt, hg. v. Kunstsammlung Alpen-Adria, Klagenfurt 1990, (o. S.).

Haibl, Michaela, *»Man kann nicht illustrieren« – Zoran Music und Dachau*, in: Anton Zoran Mušič. Mušič und Dachau, Zeichnungen, Gemälde, Grafiken, Ausstellungskatalog KZ-Gedenkstätte Dachau, Texte von Barbara Distel, Michaela Haibl, Christine Müller, Ivo Gregorc, Dachau 2005, 14–21.

Handke, Peter, *Zoran Music*, Ausstellungskatalog Grand Palais Paris, Paris 1995, wieder abgedruckt in: Metelko, Siegbert / Hug, Charlotte, Zoran Music, Vaumarcus–Zürich 2009, 165.

Huser, France, *Le long chemin de Zoran Music*, Le Nouvel Observateur, Paris, FR, 13–19 avril, 58–59, abgedruckt in: Metelko, Siegbert / Hug, Charlotte, Zoran Music, Vaumarcus–Zürich 2009, 408.

Krugier, Jan / Ditesheim, Francois, *Einleitung* zu Zoran Music. Peintures et œuvres sur papier, Ausstellungskatalog Galerie Jean Krugier, Texte von Jean Leymarie und Jean Clair, Genf 1990, 5.

Lassaigne, Jacques, *Begleitwort* zur Retrospektive Mušič 1946–1972, Musée d'Art Moderne de la Ville de Paris, Paris 1972, 7–8.

Rizzi, Paolo, *Eine kritische Biographie*, in: Zoran Music. Zeichnungen, Aquarelle, Gouachen 1945–1990, Ausstellungskatalog Künstlerhaus Klagenfurt, hg. v. Kunstsammlung Alpen-Adria, Klagenfurt 1990, (o. S.).

Schmied, Wieland, *Stationen eines Lebensweges*. Zoran Music in der Sammlung Essl, in: Zoran Music – Eremit, Zeitzeuge, Philosoph, Ausstellungskatalog Schömer-Haus, Klosterneuburg, Sammlung Essl Privatstiftung, Klosterneuburg 1999, 8–14.

Seemann, Annette, *Biographie*, in: Zoran Music. Ausstellungskatalog Schirn Kunsthalle Frankfurt, hg. v. Sabine Schulze, mit Beiträgen von Jean Clair, Peter Handke, Jorge Semprun, Werner Spies, Frankfurt am Main 1997, 149–167.

Semprun, Jorge, *Ich habe das gesehen*, in: Zoran Music. Ausstellungskatalog Schirn Kunsthalle Frankfurt, hg. v. Sabine Schulze, mit Beiträgen von Jean Clair, Peter Handke, Jorge Semprun, Werner Spies, Frankfurt am Main 1997, 61–64.

Spies, Werner, *Zoran Music, der Unberührbare*, in: Zoran Music. Ausstellungskatalog Schirn Kunsthalle Frankfurt, hg. v. Sabine Schulze, mit Beiträgen von Jean Clair, Peter Handke, Jorge Semprun, Werner Spies, Frankfurt am Main 1997, 9–14.

Steiner, Bertram Karl, *Centraleuropäische Spurensuche*, in: Zoran Music. Zeichnungen, Aquarelle, Gouachen 1945–1990, Ausstellungskatalog Künstlerhaus Klagenfurt. hg. v. Kunstsammlung Alpen-Adria, Klagenfurt 1990, (o. S.).

Endnoten

1 1994 Kohle auf Leinwand sowie 1994 Öl auf Leinwand, Abbildung in: *Zoran Music* 1997, 114 u. 115; weitere Abbildungen in: *Zoran Music* 2003, 168 u. 169.

2 Peppiatt, Michael, *Zoran Music. Gespäche 1988–1998*, aus dem Französischen von Franziska Raimund, Salzburg–Paris 2002, 6.

3 Ebd., 8 u. 12.

4 Rizzi, Paolo, *Eine kritische Biographie*, in: Zoran Music. Zeichnungen, Aquarelle, Gouachen 1945–1990, Ausstellungskatalog Künstlerhaus Klagenfurt, hg. v. Kunstsammlung Alpen-Adria, Klagenfurt, 1990, (o.S.).

5 Ebd., vgl. dazu auch Clair, Jean, *Der Engel in Dachau*, in: Zoran Music, Ausstellungskatalog Schirn Kunsthalle Frankfurt, hg. v. Sabine Schulze, mit Beiträgen von Jean Clair, Peter Handke, Jorge Semprun, Werner Spies, Frankfurt am Main 1997, 78.

6 Rizzi, Paolo, *Eine kritische Biographie*, (o.S.).

7 Nach Fink, Humbert, *Zoran Music*, in: Zoran Music, Zeichnungen, Aquarelle, Goachen 1945–1990, (o.S.).

8 Haibl, Michaela, *»Man kann nicht illustrieren« – Zoran Music und Dachau*, in: Anton Zoran Music. Music und Dachau. Zeichnungen, Gemälde, Grafiken, Ausstellungskatalog KZ-Gedenkstätte Dachau, Texte von Barbara Distel, Michaela Haibl, Christine Müller, Ivo Gregorc, Dachau 2005, 15.

9 Nach Peppiatt, *Zoran Music*. Gespräche 1988–1998, 16f.

10 Zitiert nach Seemann, Annette, *Biographie*, in: *Zoran Music*. Ausstellungskatalog Schirn Kunsthalle Frankfurt, 156.

11 Rizzi, Paolo, *Eine kritische Biographie*, (o.S.).

12 Vgl. ebd.

13 Mušič nach Peppiatt, Michael, *Zoran Music. Gespräche 1988–1998*, 36.

14 Haibl, Michaela, *Man kann nicht illustrieren – Zoran Music und Dachau*, 18.

15 Rizzi, Paolo, *Eine kritische Biographie*, (o.S.).

16 Dachau 1945, Abbildung in: *Zoran Mušič* 1997, 81.

17 Clair, Jean, *Der Engel in Dachau*, 81.

18 Spies, Werner, *Zoran Music, der Unberührbare*, in: Zoran Music. Ausstellungskatalog Schirn Kunsthalle Frankfurt, 12.

19 Lassaigne, Jacques, *Begleitwort zur Retrospektive Music 1946–1972*, Musèe d'Art Moderne de la Ville de Paris, Paris 1972, 7.

20 Music nach Peppiatt, Michael, *Zoran Music. Gespräche 1988–1998*, 36.

21 Seemann, Annette, *Biographie*, 167.
22 Peppiatt, Michael, Zoran Music, Gespräche 1988–1989, 26ff.
23 Fink, Humbert, Zoran Music, in: *Zoran Music*, Zeichnungen, Aquarelle, Goachen 1945–1990, (o.S.).
24 Rizzi, Paolo, *Eine kritische Biographie* (o.S.).
25 Steiner, Bertram Karl, *Centraleuropäische Spurensuche*, in: Zoran Music. Zeichnungen, Auqarelle, Gouachen 1945–1990, Ausstellungskatalog Künstlerhaus Klagenfurt, hg. v. Kunstsammlung Alpen-Adria, Klagenfurt 1990 (o.S.).
26 Peppiatt, *Zoran Music. Gespräche 1988–1998*, 16f., 22.
27 Fink, Humbert, *Zoran Music*, in: Zoran Music, Zeichnungen, Aquarelle, Gouachen 1945–1990, (o.S.).
28 Huser, France, Le long chemin de Zoran Music, Le Nouvel Observateur, Paris, FR, 13–19 avril, 58–59, abgedruckt in: Metelko, Siegbert / Hug, Charlotte, *Zoran Music*, Vaumarcue –Zürich 2009, 408.
29 Rizzi, Paolo, *Eine kritische Biographie*, (o.S.).
30 Zitiert nach Seemann, Annette, *Biographie*, 161.
31 Mušič nach Rizzi, Paolo, *Eine kritische Biographie*, (o.S.).
32 Vgl. dazu Clair, Jean, *Der Engel in Dachau*, 8.
33 Fink, Humbert, *Zoran Music*, in: Zoran Music, Zeichnungen, Aquarelle, Goachen 1945–1990, (o.S.).
34 Semprun, Jorge, *Ich habe das gesehen*, in: Zoran Music. Ausstellungskatalog Schirn Kunsthalle Frankfurt, hg. v. Sabine Schulze, mit Beiträgen von Jean Clair, Peter Handke, Jorge Semprun, Werner Spies, Frankfurt am Main 1997, 64.
35 Peppiatt, *Zoran Music. Gespräche 1988–1998*, 25.
36 Spies, Werner, *Zoran Music, der Unberührbare*, 14.
37 Schmied, Wieland, *Stationen eines Lebensweges*. Zoran Music in der Sammlung Essl, in: Zoran Music – Eremit, Zeitzeuge, Philosoph, Ausstellungskatalog Schömer-Haus, Klosterneuburg, Sammlung Essl Privatstiftung, Klosterneuburg 1999, 14.
38 Clair, Jean, *Der Engel in Dachau*, 77.
39 Schmied, Wieland, *Stationen eines Lebensweges*, 14.
40 Mušič nach Peppiatt, *Zoran Music. Gespräche 1988–1998*, 22.
41 Mušič 1988/2009, 169.
42 Essl, Karlheinz, *Venedig, November 1998. Karlheinz Essl im Gespräch mit Zoran Music*, in: Zoran Music – Eremit, Zeitzeuge, Philosoph, Ausstellungskatalog Schömer-Haus, Klosterneuburg, Sammlung Essl Privatstiftung, Klosterneuburg 1999, 16–84, 23.
43 Zitiert nach Rizzi, Paolo, *Eine kritische Biographie*, (o.S.).
44 Handke, Peter, *Zoran Music*, Ausstellungskatalog Grand Palais Paris, Paris 1995, wieder abgedruckt in: Metelko, Siegbert / Hug, Charlotte, Zoran Music, Vaumarcus–Zürich 2009, 165.
45 Krugier, Jan / Ditesheim, Francois, *Einleitung* zu Zoran Music. Peintures et oevres sur paper, Ausstellungskatalog Galerie Jean Krugier, Texte von Jean Leymarie und Jean Clair, Genf 1990, 5.

Mehrsprachige Regionen Europas – ambivalente Zivilisationsagenturen

Peter J. Weber

Einleitung

Die sprachliche Situation in Europa wird oftmals mit dem Bild des *Turms zu Babel* in Verbindung gebracht, um auf die Vielfalt der Sprachen und Kulturen hinzuweisen. Das Bild kann in zweierlei Hinsicht gedeutet werden: Einerseits kann Vielfalt in positiver Auslegung für die Bereicherung durch sprachliche Vielfalt stehen, aus der kreative Potenziale für die Gesellschaft hervorgehen.[1] Andererseits wird es in negativer Auslegung nach der mythisch-biblischen Erzählung im Buch Genesis[2] als Ausdruck der sprachlichen Verwirrung gesehen, nachdem der Mensch von Gott für seinen Machbarkeitswahn gestraft wurde, sich ein Zeichen zu setzen und die Völker zu vereinen.

In Europa, das nach historischen, geografischen, sprachlich-kulturellen und weiteren Faktoren nie endgültig zu bestimmen ist,[3] ist die Richtung der Auslegung des oben genannten Bildes vor dem Hintergrund der Globalisierung von entscheidender Bedeutung. Die Ausgangssituation der Auslegung ist meines Erachtens durch ein Paradox gekennzeichnet: So wird seit dem Europäischen Rat von Lissabon im Jahr 2000 das wirtschaftliche Selbstverständnis der EU stark in den Mittelpunkt gerückt, wenn dort programmatisch formuliert wird, dass die Union zum wettbewerbsfähigsten und dynamischsten wissensbasierten Wirtschaftsraum in der Welt gemacht werden soll.[4] Gleichzeitig wird mit dem Lissabonner Vertrag ein fördernder Minderheitenschutz als Ausdruck »positiver Diskriminierung« eingeführt.[5] Zudem steht der wirtschaftlichen Programmatik des Vertrages, in der eine funktionale Reduktion der Sprachenvielfalt unabdingbar ist, die *Neue Rahmenstrategie für Mehrsprachigkeit* aus dem Jahr 2005 gegenüber, die »... unsere zahlreichen Muttersprachen als Reichtum begreift ...«[6].

Der vorliegende Beitrag wählt einen derartigen sprachlich-kulturellen Zugang, um aus dieser Perspektive aktuelle Probleme Europas in Form von vier Ambivalenzen in der Rolle der Regionen als Zivilisationsagenturen zu beleuchten. Er stellt sich damit bewusst in Kontrast zu den Beiträgen über die städtischen Regionen in Europa wie Barcelona oder Berlin, die eine andere Entwicklung nehmen, wie es auf der Tagung *Europa neu denken* in Triest herausgearbeitet wurde. So stehen (mehrsprachige) ländliche Regionen vor einer möglichen Depopulation, während die (mehrsprachigen) städtischen Regionen sich immer weiter ausdehnen. Zudem bringen diese städtischen Regionen eine andere Form der Mehrsprachigkeit hervor, die wir mit allochthonen Sprachen wie Türkisch oder Chinesisch in Verbindung bringen. Somit ist in dieser Einleitung das auf der Tagung deutlich gewordene Spannungsfeld zwischen (mehrsprachigen) ländlichen und städtischen Regionen nochmals pointiert dargestellt.

Sprachlich-kulturelle Zugänge

Der Weg zu unserer heutigen sprachlichen Vielfalt seit dem Mittelalter beginnt mit dem Zusammenprallen des klassischen Lateins mit den Sprachen des einfachen Volkes in den Provinzen. Und so sehr die Elite wie die Kirche am klassischen Latein als Wissenschafts- und Kommunikationssprache festhielt, wollte das einfache Volk mit der zunehmenden technischen Entwicklung in ihren Volkssprachen an diesen Entwicklungen teilhaben. Die Gutenberg-Galaxie hat ihre Bedeutung nicht nur in der Verbreitung von Informationen, sondern auch im Aufstieg dieser vulgären Volkssprachen zu ernst zu nehmenden Sprachen, die durch die beweglichen Lettern Gutenbergs auch von der großen Masse des Volkes gelesen werden konnten – sofern sie lesen konnte. Welch eine Befreiung vom Joch des Klerus und des Adels, die sich bisher über die eine Verkehrssprache Latein ihre Macht gesichert hatten.

Auch in dieser Entwicklung zeigte sich, dass die Verwendung von Sprachen an die jeweilige Macht, Finanzkraft und das Eigenbild der Sprecher gebunden ist. Warum gaben sich tschechische Fürsten zu Zeiten des Dreißigjährigen Krieges deutsche Namen? So wurde aus Waldenstein mit der Zeit der bekannte Wallenstein. Oder man denke an das aufstrebende Paris, dessen reiche und mächtige Könige den Süden Frankreichs überfielen und sprachlich an den Norden anglichen. So verschwand die *langue d'oc* zugunsten der *langue d'oïl*, und so lernen heute alle Schüler das Pariser *oui* (Ja). Und wer Französisch als Fremdsprache gelernt hat, nämlich nach den zentralistischen Pariser Vorgaben, wundert sich dann in seinem Südfrankreichurlaub, dass ihm die Aussprache und das eine oder andere Wort doch sehr unbekannt vorkommen. Denn er bewegt sich in Okzitanien, wo im Mittelalter Troubadoure, die Sprache Okzitanisch und die Katharer zuhause waren.

Ohne Zweifel spielt die Institution Schule als Ort der nationalstaatlichen Konsensbildung eine zentrale Rolle bei der nicht immer friedlichen Verdrängung anderer als der einzig anerkannten Staatssprache. Auch das heute so anerkannte Englisch musste sich zunächst mit dem Schwert und dann auf den Schulbänken gegen Schottisch, Walisisch und andere heute nur mehr kleinräumig gesprochene Sprachen durchsetzen – und die Schotten stellen diese Vorherrschaft gerade heute am stärksten in Frage. Und wie unsensibel in unterschiedlicher Weise gerade die Schulsysteme Frankreichs, Großbritanniens und Deutschlands gegenüber anderen Sprachen sind, zeigt sich in gescheiterten Schul- und Bildungspolitiken im Hinblick auf Mehrsprachigkeit in Fremdsprachen und den Sprachen der eingewanderten Bevölkerungen. Bis heute bleibt Bildungspolitik auch immer zugleich eine Sprach- oder manchmal auch Sprachenpolitik – und hier schwelen unterschwellig handfeste weitere Konflikte.

Somit sind europäische Regionen mit eigenen Sprachen, wie z.B. um den Veranstaltungsort der Tagung *Europa neu denken* in Triest mit Slowenisch und Italienisch, oder Okzitanien ein Beispiel für die sprachliche und kulturelle Vielfalt und Kreativität Europas, die nicht auf die standardisierten Sprachen der Nationalstaaten reduziert werden kann, welche sich erst seit dem 15. Jahrhundert langsam von den *anderen* Volkssprachen als Standardsprachen oder moderne Sprachen des Nationalstaates emanzipiert haben. Heute kennen wir neben diesen offiziellen Amtssprachen noch mindestens 80 derartiger Regionalsprachen, die ein wertvolles Erbe und Kreativitätspotenzial für Europa bzw. die Europäische Union darstellen.[7]

Ambivalenzen

Aus den bisherigen Ausführungen sollte deutlich werden, dass gerade die mehrsprachigen, meist über nationale Grenzen hinwegreichenden Regionen originär europäische Orte für die *kreative* Entwicklung Europas darstellen und damit ein primärer Bereich für die gesellschaftliche, kulturelle und wirtschaftliche Entwicklung in Europa sind. Dennoch lassen sich in dieser für Europa *tragenden* und wichtigen Rolle Ambivalenzen erkennen, die sich zwischen den Polen der Atomisierung und Standardisierung bewegen:

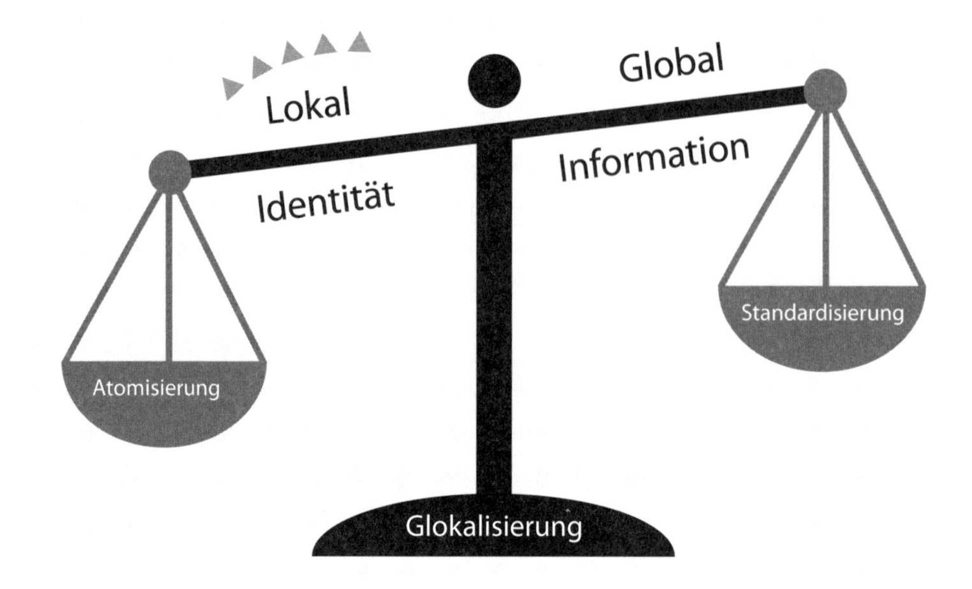

(Grafik: eigene Darstellung)

Regionalsprachen, deren Erstarken ein Indiz für den Prozess der »Glokalisierung«[8] ist, sind letztlich ein Beleg dafür, dass Regionalsprachen als Identitätsanker in der lokalen Kultur fungieren – während globale Verkehrssprachen wie z.B. Englisch oder glokale wie Deutsch ein Mittel zur Kommunikationsmaximierung sind – und dass eine Mehrsprachigkeit in Sprachen mit unterschiedlichem Prestige einen Mehrwert für Europa hat. Das Austarieren dieser Waage dürfte mithin eine der größten Aufgaben und Probleme der Europäischen Union sein. Bei diesem Austarieren spielen Regionen nun eine ambivalente Rolle.

Ambivalenz 1: Monolingualisierung

Mit diesen Regionen, in denen nach inner- und außersprachlichen Definitionen eine eigene Sprache gesprochen wird, setzt spätestens mit der Charta für Regional- oder Minderheitensprachen in den 1990er Jahren eine eigenständige Entwicklung ein, wenn diese zu gesellschaftlichen Vorbildern z.B. im Bildungsbereich werden, wie es die PISA-Regionalstudien gezeigt haben. Denn: Nicht die Finnen haben die besten Ergebnisse in der Lesekompetenz erzielt, sondern die Schüler des regionalen »Sonderschulsystems« Südtirol in Italien. Insgesamt zeigen die regionalen

PISA-Ergebnisse, dass in der Regel die Teilschulsysteme der mehrsprachigen Regionen besser abschneiden als diejenigen des tendenziell einsprachigen Schulsystems im Rest der Nationalstaaten. Aber: In vielen dieser Regionen wiederholen sich nationalstaatliche Entwicklungen, für die Schulsysteme in der europäischen Vergangenheit eine zentrale Rolle gespielt haben. Denn als *Erfüllungsgehilfen* des monolingualen Nationalstaates haben gerade die Schulen dafür gesorgt, dass Schüler mit den staatlichen Werten und Normen in der von ihm zur Staatssprache erhobenen Sprache erzogen wurden. Und in diesem Kontext der regionalen Institutionalisierung werden aktuell von den Regionen oftmals ihre multikulturellen sowie mehrsprachigen Wurzeln gegenüber dem Nationalstaat vergessen - ein Paradox, das meines Erachtens auf europäischer Ebene angelegt ist.[9]

Ambivalenz 2: „Regionale Nationalstaatlichkeit"

Seit dem Europäischen Rat von Lissabon im Jahr 2000 wird das wirtschaftliche Selbstverständnis der EU stark in den Mittelpunkt gerückt, wenn dort programmatisch formuliert wird, dass die Union zum wettbewerbsfähigsten und dynamischsten wissensbasierten Wirtschaftsraum in der Welt gemacht werden soll. Gleichzeitig wird mit dem Lissabonner Vertrag ein fördernder Minderheitenschutz als Ausdruck »positiver Diskriminierung« eingeführt. Zudem steht der wirtschaftlichen Programmatik des Vertrages, in der eine funktionale Reduktion der Sprachenvielfalt unabdingbar ist, die *Neue Rahmenstrategie für Mehrsprachigkeit* aus dem Jahr 2005 gegenüber, die zahlreiche Muttersprachen als Reichtum begreift.[10]

Der Vertrag von Lissabon steht ohne Zweifel in der Tradition der wirtschaftlich orientierten Globalisierung, der sich die gesamte Wissensgesellschaft mit ihren Sprachen und Kulturen unterordnet. Allerdings darf die Entwicklung der Globalisierung nicht als unidirektionale Entwicklung gesehen werden, da Globalisierung mit Regionalisierung und Lokalisierung verbunden ist. Der Begriff, der diese Entwicklung beschreibt, ist der oben eingeführte Begriff der *Glokalisierung* und baut auf die konstitutive Komplementarität von gleichzeitigen, gekoppelten und dabei auch gegenläufigen Prozessen der Globalisierung und Lokalisierung. Deshalb beobachten wir europa- und weltweit das Erstarken regionaler Entitäten, die zum Teil eine Art verspäteten Nationalismus erleben. Nicht vergessen werden darf aber auch, dass einige Regionen bzw. lokale kulturelle Identitäten wie z.B. im Falle der Katalanen, erst in Reaktion auf medial vermittelte globale Identitäten erfunden wurden.[11]

Ambivalenz 3: Verwirtschaftlichung

Auch im Falle der regionalen Sprachgruppen ist dieser Prozess der Glokalisierung nicht primär an Folklore oder Ähnliches gebunden, sondern spiegelt die Notwendigkeit, diesen Regionen und den damit verbundenen Sprachen und Kulturen eine Anbindung an die wirtschaftlichen Prozesse zu geben. Regionen werden mithin zu ambivalenten Zivilisationsagenturen, da durch die Prozesse der Glokalisierung eine Art Automatismus entstanden ist, der unter anderem dazu führt, dass Sprachen in ihrem Wert für Gesellschaft, Wirtschaft und Individuum sehr viel differenzierter wahrgenommen werden und in der Europäischen Union die Regionalsprachen auch in ihrem »wirtschaftlichen (Mehr)Wert« in die Diskussion kommen. Mit dem Subsidiaritätsprinzip werden nun die Regionen immer stärker als Wirtschaftsagenten wahrgenommen und zugleich instrumentalisiert. Man nehme nur die Regionen, die auf der »blauen« bzw. »goldenen« Banane liegen, die sich allesamt durch wirtschaftliche Prosperität auszeichnen und auch als Motorregionen der EU verstanden werden. Ein starkes Identitätsgefühl gekoppelt mit einer »gesunden« Wirtschaftskraft sind letztlich die »Stärke« Europas.[12]

Ambivalenz 4: Europäische Atomisierung

Die Erkenntnis einer starken regionalen Kreativität im Kontext von mehrsprachigen Regionen speist sich letztlich aus den Ergebnissen der sehr aktuellen neuro- und kontaktlinguistischen Forschung, dass Mehrsprachige kreativer sind, da der multiperspektivische Zugang über verschiedene Sprachsysteme höhere Chancen auf Erfolg hat.[13] Denn es wird nicht die erstbeste Lösung genommen, sondern die beste im sprachlich-kulturellen Vergleich. Dieser Vergleich ist in Anlehnung an Wittgenstein »grenzenlos«, denn nach ihm sind »die Grenzen meiner Sprache die Grenzen meiner Welt«. In der Sapir-Whorf-Hypothese wird dies aufgegriffen, nach der das Denken von den Strukturen der Einzelsprachen abhängt. So positiv diese Kreativität zu bewerten ist, ist vor einem Flickenteppich immer stärker werdender kleiner europäischer Regionen vor dem Hintergrund globaler Weltregionen zu warnen.[14]

Konstruktiver Umgang mit der ambivalenten Rolle der Regionen

Die ambivalente Rolle der Regionen wird nicht aufzulösen sein bzw. kann dies gar nicht das Ziel sein, da sie der gesellschaftlichen Entwicklung inhärent sind. Dennoch muss mit dem zunehmenden Pluralismus das Bewusstsein in der Gesellschaft geschaffen werden, dass ein Europa nur in diesem Antagonismus *neu* gedacht werden kann – und dies über die Lebensspanne eines jeden Individuums.

Die These zu diesem neuen Denken lautet: Um die Regionen Europas aus ihrer ambivalenten Rolle zu bringen, muss das Konzept des *Lebens-Langen-Lernens* in seinem transkulturellen und transnationalen Verständnis Einzug in das Bildungsverständnis der Nationalstaaten halten. Denn dieses *Lebens-Lange-Lernen* koppelt durch informelle und nicht formalisierte Settings vom nationalstaatlichen Habitus der Schulen ab, mit denen Nationalstaaten noch immer ihre – im Weltmaßstab kleinen – Eigenheiten durchsetzen.

Der Begriff des lebenslangen Lernens ist weder rein wissenschaftlich noch aus einer einzigen nationalen bzw. kulturellen Sicht zu fassen. So weist Knoll im Zusammenhang mit dem *Jahr des lebenslangen Lernens*, das vom Europäischen Parlament und dem Rat der Europäischen Union 1996 ausgerufen wurde, darauf hin, dass im Rahmen nationaler oder internationaler Dokumente zur Bildungspolitik »[...] die Floskel vom lebenslangen Lernen, im Englischen lifelong education / learning, zumeist als eine vielfach nur schemenhafte, unbestimmte Sicherungs- und Legitimierungsformel [begegnet], mit der Internationalität reklamiert wird«[15].

Die Internationalität stellt sich allerdings als eine schwierige Hürde dar, da alleine die nationalen Begriffe Unterschiedliches suggerieren: Im Englischen spricht man von *lifelong education* oder *lifelong learning*, das in der deutschen Diskussion mit dem lebenslangen Lernen gleichgesetzt wird. In der deutschen Fassung des europäischen Beschlusses zum *Jahr des lebenslangen Lernens* vom 23. Oktober 1995 wird dann vom *lebensbegleitenden Lernen* gesprochen, um Assoziationen zur lebenslänglichen Beschulung zu vermeiden. Und die französische Entsprechung lautet *éducation permanente*, die aber auch mit Konzepten wie der *formation continue* konkurriert.

Kurzum ist festzustellen, dass der Begriff weniger wissenschaftlich geprägt, denn von internationalen Organisationen genutzt wurde und wird, um nationale Bildungsanstrengungen in der Weiterbildung zu flankieren.

So nahm am 21. November 2001 die Europäische Kommission die Mitteilung *Einen europäischen Raum des lebenslangen Lernens schaffen* an. Lebenslanges Lernen wird in dieser Mitteilung definiert als

»alles Lernen während des gesamten Lebens, das der Verbesserung von Wissen, Qualifikationen und Kompetenzen dient und im Rahmen einer persönlichen, bürgergesellschaftlichen, sozialen bzw. beschäftigungsbezogenen Perspektive erfolgt«[16].

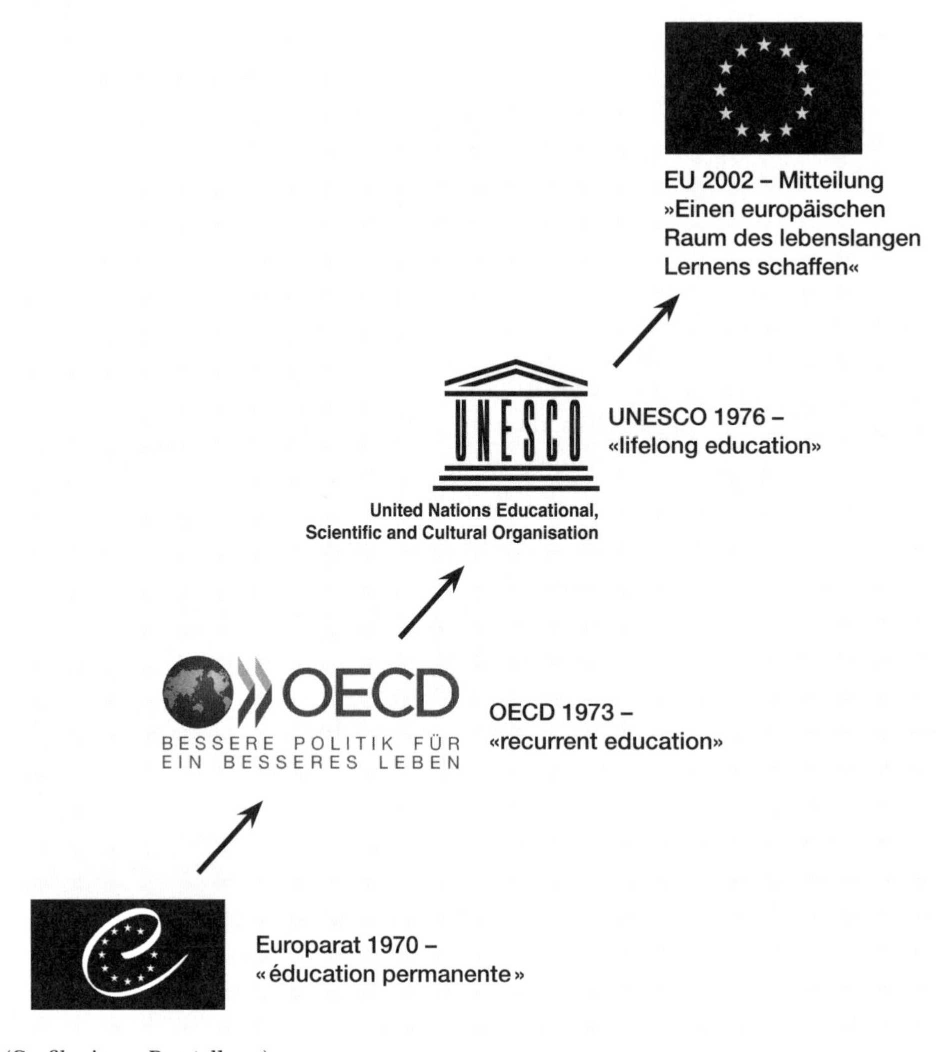

(Grafik: eigene Darstellung)

Dennoch bleibt das Konzept des Lebens-Langen-Lernens ein in der Wurzel europäisches und kann daher am ehesten die ambivalenten Strömungen in der europäischen Gesellschaft zu einer Stärke Europas machen. Lebens-Langes-Lernen als Persönlichkeitsbildung befähigt zudem zum Strukturerkennen, z.B. was wirklich hinter den Krisen steckt, die vermeintlich ausschließlich als Wirtschaftskrisen deklariert werden. Damit erhält Lebens-Langes-Lernen auf Grundlage seiner europäischen Wurzeln vielfältige Ausprägungen, die zum Dialog zwingen. Letztlich ist Lebens-Langes-Lernen nicht nur ein Lern- oder didaktisches Konzept, sondern eine europäische Grundhaltung.[17]

Ausblick

Jean Monnet, einer der Gründerväter der Europäischen Union, soll gesagt haben: »Wenn ich nochmals mit dem Aufbau Europas beginnen könnte, dann würde ich mit der Kultur anfangen.« Diese Worte sind fast so visionär, wie es unmöglich ist, ihre eindeutige Originalquelle zu finden – und doch sind sie sehr bedeutend für die Europäische Union geworden. Denn immer deutlicher wird, dass Finanz- oder Wirtschaftskrisen noch viel tiefer gehende Ursachen haben als eben die rein wirtschaftlichen. Sedláček schreibt dazu einleitend in seinem inzwischen sehr bekannt gewordenen Buch *Die Ökonomie von Gut und Böse* treffend:

> »So, wie wir sie heute kennen, ist die Ökonomie eine kulturelle Erscheinung, ein Produkt unserer Zivilisation – allerdings kein Produkt in dem Sinne, dass wir sie bewusst produziert oder erfunden hätten, wie einen Flugzeugmotor oder eine Uhr. [...] Dort [bei der Ökonomie] ist sehr, sehr vieles unbewusst entstanden, spontan, unkontrolliert, ungeplant, nicht unter dem Taktstock eines Dirigenten.«[18]

Die Verbindung zwischen Monnet und Sedláček liegt darin, dass beide erkannt haben, dass für zwei verschiedene Phänomene auf den ersten Blick rein zweckrationale Sichtweisen Bedeutung haben: Über ökonomische Verflechtungen soll sich ein weiterer Krieg im Europa des 20. Jahrhunderts verhindern lassen und Ökonomie funktioniert nach klar nachvollziehbaren Regeln. In beiden Fällen ist die Bewertung dieser Mechanismen über scheinbar objektive Zahlen zum guten Ton geworden, bis hin, dass alle diese Regeln gar monetarisiert werden: Bildung lässt sich in Human-Kapital-Bilanzen monetarisieren und der eigentliche wirtschaftliche Grundgedanke der Knappheit der Ressourcen wird durch Emissionshandel und andere Kapriolen der Finanzwelt pervertiert. Und beiden ist zudem gemeinsam, dass eine rein wirtschaftliche oder besser monetäre Ausrichtung der Gesellschaft ihnen fremd und nachteilig ist.

Somit hat sich in unserer Gesellschaft ein Wertewandel in der Vergangenheit eingestellt, der Arbeit zum Zentrum des eigenen Selbstverständnisses und Menschen zu Sklaven der künstlich definierten Arbeitszeit macht, die kaum Raum für eigene und selbstbestimmte Lebenszeit gibt – Richard Sennett subsumierte dies im Jahr 1998 unter dem Topos des »flexiblen Menschen«[19]. Für ihn sind zwar die großen Linien der Zeitentwicklung vorgegeben, doch »gerade« Lebensbiographien sind schon längst verloren. In der Folge haben gängige soziologische Definitionen von Lebensstufen der Kindheit, des Jugendlichen sowie des jungen, mittleren und alten Erwachsenen längst ihre Gültigkeit verloren und wir erleben hyperaktive Kinder mit Schulversagen, junge Erwachsene, die nicht den Eintritt in das Berufsleben schaffen, Erwachsene, die aufgrund der künstlichen Zeitverknappung aussteigen – bewusst oder unbewusst durch zivilisatorische Phänomene wie Burn-out – und vieles andere mehr. Der moderne, flexible, mobile, mehrsprachige und multikulturelle Mensch kommt also nicht um Bildungsprozesse über die gesamte Lebenszeit umhin – und hier weniger lebenslang als lebensbegleitend. Klaus Schleicher, ein so überzeugter wie kritisch-konstruktiver Hanseat und Europäer, formuliert dies in seinem Band *Lernen im Leben und für das Leben* so:

> »Ein offener, lebenslanger Bildungs- bzw. Weiterbildungsprozess zwischen gesellschaftlichen Ansprüchen und individuellen Interessen ist unverzichtbar geworden, weil sich hochkomplexe Umwelt-, Sozial- und Lernanforderungen nur noch begrenzt mit vorgegebenen deduktiven Strukturen und quantitativ-linearen Interpretationen bewältigen lassen.«[20]

Dieses »Spannungsfeld« zwischen zweckrationalem und verständigungsorientiertem Aufbau eines gemeinschaftlichen Europas oder besser einer Europäischen Union spiegelt sich in der konzeptuellen Geburtsstunde des Begriffs *Lebenslanges Lernen* in den 1970er Jahren und dessen Abwandlung in der Folge von *éducation permanente* über *recurrent edcuation* bis zum *lifelong learning* wider. In diesem Zeitausschnitt zeigt die von internationalen Kräften nach vorne gebrachte Orientierung an einem Lernen im und für das Leben, dass nur ein permanentes Lernen im Privat- und Berufsleben nachhaltig für ein gemeinschaftliches kulturelles und wirtschaftliches (neues) Europa sein kann.

Literatur

Della Rosa, Pasquale Anthony et al., »A neural interactive location for multilingual talent«, in: *Cortex 49*, 2 (2012), 605–608, http://dx.doi.org/10.1016/j.cortex.2012.12.001 (10.07.2013).

Der Europäische Rat von Lissabon (2000), *Eine Agenda für die wirtschaftliche und soziale Erneuerung Europas*, Brüssel, DOC 00/7, http://ec.europa.eu/growthandjobs/pdf/lisbon_de.pdf (10.07.2013).

Dewe, Bernd/Weber, Peter J., *Wissensgesellschaft und Lebenslanges Lernen. Eine Einführung in bildungspolitische Konzeptionen der EU*, Bad Heilbrunn 2007.

Europäische Kommission, *Eine neue Rahmenstrategie für Mehrsprachigkeit.* KOM(2005) 596 endgültig.

Europäische Kommission, *Einen europäischen Raum des lebenslangen Lernens schaffen.* Brüssel KOM(2001) 678 endgültig.

Europublic, Studie über den Beitrag der Mehrsprachigkeit zur Kreativität, Brüssel 2009 (Dienstleistungsauftrag Nr. EACEA/2007/3995/2).

Hummer, Waldemar, »Minderheitenschutz im Recht der EU vor und nach dem Inkrafttreten des Vertrages von Lissabon – vom bloßen Diskriminierungsverbot zu ›affirmative actions‹ «, in: *Europäisches Journal für Minderheitenfragen* (EJM), Nr. 2 (2011), 81–102.

Knoll, Jürgen H., »Lebenslanges Lernen« im Kontext internationaler Bildungspolitik und Bildungsreform. Zur Genese eines Begriffs und seiner Operationalisierung in nationalen Bildungssystemen, in: Faulstich-Wieland, Hannelore/Nuissl, Ekkehart/Siebert, Horst/Weinberg, Johannes (Hg.), *Literatur und Forschungsreport Weiterbildung*, Nr. 39 (Juni 1997), Frankfurt am Main, 27–40.

Nelde, Peter H./Weber Peter J., »Europäische Schulen auf dem Prüfstand – PISA und die regionale Mehrsprachigkeit«, in: *Europa Ethnica*, 1–2 (2005), 12–22.

Robertson, Robert, »Globalisation or glocalisation?«, in: *The Journal of International Communication* 1(1), (1994), 33–52.

Schleicher, Klaus, *Zur Biographie Europas. Identität durch Alltagshandeln*, Hamburg 2007.

Schleicher, Klaus, *Lernen im Leben und für das Leben. Informelles Lernen als Zukunftsaufgabe*, Hamburg 2009.

Sedláček, Tomáš, *Die Ökonomie von Gut und Böse*, München 2009.

Sennett, Richard, *Der flexible Mensch. Die Kultur des neuen Kapitalismus*, Berlin 1998.

Weber, Peter J. [unter Mitarbeit von Werner, Silke], Vom Nutzen oder Unnutzen eine Sprache zu sprechen – oder die Relativität einer Sprachökonomie, in: Nelde, Peter H. (Hg.), *Sociolinguistica 19* (Sprache und Wirtschaft), Internationales Jahrbuch für europäische Soziolinguistik, Tübingen 2005, 155–167.

Weber, Peter J., *Kampf der Sprachen. Die Europäische Union vor der sprachlichen Zerreißprobe*, Hamburg 2009.

Endnoten

1 Vgl. Europublic, *Studie über den Beitrag der Mehrsprachigkeit zur Kreativität*, Brüssel 2009 (Dienstleistungsauftrag Nr. EACEA/2007/3995/2).

2 Buch Genesis 11, 1-9.

3 Vgl. Schleicher, Klaus, *Zur Biographie Europas. Identität durch Alltagshandeln*, Hamburg 2007.

4 Vgl. Der Europäische Rat von Lissabon (2000), *Eine Agenda für die wirtschaftliche und soziale Erneuerung Europas*, Brüssel, DOC 00/7, http://ec.europa.eu/growthandjobs/pdf/lisbon_de.pdf (10.07.2013).

5 Hummer, Waldemar, »Minderheitenschutz im Recht der EU vor und nach dem Inkrafttreten des Vertrages von Lissabon – vom bloßen Diskriminierungsverbot zu ›affirmative actions‹ «, in: *Europäisches Journal für Minderheitenfragen* (EJM), Vol. 4 No. Nr. 2–2011, 81–102.

6 Europäische Kommission, *Eine neue Rahmenstrategie für Mehrsprachigkeit*, KOM(2005) 596 endgültig, 2.

7 Vgl. Weber, Peter J., *Kampf der Sprachen. Die Europäische Union vor der sprachlichen Zerreißprobe*, Hamburg 2009, 62ff.

8 Begriff nach: Robertson, Robert, »Globalisation or glocalisation?«, in: *The Journal of International Communication* 1(1), (1994), 33–52.

9 Vgl. Nelde, Peter H. / Weber Peter J., »Europäische Schulen auf dem Prüfstand – PISA und die regionale Mehrsprachigkeit«, in: *Europa Ethnica*, 1–2 (2005), 12–22.

10 Vgl. zur näheren Erläuterung das Dokument der Europäischen Kommission, *Eine neue Rahmenstrategie für Mehrsprachigkeit*, KOM(2005) 596 endgültig.

11 Vgl. Weber, Peter J., *Kampf der Sprachen*, 86ff.

12 Vgl. Weber, Peter J. [unter Mitarbeit von Werner, Silke], Vom Nutzen oder Unnutzen eine Sprache zu sprechen – oder die Relativität einer Sprachökonomie, in: Nelde, Peter H. (Hg.), *Sociolinguistica 19* (Sprache und Wirtschaft), Internationales Jahrbuch für europäische Soziolinguistik, Tübingen 2005, 155–167.

13 Della Rosa, Pasquale Anthony et al., »A neural interactive location for multilingual talent«, in: *Cortex* 49, 2 (2012), 605–608, http://dx.doi.org/10.1016/j.cortex.2012.12.001 (10.07.2013).

14 Vgl. Weber, Peter J., *Kampf der Sprachen*, 99ff.

15 Knoll, Jürgen H., »Lebenslanges Lernen« im Kontext internationaler Bildungspolitik und Bildungsreform. Zur Genese eines Begriffs und seiner Operationalisierung in nationalen Bildungssystemen, in: Faulstich-Wieland,

Hannelore/Nuissl, Ekkehart/Siebert, Horst/Weinberg, Johannes (Hg.), *Literatur und Forschungsreport Weiterbildung*, Nr. 39 (Juni 1997), Frankfurt am Main, 27.

16 Europäische Kommission, *Einen europäischen Raum des lebenslangen Lernens schaffen.* Brüssel KOM(2001) 678 endgültig, 9ff.

17 Vgl. Dewe, Bernd/Weber, Peter J., *Wissensgesellschaft und Lebenslanges Lernen. Eine Einführung in bildungspolitische Konzeption der EU*, Bad Heilbrunn 2007, 81ff.

18 Sedláček, Tomáš, *Die Ökonomie von Gut und Böse*, München 2009, 14.

19 Sennett, Richard, D*er flexible Mensch. Die Kultur des neuen Kapitalismus*, Berlin 1998.

20 Schleicher, Klaus, *Lernen im Leben und für das Leben. Informelles Lernen als Zukunftsaufgabe*, Hamburg 2009, 12.

I Ladins dla Dolomites – Die Dolomitenladiner

Rut Bernardi

Im Zuge der Globalisierung haben sich seit etwa 20 Jahren die Grenzen Europas verschoben oder aufgelöst. Durch diese Neuordnung schwindet die Bedeutung der Nationalstaaten mehr und mehr und im Gegenzug werden die Regionen wieder entdeckt und aufgewertet. Folgerichtig startete im Januar 2009 an der *Repartizion Ladina*/Ladinischen Abteilung der Fakultät für Bildungswissenschaften der Freien Universität Bozen das Projekt *Geschichte der ladinischen Literatur, ein dreibändiges Werk von 1500 Seiten, das im Herbst 2013 erschienen ist.* Die Verfasserin dieses Artikels arbeitete unter der Leitung von Prof. Paul Videsott für die Erstellung einer ersten möglichst vollständigen bio- und bibliographischen Bestandsaufnahme der ladinischen Autoren und Werke der fünf historischen Talschaften der brixnerisch-tirolerischen Ladinia in den Dolomiten seit Beginn des ladinischen Schrifttums.

Bekanntermaßen sind regionale Literaturgeschichtsschreibungen immer auch Kulturgeschichtsschreibungen einer sprachlichen und/oder kulturellen geografischen Einheit und berücksichtigen somit vor allem am Beginn der Verschriftung einer weniger verbreiteten Sprache auch außerliterarische Aufzeichnungen wie zum Beispiel religiöse, historische und andere Texte.

Dieser Trend hin zur Neuaufwertung regionaler Territorien, die oft nicht politisch, sondern sprachlich und/oder kulturell zusammenhängen oder -gehören, ermöglicht und verlangt von uns *de pensé l'Europa da nuef/ Europa neu zu denken.*

À pa i Ladins arjumà la ferata? – Haben die Ladiner den Zug verpasst?

Die Ladiner? Wer sind die Ladiner? Woher kommen sie? Wo waren sie und wo sind sie heute verblieben? Was machen sie heute? Welche ist oder sind ihre Sprachen? Haben sie eine Literatur?

N con dla rujeneda ladina: Ulà viv pa i Ladins? –
Sprachliche Standortbestimmung: Wo leben die Ladiner?

Mit der Eroberung der Alpentäler durch Drusus und Tiberius, die Stiefsöhne des Augustus, beginnt die rätoromanische Sprachgeschichte. Aus den Varianten der rätischen Sprachen (Substrat) und dem herbeigeführten Vulgärlatein (Superstrat) entwickelten sich seit etwa 15 v.Chr. die verschiedenen rätoromanischen Idiome im gesamten Alpenraum, die sich in abgelegenen Tälern bis heute erhalten haben.

Der Görzer Sprachwissenschaftler Graziadio Isaia Ascoli (1829–1907) fasste erstmals diese Alpenidiome unter dem gemeinsamen Oberbegriff *Ladino* zusammen. Er erkannte, dass es im Alpenbogen, von Graubünden bis Friaul, Sprachen bzw. Idiome gibt, die gemeinsame Merkmale in einer Kombination aufweisen, die sie deutlich von den norditalienischen Dialekten unterscheiden. Die ladinischen (oder rätoromanischen) Idiome bilden demnach eine eigene Sprachfamilie. Das Rätische ist laut dem letzten Stand der Forschung eine nordetruskische Sprache. Im heutigen Ladinisch haben wir noch an die zehn bis 15 Prozent rätischer Wörter wie z.B. das Wort für Berg, Fels: *crëp*, Frühling: *ansciuda*, Sahne: *brama*, Legföhre: *barantl* oder Weg: *troi*.

La ijules retorumances ncuei –
Die rätoromanischen Sprachinseln heute

Als Rätoromanisch wird heute erachtet: **Graubünden** (CH): Bündnerromanisch = Rumanc: Sursilvan und Sutsilvan (Vorder- und Hinterrheintal), Surmiran (Albulatal und Oberhalbstein), Ladinisch = Ladin: Puter (Oberengadin), Vallader (Unterengadin und Münstertal) > an die 60 000 Sprecher; **Dolomitentäler/Ladinien** (I): Dolomitenladinisch = Ladin: Provinz Bozen: Gherdëina (Grödental), Badiot y Mareo (Gadertal und Enneberg), Provinz Trient: Fascian (Fassatal), Provinz Belluno: Fodom (Buchenstein), Ampezan (Cortina d'Ampezzo) > an die 35 000 Sprecher; **Friaul** (I): Friaulisch = Furlan in unterschiedlichen Varianten > an die 700 000 Sprecher.

I idioms ladins dla Dolomites ncuei –
Die dolomitenladinischen Idiome heute

Die politische und administrative Dreiteilung Ladiniens: drei Provinzen (Bozen, Trient, Belluno) und zwei Regionen (Trentino-Südtirol, Veneto).

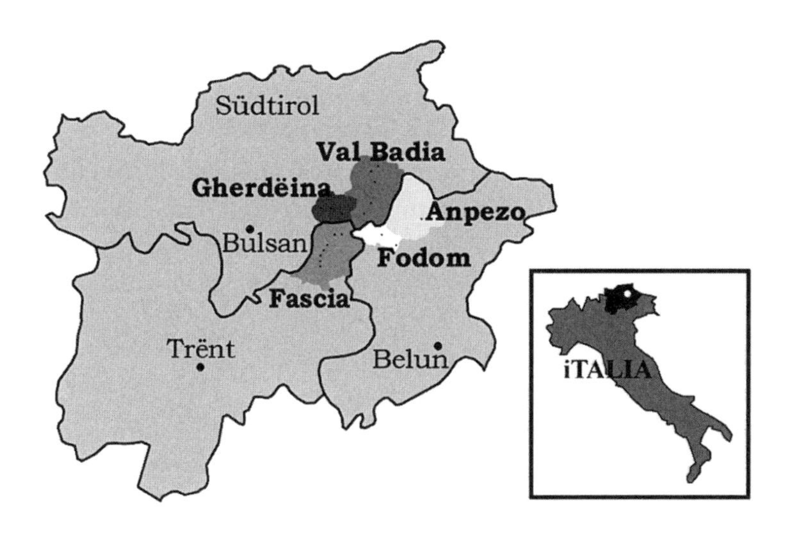

Abb. Online, Self-drawn by Hanno (14. September 2011): Map of the distribution of the Ladin language (http://commons.wikimedia.org/wiki/File:Ladin.png?uselang=de#file)

La merches tipiches dl ladin –
Die typischen Merkmale der ladinischen Sprache

Das Dolomitenladinische weist gemeinsam mit dem Rumantsch und dem Furlan folgende Sprachmerkmale auf:

1. Die Palatalisierung des lateinischen C und G vor A zu cia- und gia-: z.B. in den Wörtern *ciasa* (Haus) oder *giat* (Katze). Diese Eigenheit wird von allen Sprachforschern als eines der wesentlichen Merkmale des Dolomitenladinischen anerkannt.
2. Die Beibehaltung der lateinischen Konsonantenkombination mit »L« in den Formen PL, BL, FL, CL und GL, z.B. in den Wörtern *plajëi* (< PLACERE) oder fle (< FLATU(M)).
3. Die Diphthongierung der langen lateinischen Vokale »E« und »O« in freier Silbe, z.B. in FOLIA(M), das im Ladinischen zu *fueia* wird, oder in FOCU(M), das zu *fuech* wird.
4. Die Vokalquantität, d.h. das Auftreten von langen und kurzen Vokalen, wodurch sich bestimmte ähnlich klingende Wortpaare unterscheiden: z.B. *ros* (braun) - *rôs* (Rohre). Diese Unterscheidung ist vor allem für das Gadertalische typisch, das zu diesem Zweck auch die Verwendung des Zirkumflexes vorsieht.

5. Der Rotazismus, d.h. der Wandel des intervokalischen »l« zu »r«. Dieses Merkmal ist auf das Gadertalische und Ampezzanische beschränkt, z.B. in *poresc* (< POLLICE(M)) oder *scora* (< SCHOLA(M)).
6. Der sigmatische Plural: Das Rätoromanische bildet den Plural auf -s: Italienisch: cane > can**i** (Hund), Rätoromanische: *cian* > *cian**s***. Wir haben rätoromanische Idiome, die ausschließlich den -s-Plural haben, und einige, die auch den -i-Plural aufweisen: z. B. Grödnerisch: *ann* > *an**i*** (Jahr).

La codificazion dla rujeneda ladina –
Die Kodifizierung der ladinischen Sprache

Die ältesten derzeit bekannten ladinischen Texte sind administrativen Inhalts und stammen aus dem Umfeld der Kanzlei des Brixner Fürstbischofs, der damals auch direkter Landesherr der drei ladinischen Gerichte Tor/Thurn an der Gader, Fascia/Evas und Fodom/Buchenstein war. Bei diesen ladinischen Texten aus den Jahren 1631, 1632 und 1703–1710 handelt es sich um *Proclami*, Ausrufungen bzw. Bekanntmachungen an die Bevölkerung: 1631 anlässlich des Kirchweihfestes von St. Martin im Thurn, dem Gerichtsort der Gardataler: *Proclama per la sagra di s. Zuane d'Anno 1631*. Der gesamte Text umfasst im Original 35 Zeilen. Der Erlass von 1632 ist länger und aussagestärker und stammt aus dem Dreißigjährigen Krieg mit der Bitte des Brixner Fürstbischofs Wilhelm von Welsberg an seine Untertanen in den Gerichtsbezirken *Fassa, Vinaulonch* (Buchenstein) und Torre del Gader (Thurn an der Gader) um eine *Contribution* (Abgabe). Das *Proclama* von 1703–1710 stammt aus den ersten Jahren der Regierungszeit des Brixner Fürstbischofs Kaspar Ignaz von Künigl (1703–1747) und ist an die bischöflichen Untertanen des Gerichtes Thurn an der Gader gerichtet. Diese *cridati*, Proklamationen, wurden auf den Dorfplätzen in den ladinischen Tälern durch einen beauftragten Vertreter der Obrigkeit ausgerufen.[1]

La prima gramatica ladina – Die erste ladinische Grammatik

Bis vor einigen Jahren galt das Werk *Versuch einer Deütsch=Ladinischen Sprachlehre* aus dem Jahre 1833 des Geistlichen Nikolaus Bacher (Micurà de Rü) aus S. Ćiascian/St. Kassian im Gadertal als die erste dolomitenladinische Grammatik. Doch im Rahmen des Projektes »Geschichte der ladinischen Literatur« wurde 2009 von Prof. Videsott die verschollene ladinischen Grammatik *Versuch zu einer Grammatik der Grödner Mundart/ Per na Gramatica döl Lading de Gerdöna* von Josef David Insam aus Sëlva/

Wolkenstein in Gröden aus dem Jahre um 1806 an der Universität Krakau ausfindig gemacht. Die Grammatik von Insam (Veröffentlichung ist in Vorbereitung) blieb, ebenso wie jene von Micurà de Rü (bis 1995), Manuskript und somit den Wissenschaftlern, die sich mit dem Ladinischen beschäftigten, unbekannt.

N ladin scrit unificà –
Eine ladinische Einheitsschriftsprache: Ladin Dolomitan (LD)

Unter der Schirmherrschaft ladinischer Kulturinstitutionen wurden ab 1994 im wissenschaftlichen Sprachplanungsprojekt *SPELL (Servisc de planificazion y elaborazion dl lingaz ladin)* die fünf bzw. sechs dolomitenladinischen Schriftvarianten, die es seit etwa 200 Jahren gibt, schriftlich vereinheitlicht. Es wurde nach den wissenschaftlich fundierten Richtlinien für die Ausarbeitung einer ladinischen Einheitsschriftsprache des Züricher Professors Heinrich Schmid gearbeitet. 1998 erschien die *Wegleitung für den Aufbau einer gemeinsamen Schriftsprache der Dolomitenladiner*, der 2001 und 2002 eine Grammatik und ein Wörterbuch folgten.

Die Hauptkriterien des *Ladin Dolomitan*:

1. Das Mehrheitsprinzip
2. Die Regelmäßigkeit
3. Die höchstmögliche Funktionalität
4. Das Verständnis
5. Die Akzeptanz
6. Die Originalität

La maiuranza – Das Mehrheitsprinzip

Gadertal	Gröden	Fassatal	Buchenstein	Ampezzo	Prinzip	LD	Deutsch
forfesc	forfesc	forfesc	forfesc	forfesc	5 : 0	forfesc	Schere
cinch	cinch	cinch	cinch	zinche	4 : 1	cinch	fünf
plen/plëgn	plën	pien	plen	pien	3 : 2	plen	voll
sedesc	sëidesc	seidesc	sëdesc	sedesc	2 : 3 > -ei- Orig.	seidesc	sechzehn

surt	sëurt	sort	sourt	sordo	2 : 1 : 1 : 1 > -ou-Orig.	sourt	taub
cör	cuer	cher/cör	cuor	cuore	2 : 2 : 1 : 1	cuer	Herz
soni	patac	pomes de tera	scianscioni	pestorte	1 : 1 : 1 : 1 : 1	Vorschlag: patac/soni	Kartoffeln
dilan/ giulan/ iolan	de gra	velpai/ telpai	grazie/ diotelpaie	gramarzé	1 : 1 : 1 : 1 : 1	Vorschlag: dilan	Danke
Futterhaus	Zimmer	Haus/ Wohnung	Futterhaus	Hürde/ Pferch	2 : 1 : 1 : 1	majon	

La leteratura ladina – Die ladinische Literatur

Die zum Großteil auf Deutsch aufgezeichneten ladinischen Sagen (*lijëndes*) sind inhaltlich das älteste Denkmal von literarischer Qualität, das Ladinien aufweisen kann. Karl Felix Wolff hat Ende des 19./Anfang des 20. Jahrhunderts (1. Ausgabe 1913 *Die Dolomitensagen*) diese Sagen in der Tradition der Gebrüder Grimm gesammelt und ziemlich frei interpretiert. Die Dolomitensagen lieferten den Ladinern, und darin liegt ihre eigentliche Bedeutsamkeit, ein Erklärungsmodell »von der Entstehung der Welt, vom Werden göttlicher Schöpfung und menschlicher Ordnung, und schließlich von der Vergangenheit für die Jetztzeit«[2]. Ausschlaggebend ist ihr Wert als heuristisches Interpretationsmodell der Wirklichkeit in mythischer Sichtweise. Ein aktuelles Beispiel dafür hat Anita Pichler in *Die Frauen von Fanis*[3] geliefert.

Doch wie steht es mit den ersten ladinischen Texten? In den Dolomiten hat der Protestantismus nicht wie in Graubünden Fuß gefasst, somit fehlte der Religionsstreit und mit ihm die Triebfeder für eine Verschriftung des Ladinischen. In Graubünden gibt es schon im 16. Jahrhundert die ersten religiösen Texte auf Romanisch als Resultat des Wettstreits zwischen dem protestantischen Engadin und der katholischen Surselva, dem Vorderrheintal.

Erst zu Beginn des 19. Jahrhunderts werden in allen fünf dolomitenladinischen Tälern erste zaghafte Versuche unternommen, schöngeistiges Schrifttum in der Muttersprache zu verfassen. Es ist ein Freund von Josef David Insam, und zwar der Organist Matthäus Ploner (1770–1845) aus Urtijëi/St.Ulrich, der den Anfang der ladinischen Literatur macht. Von ihm sind vor allem zwei erstaunlich gut verfasste und für die Zeit recht bissige und kraftvolle Gedichte bekannt: *La Vedla Muta* (Das alte Mädchen = Die

Jungfer) um 1800 und *L vedl Mut* (Der alte Bursche = Der Junggeselle) 1828. Mittlerweile kennen wir jedoch aus dieser frühen Zeit auch ladinische Gedichte auf Buchensteinisch und auf Gadertalisch des Buchensteiners Jan Francësch Pezzei (1765–1819), von denen einige im Rahmen des Projektes *Dolomitenladinische Literaturgeschichte* ans Licht kamen. Auf Buchensteinisch haben wir ein kleines Manuskript, das die frühe Jahreszahl 1805 trägt. Die Verse im Paarreim wurden für einen Knaben, Thomes mit Namen (Camploj ist verbessert zu Tolpei), der Priester werden sollte, verfasst. Wir vermuten, dass es sich um Verse des Geistlichen Jan Francësch Pezzei handelt, der zu jener Zeit erst kurz als Seelsorger in La Val / Wengen im Gadertal wirkte. Die ersten Texte mit literarischem Anspruch auf Gadertalisch sind sechs Schulschlussgedichte aus dem Jahre 1819 ebenfalls von Pezzei, der immer noch in La Val/Wengen weilte.

Die ersten Texte auf Fassanisch wurden in Prosa geschrieben. Es handelt sich um ein *Gespräch* von 1812 zwischen einigen Kindern aus Soraga und einem Mineraliensammler, wiedergegeben in einem Brief des Domherrn Giovanni Battista Giuliani (1766–1844).

Am Beginn der ampezzanischen Literatur haben wir 1844 die lange und lustige Satire *Lode mascìza che sempre val adatada in ogni tempo ara Banca Comunal* (Großes immerwährendes Lob, das dem Gemeindeausschuss jederzeit angemessen ist) von Joani Gregorio Demenego (1821–1867). Sie gibt uns einen soziologischen Einblick in den Mikrokosmos von Anpezo/Ampezzo.

Unbestreitbar ist die Tatsache, dass alle frühen Schriftzeugnisse aus den Dolomitentälern, unabhängig von ihrem literarischen Anspruch, für die Kultur- und Sprachwissenschaft von größter Bedeutung sind. Sie geben uns teilweise Auskunft, wie die bäuerliche Bevölkerung der ladinischen Täler vor 100 bis 200 Jahren gelebt und gedacht hat. Andererseits dokumentieren sie einen Sprachstand, der im Ladinischen aufgrund des Fehlens einer retardierend wirkenden schriftlichen Norm zum Teil erheblich vom heutigen abweichen kann.

Die auf Ladinisch verfassten literarischen Texte nehmen ab der Mitte des 19. Jahrhunderts zwar rapide zu, doch der erste Beweggrund für das Verfassen von ladinischen Texten blieb noch lange Zeit religiöser und moralisch-erzieherischer Natur. Es handelt sich hierbei zum größten Teil um Gelegenheitsdichtung, die vor allem mit dem kirchlichen Leben der Bevölkerung zusammenhängt (v.a. Primiz- und Sekundizgedichte). In einigen Fällen erreichen diese Reime aber einen recht hohen Grad an literarischer Ästhetik.

Allein im Fassatal hat sich ein ladinisches Theater aus der Tradition der Commedia dell'Arte einen Weg gebahnt. Von Don Giosef Brunel (1826–1892) aus Soraga kennen wir Burlesken und Farsen, die in *baschìes*, humoristische Theaterstücke, die den Brautleuten am Ausgang der Kirche gespielt werden, und *mascherèdes*, die nach uralter Tradition der lateinischen Komödie im Fasching als Einakter in Stuben und Gasthäusern aufgeführt werden, unterteilt werden.

Fast alleiniger Vertreter der ladinischen Dichter einer sogenannten verspäteten Klassik, oder exakter Romantik, ist Agno Trebo (1862–1888) aus La Pli de Mareo / Enneberg Pfarre. Wir haben heute 27 Gedichte und zwei Theaterstücke von Agno Trebo: *Le ciastel dles Stries* (Das Hexenschloss) aus dem Jahre 1884 und *Le scioz da San Jênn* (Der Schatz des Heiligen Johannes). Es sind dies die ersten belegbaren Aufführungen ladinischer Volksstücke im Gadertal. Doch Agno Trebo war ein Poet. Die Gedichte Trebos sind keine Gelegenheits- oder Zufallsgedichte mehr. Er beabsichtigte die ladinische Volkslyrik auf eine höhere Ebene zu heben. Wir finden darin eine starke »psychologische Individualisierung«, wie sie das Ladinische noch nicht kannte. Trebos Gedichte sind durchtränkt mit romantischen Themen wie die große Liebe zur Natur, Einsamkeit, Heimweh, Trennung, Liebesschmerz, Schicksalsschläge, Hoffnung und der Tod.

Um die Jahrhundertwende ist in Ladinien ein deutlicher kultureller Aufschwung feststellbar: die erste *Union Ladina*, gegründet 1905 von ladinischen Studenten in Innsbruck im Rahmen des Tiroler Volksbundes, die ersten ladinischen bzw. zweisprachigen Zeitungen *L'amik di Ladins* (Der Ladinerfreund) 1905 und *Der Ladiner* 1908 des Grödners Wilhelm Moroder, die jeweils in drei bzw. zwei Nummern erschienen, die Geburt des *Calënder de Gherdëina* von 1911/12 bzw. des *Calënder ladin* von 1913–1915 mit zahlreichen Gedichten und Prosatexten, die intensiven kulturellen Aktivitäten für Sprache und Sagenforschung des Fassaners Hugo De Rossi und des Gadertaler Gelehrten und Poeten Jan Batista Alton.

Was sich zu Beginn des 20. Jahrhunderts in Ladinien mit talübergreifendem Geist so vielversprechend anbahnte, wurde vom Ersten Weltkrieg, dem Nazifaschismus, der Wirtschaftskrise und schließlich von der Option und dem Zweiten Weltkrieg wieder zunichtegemacht. Erst 1948 erfolgte die Wiederaufnahme der Veröffentlichung des Grödner Jahreskalenders *Calënder de Gherdëina* und 1962 schließlich auch des *Calënder Ladin* für das Gadertal. 1954 wurde von der *Union di Ladins de Gherdëina* (ULG) in

Urtijëi / St.Ulrich die Cësa di Ladins (das Haus der Ladiner) errichtet, bis heute auch Sitz der *Union Generela di Ladins dla Dolomites*, Dachorganisation der Ladiner aller fünf Talschaften. In der *Cësa di Ladins* sind auch das *Museum de Gherdëina* untergebracht, eine ladinische Fachbibliothek und ein Theatersaal. Das Haus war auch Sitz der ladinischen Wochenzeitschrift *La Usc di Ladins* und von 1994 bis 2001 des Sprachplanungsprojektes SPELL (*Servisc de planificazion y elaborazion dl lingaz ladin*).

Die ersten ladinischen literarischen Schritte während und gleich nach dem Zweiten Weltkrieg blieben lange Zeit unbeachtet bzw. »Geheimsache« oder »Privatsache«. Bis in die 1960er und sogar 1970er Jahre hinein musste die dolomitenladinische Literatur ausharren, bis sie wenigstens in Ladinien ansatzweise zur Kenntnis genommen wurde. Das bis heute existierende Problem des Übersetzungszwangs, um nach außen verstanden zu werden, hat Nooteboom deutlich erkannt:

»Die Literatur eines kleinen Sprachgebietes kann und wird für die Welt ausserhalb dieses Sprachgebietes so lange nicht existieren, wie sie nicht übersetzt ist. [...] Ohne Übersetzer keine Übersetzung, ohne Übersetzung kein Buch. Nein, das geht zu weit. Ohne Übersetzung nur Bücher in Geheimschrift. Eine wunderbare Sache. Problematisch wird es eigentlich erst, wenn Nachfrage nach dieser Literatur einsetzt. Denn dann stellt sich heraus, dass es an einem absolut mangelt: an Übersetzern.«[4]

I tlassics danter i autores ladins – Die Klassiker unter den ladinischen Autoren

Max Tosi (1913–1988)

Max Tosi ist einer der ersten, der mit seinen literarischen Texten auf Grödnerisch den religiösen und folkloristischen Horizont überschreitet. Tosi wurde im Friaul geboren, doch er fühlte sich dem Grödnertal so verbunden, dass er als Leitmotiv im Band *Ciofes da Mont* (1975) diese Zeilen schrieb:

»Tan dë Gherdëina son-s
chë mi ana fova bele tlo dan chë son nasciù.«

»Ich bin so sehr aus Gröden,
dass meine Seele schon vor meiner Geburt hier war.«

Die Lyrik von Max Tosi eröffnete der ladinischen Literatur zweifelsohne einen neuen Weg. Sie erhob sich auf eine höhere Ebene, die bis dahin noch unbegangen war. Seine Pionierrolle ist heute, trotz damaliger Geringschätzung der Ladiner, unbestritten und er hat einigen ladinischen Schriftstellern Mut gemacht, ihre Muttersprache zu achten und in der Literatur bewusst zu verwenden. Die ladinische Sprache selbst hat durch Max Tosi einen Eigenwert erhalten, sodass man mit ihr experimentieren und Kunst um der Kunst willen gestalten kann, so wie es die Ladiner seit Jahrhunderten mit dem Material Holz praktizieren. Vielleicht konnte das nur ein Nicht-Ladiner den Ladinern beibringen, da man als Muttersprachler in der eigenen Sprache viel zu befangen ist. Max Tosi ist sicher einer der bedeutendsten ladinischen Autoren der Nachkriegszeit. Durch ihn und seine Texte erreichte die ladinische Literatur einen neuen Stellenwert.

Luciano Jellici del Garber (1928–2006)

Nach dem Zweiten Weltkrieg fanden sich einige rührige Autoren aus Moena zusammen und gründeten 1963 die Zeitschrift *Noša Jent* (Unsere Leute), die erste ladinische Zeitschrift des Tales. Es entwickelte sich eine regelrechte fojina de scritores (Schreiberschmiede), die heute als aishuda fashana (fassanischer Frühling) bezeichnet wird. Die heute zu den Klassikern der Literatur aus Moena zählenden Autoren des *Grop ladin da Moena*, die sogenannten *poec' del mal de ciasa* (Heimwehpoeten), bahnten der »hohen« Literatur den Weg. Der bedeutendste unter diesen Autoren ist sicherlich Luciano Jellici mit seinen zeitlosen und universellen Gedichten, die sich am stärksten von der traditionellen Schreibweise entfernen.

I più i s-ciava la tera[5]

I più i s-ciava la tera
zenza 'ntraveder en grop de fior
dò na salea.
I più i s-ciava la tera.

I più i s-ciava la tera demò,
co la furia de na raìsh
desmenteada.
E i autres, i li sotera.

Die meisten wühlen in der Erde

Die meisten wühlen in der Erde,
ohne einen Blumenklumpen zu entdecken,
hinter einer Traufe.
Die meisten wühlen in der Erde.

Die meisten wühlen in der Erde,
mit der Raserei einer vergessenen
Wurzel.
Und die anderen, begraben sie.

Frida Piazza (1922–2011)

Frida Piazza aus Urtijëi/St.Ulrich in Gröden ist DIE ladinische Schriftstellerin, mit der umfangreichsten literarischen Produktion. Ihre Werke sind zahlreich und reichen von Übersetzungen literarischer Werke aus der Weltliteratur ins Grödnerische über populärwissenschaftliche Werke aller Art, Kinderbücher, sprachwissenschaftliche Abhandlungen, bis hin zu umfangreichen literarischen Produktionen von Lyrik und Prosa. Frida Piazza hat es geschafft, in ihren literarischen Werken ein literarisches Hochgrödnerisch zu kreieren.

Unter ihren 22 Buchveröffentlichungen auf Grödnerisch finden wir aus dem Jahre 1988 den ersten ladinischen Roman *L nost* (Der Unsere) und aus dem Jahre 2006 die 32 Erzählungen *Ustories. De vivudes, de cuédes ora, sun bandafurnel madurides* (Geschichten. Erlebte, ausgebrütete und auf der Ofenbank gereifte). Eines der unseres Erachtens in jeder Hinsicht gelungensten Gedichte der ladinischen Literatur stammt von Frida Piazza:

La vën, n iëde, la spartida![6]

Tla vita, sc' lascià t'à-la eurmei tla jeleda,
chi ie pa ch' ne ulëssa no almanco s' semië
ch'l abrac trapassënt, tla brujënt' dejidreda
ch' la vëines pudëssa de ciaut se ciarië?
...
ch'l abrac, danz, che n vita ne dones assé,
nsci che l pudëss' do l cumià mo t' sciaudé!

Sie kommt, eines Tages, die Trennung!

Wenn dich das Leben nunmehr in eisiger Kälte entlassen hat,
wer träumt dann nicht von
jener durchdringenden Umarmung des brennenden Verlangens,
die die Adern mit Wärme füllen würde?
...
jene Umarmung, die du im Leben leider nicht genug schenkst,
so dass sie dich nach der Trennung noch wärmen könnte!

Tan da zacan o tan moderna ie pa la leteratura ladina de ncueicundì? – Wie altmodisch oder wie modern ist die ladinische Literatur heute?

Einzelne Werke der modernen ladinischen Literatur können sich heute durchaus mit Werken der sie umringenden Regionalliteraturen wie jener Südtirols messen. Als Beispiel sei hier die Lyrik von Felix Dapoz (1938,

Gadertal) genannt, die stark von der gewohnten, leicht verständlichen und einfachen Sprache der Lyrik der meisten ladinischen Autoren abweicht. Es handelt sich bei Dapoz nicht mehr um gesprochenes, alltägliches Ladinisch, sondern wir haben es hier, ähnlich wie bei Frida Piazza, mit einem erarbeiteten poetischen Hochladinisch zu tun. Die behandelten Themen überschneiden sich zwar vielfach mit jenen anderer ladinischer Autoren - die Natur, der Mensch, die Kunst, die Freundschaft, die Liebe, die Religion, der Tod -, doch er verarbeitet sie nicht mehr mit der gleichen Heimatbindung und Heimatverbundenheit wie diese. Dapoz hat sich lyrisch immer mehr von Ladinien gelöst, er lebt heute in Toblach und seine Themen sind universell.

Immer häufiger werden ladinische Werke auch von kommerziellen Verlagen veröffentlicht. Jüngeren Datums ist die Lyrikerin Roberta Dapunt (1970), deren italienische Gedichte u.a. vom Verlagshaus *Einaudi* in Mailand veröffentlicht wurden. Der 2012 auf Ladinisch entstandene und ins Deutsche übersetzte Lyrikzyklus *Nauz* (Futtertrog der Schweine), formal wie inhaltlich auf hohem literarischen Niveau, fand letzthin außerhalb Ladiniens großen Anklang.

2011 veröffentlichte der Hermagoras/Mohorjeva Verlag in Klagenfurt *Lirica y prosa da piz a cianton/Lyrik und Prosa kreuz und quer* mit ladinischer Literatur in deutscher Übersetzung von Rut Bernardi (geb. 1962). In der Art einer Anthologie werden darin Prosa, Lyrik, Dramatik, Sprachspiele und

***Giat*[7]**

Nsci che l giat à saurì marendé,
S'astiela duc sciche sce l fossa beat,
Ti dajan dut l miëur y nce de bon lat,
Sautan y besan per bën l cuntenté.

Trueps l à ulù te bela poejies cianté,
Baudelaire l à venerà tla sies sul "chat",
Pensan a si ëila che l univa bel mat,
Nsci che l giat ova suënz saurì fé.

Ma canche l te smiela y sauta sun grëm,
Plu degun bur' lecord de sënn ne se tën,
L torna y leca y se fej stimé,

Y per n struf desmënces che l ie maladët,
Che grant ie n auter y no l bel fret,
T'ies tu, bel elafont, l prim tier per mé.

Katze[8]

So, dass die Katze in Ruhe zu Mittag essen kann, / Verhalten sich alle, als ob sie selig wäre, / Ihr das Allerbeste gebend, und auch gute Milch, / Springend und laufend, um sie auch zu befriedigen. // Viele wollten sie in schönen Gedichten besingen, / Baudelaire hat sie in den seinen über den „chat" verehrt, / An seine Frau denkend, dass er fast verrückt wurde, / So, dass die Katze oft leichtes Spiel hatte. // Doch wenn sie dich liebkost und auf den Schoß springt, / Hält keine noch so schlechte Hasserinnerung mehr stand, / Sie schnurrt und leckt und macht sich achten, // Und für eine Weile vergisst du, dass sie schlau ist, / Dass groß ein anderer ist, und nicht die schöne Faule, / Du, schöner Elefant, bist der Erste der Tiere für mich.

Essays aus den letzten 20 Jahren vorgestellt. Von Rut Bernardi erschienen bereits 2003 *Gherlandes de sunëc/Sonettenkränze* im Studienverlag Skarabäus in Innsbruck, woraus hier ein Beispiel präsentiert wird, da die Wiederentdeckung und Belebung der mittelalterlichen Gedichtform des Sonettes in den neueren Strömungen der europäischen Literaturentwicklung unübersehbar sind.

Abschließend muss hervorgehoben werden, dass die Zeiten für die ladinische Kultur, Sprache und Literatur im Augenblick trotz allem günstig sind, jedoch weniger verbreitete Sprachen und Literaturen nur schwer aus eigener Kraft überleben können und auf Unterstützung und Subventionen angewiesen sind.

Ein Sprachspiel von Rut Bernardi[9]:

la	***ie***	***pa***	***da***	***ri***[10]		**Das ist doch zum Lachen**
é	*pa*	*mé*	*da*	*dè*		Ich will nur sagen
la	*ie*	*da*	*tò*	*y*	*jì*	man muss es hinnehmen und gehen
n	*ne*	*sà*	*pa*	*co*		man weiß nicht wie
fé	*a*	*dì*	*mo*	*a*	*vo*	es euch noch sagen zu lassen
te	*n*	*di*	*o*	*no*		eines Tages oder auch nicht
l	*cë*	*ne*	*va*	*pa*	*mé*	der Kopf geht nicht nur
a	*jì*	*do*	*si*	*pe*		nach dem eignen Fuß
la	*ne*	*ie*	*pa*	*da*	*rì*	Es ist nicht zum Lachen
co	*ne*	*sà*	*no*	*ëi*		wenn es weder Sie noch
y	*no*	*si*	*fi*	*da*	*dì*	ihr Kind sagen können
la	*ie*	*mé*	*da*	*tò*		man muss es halt hinnehmen
y	*de*	*ne*	*dì*	*no:*	*oh*	und kann es nicht abweisen
da	*dì*	*do*				muss es NACHSPRECHEN

Literaturverzeichnis

Aliprandini, Marco / Bernardi, Rut / Walder, Stefan, *Di(e)verse*, Trento 2000 (Gedichte. 3-sprachig).

Ascoli, Graziadio Isaia, »Saggi ladini«, in: *Arch. Glott.* It. 1, 1873, 1–556.

Bacher, Nikolaus [Micurà de Rü], »Versuch einer deütsch-ladinischen Sprachlehre«, hg. u. m. Anmerkungen versehen von Lois Craffonara, in: *Ladinia* 19, 1995 [1833], 3–304.

Belardi, Walter, *Antologia della lirica ladina dolomitica*, Roma 1985.

Belardi, Walter, *Breve storia della lingua e della letteratura ladina*, San Martin de Tor: Istitut Cultural Ladin Micurá de Rü, 1996 / 2003.

Belardi, Walter, »Max Tosi poeta ladino«, in: *Archivio per l'Alto Adige*, 79, 1985 (= Studi Gardenesi XII), 5–33.

Belardi, Walter, *Narrativa Gardenese*, Roma–Urtijëi 1988 (= Biblioteca di ricerche linguistiche e filologiche 21).

Belardi, Walter, *Poeti ladini contemporanei*, Roma: C.N.R.; Dipartimento di Studi Glottoantropologici dell'Università di Roma, La Sapienza 1985 (= Bibl. di ricerche linguistiche e filologiche, 16).

Belardi, Walter, *Profilo storico – politico della Lingua e della letteratura ladina*, Roma 1994 (= Biblioteca di ricerche linguistiche e filologiche, 35).
Bernardi, Rut, *Gherlandes de sunëc/Sonettenkränze. Mit Audio-CD*, Innsbruck 2003 (mit deutscher Übersetzung).
Bernardi, Rut, Ladinien: ein verlorenes Sprachspiel, in: Simonsen, Beatrice (Hg.), *Grenzräume. Eine literarische Landkarte Südtirols*, Bozen 2005, 119–130.
Bernardi, Rut, *Letres te n fol / Briefe ins Nichts*. Landeck 2003 (mit deutscher Übersetzung).
Bernardi, Rut, *Lyrik und Prosa kreuz und quer / Lirica y prosa da piz a cianton*, Klagenfurt 2011 (= Edition Mosaik, 2).
Bernardi, Rut, »Wozu eine ladinische Literatur?«, in: *Filadrëssa. Kontexte der Südtiroler Literatur*, Nr. 5, Bozen 2009, 106–113.
Bernardi, Rut / Videsott, Paul, »Jan Francësch Pezzei (1765–1819). Ein Buchensteiner als Autor der ersten Gadertaler Verse«, in: *Ladinia* 34, 2010, 187–204.
Bernardi, Rut / Videsott, Paul, »Frühe ladinische Texte aus Col/Colle Santa Lucia«, in: *Ladinia* 35, 2011, 123–153.
Bernadi, Rut/Videsott, Paul, *Geschichte der ladinischen Literatur, ein bibliografisches Autorenkompendium von den Anfängen des ladinischen Schrifttums bis zum Literaturschaffen des frühen 21. Jahrhunderts* (2012). Bd. I. 1800–1945: Gröden, Gardatal, Fassa, Buchenstein, Ampezzo. Bd. II/I: ab 1945: Gröden und Gardatal. Bd. II/II: ab 1945: Fassa, Buchenstein und Ampezzo, Bozen, 2013 (= Scripta Ladina Brixinensia, 3).
Craffonara, Lois, »Zur Palatalisierung von CA und GA in den Sellatälern«, in: *Ladinia* 3, 1979, 69–95.
Dapoz, Felix, *In Banun*, San Martin de Tor: Istitut Cultural Ladin Micurá de Rü, 1982.
Dapunt, Roberta, *La terra più del paradiso*. Torino, Giulio Einaudi 2008.
Dapunt, Roberta, *Nauz*, Bozen 2012 (Mit deutscher Übersetzung von Alma Vallazza).
Dolomit. *Ein Gipfelbuch. Gedichte von den Dolomiten. Poejies dala Dolomites*, hg. v. Bernardi, Rut, Landeck 2007.
Eghes, *Movimënc tla leteratura ladina d'al dédancö*, hg. v. Verra, Roland, Wolkenstein 1998.
Ghetta, Frumenzio / Plangg, Guntram A., »Un proclama ladino del 1631 e testi vicini«, in: *Mondo Ladino* 11, 3–4, Vich: Ist. Cult. Lad. »Majon di Fascegn«, 1987, 281–293.
Jellici, Luciano del Garber, *raìsh desmenteada*, Buzàn: Arcoboan Film, 1981.
Kindl, Ulrike, *Kritische Lektüre der Dolomitensagen von Karl Felix Wolff*, Bd.1: *Einzelsagen*, 1983, Bd. 2: *Sagenzyklen* 1997, San Martin de Tor: Istitut Cultural Ladin Micurá de Rü.
Leteratura, Literatur, Letteratura, hg. v. Bernardi, Rut / Locher, Elmar / Mall, Sepp, Bozen 1999.
Munarini, Giuseppe, *Quadro della letteratura ladina d'Ampezzo. Poesie e prose dall'800 ai giorni nostri con versione italiana*, Cortina 1996.
Nooteboom, Cees, »Literatur steht und fällt mit dem Übersetzer«, in: *Die Weltwoche*, Nr. 40, 7. Oktober 1993, 63.
Piazza, Frida, L Nost, in: Belardi, Walter (Hg.), *Narrativa Gardenese*, Roma–Urtijëi (= Biblioteca di ricerche linguistiche e filologiche 21), 1988, 15–230.
Piazza, Frida, *La udera da la Duleda*, Bulsan 1991.
Piazza, Frida, *Menizles. Tradujedes de poesies curtes o pertes de poesies de n puë' dut i stii y tempes*, Urtijëi 1999 (Übersetzte Gedichte aus der Weltliteratur).
Piazza, Frida, *Ustories. De vivudes, de cuédes ora, sun bandafurnel madurides*, Bulsan 2006.
Pichler, Anita / Vallazza, Markus, *Die Frauen aus Fanis*, Innsbruck 1992.
Poeşies de ra noštres, hg. v. Dibona, Emanuela / Majoni, Ernesto, Bd. 1–5. Cortina, 1987–1991.
Suani, Carlo (Hg.), *L'opera poetica di Felix Dapoz*. Antologia, Val Badia 2009 (= Rezia, 38).
Tosi, Max, *Ciofes da mont*, Urtijëi 1975.
Tras forum culturel, Bd. 1–10, Urtijëi/Sëlva, 1994–2003.
Videsott, Paul / Bernardi, Rut, Eine administrative Übersetzung ins Dolomitenladinische aus dem Jahr 1811, in: *(Das) diskrete Tatenbuch. Digitale Festschrift für Dieter Kattenbusch zum 60. Geburtstag*, hg. v. Köhler, Carola / Tosques, Fabio, Berlin 2012.
Wolff, Karl Felix, *Dolomitensagen*, 15. Aufl., Innsbruck 1981.

Endnoten

1 Vgl. Ghetta, Frumenzio / Plangg, Guntram A., »Un proclama ladino del 1631 e testi vicini«, in: *Mondo Ladino* 11, 3-4, Vich: Ist. Cult. Lad. »Majon di Fascegn«, 1987, 281–293.
2 Vgl. Kindl, Ulrike, *Kritische Lektüre der Dolomitensagen von Karl Felix Wolff*, Bd. 2: *Sagenzyklen* 1997, San Martin de Tor: Istitut Cultural Ladin Micurá de Rü, 175.
3 Pichler, Anita/Vallazza, Markus, *Die Frauen aus Fanis*, Innsbruck 1992.
4 Nooteboom, Cees, »Literatur steht und fällt mit dem Übersetzer«, in: *Die Weltwoche*, 40, 7. Oktober 1993, 63.
5 Vgl. Jellici, Luciano del Garber, *raìsh desmenteada*, Buzàn: Arcoboan Film, 19.
6 Vgl. Belardi, Walter, *Antologia della lirica ladina dolomitica*, Roma 1985, 142.
7 Vgl. Bernardi, Rut, *Gherlandes de sunëc/Sonettenkränze. Mit Audio-CD*, Innsbruck 2003 (mit deutscher Übersetzung), 18.
8 Deutsche Übersetzung von Rut Bernardi
9 Vgl. Aliprandini, Marco/Bernardi, Rut/Walder, Stefan, *Di(e) verse*, Trento 2000 (Gedichte. 3-sprachig), 26. Im Grödnerischen gibt es acht Vokale mit bedeutungsunterscheidender Funktion, Phoneme also. Was die Katzen damit zu tun haben, bleibt dahingestellt und ein ladinisches Geheimnis.
10 Vgl. Bernardi, *Gherlandes de sunëc/Sonettenkränze*, 269.

Kulturelle Vielfalt als gelebte Multitude

Reinhard Kacianka

1.

Lassen Sie mich mein Plädoyer für ein neu gedachtes Europa in Amerika beginnen, in jenem Anderen, in dem europäische Träume wahr geworden sind. »Nothing worse than a dream come true«, notiert Oscar Wilde in einem anderen Zusammenhang.

Ich hatte vor Jahren eine Gastprofessur in den USA, genauer gesagt: in Alabama. Als wissbegieriger und neugieriger Mensch habe ich meine Wochenenden damit verbracht, den Süden der USA zu erkunden, und versucht zu verifizieren, ob meine Vorurteile zu recht bestünden.

Ich wollte in Erfahrung bringen, ob dieses *Land der unbegrenzten Möglichkeiten* tatsächlich vor allem Raum ist, ob *Amerika* für mich auch vor Ort die von Baudrillard beschriebene *vollendet primitive Originalversion einer Modernität* darstellt.

So verbrachte ich Stunden, ja Tage im Auto. Hügelauf und hügelab durchquerte ich die durchaus beeindruckende Landschaft. Undurchdringliche, unendlich scheinende Mangroven-Wälder, Sumpfgebiete, Baumwollfelder, Brachland ... Landschaft, nichts als Landschaft!

Die Autobahnen verlieren sich in der scheinbaren Unendlichkeit dieser Unmenge an Landschaft und enden häufig im Nichts ... Einzig die anderen Verkehrsteilnehmer beweisen, dass ich nicht *in the middle of nowhere* bin; was sich übrigens bei Nachtfahrten am Weg von Mississippi nach Alabama auch aufhört – da bin ich tiefster Dunkelheit ausgesetzt und hoffe inständig, keine Autopanne zu haben ...

Nach vielen, endlos vielen Kilometern Autobahn verheißt dann plötzlich ein Billboard von *KFC* oder *McDonalds* Zivilisation. Um eine Sehenswürdigkeit zu besuchen, war ich zumindest sechs, sieben Stunden *on the road.* Zum Beispiel am Weg nach Tupelo. Dort stand ich nach hunderten Kilometern Fahrt über Land vor einer Hütte, dem Geburtshaus von Elvis Presley.

Die Städte? Eigentlich überall gleich: ausgedehnte *nice neighbourhoods*, rasterförmig ausgerichtet und nicht immer wirklich *nice*; dann Downtown – überall eine Ansammlung mehr oder weniger imposanter Hochbauten. Bilder von David Lynch oder Jim Jarmusch drängen sich auf.

Die USA, das Andere von Europa, das Wahrwerden europäischer Utopien, Raum, frei verfügbarer, kalkulierbarer, geometrisch exakt vermessbarer Raum. In den USA störte kein Ort, der auch Grenze darstellt, den Willen des Fortschritts. *No Sense of Place*. Die indigene Kultur wurde ausradiert, deren Reste, die Reservate, sind zumeist Spielhöllen oder wie *Cheyenne* in den Smoky Mountains nördlich von Atlanta eher peinliche Freilichtmuseen, in denen depressiv wirkende Ureinwohner für Touristen das Leben ihrer Vorfahren nachstellen.

Welch anderes Bild bietet da Europa! Wenn Sie vor die Türe des Regierungsgebäudes in Triest treten, werden Sie mit Kultur konfrontiert, mit Geschichte, mit Tradition, mit Konflikten. Und das in jener Stadt, die Karl Marx als »Stadt ohne Geschichte« gelobt hat!

Wenn Sie nur wenige Kilometer – egal in welche Richtung – zurücklegen, werden Sie mit Gegensätzen konfrontiert. Am Festland in kurzer Distanz mit zwei weiteren Nationen – Slowenien und Kroatien, mit Venedig, mit der spröden, unnahbaren Schönheit des Karst und: mit einer Vielzahl unterschiedlichster Dialekte, mit der Vielfalt von Orten und Lebensarten.

Das ist Europa! Eine Einheit, die sich als Vielfalt darstellt. Europa, das ist die Welt, die viele Sprach-Welten in sich vereint. Polyphonie.

An der Universitätsklinik von Florenz wurde übrigens in den 1980er Jahren ein interessantes neurologisches Phänomen festgestellt: Amerikanische Touristinnen erlitten in signifikant hohem Maße in Florenz Nervenzusammenbrüche. Die Neurologen und Psychologen der Uniklinik führten das auf einen Kulturschock zurück ...

Allerdings: Das *Empire* schlägt zurück. Mit den Umbrüchen im ehemaligen Ostblock ist eine *Doppelmasse*-Funktion außer Kraft gesetzt, die – wie Canetti meinte – das zweite Jahrtausend in Europa friedlich hat ausklingen lassen. Der Streit der Zwillingsformen Kapitalismus und Sozialismus scheint entschieden: Turbokapitalismus bestimmt in weiten Teilen die Welt. Ungleichzeitigkeiten werden *in real time* in den Rechenzentren der Börsen der Profitmaximierung geopfert.

Auch in Europa nimmt die Zahl der Nicht-Orte zu. In Ballungszentren bzw. an der Peripherie von Ballungszentren nehmen diese Nicht-Orte beinahe schon überhand. Einkaufszentren »umzingeln« nicht nur Prag, Wien, Ljubljana oder Paris, beinahe jede Provinzstadt wird von den Segnungen der unbegrenzten Konsummöglichkeiten bedrängt. Die historischen Zentren verlieren ihre Bedeutung als Lebensräume und Orte der gesellschaftlichen Praxis.

Die dalmatinischen Weinbauern versorgen sich mit importiertem *Aceto balsamico* von *Billa* und verlernen es, ihren eigenen Essig herzustellen. Kärntner Bauern kaufen Eier bei *Hofer* und das Fleisch bei *Merkur*. Und selbst in den Fischhallen von Chioggia werden Produkte von *Nordsee* gehandelt ...

2.

Wenn man sich den - medial wahrnehmbaren - Zustand Europas in jüngster Zeit vor Augen hält, kommt man unweigerlich zu einem Schluss: Die alten Propheten der Apokalypse haben rechtbehalten. *Der Untergang des Abendlandes* scheint nur mehr eine Frage der Zeit zu sein.

Und tatsächlich hat es den Anschein, als würde Oswald Spengler von diesen Tagen sprechen, wenn er in seinem umstrittenen Untergangsszenario ein Schlusskapitel zivilisatorischer Entwicklung dann erreicht sieht, wenn der fruchtbare Antagonismus zwischen Peripherie und Metropole außer Kraft gesetzt ist. Die Verstädterung der Kultur läutet ihren Untergang ein. Der Steinkoloss *Weltstadt* ist - so Spengler - jener Moloch, der Kultur in der Erstarrung des Gewordenen fixiert, zwar Veränderung, aber keinerlei Entwicklung mehr zulässt. Nicht mehr Individuen, sondern die Masse prägt die absolute Stadt, die für Spengler die Todessymbolik des endgültig Gewordenen enthält. Das neue Nomadentum der Weltstädte, die Masse ist - meint Spengler - das Ende, das absolute Nichts.

Auch die unsere Zeit prägende Vorherrschaft der Massenmedien und des Geldes hat der alte Meister des Kulturpessimismus vorhergesehen. Wenn wir heute vom Informationszeitalter und der Mediatisierung unserer Gesellschaft sprechen, hat das Spengler bereits vor beinahe 100 Jahren intuiert. Für ihn lässt das Trommelfeuer von Sätzen, Schlagworten, Standpunkten, Szenen, Gefühlen, Tag für Tag, Jahr für Jahr jedes Ich zur bloßen Funktion eines ungeheuren geistigen Etwas werden. *Leviathan* scheint *Behemoth* endgültig überwunden zu haben.

Nicht ganz 100 Jahre später wird der Amerikaner Neil Postman unter dem Titel *Wir amüsieren uns zu Tode* einen ähnlichen Befund abgeben, leicht lesbar und populärwissenschaftlich. Komplexer in ihrer Argumentation und wissenschaftshistorisch relevanter, ähnlich kulturpessimistisch und kapitalismuskritisch sind die Diagnosen von Adorno/Horkheimer, Marcuse oder Günther Anders bis zu den Denkern der Postmoderne wie Foucault oder Baudrillard.

Der »Tod des Subjekts« tritt ein, sobald der Mensch als Zubehör der Lage aufgefasst und jede Idee – und somit auch die kulturellen Hervorbringungen – zunächst in Geld gedacht wird. In einer unheiligen Allianz popularisieren die Massenmedien das Verschwinden des Menschen hinter Funktionen und in der Masse.

Um noch ein wenig im Kulturpessimismus zu schwelgen: In seinem Epilog zur *Kulturgeschichte der Neuzeit* entwirft Egon Friedell ein Bild unserer Wirklichkeit, das Baudrillard mit dem Begriff *Simulakrum* oder Anders mit der Feststellung der *Welt als Phantom und Matrize* Jahrzehnte später und angesichts einer sich konkret abzeichnenden Medienverfassung zeichnen.

> »Es gibt keine Realitäten mehr, sondern nur noch Apparate: eine Welt von Automaten, ersonnen im Gehirn eines boshaften und wahnsinnigen Doktor Mirakel. Es gibt auch keine Ware mehr, sondern nur noch Reklame, der wertvollste Artikel ist der am wirksamsten angepriesene: in dessen Reklame das meiste Kapitel investiert wurde.«[1]

Als hätte Rosser Reeves, der »Erfinder« der *Unique Selling Proposition* (USP), Friedell rezipiert und seine Schreckensvision zynisch Wirklichkeit werden lassen.

Auch hinsichtlich der Rolle der Wirtschaft kommt Friedell zu ähnlich negativen Einschätzungen wie Spengler – oder auch Martin Buber: Die Wirtschaft wäre Selbstzweck und Lebensinhalt geworden, was zu Lasten der Seele in den sozialen Beziehungen ginge, die Mechanisierung der Arbeit ermöglichen und den Arbeiter zum auswechselbaren Maschinenbestandteil machen würde. Man denke in diesem Zusammenhang zum Beispiel an den – doch eher zynischen – Begriff »Humankapital«, der nachgerade schmerzhaft jenen von »Menschenmaterial« anklingen lässt.

Friedell lässt seinen Epilog mit fünf Szenarien ausklingen, die das Schicksal des Abendlandes bestimmen können. Vier der fünf Möglichkeiten stellen sich als Alternativen dar, die zwischen Amerikanismus und Bolschewismus schwanken. Wobei der Bolschewismus mittlerweile keine reale Option mehr ist, bleiben nur mehr zwei mit dem Amerikanismus verbundene sowie als eine weitere Eventualität: das Chaos. Und obwohl Friedell es ausschließt, dass eine der fünf Möglichkeiten wirklich werden könnte, weil die Weltgeschichte keine Gleichung ist, scheint mir die europäische Realverfassung (Stichworte: [Jugend-]Arbeitslosigkeit, auseinanderklaffen der sozialen Kluft, Schwinden des Vertrauens in die Kompetenz und Integrität der politischen Eliten etc. und daraus resultierende soziale Spannungen) Friedells Optimismus zu desavouieren.

Der Tod des Menschen als Abschied vom Menschenideal des Humanismus aufgrund der Mediatisierung der Gesellschaft scheint durch den Masseneremiten verwirklicht worden zu sein. Die Reduktion des Wertekanons auf den Mehrwert, die völlige Ökonomisierung aller Facetten unserer Kultur und die Homogenisierung sowie Unifizierung der meisten Bereiche unseres Lebens sind nicht zu leugnen. Ebenso wenig ist zu übersehen, dass die Urbanisierung unserer Kultur sehr weit fortgeschritten und der Antagonismus zwischen Land und Stadt weitestgehend außer Kraft gesetzt ist.

Der fruchtbare »Widerstreit von Erde und Welt« (Heidegger) ist für *Welt* ausgegangen. Wobei Erde in dem Zusammenhang als Konkretheit des Ortes zu verstehen ist, als Konkretion menschlichen Tuns. Dieses Tun stößt stets an Grenzen, überwindet diese Grenzen, um erneut an Grenzen des Machbaren zu stoßen: als *Entwurf* immer wieder neu zu denkender Daseinsmöglichkeiten.

Im Italienischen und Slowenischen lässt sich dies *wörtlich* verstehen. Die »Wörtlichkeit« pointiert den grundlegenden Antagonismus: Erde ist *zemlja* (w) im Slowenischen, *la terra* im Italienischen. Welt ist männlich: *svet* slowenisch, *il mondo* italienisch. Welt ist die Sphäre des *Projekts*, Dimension der Kalkulation, Computation. Grenzen verweisen hier auf keine neuen Möglichkeiten, sondern bedeuten scheitern. Nicht länger *con-finium*, sondern *finis*.

Um es mit Habermas zu unterstreichen: Das Wechselspiel zwischen System und *Lebenswelt*, jenen beiden Weisen der Wahrnehmung von Gesellschaft durch die Einzelnen, hat sich stark zugunsten des systemischen und kodifizierten Bereichs verschoben. Wobei hier »System« dem Heidegger'schen Welt-Begriff, Lebenswelt der »Erde« konnotiert. Bei Spengler wären es wohl Zentrum und Peripherie.

Die Aufhebung des Antagonismus von Zentrum und Peripherie hat sich den Menschen verinnerlicht. Der Vorgang der *inneren Kolonisation* – wie ihn Habermas nennt – hat den Menschen Lebenswelt abgerungen, ihnen für die Preisgabe von Autonomie Gratifikationen verheißen, die nun zu einem Gutteil nur mehr schwer zu erbringen sind. Denken wir nur an die budgetären Nöte im Sozial- oder Bildungswesen; ganz zu schweigen von der Kultur!

3.

Europa neu denken … Europa neu denken muss heute vor allem bedeuten, gerade diese kulturelle Vielfalt zu hegen und zu pflegen, die der Ungleichzeitigkeit Europas und der daher rührenden Heterogenität geschuldet ist. Während die Experten aus dem Bereich der Wirtschaft im Sinne der Kostenreduktion möglichst große homogene Wirtschaftsräume herstellen möchten, muss die Kultur auf Ungleichzeitigkeit bestehen.

Mit Ungleichzeitigkeit meinte Ernst Bloch einen zivilisatorischen Zustand, in dem innerhalb einer Gesellschaft – in seinem Fall die des Deutschlands der Weimarer Republik – vorindustrielle Lebensformen und Produktionsweisen parallel zu industriell-kapitalistischen existieren. Laut Bloch war diese Ungleichzeitigkeit noch bis in die 1970er Jahre in Europa – besonders ausgeprägt aber in Deutschland und Italien – feststellbar, weil der Kapitalismus mit Verspätung zur Wirkung gelangte.

> »Städte wie Florenz oder Modena oder Ravenna haben eine wunderbare Architektur erhalten, der Kapitalismus hat nicht alles eingeebnet, weil dieses Land zu spät in den Kapitalismus eintrat. (…) Also, es steckt auch ein Plus drin in dieser Ungleichzeitigkeit: Sie hat das Multiversum erzeugt, das es in Italien oder Deutschland gab.«[2]

Diese Ungleichzeitigkeit hat Welten bewahrt. Welten, die sich als Sprach- und Erfahrungswelten realisierten. Diese Diagnose trifft auch Pasolini in seinen *Freibeuterschriften*. Für ihn beginnt die Homogenisierung der italienischen Kulturen mit dem Faschismus und wird vom Kapitalismus perfektioniert. Die Konsumzivilisation im Verbund mit der Kulturindustrie vollendet nach Pasolini das Werk der zerstörerischen Homogenisierung, wodurch Welten und Weltbezüge verloren gehen. »Die Gitarre des Dialekts verliert mit jedem Tag eine Saite mehr«, hält Pasolini[3] fest, um damit den Verlust von Wirklichkeiten, von Wirklichkeitsmöglichkeiten zu beklagen. Und damit wird den Menschen ihre Lebenssituation krisenhaft, weil mit der Verleugnung der Sprache der Verlust des Vertrauens in die eigenen Werte und letztendlich: die Verleugnung dieser Werte einhergehen.

Im deutschen Sprachraum waren es in den späten 1970er Jahren Kommunikationswissenschafter wie Will Teichert oder Franz Ronneberger, die die *Region als publizistische Aufgabe* und somit als Herausforderung für die Politik in das Zentrum der »Kommunikationsraum-Diskussion« stellten. Die kulturelle Eigenart galt dabei als wesentliches Moment, das den Menschen in einer immer komplexer und intransparenter wahrgenommenen Gesellschaft Verhaltenssicherheit gewährleisten kann.

Vor Ort konkretisiert sich zwischenmenschliches Handeln. Dieses Handeln ist stets eingebettet in einen von Traditionen und sozialen Gegebenheiten geprägten Kontext. Am Ort entscheidet sich die Werthaltigkeit von Entscheidungen, die zumeist jenseits der konkreten lebensweltlichen Realität der Betroffenen gefällt werden. Verrechtlichung, Ökonomisierung und Bürokratisierung realisieren ein *Empire* der statistischen Wahrscheinlichkeiten. Die Menschen leben aber die *Multitude* von Einzelschicksalen und Werten, die in der je spezifischen Lebenswelt auf ihre Anwendbarkeit hin überprüft werden. Diese *Multitude* generiert im weiten Raum der globalen Werterelativität Werte, die tatsächlich gelebt werden.

Und genau diese Werte generierende Funktion gelebter Kulturen ist das größte Potenzial der Ungleichzeitigkeit. Erst wenn die Vielfalt von möglichen Lebenswelten ihren je kulturellen Ausdruck findet, kann Europa als Vielfalt in der Einheit funktionieren. Und Europa kann als solche Einheit nur als Wertegemeinschaft gedacht werden. Als Werte-Makrokosmos, in dem sich die vielfältigsten und unterschiedlichsten Mikrokosmen als Möglichkeit von *Aisthesis* im Sinne von Martha Nussbaum sammeln. Denn nur über Aisthesis lassen sich normative Fragen in konkreten Situationen beantworten, weil diese Form der Wahrnehmung im wörtlichen Sinn von Aisthesis die Anwendung von Regeln ebenso ermöglicht wie die Regelveränderung angesichts geänderter Situationsbeschreibungen.

Europa neu gedacht muss ein Europa der Werte und der Wertevielfalt sein, die die Vielzahl von unterschiedlichen Weltzugängen fordert und fördert. Die aktuelle Krise Europas ist meines Erachtens weniger eine wirtschaftliche, sondern vielmehr eine Krise der Werte. Die ökonomisch-systemische Homogenisierung trifft an die Grenzen lebensweltlicher Daseinserfahrungen. Denn die Gratifikationen, die den Prozess der inneren Kolonisation ermöglichen und das heißt: Die die Menschen lebensweltliche Autonomie an das kodifizierte System abtreten lassen, können nach wirtschaftlichen Kriterien nicht mehr gewährt werden.

Die kulturelle Vielfalt und die vielfältigsten Sprach-Welten, die sich in Folge der Ungleichzeitigkeit bewahrt haben, sind kreatives Potenzial, durch das Europa neu gedacht werden kann.

Endgültig Schluss mit dem Kulturpessimismus! Es gibt auch Leben neben dem Empire. Es gibt das, was Michael Hardt und Toni Negri als *Multitude* bezeichnen. Es gibt jenen kulturellen Untergrund, in dem Europa sich bewahrt, in dem Europa als Vielfalt erfahren werden kann, als Welt, innerhalb derer viele Welten Platz haben. Es gibt die - sogenannten - »kleinen« Kulturen: Mikrokosmen, die den europäischen Makrokosmos lebenswert und lebendig erhalten. Allein im Umland von Triest, hier im istrischen Mikrokosmos, haben sich unzählige Welten en detail erhalten.

Auswahlliteratur

Günther Anders, *Die Antiquiertheit des Menschen. Band I: Über die Seele im Zeitalter der zweiten industriellen Revolution*, München 1983.

Jean Baudrillard, *Amerika*, München 1987.

Ernst Bloch, Gespräch über Ungleichzeitigkeit, in: Hans Magnus Enzensberger u.a. (Hg.), *Kursbuch 39 (Provinz)*, Berlin 1975, 1–9.

Elias Canetti, *Masse und Macht*, Zürich 1983.

Egon Friedell, *Kulturgeschichte der Neuzeit*, 2 Bde., 4. Aufl., München 1983.

Jürgen Habermas, *Theorie des kommunikativen Handelns*, 2 Bde., Frankfurt am Main 1988.

Michael Hardt/Antonio Negri, *Empire. Die neue Weltordnung*, Frankfurt am Main 2003.

Martin Heidegger, *Holzwege*, Frankfurt am Main 1980.

Pier Paolo Pasolini, *Freibeuterschriften. Die Zerstörung der Kultur des Einzelnen durch die Konsumgesellschaft*, Berlin 1982.

Franz Ronnberger, *Kommunikationspolitik als Gesellschaftspolitik*, Mainz 1980.

Oswald Spengler, *Der Untergang des Abendlandes*, 8. Aufl., München 1986.

Will Teichert, *Die Region als publizistische Aufgabe. Ursachen, Fallstudien, Befunde*, Hamburg 1982.

Endnoten

1 Friedell, Egon, *Kulturgeschichte der Neuzeit*, 2 Bde., 4. Aufl., München 1983, 1513.

2 Bloch, Ernst, Gespräch über Ungleichzeitigkeit, in: Hans Magnus Enzensberger u.a. (Hg.), *Kursbuch 39 (Provinz)*, Berlin 1975, 8.

3 Pasolini, Pier Paolo, *Freibeuterschriften. Die Zerstörung der Kultur des Einzelnen durch die Konsumgesellschaft*, Berlin 1982, 107.

La cucina di una terra plurale e dai confini mobili, tra mare e Carso e tra Mediterraneo ed Europa di Mezzo

Marino Vocci

Trieste sospesa tra mare e Carso, con luoghi ora accarezzati dalla mite e fresca brezza del mare, ora spazzati dagli impetuosi e gelidi refoli della bora, dove echeggia il respiro largo del romanzo e dove si è avvolti dal fascino discreto e quasi sussurrato della poesia:

> « Un uomo innaffia il suo campo. Poi scende
> così erta del monte una scaletta,
> che pare, come avanza, il piede metta
> nel vuoto. Il mare sterminato è sotto.
> Ricompare. Si affanna ancora attorno
> quel ritaglio di terra grigia, ingombra
> di sterpi, a fiore del sasso. Seduto
> all'osteria, bevo quest'aspro vino. »
> (*Contovello* di Umberto Saba)

Trieste con il mare e il suo Carso, un mondo raccontato splendidamente da Umberto Saba in questo frammento della poesia « Contovello ».

Una terra che il grande poeta sloveno Srecko Kosovel, rende viva attraverso la sua irrequieta poesia, dove sul Carso: « [...] tutto è bello e verità [...] di grave malinconica bellezza [...] », « terra di pietre » dove si respira quiete e solitudine e i pini « [...] tra le sterili pietraie a fatica stanchi sussurrano [...] » e sembrano volersi ricongiungere con il cielo (*Pesem s Kasu-Canto del Carso* di Srecko Kosovel).

Un microcosmo delicato e complesso, aspro e affascinante, dove nella pietra lavorata e schiva si sente la presenza dell'uomo. Pietra, che Lojze Spacal, nelle sue opere grafiche ha reso universale, con immagini che hanno dato voce a una terra senza voce, a una terra difficile, dove si celebra lo splendido matrimonio tra la natura solare del Mediterraneo e quella severa dell'Europa di Mezzo.

Una terra, dura da coltivare ma anche difficile da vivere, che sa essere generosa soprattutto nei luoghi al riparo dai gelidi refoli di bora, dove anche lo sguardo può liberarsi lungo itinerari da sogno, dove si può godere dei profumi della terra ed essere accarezzati dalla benefica brezza di mare. Doline, piccoli campi coltivati delimitati da muretti di pietra bianca, grotte, trincee, case addossate l'una all'altra con piccole finestre che riparano dai gelidi refoli di bora.

Trieste è stata una città dai confini mobili e con una storia complicata.

A lungo infatti ha rivaleggiato con la vicina Muggia – che come gran parte dell'Istria era territorio della Repubblica di Venezia – per il controllo del mercato del sale, il vero e proprio oro bianco dell'era preindustriale. Poi da piccola cittadina di poco più di cinquemila abitanti a partire dal 1719, quando Carlo V° l'ha proclamata porto franco, è diventata via via il principale porto dell'Impero asburgico e una grande città europea (nel 1800 gli abitanti erano circa trentamila, nel 1859 divennero 104.707 e nel 1914 oltre duecentoquarantamila). Trieste agli inizi nel 1800 e per un breve periodo ha visto il *remitour* dovuto al passaggio delle truppe napoleoniche, poi dopo il 1918 è approdata al Regno d'Italia e alla fine della seconda guerra mondiale fino al 1954 è stato Territorio Libero sotto l'amministrazione anglo-americana. Trieste legata intimamente al mare, grazie alle sue attività legate ai viaggi e ai commerci, trae grande benefici dall'apertura del canale di Suez nel 1869.

Una città che intensifica i suoi rapporti con l'Impero multinazionale degli Asburgo quando nel 1857 viene aperta la ferrovia Meridionale che la collega a Lubiana, Graz e Vienna e all'Istria grazie in particolare ai vaporetti e poi – tra il 1902 e il 1935 – grazie alla ferrovia a scartamento ridotto chiamata Parenzana.

Terra plurale, crocevia delle culture latina, slava e germanica dove, ce lo ricorda spesso anche lo scrittore tedesco/triestino Veit Heinichen, le diversità sono ricchezza e la grande storia e le presenze diverse, hanno lasciato un segno e tracce profonde soprattutto nei dialetti (remitur, gripa, cisto, spavar) e nelle pentole.

Trieste quindi grazie alle vie di comunicazione via terra e via mare è un luogo di incontro e di scambio tra mondi vicini e lontani ed anche dei grandi doni della terra e del mare dove il cibo ha svolto e continua a svolgere un ruolo importante e soprattutto gustoso. Trieste, dove la cultura e civiltà della tavola, quella popolare e quella borghese, quella familiare e quella delle osterie, «dei coghi de bordo» e «delle osmice», quella dei buffet e delle mussolere, raccontano mille storie diverse.

Storie che sono parte dei riti di uno dei nostri bisogni fondamentali, dove la cucina tradizionalmente legata alla genuinità, stagionalità e territorialità, non è stata solo alimentazione e quindi sopravvivenza, ma anche piacere e salute, ritualità e convivialità, dono e soprattutto identità, memoria e quindi cultura.

Innanzitutto perché il piatto, e cioè un prodotto trasformato, grazie alla sapienzialità del cuoco, diventa un bene culturale. Poi perché la condivisione del cibo in famiglia, così come insieme agli amici oppure in occasione dei molteplici avvenimenti rituali o sociali (il Natale, il pranzo del giorno della domenica, il matrimonio) o che seguono gli avvenimenti del mondo agricolo (la maialatura, la vendemmia, la mietitura) o del mare (la tratta del tonno, che a Trieste si faceva sino al 1954 o quella dei cefali) mette le persone in relazione. Il dono del cibo getta un ponte tra noi, e sappiamo quanto questo sia importante proprio oggi che viviamo in una società atomizzata. Soprattutto perché mangiare insieme (una caratteristica tipica, anche se non esclusiva, delle donne e degli uomini) oltre ad aiutare a ridurre gli sprechi alimentari (e sappiamo quanto questo sia importante in particolare oggi), è un piacere e aiuta a sentirsi bene, introduce le persone nella stessa comunità culturale e rende le persone, parte della stessa cultura.

Nel 1862 Ludwig Andreas Feuerbach, scriveva che esiste un rapporto inscindibile fra psiche e corpo, e che l'uomo è ciò che mangia. Guardando a queste nostre terre plurali oggi possiamo dire che, l'uomo mangia ciò che è e cioè alimenti totalmente ripieni della sua cultura e a questo punto però dovremmo fare anche i complimenti al cuoco. Certo pochi avrebbero immaginato che centocinquant'anni dopo, il pensiero del filosofo tedesco, avremmo avuto una conferma scientifica della sua affermazione grazie alla nutrigenomica, la scienza che si occupa di relazioni tra cibo e geni individuali.

Va ricordato poi che la cucina triestina, come gran parte di quelle delle terre di confine, è una cucina che adatta, accosta e rielabora. Questo avveniva in passato e soprattutto a questa cucina mi riferirò in quest'occassione; ma la «gustosa contaminazione» continua però ancora oggi, e questo grazie alle centinaia di Comunità diverse (anche se numericamente esigue) presenti nell'area giuliana che lavorano e studiano in particolare ai numerosi centri di ricerca di livello internazionale presenti a Trieste (Centro di Fisica Teorica, SISSA; Area di ricerca, Sincrotrone, Istituto Geofisico e Astronomico, oltre naturalmente all'Università degli Studi).

Prima della «micro e macro globalizzazione» la cucina triestina era tradizionalmente legata alle stagioni e al territorio. Così dal Golfo di Trieste e dalle coste istriane e dalmate arrivavano quotidianamente pesci, molluschi e crostacei freschissimi. Dal povero Carso e dalla generosa Istria, ma anche dalla Valle del Vipacco e dal vicino Friuli arrivavano patate, granaglie, animali da cortile e animali da allevamento e pastorizia e naturalmente anche i loro derivati quali il latte (grazie alle donne del latte chiamate *mlekarice*) i formaggi (vaccini, pecorini, caprini); ma anche i prodotti dell'orto che venivano mangiati freschi, ma anche trasformati o conservati (essiccati, sotto sale, sott'olio o sott'aceto). Ricordo in particolare un prodotto conservato che è la base di uno dei piatti simbolo della cucina triestina, la jota, e cioè i capuzi garbi/crauti acidi. Nella Trieste, città di mare, e dei commerci arrivavano prodotti che venivano da località anche molto lontane, quali le spezie e il cacao, il caffè, il baccalà e i bisati/anguille.

I prodotti della terra e del mare, anche nelle loro sapienti trasformazioni, sono sempre stati in stretta relazione con il territorio e raccontano storie del loro rapporto profondo con il territorio. Una cucina quella triestina che potremmo definire quindi territoriale ma in senso regionale o meglio transregionale contrassegnata nel profondo, dalla valorizzazione e dall'esaltazione di quelle che sono le peculiarità di questo mondo alto-adriatico, e cioè la bellezza delle diversità e della biodiversità. Questo significa ancora oggi, dove naturalmente é possibile (e qui lo è grazie a vino, olio, formaggi, miele tutti prodotti davvero straordinari) conservare gelosamente la qualità e la tipicità delle produzioni locali, che portano spesso anche piatti di alta qualità.

Riscoprire il valore del territorio, implica il rilancio e la valorizzazione della cucina locale e regionale di qualità. Una cucina che «parla» dell'identità, della storia e della cultura di un territorio, e anche dell'esaltazione della specificità e della bontà dei prodotti dello stesso territorio e quindi anche dei grandi saperi della tradizione. Una cucina che diventa una testimonianza concreta e viva, ma soprattutto preziosa e unica, dei grandi saperi e dell'ingegno di ieri; dell'ingegno e dei saperi dei «coghi de bordo» e delle nostre mamme (purtroppo pochi papà!!) e delle nostre nonne. Una cucina che è anche e soprattutto identità, perchè il cibo sottolinea le differenze tra gruppi, culture, e classi sociali. Ma serve anche a rafforzare l'identità di gruppo, a separare e distinguere il «noi» dagli «altri». Il cibo è identità economica: offrire cibi preziosi significa far notare la propria ricchezza, e identità sociale. Soprattutto in passato, la quantità e la qualità del cibo erano in stretto rapporto con l'appartenenza sociale: identità etnica, il cibo come segno di solidarietà nazionale: identità religiosa, il pane e il vino dei cristiani vanno ben oltre la loro materialità: identità filosofica, le diete vegetariane legate al rispetto della natura vivente.

Il cibo è memoria, una memoria fatta di ricordi, emozioni, suoni, paesaggi, colori, ma anche di odori e naturalmente di sapori.

Ora è tempo però di metterci a tavola. Di questo mondo plurale sospeso tra mare e Carso, tra Mediterraneo ed Europa di Mezzo, non si possono assolutamente dimenticare alcuni piatti e alcuni prodotti che, nello spirito di Slow Food, potremmo definire buoni, puliti e giusti.

E se dobbiamo al mare la grandezza della Trieste di ieri, e speriamo anche quella di domani, non possiamo che iniziare con un piatto di mare. Questo magari dopo aver gustato un «fancli z duso» (una frittola con un acciuga salata). Ma il piatto che ha il mare in pentola, è il brodeto. Il piatto simbolo della bellezza, anzi della bontà e della diversità dell'Adriatico. Diversità culturali che vengono esaltate da un antica civiltà, quella adriatica. Così anche il nostro amato brodetto grazie, alla presenza in pentola di tante varietà di pesce, molluschi e crostacei, ha un sapore unico. Sapore che comunque cambia da luogo a luogo, secondo le tradizioni delle genti adriatiche. Il brodetto rimane comunque un piatto unico, che accompagnato spesso dalla polenta o dal pane, è soprattutto un piatto semplice con poche erbe e aromi e questo per non «distruggere» i grandi sapori del mare. Il più delle volte l'uso abbondante del pepe (non così ovviamente nel brodetto in bianco, tradizionale ad esempio a Grado) e/o di spezie, serviva e serve a mascherare la presenza di pesci non freschissimi.

Un piatto che è una frugale e saporitissima cena del tardo pomeriggio o una robusta merenda a metà mattina, con la quale si celebra la conclusione del duro e faticoso lavoro in mare, iniziato spesso alle prime luci dell'alba. Un meritato riposo dopo aver recuperato le nasse e le reti da posta, selezionato il pescato e inviato quello migliore e di taglia adeguata quello non rovinato dall'attività di pesca, alla vendita, l'altro non commerciabile finiva in pentola. Personalmente adoro il brodetto con sole canoce (pannocchie, Squilla mantis) ma quasi sempre lo si prepara con più varietà di pesci, molluschi e crostacei, varietà spesso dimenticate. Secondo l'antica tradizione, in una pentola all'acqua di mare (o salata con il sale), pepe, conserva di pomodoro (nella tradizione quasi mai pomodoro fresco), aceto, cipolla e olio.

A bollitura, si aggiungevano un pesce ragno, una liba, un sanpiero, un anzoleto o una bavosa, un rospo, un cefalo, un pesce matto, un angusigolo, due suri, un bel guato (quasi tutti pesci ormai dimenticati) e qualche mollusco come pusi e patele ma anche una scarpena, due canocchie, un bisato, un grongo, seppie e calamari.

Ecco ora invece un piatto per gente di mare – preparato però con prodotti di terra, «la calandraca». Un piatto che originariamente era di carne di montone castrato in umido, tipico della cucina di bordo e che in particolare i marinai dalmati amavano consumare durante la navigazione. Il nome, secondo alcuni deriverebbe dalla «Calandra» che era un tipo di barca medioevale. Una pietanza probabilmente levantina e di origine greca ma che rapidamente si è diffusa anche in Istria ed a Trieste. Per questo oggi abbiamo una calandraca diversa rispetto all'altro ieri (montone castrato) e a ieri (manzo salato), fatta quasi esclusivamente con carne bovina (muscolo ed in particolare «carni povere e da recupero» come tasto, rosa di pancia, coppa, sottospalla, etc.) preparata con cipolla e poi, fondamentale, con l'aggiunta di patate e pomodoro (meglio se concentrato o con passata o salsa fatta in casa, magari con pomodori di Salvore!!). Un piatto unico e di «recupero» (della carne del brodo) che anche oggi è parte delle abitudini ed è presente sulle tavole di molte famiglie e anche di alcune osterie in alcuni porti dell'Adriatico.

Jamar e i formaggi del Carso

Da circa vent'anni, grazie soprattutto a giovani entusiasti e molto preparati, c'è stata una bella rinascita dei *formaggi* del Carso triestino. Formaggi che si sono imposti sul mercato, anche con piccole produzioni, ma tutte di assoluta qualità e di produttori presenti sul Carso da Prepotto a Ceroglie, da Basovizza a Monrupino, da Samatorza a Medeazza,. Oltre ai formaggi fatti con il latte vaccino, hanno rilanciato degli ottimi caprini e soprattutto ovini. Parlare di ottima qualità dei formaggi del Carso non è assolutamente esagerato, anzi! Questo è dovuto non solo ai grandi saperi degli allevatori e dei casari, ma anche e soprattutto alla ricchezza del territorio carsico. Un territorio che con le sue 1600 essenze, è uno dei più straordinari esempi di biodiversità, un «microcosmo» da tutelare anche grazie ad un «patto per il futuro» tra agricoltori, allevatori, fruitori e ambiente. Ricchezza della diversità che va sapientemente conservata e valorizzata, perchè garantisce sapori davvero unici ai prodotti. Qualità e genuinità che negli ultimi anni viene garantita attraverso il marchio MOISIR, costituito tra gli allevatori di bovini, caprini e ovini e i produttori in proprio di latte e suoi derivati e presieduto dal bravissimo Dario Zidaric che alleva oltre centocinquanta mucche in una stalla moderna, che è veramente un modello, con «robot» di mungitura. Formaggi che vanno dalla ricotta, ai formaggi freschi quali caciotte bianche e caciottine zepek (con santoreggia), koromac (con finocchio selvatico), mlet (al pepe) stracchino, primo sale, mozzarella, al tabor e agli stravecchi, ma anche ai pecorini e ai caprini dai grandi sapori, buoni, sani e freschi. Le produzioni contribuiscono alla tutela e valorizzazione della bellezza del territorio rurale, costituito dal paesaggio culturale e colturale. Un paesaggio fatto anche di zone di landa carsica, oggi in fortissima diminuzione e quasi a rischio, a causa del loro abbandono. Zone che sono però si povere di prati e di azoto, ma ricche, grazie alla diversità piante presenti, di oligoelementi, alcaloidi, olii essenziali, sostanze che danno grandi sapori ai prodotti. E' interessante ricordare che in alcune specie arboree sono presenti naturalmente anche altre sostanze, quali ad esempio antibiotici. Cosa di non poco conto se si pensa che il loro uso (spesso esagerato) quale additivo nell'alimentazione degli animali da latte, in particolare negli allevamenti intensivi, può creare seri problemi alla salute dell'uomo. Carso significa quindi qualità, più che quantità; qualità del territorio significa soprattutto qualità dei prodotti. Il grandissimo jamar, un formaggio vaccino stagionato nelle viscere delle grotte del Carso - jamar in sloveno vuol dire grotta - dal gusto intenso e quasi piccante e dalla pasta particolarmente friabile, è un protagonista assoluto.

Dolci

I dolci tradizionalmente concludono i nostri momenti conviviali a tavola e sono proprio i dolci che raccontano meglio di tutti la storia della cucina di una terra plurale e di confine come quella triestina. Una storia fatta di contaminazioni davvero gustose e da sempre scandita dal ritmo lento delle stagioni e dalla ritualità. Ritualità dovuta in particolare al pranzo della domenica, alle grandi feste laiche e soprattutto a quelle religiose: per cui, come ricorda un antico detto istriano, «per Nadal le fritole, per Pasqua pinze e titole, per Carnevale i boni crostoli e poi putizze» (il dolce della festa, tipico del periodo pasquale: una rollata fatta da pasta lievitata ripiena di noci, uvetta e pinoli, arricchita da rhum e vino di Cipro e da alcune spezie come cannella, noce moscata e chiodi di garofano), Presnitz (un nome che viene dagli emigranti di un piccolo paese nell'isola (Ruegen) sul Mar Baltico, oppure da Pulsnitz un paese tra Norimberga e Dresda famosissimo per i dolci soprattutto pepati e dove si producevano anche terracotte importate a Trieste). I noltre le favette o fave dei morti (un dolce tipico del periodo della festa dei morti che secondo Plinio, contenev le anime dei defunti – e di probabile origine ebraica, fatte con un impasto a base di farina di mandorle, dalle dimensioni di una piccola ciliegia, del colore bianco naturale, rosa o marrone).

Trieste attraverso i dolci racconta una storia importantissima, senza la presenza asburgica e le tradizioni austriache, che trovano un riscontro sia nelle tradizioni familiari, che in particolare nei caffè e nelle tipiche pasticcerie triestine. Locali che in città si erano ampiamente diffusi sul finire dell'Ottocento. Erano i luoghi dove tradizionalmente e quasi quotidianamente ci si incontrava e che per molti aspetti erano pressoché identici a quelli viennesi. Non solo nello stile dell'arredamento e dell'esposizione dei prodotti, ma soprattutto nei dolci che proponevano. Anche le ricette rispecchiavano le tradizioni asburgiche, anche se ogni pasticceria produceva le proprie specialità, distinguendosi ognuna per i profumi e i sapori delle proprie torte e le freschissime creme (soprattutto carsoline). Dove un posto fondamentale era riservato alla torta ormai famosa in tutto il mondo e cioè la *Sacher*, ma anche allo *Strudel* di mele diventato rapidamente: strucolo de pomi, dove non potevano mancare la *Linzertorte* (torta di mandorle ri coperta di marmellata di albicocche o lamponi) i Crapfen, ma soprattutto il *Kugluf* e la *Dobos*. Il Kugluf, dolce «regale» di origine austriaca che deve il suo nome a Gugelhupf, è fatto con pasta lievitata (a base di farina, latte, burro, uova, zucchero) e l'aggiunta di uvetta e poi il tutto cotto nel forno nello stampo a forma conca con il buco al centro. La Dobos è certamente il dolce più rappresentativo dell'Ungheria ed è fatto con sei strati di pasta, farciti con crema al cioccolato e una corona di caramello. Il nome lo deve al suo inventore Joseph Dobos, pasticciere dell'Impero Austro-Ungarico (seconda metà dell 1800).

Un'altra specialità magiara sono le granatine alla panna e cioccolato conosciute con il nome di *Rigojanci*, in onore del direttore d'orchestra tzigano Jancsi Rigo. Una storia interessante quella raccontata da Veit Heinichen e Ami Scabar nel bellissimo «Trieste – La città dei venti» nel capitolo dedicato ai dolci (altri vengono dedicati all'olio, al vino, al caffè, al sale, ai pesci e molluschi...) è la storia della giovane americana Klara Ward che ha sposato il vecchio principe Josèph de Chimay de Carvan che durante il viaggio di nozze a Budapest incontra Rigò Jancsi e per quest'ultimo lascia il principe. Una storia d'amore che colpisce Gérbeaud il maggior pasticciere di Budapest, che dedica al vero amore un dolce di cioccolato e lo chiama proprio Ringòjancsi. Saranno poi degli emigranti ebrei da Budapest, che a Trieste fonderanno la pasticceria «La Bomboniera», a far conoscere questo dolce alla nostra città.

Ci sono poi i dolci che vengono dalla tradizione del mondo slavo: come le palacinke (chiamate anche amlettes, una sorta di crepes ripiene di marmellata, cioccolata o zucchero e limone). La *Gibanica*, un dolce tipico, anche se esiste la versione croata e quella serba, della regione slovena del Prekmurje, un piccolo fazzoletto di terra fra l'Ungheria, l'Austria e la Croazia.

Dal mondo sloveno storicamente presente a Trieste viene invece la tradizione del famoso *strucolo coto* in straza. Un termine dialettale, che sta ad indicare uno strudel cotto nel canovaccio. Lo strucolo cotto, ripeto strudel nello straccio o kuhani struklji, come viene chiamato in sloveno, che viene servito in particolare in una delle manifestazioni più importanti del Carso triestino e alla quale la comunità slovena è particolarmente legata e cioè le nozze carsiche. Come uno strudel è un rotolo ottenuto avvolgendo a spirale un foglio di pasta cosparso uniformemente con un ripieno che contiene miele di vario tipo (molto apprezzato lo straordinario miele di marasca/reselica, dal nettare di ciliegio canino, prugnolo), cannella, rum, uvetta, ricotta, cioccolato e soprattutto frutta secca (in particolare noci), viene quindi avvolto in un telo e lessato! I lembi dello straccio venivano attorcigliati e fissati su un bastone che veniva posato su un tegame pieno di acqua (a volte anche di latte o da alcuni anche cotto al vapore), consentiva al dolce di rimanere in ammollo durante la cottura. La particolarità consisteva nel fatto che la cottura a bagnomaria si faceva utilizzando l'acqua calda, presente in tutte le cucine economiche di un tempo e cioè gli sparger.

Il dolce, naturalmente viene servito come dessert cosparso con pane grattuggiato rosolato nel burro, zucchero semolato e cannella. La consistenza della pasta di questo dolce è davvero particolare, infatti la cottura in bagnomaria la rende morbida e spugnosa.

Va ricordato che Trieste, la sua periferia e l'Istria hanno una grande tradizione nella preparazione dei dolci da forno. Spesso nelle preparazioni viene usata la frutta (mele, susine, albicocche) e soprattutto viene usata la frutta secca, mandorle e noci. Un fatto interessante, che segna anche la fisionomia del paesaggio colturale e culturale, in particolare quello del Carso rurale e dell'Istria, infatti spesso accanto alla casa c'è un albero di noci e uno o più mandorli.

E siamo approdati all'Istria, una terra che merita una citazione particolare. Non solo perchè in quella terra tra Buie e Pirano, sono nato e perchè l'Istria era profondamente legata a Trieste e questo non solo grazie ai vaporetti e alla Parenzana, ma anche e soprattutto perché un terzo della popolazione triestina ha profonde radici istriane, fiumane e dalmate. Un rapporto che ha segnato anche la storia della cultura e civiltà della tavola. Una storia raccontata in particolare dalla «grande anima» istriana, lo scrittore Fulvio Tomizza e nei suoi romanzi (ne ricordo solo alcuni, «La trilogia istriana», «La miglior vita», «L'amicizia», «Gli sposi di via Rossetti», «Franciska»). Dove si parla di biscottti con l'ammoniaca (in questa preparazione viene usato per la lievitazione, il carbonato di ammonio, che durante la cottura sprigiona il caratteristico odore di ammoniaca) da intingere nella malvasia e i tanti dolci, magistralmente descritti nel «Menù d'autore»: dedicato all'Istria terra di transito, di smistamento, di fughe e di approdi. Un Istria poi in parte approdata a Trieste dove:

«[...] mezzo millennio di presenza veneta ha conferito un' impronta molto resistente alle culture successive, sì da rilevarsi predominante, da dirsi infine vincente ... l'Istria si era unita anima e corpo alla Repubblica del Leone, divenendone la corona orientale da cui proiettarsi ancora più a nord-est e soprattutto a sud, nel mezzogiorno dalmata e greco. Per tale connubio, naturalmente diseguale, la tavola istriana si distingue da tutte quelle delle altre popolazioni prossime a settentrione e a oriente, per il grande consumo che vi si fa di farinacei [...] I dolci più frequenti si chiamano crostòli (i veneti galàni), fritole però sbrovade, intendo dire un impasto lessato con vari ingredienti, mele soprattutto e uvetta, un tempo mele cotogne e zucca baruca e quell'uva nominata uova di gallo, fritto a cucchiaiate nell'irrinunciabile olio di oliva. Ancora oggi dolci stagionali molto in uso e spesso diversi da paese in paese. Dai nomi diversi come per i nostri crostoli chiamati chiacchere, frappe, bugie, stracci, lattughe, strappole, cenci, sfoglie golose e galani.

Ma almeno per Natale ecco la putizza, pasta dolce cosparsa di cioccolato noci e pinoli, arrotolata e adagiata a spirale nello stampo per essere collocata in forno; ecco il prèsniz, una sua variante che stando al nome vorrebbe dire ‹ senza niente › ed è invece piena di tutto e si limita a riempire il serpentello di pasta frolla. Per Pasqua sono d'obbligo le pinze, il pandolce reso intensamente giallo dalla gran quantità di uova sacrificate, e per i bambini la colombina o titola, la stessa pasta della pinza che in forma di treccia stringe in capo un uovo colorato. Ulteriore impiego di tuorli d'uovo richiedono i cresimali buzzolài, ciambelle con cui i *ragazzi*, sottoposti al sacramento della confermazione e sovvenzionati dal padrino, s'inanellavano con vanto le braccia ispirando il detto *chi no gà santoli no ga buzolai* e il contrario negativo. Più comunemente ora si serve lo strucolo de pomi [...]»

Prima del brindisi finale vorrei concludere con un auspicio e una speranza, che è anche un forte richiamo al valore dell'etica della responsabilità. Se vogliamo costruire dal basso, un 'Europa come Comunità dal destino comune, un Europa dei cittadini, delle regioni e delle culture, che sconfigga gli egoismi e sia un'Europa delle regioni, dei cittadini che dal multiculturalismo approfondisca l'interculturalità, dobbiamo cogliere con leggerezza e con gusto anche la sfida legata alla cultura e alla civiltà della tavola.

E il brindisi finale? Avendo l'Istria nel cuore, direi, mens sana in malvasia istriana, ma visto che oggi le mie radici sono profondamente legate al Carso, farei un « Cin Cin » nelle straordinarie cantine di pietra, con i bianchi autoctoni Vitovska e Glera/Prosecco, come Umberto Saba in un 'osmiza assapora l'aspro del vino. Quel vino che il sociologo Ulderico Bernardi, definisce un limpido bene culturale. Un vino dal valore terapeutico e molto gradito quasi duemila anni fà, anche da Livia, moglie dell'Imperatore Augusto, che, sembra, proprio grazie al Pucinum arrivò alla bellissima età di ottanasei anni. Un vino dall'intenso colore rosso rubino con riflessi violacei dal profumo di frutti di bosco e dal sapore aspramente deciso, quasi acidulo, con un corpo vigoroso e forte e un carattere che via via si fa sempre più accattivante, fino a diventare gradevole. Un vino che per molti è eccitante, stimola il piacere di stare insieme e l'appetito, è digeribile e soprattutto il giorno dopo non lascia il « cerchio » alla testa. Un vino che esprime per intero il carattere della gente del Carso ed è un vero piacere berlo nelle tradizionali osmice. Luoghi che sono dei veri « beni culturali », dove il mondo della città incontra quello del Carso, e dove in un ambiente genuino e accogliente è possibile condividere insieme ad altri il piacere di gustare delizie offerte direttamente dal produttore, chiacchierando ed a volte cantando, tutti insieme, le vecchie e nuove canzoni popolari.

Un vino d'una tal forza salutevole da restituire ad anziani, papi e imperatori imperturbabile sanità!

Sia così anche per questa nostra cara, vecchia Europa! CIN CIN, PROSIT, NA ZDRAVJE.

Alltägliches in der Ecke der drei Länder Italien – Österreich – Slowenien

Christine Perisutti

Allgemeine Kultur - Kultur allgemein?

Kultur bedeutet für mich als Philosophin der Gegenbegriff zu Natur. Als Kulturwissenschafterin erscheint mir der Begriff Kultur jedoch in mehrfacher Bedeutung, welcher sich schwer fassen lässt und im jeweiligen Kontext klar- und dargestellt werden muss. Im Folgenden betrachte ich den Kulturbegriff aus der Perspektive der Kulturwissenschafterin.

Kultur als zivilisatorische Errungenschaft wird oft nicht mehr als solche gesehen, da im allgemeinen Sprachgebrauch Kultur als etwas »Abgehobenes«, »Außerordentliches«, »Nicht-Alltägliches« erfahren wird. So könnte sich die Frage aufdrängen: Gibt es im Alltag überhaupt Kultur - auch fernab des Kulturbeutels, der darauf wartet, zur Kultivierung diverser Körperteile geöffnet zu werden? Gerhard Schulze schreibt, Kultur sei

> »... wie schwarze Materie. Man lebt in ihr, aber man kennt sie nicht. Man ahnt sie, aber man bekommt sie nicht zu fassen. Man spricht über sie, und die Worte bleiben nichtssagend. Sie ist ein offenes Geheimnis, das jedem die Illusion der Kenntnis suggeriert und das sich gerade dadurch der Aufdeckung entzieht.«[1]

Dass es im Alltag Kultur gibt und dass dieser Blickwinkel von Kultur bereits wissenschaftliches Interesse fernab von volkskulturellen Museen erlangte, beweist nicht bereits allein der Begriff »Alltagskultur« selbst, sondern auch zahlreiche Publikationen über die Kultur des alltäglichen Lebens. So kann man bei Roland Barthes, Manfred Russo oder Konrad Paul Liessmann über die Mythen des Alltags, Geschichten über Alltagsobjekte oder zur Ästhetik des Alltäglichen lesen. Blickwinkel solcher Betrachtungen sind zumeist jedoch soziologischer, anthropologischer, psychologischer, ethnologischer etc. Natur.

Wie kann man nun »Alltagskultur« kulturwissenschaftlich fassen? Was steht, unter »allgemeinem« Blickwinkel gesehen, hinter diesem Begriff? Hierzu möchte ich eine Liste anbieten: Möbel, Geschirr, Toilettenartikel,

Kochgelegenheit, religiöse Gegenstände, Putzgegenstände, Schreibzeug, Bekleidung, Kalender, Spielzeug, Zeitung, Fernseher, Radio, PC, Architektur, Auto. Diese Aufzählung ließe sich weiterführen und auch differenzieren – unzählige Gegenstände würden gefunden werden, wie auch jede/r unterschiedliche nennen und priorisieren würde. Dinge des Alltags, des täglichen Lebens. Dinge, über welche man sich nur Gedanken macht, wenn sie gerade einmal nicht an dem Ort sind, wo sie sein sollen, oder wenn sie kaputt sind. Dinge, welche zu funktionieren haben und bei der Anschaffung bestimmten ästhetischen oder monetären Kriterien unterworfen waren. Dinge, die zwar von jeder/m überall wiedererkennbar sind, aber dennoch überall anders aussehen. Zudem gibt es Regionalspezifika, wie beispielsweise spezielle Steigeisen, *jazini* genannt, welche noch vor wenigen Jahrzehnten zur Standardausrüstung der Triestinerinnen/Triestiner gehörten, um sich auch im Winter bei und nach einem Besuch des eisigen Adriawindes Bora auf den Straßen fortbewegen zu können.[2] Schon 50 Kilometer weiter nördlich würden solche *jazini* völlig ihren Wert verlieren, da die Geodynamik dort ebensolche entbehren lässt. Somit wird deutlich, welch engen Spielraum Dinge des täglichen Lebens haben können und wie schnell man sich auf andere Gegebenheiten einlassen muss, will man dort sein tägliches Leben verbringen. Dies weist aber auch auf den Einfluss hin, den die Natur auf die Kultur ausübt: die Bedingtheit der Kultur der Natur gegenüber.

Um auf die Frage zurückzukommen, wie man Alltagskultur fassen kann, ist es meines Erachtens nicht ausreichend, Dinge des täglichen Lebens zu betrachten und sich daran zu erinnern, dass diese Dinge Teil einer langen oder auch kurzen Kulturgeschichte, einer Zivilisationsgeschichte der Menschen sind – geprägt von geografischen Gegebenheiten (also die natürliche Komponente, an die man sich anpassen musste oder versuchte, sie zu verändern) wie auch durch soziale und religiöse Bedingtheiten. Diese Vorbedingungen, durch welche Alltagsgegenstände entstehen, zeigen deren hohe Kulturalität – und das nicht erst, seit Marcel Duchamp durch ready mades (wie beispielsweise das 1917 entstandene *Fountain*) die Kunstszene in Aufruhr brachte und die scheinbare Differenz zwischen Kunst und Alltag thematisierte. Später trug Andy Warhol einen weiteren Schritt zu dieser Auseinandersetzung bei, indem er Suppendosen malte und somit zu einem Kunstwerk erhob. Das bloße Benutzen, das unreflektierte Verwenden solcher Gegenstände, der einfache sowie spontane, teilweise bereits intuitive Umgang damit zeugen von einer langen Geschichte, von einem eingeübten Umgang mit dem Ding. Ein wesentliches Charakteristikum von Alltagsgegenständen ist es, unhinterfragt zu funktionieren, und Teil davon ist die oft nicht unwesentliche Tatsache, die auch schon zum einen oder anderen fundamentalen Partnerschafts-, Ehe-, Familienstreit führte, dass diese Gegenstände auch immer an dem ihnen angestammten Platz zu liegen haben. Objekte des täglichen Lebens konnten sich nahtlos einfügen in die aktuellen Begebenheiten, indem sie neben deren Produktion mehrere Schritte durchlaufen hatten: Entwicklung (inklusive Verbesserungen), Design, Psychologie, Werbung. Dinge des täglichen Lebens haben somit nicht nur unhinterfragt zu funktionieren und an einem bestimmten Platz zu sein – sie haben sich auch in Form, Design wie auch metaphysischen sowie teilweise durchaus transzendenten Belangen (neue Produkte ergeben weitere neue Produkte, welche erst dadurch notwendig werden beziehungsweise welche notwendig gemacht werden – zum Beispiel eine Bratentemperaturgabel mit Leuchtanzeige, die gewährleisten sollte, auch ohne Küchen- und Kocherfahrung einen perfekten Braten zaubern zu können, oder eine leuchtende Marienstatue, welche zuhause angebetet werden kann) in das moderne Leben einzufügen.

Doch wäre ein Bezug auf Gegenstände zu kurz gefasst, um Alltagskultur damit abdecken zu können. Alfred Schütz und Thomas Luckmann stellen fest, »die Welt des täglichen Lebens ist uns fraglos gegeben«[3]. Oder ausführlicher ausgedrückt:

> »Unter alltäglicher Lebenswelt soll jener Wirklichkeitsbereich verstanden werden, den der wache und normale Erwachsene in der Einstellung des gesunden Menschenverstandes als schlicht gegeben vorfindet. Mit ›schlicht gegeben‹ bezeichnen wir alles, was wir als fraglos erleben, jeden Sachverhalt, der uns bis auf weiteres unproblematisch ist.«[4]

Der Spur, was Alltagskultur alles sein kann / was Alltagskultur alles ist, folgend, möchte ich abermals eine erweiterbare Auflistung anführen:

- Handlungen des täglichen Lebens (Tagesablauf, Arbeit, tägliche Körperpflege)
- Hygiene (vom WC – über Mottenkugeln – zum Seifengeruch)
- Orte der Alltäglichkeit (vom Platz – Agora – zum Chat)
- abstrahiertes Tauschmittel (Geld)
- Werbung, Plakatwände
- Begriffe (Alpe/n-Adria)

Jede einzelne Komponente ergäbe eine spezielle Untersuchung und würde die Komplexität dieses Themas untermalen. Hier entstehende, weiterführende Gedanken möchte ich nicht unterbinden – so ende ich vorerst unkommentiert mit diesen allgemeinen Überlegungen zur Alltagskultur.

Gemeine Kultur in einem gemeinen Gebiet?

Wie kann man Alltagskultur in einem Dreiländereck fassen, wie sie hier an der Schnittstelle Österreich / Slowenien / Italien anzufinden ist in der Spannung zwischen Historie und Gegenwart hin zu einer neuen Identifikation?

Die Einzigartigkeit dieses Dreiländerecks ergibt sich vor allem durch die drei unterschiedlichen Sprachfamilien und vier gesprochenen Sprachen (Slowenisch, Italienisch, Friulanisch, Deutsch), welche aneinander »ecken«. Der Umgang mit dieser außerordentlichen Sprachenvielfalt hängt stark mit den historischen Gegebenheiten wie auch mit politischen Gesinnungen und Entscheidungen zusammen. Hinzu kommt die Auseinandersetzung mit dem Glauben (hyperkatholisches Italien, postkommunistisches Jugoslawien / Slowenien, kirchenunterwürfiges Kärnten) in dieser Region. Zudem gibt es dieses Dreiländereck als solches noch nicht einmal 100 Jahre. Das heißt, viele kulturelle Prägungen formten sich wohl erst nach dem Zweiten Weltkrieg, nachdem die Grenzen fix standen, eine »Identifikation« stattfinden konnte (vielfach wurden familiäre und sprachliche Hintergründe übergangen, um Staatsstrukturen und eine Verpflichtung der einzelnen Bürgerinnen/Bürger gegenüber des Staates zu gewährleisten[5]).

Die Erfindung des Begriffes *Alpen-Adria* um 1967 untermauert diese Einzigartigkeit weiters.[6] Hinter dem Begriff sollte allerdings mehr stehen als ein spannendes Landschaftserlebnis, welches Berge und Meer in gleichen Maßen verspricht. Nach anfänglichen Brückenschlägen zu den Nachbarn mit regen diplomatischen Austauschen und Bemühungen ist geplant, hier eine Gemeinsamkeit einer Region über die Landes-, politisch-ideologischen und Sprachgrenzen hinaus zu bilden, zu stärken: 1978 wurde die *Arge Alpen-Adria* gegründet. Deren erstes Leitziel lautet, dass die Arbeitsgemeinschaft mit ihren im Interesse der Bevölkerung gesetzten Aktivitäten zum Aufbau eines friedlichen, gemeinsamen, demokratischen und pluralistischen Europa beitragen will.[7] Den Gedanken der Stärkung der Alpen-Adria-Region nahm auch die seit 2004 so benannte Alpen-Adria-Universität Klagenfurt auf. Der Austausch mit den Universitäten in diesem Raum erfolgt über Gastprofessuren, gegenseitige Vorträge, Publikationen sowie kulturelle Projekte wie beispielsweise ein vom Universitätskulturzentrum UNIKUM für Studierende der Universitäten Klagenfurt, Koper und Udine ausgeschriebener Fotowettbewerb[8].

Tatsächlich gibt es in alltagskulturellen Tätigkeiten und Gegenständen trotz vielfältigster Bemühungen keinen Hinweis auf das Bestehen einer Alpe(n)-Adria-Region. Der Begriff erfüllt den Zweck, vorhanden zu sein, ohne jedoch tatsächlich auf Menschen einzuwirken, die nicht direkt und unmittelbar einen ökonomischen Nutzen dadurch haben. Weder die immer wieder stattfindenden Messen noch die regelmäßigen Fernsehsendungen können mehr ausrichten als zeigen, was es alles in dieser Region zu sehen, zu erleben gibt, wie hier oder dort gelebt wird.

Gemein-sam

Als typische (man könnte fast sagen Alpen-Adria-) Kärntnerin kann ich Vorfahren wie auch einen noch dort lebenden Teil meiner Familie aus Italien (Friaul) vorweisen. Die Besonderheit dieser Position ist, zwar mit italienischem Familiennamen versehen wie auch mit einer italienischen Großmutter sowie zwei italienischen Onkeln aufgewachsen - und doch mit einem gewissen Fremdheitsgefühl diesem Land gegenüber sozialisiert zu sein. Wie bereits oben erwähnt, kommt es sehr stark zum Tragen, wo man aufwächst und somit sozialisiert wird. Mit dem Fehlen der Familiensprache geht die fehlende Identifikation mit der Kultur, in welcher sich die Familie befindet, einher. Obwohl in derselben Familie befindlich, wird der Alltag und das damit verbundene Tun zumeist geprägt von der jeweiligen Umwelt - das heißt, dass die jeweiligen Strukturen stark von der sogenannten »Außenwelt« geprägt werden. (Ein Gegenbeispiel dazu findet sich bei Migrantinnen/Migranten, welche oft in Enklaven wohnen und sich nicht an die gelebte Umgebung anpassen beziehungsweise ihre mitgebrachte Kultur leben und sich auch nicht davor scheuen, eigene Kauf- und Kaffeehäuser zu installieren. Dies geschieht vor allem, wenn das Herkunftsland weit entfernt liegt, wenn die Hin- und Rückreise nicht mehr an einem Tag bewältigbar ist.)

Mit diesem Hintergrund versehen ergibt sich ein bestimmter Blickwinkel vor allem auf das Dreiländereck Österreich/Slowenien/Italien, der jedoch auch blinde Flecken aufweist. Somit kann allerdings sehr gut nachgezeichnet werden, welche große Rolle die Vermischung sowie permanentes

Fluktuieren und gegenseitige Auseinandersetzung dreier (eigentlich fünfer[9]) Kulturen für einen Großteil der Bevölkerung in diesem Raum spielen.

So ergeben sich folgende Fragen: Was könnte als Gemeinsames in diesem Dreiländereck benannt werden? Wodurch ist den Menschen in dieser Region bewusst, dass es etwas Gemeinsames gibt, das über eine sprachliche, über eine nationale Grenze hinausgeht? Gibt es ein solches bewusstes Gemeinsames überhaupt in der Alltäglichkeit?

Der Reindling und andere Namen

Nach den Vorüberlegungen zu Alltäglichem und zu diesem besonderen Gebiet des hier beschriebenen Dreiländerecks möchte ich dieses Phänomen des Alltages anhand eines Beispiels genauer betrachten. Hierbei handelt es sich um eine kuchenartige Mehlspeise aus Germteig, traditionell mit Zimt, Zucker, Butter und Rosinen gefüllt und in einer Rein[10] (und da in Kärnten viele Dinge verkleinert werden: in einem Reindl) gebacken. Zumeist auch Kärntner Reindling genannt. Zwar das ganz Jahr über gebacken und verspeist, ist er bei jedem erdenklichen Festtag unabkömmlich. Hochkonjunktur des Reindlings ist allerdings Ostern – im gesamten Kärntner Raum ist ein Osterfest ohne dieses süße, runde Gebäck undenkbar. Ob in der Kirche der althergebrachten Speisensegnung unterzogen oder säkular auf den traditionellen kirchlichen Ritus verzichtend, ob selbst gemacht oder aus dem Kaufhaus, zum Osterfleisch gibt es süßen Reindling. Die Kinder werden zu dem großen Kirchenfest von ihren Taufpaten ebenso mit diesem Gebäck, in welchem ein Silbertaler steckt, und einem gefärbten (gesegneten) Ei beschenkt.

Johann Weichard Freiherr von Valvasor, der 1689 in seinem vierbändigen Werk mit dem Titel *Die Ehre des Herzogthums Krain* Land und Leute, Naturphänomene, Brauchtum, Historisches, aber auch soziale Aspekte im Herzogtum Krain[11] beschrieb, berichtete ebenfalls von diesem besonderen Gebäck. In Oberkrain Pogatscha genannt, spielte dieses Brot vor allem bei der Hochzeit eine Rolle: »Wenn man also in Ober-Crain die Braut ins Bräutigams Haus führet; so reiten zween oder dren Gesellen auf schnellen Rossen so geschwind als ihnen möglich auf deß Bräutigams Haus zu um die Pogatschen oder Strünze (wie sie ein gewisses Brod nennen) zu holen.«[12]

Pogača gibt es noch immer – ob es sich dabei um das slowenische Gegenstück zum Reindling handelt und in welcher Gegend diese vornehmlich verbreitet ist, dazu gibt es divergierende Aussagen. Behaupten einige, es gäbe kein entsprechendes Pendant zum Reindling in Slowenien, antworten andere sofort mit Zustimmung und der Bezeichnung *Pogača*. Allerdings bezeichnet der Ausdruck *Pogača* im größten Raum Sloweniens Süßspeisen allgemein. Tatsächlich wird im Kärntner Rosental in der dort gebräuchlichen slowenischen Mundart aus der *Pogača* eine *Pohača*. Gegen Westen, im Gailtal, wird der *Reindling / Pohača / Šartelj* genannt. Mehr noch als unterschiedliche Bezeichnungen dieses Kärntner kulinarischen Aushängeschildes gibt es inzwischen eine Vielfalt an Füllungen (Nuss, Mohn, Bockshörndl- bzw. Johannisbrotmehl, getrocknete Feigen, Pistazien ...), was der Bezeichnung *Reindling / Pohača / Šartelj* keinen Abbruch tut.

In Italien, östlich der friulanischen Langobardenstadt Cividale, in den Valli del Natisone, nahe der Grenze zu Slowenien, ist es keine Seltenheit, am Straßenrand Schilder mit der Aufschrift »*Gubana*« anzutreffen. Damit wird ein Hefeteig, mit Nüssen, Rosinen, Pinienkernen, Zucker und Likör gefüllt, bezeichnet. Er wird schneckenförmig in eine runde Form gegeben und im Ofen gebacken. Als vormals typisches Ostergebäck hat sich die Gubana im gesamten Friaul verbreitet und wird inzwischen auch während des ganzen Jahres kredenzt. Die Bezeichnung der *Gubana* weicht in der friulanischen Sprache nicht sehr stark ab, wo sie *Gubane* heißt. Das Wort leitet sich allerdings aus dem Slowenischen ab, wo *guba* Falte bedeutet, welche sich unweigerlich durch das Legen des gerollten Teiges in die Form ergibt.

Speisen über die Grenzen hinaus?

Eine Mehlspeise respektive eine Variation von Brot oder Gebäck, welche sehr stark als lokales Spezifikum wahrgenommen und von vielen oft nicht ohne Stolz als regionale Einzigartigkeit verteidigt wird, erlangt bei näherer Betrachtung grenzüberschreitende Dimensionen. Wobei natürlich die Grenzverschiebungen in den letzten 100 Jahren nicht außer Acht gelassen werden dürfen. Dennoch gibt es unterschiedliche sprachliche Entwicklungen wie auch regionale Variationen bei allerdings einer einheitlichen Grundrezeptur und Form. Weiters hat sich der *Reindling / Pohača / Šartelj* wie auch die *Gubana / Gubane* von einer festlichen Spezialität zu einer alltäglichen Speise entwickelt, ohne seine Besonderheit zu Festtagen einzubüßen. Trotz der Alltäglichkeit, eine Besonderheit zu haben, ergibt sich nicht durch das Ding (in dem Fall der Reindling / Pohača / Šartelj / Gubana / Gubane) an sich, sondern durch die »darübergelegte« Bedeutung beziehungsweise aus dem Kontext, in welchen das Ding gestellt wird. Zudem folgt noch die Tradition, die einhergeht mit einer Ritualisierung: Die Erklärung »es ist schon immer so gemacht worden« erlangt ihren Sinn nur durch ein stetiges Wiederholen – am besten zu vorgegebenen (Fest-)Tagen.

Eine Ritualisierung von Brot und Gebäck ist auch in anderen Religions- und Kulturkreisen zu finden: Im Islam hat Brot eine allgemeine, wichtige, fast schon heilige Bedeutung. Tabun nennt sich der Ofen in palästinensischen Gebieten, wo Brot ausschließlich von Frauen gebacken wird. Der Tabun hat die Form einer Gebärmutter und weist dadurch auf das lebenspendende Element von Brot hin. Die Herstellung des Brotes erfolgt rituell von Frauen, wie das Brechen und Verteilen des Brotes den Männern obliegt.[13] Im Judentum wird die Mazze, ein kurz gebackenes ungesäuertes Brot, zum Pesachfest gereicht. Geflochtene Brote, Challah (Pl. Challot) genannt, gibt es zur Brit Mila (Beschneidungsfest) wie auch zur Bar Mizwa sowie jeden Freitagabend als Vorbereitung für den Sabbat. Für Christen ist die Wandlung vom Brot zum Leib Christi der zentrale Punkt gemeinschaftlichen Feierns. Brot und diverse Variationen davon sind sowohl alltägliches Grundnahrungsmittel als auch Ritualobjekte. Als fixer Bestandteil der täglichen Nahrung in vielen Kulturen muss die Grundsätzlichkeit des ältesten bekannten Nahrungsmittels manifestiert werden, was am besten durch Sakrifizierung gelingt. Etwas, das Überleben garantiert, kann nur göttlich sein – und das sollte jeder/m ins (Unter-)Bewusstsein gebracht werden.

Brot und Gebäck haben eine überkulturelle Dimension, wobei regionale Abwandlungen traditionell aber auch durch natürliche, geografische Vorbedingungen (in Österreich wachsen keine Pinien, weshalb hier auch keine Pinienkerne im Reindling zu finden sind) vorhanden sind. Darüber hinaus sind Variationen zumeist nicht durch nationale Grenzen definiert, wie der Reindling, die Pogača, die Gubana dies gut nachzeichnen. Kulturelle Identitäten werden somit nicht primär durch Staaten vorgegeben – wodurch sich traditionelle und kulturelle Gemeinsamkeiten bedingen – dies wird oftmals erst durch die Historie evident, lässt sich jedoch nicht immer eindeutig klären. Ein wichtiger Bestandteil der kulturellen Identität ist das kulturelle Gedächtnis, wodurch Gruppen ihr Bewusstsein mittels Wiedergebrauchstexten, -bildern und -riten von Eigenheit und Eigenart manifestieren.[14] Wieweit ein bestimmtes Regionalspezifikum – oft mit demselben mythologischen Hintergrund und derselben Bedeutung – reichen kann, ist vielen Menschen dennoch nicht gewahr. Zusätzlich erschweren nationale wie auch sprachliche Grenzen ein solches Bewusstsein. Durch eine Gemeinschaft wie die der Europäischen Union entsteht die Möglichkeit, zu einem Gemeinsamen zu finden, ohne seine regionale Identität aufgeben zu müssen.

Die Chance

Nach allen historischen Widrigkeiten der letzten 100 Jahre im Gepäck/Gebäck, können wir uns jetzt aufmachen, einen gemeinsamen Weg zu gehen. Einen Weg, der über sprachliche und nationalstaatliche Barrieren hinwegsieht, ein Gemeinsames in den Vordergrund stellt, ohne bestehende Unterschiede auflösen zu wollen. Wie viele Gemeinsamkeiten sich bereits im Alltäglichen finden lassen (können), wurde an einem gefüllten Germ(Hefe-)teig augenscheinlich gemacht.

Für eine gemeinsame Identität ganz im Sinne eines Europas, das sich selbst als Europa begreift, bedarf es meines Erachtens nicht unbedingt einer gleichen Sprache für alle, denn eine Sprachenvielfalt zu haben ist bereits eine vorhandene Identität.

Die kleinen Dinge des Lebens (welche als gleich wichtig wie Kommunikation anzusehen sind), die unbewussten Handlungen, die ein Begreifen sprichwörtlich werden lassen - all das sind wichtige Identifikatoren für Allgemeinheit wie auch für Individualität - und hierin liegt die Chance, zu einem Gemeinsamen zu kommen.

Literatur

Assmann, Jan, Kollektives Gedächtnis und kulturelle Identität, in: Assmann, Jan/Hölscher Tonio (Hg.), *Kultur und Gedächtnis*, Frankfurt am Main 1988.

Hellwig, Valentin, Kärnten und der Raum Alpen-Adria, in: Platzer, Wolfgang/Wieser, Lojze (Hg.), *Europa Erlesen. Alpen-Adria*, Klagenfurt/Celovec 2008.

Koroschitz, Werner, Rauer Wind, in: Pilgram, Gerhard/Berger, Wilhelm/Koroschitz Werner, *Tiefer gehen. Wandern und Einkehren im Karst und an der Küste*, Klagenfurt–Wien/Celovec–Dunaj 2011.

Marconi, Silvio, Il pane del ventre, in: Di Renzo, Ernesto (Hg.), *Strategie del cibo. Simboli, saperi, pratiche*, Roma 2005.

Moritsch, Andreas (Hg./Izd.), *Alpen-Adria-Städte im nationalen Differenzierungsprozeß*, Klagenfurt/Celovec–Ljubljana/Laibach–Wien/Dunaj 1997.

Schulze, Gerhard, *Die beste aller Welten. Wohin bewegt sich die Gesellschaft im 21. Jahrhundert?*, Frankfurt am Main 2004.

Schütz, Alfred/Luckmann, Thomas, *Strukturen der Lebenswelt*, Konstanz 2003.

Valvasor, Johann Weichard Freiherr von, *Die Ehre des Herzogthums Krain.* Laibach–Nürnberg 1689, 2. unveränderte Aufl., hg. v. Krajec J., Preifer Josef, Novak Vincenz, Druck und Verlag J. Krajec, Rudolfswerth, Nachdruck der Ausgabe 1877.

Internetseiten

http://www.alpeadria.org/deutsch/index.php?page=95968973&f=1&i=733044516&s=95968973 (21.09.2012).

Endnoten

1 Schulze, Gerhard, *Die beste aller Welten. Wohin bewegt sich die Gesellschaft im 21. Jahrhundert?*, Frankfurt am Main 2004, 31.

2 Koroschitz, Werner, Rauer Wind, in: Pilgram, Gerhard / Berger, Wilhelm / Koroschitz, Werner, *Tiefer gehen. Wandern und Einkehren im Karst und an der Küste*, Klagenfurt–Wien/Celovec–Dunaj 2011, 179.

3 Schütz, Alfred / Luckmann, Thomas, *Strukturen der Lebenswelt*, Konstanz 2003, 69.

4 Ebd., 29.

5 Im Nordwesten Italiens, im Bereich um Triest und Görz, ist es keine Seltenheit, dass Menschen, ohne jemals gereist zu sein, drei oder vier Staatsbürgerschaften hatten: österreichisch-ungarische Monarchie, Italien, Jugoslawien, Slowenien.

6 Vgl. Hellwig, Valentin, Kärnten und der Raum Alpen-Adria, in: Platzer, Wolfgang / Wieser, Lojze (Hg.), *Europa Erlesen. Alpen-Adria*, Klagenfurt/Celovec 2008, 19.

7 Alle Leitziele sowie weiterführende Information über die Arge Alpen-Adria: http://www.alpeadria.org/deutsch/index.php?page=95968973&f=1&i=733044516&s=95968973 (21.09.2012).

8 Der Fotowettbewerb mit dem Titel GOING UNDER ist online unter http://www.unikum.ac.at zu finden, wie auch zahlreiche andere Projekte im Alpen-Adria-Raum der Kulturinstitution UNIKUM.

9 Andreas Moritsch spricht in der Einleitung seines Buches von »fünf völkischen Substraten [...]: Deutsche, Italiener, Slovenen, Kroaten und Friulaner«. In: Moritsch, Andreas [Hg./Izd.], *Alpen-Adria-Städte im nationalen Differenzierungsprozeß*, Klagenfurt/Celovec–Ljubljana/Laibach–Wien/Dunaj 1997, 7.

10 Die Rein; die Reinen (Pl.), laut Duden süddeutsch und österreichisch umgangssprachlich gebraucht für flacher Kochtopf.

11 Krain ist eine von fünf historischen Regionen Sloweniens.

12 Valvasor, Johann Weichard Freiherr von, *Die Ehre des Herzogthums Krain*, Laibach–Nürnberg 1689, 2. unveränderte Aufl., hg. v. Krajec J., Preifer Josef, Novak Vincenz, Druck und Verlag J. Krajec, Rudolfswerth, Nachdruck der Ausgabe, II. Band, Buch VI, 281.

13 Vgl. Marconi, Silvio, Il pane del ventre, in: Di Renzo, Ernesto (Hg.), *Strategie del cibo. Simboli, saperi, pratiche*, Roma 2005, 153f.

14 Vgl. Assmann, Jan, Kollektives Gedächtnis und kulturelle Identität, in: Assmann, Jan / Hölscher, Tonio (Hg.), *Kultur und Gedächtnis*, Frankfurt am Main 1988, 9ff.

Verfehlte Begegnungen – ungehobene Potentiale – Grenzüber-Kulturen:

Intellektuelle und literarische Konstellationen in und rund um Triest

Primus-Heinz Kucher

1.

Wenn wir heute im geschichtsträchtigen Palazzo des ehemaligen *Österreichischen Lloyd/Lloyd Adriatico* über den Triestiner Raum, seine komplexe Geschichte und Kultur sprechen, um daraus Überlegungen für ein dynamisches, europäisch verstandenes Konzept von Regionalität abzuleiten, das inter- oder transregionale Konturen bzw. Substanz aufweisen will, sollten wir uns kurz vergegenwärtigen, über welches Potential dieser Raum, der keineswegs auf die Grenzen der Stadt verengt werden kann und soll, seit dem 19. Jahrhundert bis herauf in unsere Gegenwart verfügt hat und weiterhin verfügt, zumindest auf dem Feld der literarischen Kultur. Ich verstehe dieses Feld hier keineswegs unter der Prämisse einer heroischen Selbstbespiegelung, eines verspielten memorialen Blicks auf Namen und Texte, die aus gebührendem zeitlichen Abstand auf das Podest kanonfähiger und geschichtsmythischer Größen gehoben oder für Straßenbezeichnungen tauglich befunden werden. Es geht mir im Folgenden eher darum, neben bzw. aus diesen Potentialen reale und – ebenso wichtig – nicht realisierte Begegnungen bzw. Konstellationen innerhalb des Raumes, aber auch über ihn hinaus bzw. von Nachbarregionen mit Blick auf den Triestiner Raum zu thematisieren. Unabhängig vom Ergebnis, verstehe ich dabei Literatur als experimentelles Labor, als Versuchsanordnung ins Ungewisse, weitgehend frei vom Druck teleologischer Konzepte, aber auch als wichtigen Gedächtnisort. Wenn hierbei – wie es im Titel anklingt – mehr Ungehobenes als Verwirklichtes in seiner Bilanz aufscheint, so zielt dies auch auf Imaginationsräume ab, die auf vielfältige Weise mit Grenzen sowie mit Anstrengungen nach Ent-Grenzung zu tun haben, sich an Regions- und Staatsbegriffen abarbeiten und diese zum Teil neu, zum Teil anders konfigurieren.[1]

2.

Beispiel/Konstellation 1: Ein Blick zurück ins 19. Jahrhundert: Triest als formativer Raum: Adolf von Tschabuschnigg und Francesco dall'Ongaro

Sommer 1836: In Triest war gerade ein junger Mann aus Klagenfurt eingetroffen, um eine bescheidene Stelle als Gerichtspraktikant anzutreten und von dort aus eine Karriere zu beginnen, die ihn 35 Jahre später kurzzeitig als Minister (Justiz, Unterricht) sehen sollte. Der junge Mann, Adolf Ritter von Tschabuschnigg sein Name, bearbeitet nicht nur Gerichtsakten. Seit einigen Jahren schrieb er bereits Verse in erhoffter Nachfolge Heines und Erzählungen, die erstmals 1835 erschienen waren. Deren interessanteste – *Bürgerleben* – setzt in Triest und dort spezifisch rund um die Börse ein (entstand also vor Beginn seines Aufenthalts dort). Kann man also die Poesie als erste, so wird man die Stadt selbst, ihr Leben, als die zweite Liebe des angehenden Schriftstellers, Juristen und späteren Politikers ansehen können. Acht Jahre wird Tschabuschnigg in Triest bleiben, Kontakte suchen zur gerade sich entwickelnden Triestiner Kultur ebenso wie zum anderen Geschlecht. Er hat – zumindest partiell – Glück: Er trifft auf Francesco dall'Ongaro, Herausgeber der wichtigen Kulturzeitschrift *La Favilla* (1838–1846), woraus sich eine Freundschaft entspinnt, frequentiert das *Casino Tedesco*[2] und wird wohl mit großem Interesse den Zugang zu dem sonst in Österreich in diesem Ausmaß unvorstellbaren (aus Gründen der Zensur, wir sind in der Ära Metternich!), nicht möglichen internationalen vielsprachigen Zeitungs- und Journalangebot geschätzt und die frenetischen Aktivitäten der jungen Publizisten Jakob Löwenthal (*Adria, Süddeutsches Zentralblatt für Kunst, Literatur und Leben*) und Pietro Kandler aufmerksam beobachtet haben. Die eigenen Texte jedoch veröffentlicht Tschabuschnigg, einige wenige in der Triestiner *Adria* ausgenommen, primär in einem anderen kulturellen Umfeld: in der deutschsprachigen *Carniola*, die in Ljubljana erscheint und um 1840 eine Anlaufstelle junger deutsch- und slowenischsprachiger Autoren in unserem Raum gewesen ist, sowie in Wiener kryptoliberalen Zeitschriften wie im *Telegraf*. Seit 1842 tritt allerdings Triest über Tschabuschnigg sichtbarer als je zuvor in die ›österreichische‹ deutschsprachige Literatur ein: Fünf Kapitel in seinem *Buch der Reisen* widmen sich nämlich Triest. Das bekannteste (neben zum

Teil recht konventionellen), eine frühe sozialtypologische Stadtminiatur, *Le Sartorelle*, präsentiert sich als Genreskizze von bemerkenswerter Modernität, insofern als sie auf eine bildliche Verdichtung von Stadtlandschaft - Triest wird mit Paris und Neapel in Konnexion gebracht - soziales Rollenspiel und Habitus (Interaktionsbereitschaft und Flanerie neben konkreter Arbeitstätigkeit), abzielt, Kennzeichen späterer Stadtminiaturen und als solche Chiffren der Moderne um 1900-1930, wie jüngst Andreas Huyssen, Komparatist an der Columbia University, in einem Essay im *Standard* in Erinnerung gerufen hat.[3] Wenn wir von Kulturtopographie und einer sozialen wie habituellen Ausgestaltung derselben sprechen wollen, dann wird man in diesem Typus der Sartorella, die zugleich (männliche) Adressaten braucht und im Text auch anspricht - hier kommt die Internationalität einer Hafenstadt und die damit verknüpfte erotische Hybridität ins Spiel -, eine frühe Form flaneurartiger In-Szene-Setzung städtischen Alltags erkennen können.

1848 wird Tschabuschnigg, wieder in Klagenfurt, in den Reihen der Nationalgarde stehen, einen Aufsatz zur Nationalitätenfrage veröffentlichen, die er im Hinblick auf Italien bereits 1845 im Roman *Moderne Eulenspiegel* thematisiert hat, und dabei immerhin an Ideen von Carlo Cattaneo, dem visionären Protagonisten der Mailänder Revolution, anstreifen. Im Unterschied zu ihm, aber auch zu seinem ehemaligen Triestiner Freund dall'Ongaro, wird sich Tschabuschnigg jedoch mit der Reaktion zur Jahreswende 1848/49 arrangieren, sobald er sieht, wie und dass sich das Blatt der Geschichte wendet. Fortan wird aus seinem Werk auch die italienische Komponente weitgehend verschwinden oder auf den Status exotistischer Fantasien und Klischees reduziert. Die slawische, ihm ohnehin nie sehr vertraut, obgleich er 1832/33 in Klagenfurt auf den Begründer der slowenischen Literatur, auf France Prešeren, hätte treffen können, der auch auf Deutsch Gedichte verfasst hat, ein begeisterter Leser des Linkshegelianers David F. Strauß (*Das Leben Jesu*, 1835) war, hatte Tschabuschnigg spätestens in seinem Nationalitätenaufsatz mit dem Vorwurf, es mangele ihr an nationaler Literatur, »aus der sie hinreichend Bildung schöpfen könnte«, vollends liquidiert - nicht ohne zuvor auf das lange, gut funktionierende, teils symbiotische Nebeneinander hingewiesen zu haben.[4] So kurz die Triestiner ›Lehrjahre‹ auch waren, so umfassten sie doch eine Periode, in denen Tschabuschnigg sein literarisches Profil ausloten und politisch an Debatten partizipieren konnte, wie dies nach 1848 kaum mehr der Fall sein sollte.

3.

Beispiel/Konstellation 2: Evokation und Verdrängung des Slawischen – Ambivalenz des Aufbruchs in die Moderne: Scipio Slatapers ›Irredentismo‹-Konzepte und (verfehlte) Begegnungen mit der slowenischen Moderne im Umfeld von Etbin Kristan und Srečko Kosovel

Um 1910 formierte sich bekanntlich von Triest aus über Florenz im Umfeld der Zeitschrift und Gruppe *La Voce* eine junge, kulturell und literarisch vielversprechende Generation.[5] Manche unter ihnen, allen voran Scipio Slataper und Giani Stuparich, sind familiengeschichtlich auch an das slawische Umfeld Triests bzw. Istriens gebunden gewesen. In den vom Triestiner Establishment als ungeheuerliche Provokation empfundenen *Lettere Triestine* (1909) hat Slataper der Stadt nicht nur Stagnation vorgeworfen, sondern einen platten, rhetorischen Irredentismus. Dieser stünde der eigentlichen Bestimmung der Stadt, eine »serena concorrenza« zwischen den Kulturen zu ermöglichen, entgegen bzw. behindere sie darin – mit Bezugnahme auf Angelo Vivante (der zu diesem Zeitpunkt seine wegweisende Studie *Irredentismo adriatico* noch nicht veröffentlicht hatte!) – »crogiolo e propagatore di civiltà, di tre civilità« (Schmelztiegel und Sprachrohr von Zivilisationen, von drei Zivilisationen) zu sein. In der Praxis bedeutete dies, dass der von Slataper kritisierte Irredentismus es unmöglich mache, die slawische Seele – »canna palustre slava« (slawisches Schilfrohr) wird es später in einem Gedicht von Carolus L. Cergoly heißen – als integralen Teil der Stadt und ihres Raumes zu begreifen.[6]

Slatapers epochaler und die Triestiner Moderne wesentlich mitbegründender Roman *Il mio Carso/Mein Karst* (1912), autobiographische Lyrik in Prosa, so eine Selbstaussage, setzt bekanntlich mit drei Wunsch-Geburtslandschaften ein: dem slowenischen Karst, kroatischen Eichenwäldern und der mährischen Tiefebene mit akzentuiert slawischen Chiffren und outet sich dann als zugewanderter Italiener, als armer italienischer Bruder, der »seine einsamen Sorgen zu barbarisieren sucht«[7]. Es ist denn auch der Karst, der als Gegenlandschaft zur Stadt in Szene gesetzt wird, als Landschaft voll von Ursprünglichkeit, von regenerativer Kraft, in der die erste Liebe erfahren, in der eine geradezu mythische Einheit von Ich und Welt, von Körper und Erde, die dem Ich vertraut ist »wie die Zunge dem Mund« (cononoscevo il terreno come la lingua la bocca)[8], zelebriert werden kann.

Auch eine Einheit mit den unwirtlichen Elementen, mit dem Steinbruch des Monte Kal, mit der Bora – im dritten und letzten Teil findet sich das schöne Bild vom Karst als »ein schrecklicher, zu Stein gewordener Schrei«, »un grido terribile impietrito«[9]. Mitten in eine Borabeschreibung platziert Slataper schließlich die Begegnung mit einem slowenischen Bauern. Dies wäre an sich nicht ungewöhnlich, knüpfte er an sie nicht weiterreichende Visionen, die als Provokation nicht nur durch das irredentistisch gesinnte Triestiner Bürgertum aufgefasst wurden, sondern auch das Bild des Slowenen in problematischer Manier konfigurierte: auf das eines ungebildeten, mongolischen »Hundes«, in dem, als Bruder des russischen Bauern, eine elementare Gewalt schlummere, die es wachzurütteln gelte, um vom Karst hinunterzusteigen, von der Stadt Besitz zu ergreifen und die Wälder niederzubrennen: »Es ist nun Zeit, dass du zum Herrn wirst.«[10]

Das Konzept der »doppia anima«, das Slataper als einer der wenigen Autoren der Triestiner Moderne (theoretisch) überzeugt vertreten hat, geriet durch eine solche Kontextualisierung in eine ambivalente Perspektive: Es ließ sich in der Folge zu einer panslawistischen Gefahr umdeuten. Letztere hat Jahrzehnte nachgewirkt, auch bei Autoren und Intellektuellen wie z.B. bei Biagio Marin in seiner Polemik mit Carolus L. Cergoly.[11] Sie hat aber auch bei Slataper selbst im Zug seiner national-irredentistischen Wende 1914/15, wie sie in Briefen an Giovanni Amendola und Giuseppe Prezzolini nachgezeichnet werden kann,[12] eine nicht unerhebliche und in Relation zu seinen vorangegangenen Schriften doch überraschende Rolle gespielt. In seiner letzten zu Lebzeiten veröffentlichten Schrift, im Essay *I confini necessari all'Italia* (Mai 1915), plädierte er vor dem Hintergrund eines militärgeografisch-strategischen Diskurses (der durchaus expansiv-annexionistisch ausgerichtet war) für eine graduelle Assimilierung der vorwiegend bäuerlichen slowenisch-kroatischen Bevölkerung, die innerhalb der künftigen Grenzen Italiens leben werde, und zwar unter der leitenden Perspektive der kulturellen und zivilisatorischen Überlegenheit Italiens, welche im Verbund mit regionalen Autonomien sukzessive jeglicher slawisch-nationaler Agitation den Boden – »... mancherà invece l'elemento per una vera agitazione nazionalista slava« – entziehen würde.[13]

Abgesehen von einigen Tagebucheintragungen Slatapers im Umfeld der Arbeit am Carso-Roman, in denen flüchtige Begegnungen mit dem slowenischen Karst festgehalten werden, wird eine tiefere Auseinandersetzung mit der zeitgenössischen slowenischen Kultur vor Ort, die um 1910–1914 in Triest tendenziell mit Klerikalismus oder Austriazismus gleichgesetzt wurde, letztendlich doch nicht gesucht.

Die Region, das historische Litorale/Küstenland und angrenzende Krain/Slowenien, hatte dabei um 1900–1914 sehr wohl auch vom klerikal-slowenischen Lager abweichende und interessante literarische Stimmen hervorgebracht. Sie waren zum Teil sogar innerhalb der Sozialistischen Partei zu finden, welcher der Freundeskreis Vivante – Slataper – Stuparich nahestand, und zwar als Leser und Mitarbeiter der Parteizeitung *Il Lavoratore* sowie der zentralen Bildungseinrichtung, dem *Circolo di Studi Sociali*. Ich erwähne hier nur Etbin Kristan (ein anderer komplizierter Fall wäre Vladimir Bartol), Freund von Ivan Cankar, der zwar vorwiegend als politischer Publizist in Erscheinung trat (Redakteur der *Rdeči prapor/Rote Fahne*), Protagonist der slowenischen Fraktion der (internationalistisch sich begreifenden) Sozialistischen Partei und zugleich Verfasser einer deutschsprachigen Programmschrift *Nationalismus und Sozialismus in Österreich* (Prag 1898), aber auch dramatischer Schriftsteller, sozialkritischer Feuilletonist und Förderer der ersten slowenischen protofeministisch orientierten Dichterin und Intellektuellen Zofka Kveder war.[14] Mindestens zwei seiner Stücke – *Zvestoba/Treue* und *Delavec/Der Arbeiter* – hat er um 1900 in Triest verfasst. In Kristan spiegelt sich zudem auch das Drama eines internationalistischen und linkssozialistischen Intellektuellen, der letztlich vor dem slowenischen Nationalismus (rund um Otokar Rybar, auf den Cristina Benussi hingewiesen hat) ebenso wie vor der zunehmend zentralistischen Haltung seiner Wiener Parteizentrale resignierend kapituliert und sich 1914 durch Emigration in die USA aus seinem Herkunftsraum verabschiedet.

Hat nun Slataper außer Kristan, der freilich häufiger in Ljubljana als in Triest anzutreffen war, um 1910 wenige direkte Gesprächspartner vorfinden können, so hätte er immerhin verschiedene Spuren nutzbar machen, aufgreifen können: zu Dragotin Kette aus dem nicht fernen Ilirska Bistrica z. B. Dieser hat bekanntlich als erster slowenischer Lyriker schon 1899 knapp vor seinem frühzeitigen Tod (23-jährig!) den Molo San Carlo bewundert und besungen, zu Igo Gruden aus Aurisina/Nabrežina, der ebenfalls seine ersten Gedichte noch vor 1914 verfasst hat. Er stand dann Slataper im Ersten Weltkrieg am Isonzo gegenüber, um nach 1918 nicht mehr zurückzukehren, außer 1944 in ein faschistisches Lager, aus dem ihm allerdings die Flucht gelang.

Dass sich von den biographischen Daten her eine Begegnung zwischen Slataper und Srečko Kosovel (1904–1926), der wohl faszinierendsten und bedeutendsten Gestalt aus dem slowenischen Hinterland Triests, aus Sežana, nicht ausgegangen ist, muss wohl zu den schicksalhaften Fügungen der Literaturgeschichte dieses Raumes gerechnet werden. Die beiden Dichter des Karstes, die beiden Avantgardisten, wohl auch Kometen, die viel zu früh verglühten, hätten sich viel zu sagen gehabt. *L'altra anima di Trieste*, wie Marija Pirjevec vor einigen Jahren (2008) ihre Anthologie über ein Jahrhundert slowenischer Stimmen in der Stadt betitelt hat, – beide, Slataper wie Kosovel, haben früh die Problemlage erkannt, werkbiographisch verkörpert und fruchtbar gemacht. Insofern war diese polyphone »Doppelseele« längst Realität, selbst wenn deren Dimension innerhalb wie außerhalb Triests lange in Abrede gestellt wurde.[15]

Vorweg in Richtung Conclusio ist durchaus – und zwar anerkennend – festzuhalten, dass sich dies in der Gegenwart doch zu ändern scheint, dass nun auch Figuren wie Alojz Rebula und Boris Pahor als Stimmen Triests Anerkennung finden. Verändert, weil eine Reihe von Triestiner Dichtern und Intellektuellen seit den späten 1970er Jahren eine Bresche in diese »mondi« bzw. »scritture paralleli« gemäß einem mittlerweile prominenten Buchtitel von Miran Košuta geschlagen haben[16]: Carolus L. Cergoly, Ferry Fölkel, Claudio Magris, Miran Košuta, Marco Kravos, Roberto Dedenaro sowie die – geradezu heroischen – Aktivisten und Aktivitäten rund um den *Circolo 85*, der gerade vor wenigen Tagen eine Präsentation der italienischen Ausgabe von Marco Sosič' Buch *Tito amor mio* (*Tito amor mijo*, 2005) veranstaltet hat.

Diese verzögerte, von Hindernissen umstellte Anerkennung der »anderen« Anima erinnert mich an meine Herkunftsregion, an Kärnten, und muss wohl als ein »leider« Grenzüber-Paradigma von Mehrheitskulturen im Umgang mit ihrer – hier sprachlich analogen – Minderheitskultur gelten, ein Paradigma, das einerseits eine Tradition der Ausgrenzung über ein knappes Jahrhundert lang etabliert, andererseits die (slowenischen, aber auch übertragbar auf andere Räume) Minderheitskulturen in unseren Räumen zu einer an Widerstand und Überleben orientierten Produktivität stimuliert hat, die mehr als Respekt abnötigt.

4.

Intermezzo: Hinweis auf einige Brückenbauer: Carolus Lajos Cergoly, Ferruccio Fölkel, Peter Handke

Viel gäbe es zu sagen über die Rolle der Brückenbauer: In Kärnten niemand Geringerer als Peter Handke, der mit seinem Einsatz für Florjan Lipuš und Gustav Januš um 1980 eine epochale Wahrnehmungs-Wende herbeiführte, um später selbst, im eigenen Werk, den slowenischen (Imaginations)Raum über eine bilingual geprägte Textur entschieden aufzuwerten, zuletzt z. B. in *Immer noch Sturm* (2010). In Triest kam eine solche Rolle maßgeblich den schon genannten Carolus L. Cergoly – berühmt sind seine viel zitierten Verse vom »Trieste del sì, del da, del ja«[17] – und Ferry Fölkel zu, insbesondere Letztgenanntem auch deshalb, weil er neben dem Dialog mit seinen »slowenischen Brüdern« auch an jene Seite in der Triestiner Kultur erinnert hat, die aufgrund assimilatorischer Prozesse partiell verdrängt ist und die er selbst in zum Teil schmerzhaften, bis ans Autodestruktive heranreichenden Selbstverhören sich ins Bewusstsein gerufen hat: die jüdische Komponente, – für Ariel Toaff »la piccola New York dell'ebraismus italiano, crocevia di galuyot diverse« (das kleine New York des italienischen Judentums, Kreuzweg verschiedener Galuyot-Erfahrungen).[13]

Il Racconto del 5744/Die Erzählung vom Jahr 5744 – ein literarisch wie kulturell und politisch höchst aufschlussreicher, formal origineller, leider auch unterschätzter Text – führt uns dabei in Imaginations- und Erinnerungsräume, die uns Triest und manche seiner Protagonisten von ganz anderen Blickwinkeln her erschließen. Stellvertretend seien hier einige Verse über den als »Bruder meiner Seele« figurierenden Alozj Rebula zitiert, die den Blick zurück bis zu Kosovel und die gleichzeitige unauslöschliche Erinnerung an ein auch jüdisches Triest einmahnen:

> Es schreibt der Bruder meiner Seele
> Alojz, der slowenische Bruder,
> denkst du an Paulus, an die Römer, acht, achtzehn?
> Und der Karst diesen Frühling
> ein Reigen violetter Wolken
> [...]
> Ich geb dir zum Ausgleich einen Sack
> weiser Verse, Kohelet, der wirklich Gerechte,
> der Heilige unseres unsicheren Schicksals ...

Glaubst du, Alojz, werden wir nach Duino fahren,
zusammen das Meer besuchen,
das Srečko verweigerte?
Oder das er, hinter Pinien versteckt,
bespähte, er, Sänger des Karstes?[19]

Es ist wohl kein Zufall, dass Fölkel gemeinsam mit Cergoly in *Trieste, Provincia Imperiale* (1983) nicht nur eine ironische und viel diskutierte Hommage auf den »habsburgischen Mythos« der Stadt und ihres Raumes vorgelegt, sondern zuvor eines der ersten (dokumentarischen) Bücher über das KZ San Sabba verfasst hat, *La Risiera di San Sabba. L'Olocausto dimenticato: Trieste e il Litorale Adriatico durante l'occupazione nazista*[20]. Neben dem (verspielten) »Möglichkeitsraum« hat er damit wohl den traumatischen Tiefpunkt der in Unterdrückungs- und Verbrechenserfahrungen gekippten Macht-Kultur-Diskurse im 20. Jahrhundert in Erinnerung, ins Gedächtnis gerufen.

5.

Beispiel/Konstellation 3: Österreichische Autoren der Gegenwart zwischen Triest-Touristen und Triestiner Schicksalen

Dass Triest und sein Raum in den letzten drei, vier Dekaden auf österreichische Autoren eine besondere Attraktion ausgeübt hat, ist durch zahlreiche Anthologien oder prägnante Textstellen hinlänglich bekannt. Schon Ingeborg Bachmann hat Triest im Roman *Malina* (1970) als einen jener Orte ihrer ausgeklügelten Gedächtnistopographie identifiziert, in dem sie sich, obwohl nie physisch wohnhaft, zu Hause gefühlt habe, nicht zuletzt deshalb, weil Italo Svevos Roman *La Coscienza di Zeno* seit den *Frankfurter Vorlesungen* (1959/60) für Bachmann gleichsam schreib-existenzielle Referenz war.[21] Nach ihr hat bekanntlich Hilde Spiel mit dem schmalen, aber eindringlichen Roman *Mirko und Franca* (1980) der Stadt ebenfalls Referenz erwiesen. Unter den Anthologien sei (neben meiner eigenen im Rahmen des Städteprojekts *Graz translokal/Lichtungen*, 1998) zunächst auf jene der edition umbruch 1992 verwiesen, die erstmals die »kanonischen« italienischen und neuere österreichische Stimmen auch mit Hinweisen auf die slowenische Kultur/Literatur angereichert hat, was in den 1990er Jahren zum Teil noch Tabu-Charakter hatte und anlässlich von Präsentationen,

z. B. des *Lichtungen*-Bandes, in polemische Kontroversen einmünden konnte, sodann auf die beiden Bände *Triest* bzw. *Karst* in der Reihe *Europa erlesen*[22]. Daneben hat es freilich immer wieder Texte gegeben, die Triest eher als exotische Kulisse inszeniert haben wie z.B. der Kriminalroman *Triestiner Morgen* von Edith Kneifl (1995) oder Jörg Uwe Sauers »drei Metropolen des Wahnsinns« durchlaufend ironisch-verspielter Reiseroman *Das Traumpaar* (2001), in dem Triest einerseits »den Eindruck einer gewissen Weite vermittelt«, andererseits »kein Ort zum Denken ist«, obwohl der Protagonist dann ständig auf historische Reminiszenzen und Traumata sowie auf eine auf Magris rekurriende Subtextur – Triest als »città di carta«, als eine »aus Papier bestehende Stadt« – zurückgreift.[23]

Zweier österreichischer Autoren sei nun im Folgenden und Abschließenden gedacht, Autoren, die sich in die Stadt nicht von außen hineinimaginiert haben, sondern Autoren, deren Werk maßgeblich dem Raum um Triest oder Autoren aus Triest, zum Teil im imaginären, zum Teil im realen Dialog verpflichtet ist: Gerhard Kofler, 2005 früh verstorbener Lyriker aus Südtirol mit Wiener Wohnsitz und Übersetzer Umberto Sabas ins Deutsche, sowie Hans Raimund, einer der feinsinnigsten (und vielleicht auch deshalb wenig bekannten) Lyriker, Verfasser von Prosaminiaturen und ebenfalls Übersetzer (u.a. von Gesualdo Bufalino), der immerhin zwölf Jahre (bis 1997) als Lehrer an der Internationalen Schule in Duino tätig war und dort gelebt hat.

Für Kofler, der seine Lyrik in seinen beiden Sprachen Italienisch und Deutsch in den 1990er Jahren entwickelt hat, war Umberto Saba eine der zentralen Referenzen, wenn nicht die zentralste überhaupt. Marie Thérèse Kerschbaumer, eine wichtige zeitgenössische Autorin und Kennerin des Koflerschen Werkes, hat in einer Laudatio 1997 anlässlich des Förderpreises der Kunstsektion des Bundeskanzleramtes zu Recht davon gesprochen, dass Kofler mit jedem Buch seit 1981 an seinem eigenen *Canzoniere* schreibe.[24] Wer Koflers Werk kennt, weiß, dass dies über die Textsortenrhetorik einer Laudatio hinausgeht, dass Kerschbaumer damit auf seine Poetologie, verstanden auch im Pavese'schen Sinn als »mestiere«, abgezielt hat. In nicht wenigen Gedichten Koflers werden denn auch Verse Sabas zitiert, einmontiert, sodass ein intertextuelles und intergenerationelles Gespräch entsteht und in etlichen Gedichten eine formale wie atmosphärisch dichte Konsonanz. Zu erwähnen wären hier z.B. *Ritorno spagnolo/Spanische Rückkehr* aus der Sammlung *21 poesie/21 Gedichte* (1993), wo in der deutschen Fassung zum Reimpaar »fiore-amore« (»blume-liebe«) der Hinweis auf Sabas Gedicht *Amai* platziert wird (während er diese Referenz für die italienischen Leser offenbar voraussetzt hat)[25], oder *Idea della stanchezza, Senza titolo*, oder *Primo maggio* des Zyklus *Maggio in transito/Mai-Transit* (1996), mit dem der Saba vielleicht am nächsten kommende Band *Am Rand der Tage/Poesie del calendario* einsetzt: einsetzt mit lakonisch-elegischen Sprachbildern, welche den Grundakkord des Bandes anschlagen: »si sente/ molta musica/raccolgo l'armonia/disperata. (zu hören/ist viel musik/ich sammle/die verzweifelte/harmonie)«[26].

Auch der Titel des frühen Lyrikbandes *Der lange geduldige Blick* (1989) lässt uns ahnen, in Hans Raimund ebenfalls jemanden vor uns zu haben, dem die Kunst des Sehens, insbesondere des genauen Hinsehens, aber auch der knappen, ins Fragment laufenden Skizze, die dem Sehen die Aura des Gesehenen nicht nehmen will, wichtig ist, ebenso wichtig wie jene des Erfindens. Dass er dieses mit einem Vers von Bobi Bazlen als Motto einer Skizze in *Trugschlüsse* (1992, ital. *Ventrilocqui Viennesi*, 1993) verbindet, nämlich mit »Vera vita vuol dire: inventare/nuovi luoghi dove poter naufragare ...« (Wahres Leben heißt: neue Orte/Räume erfinden/um dort Schiffbruch erleiden zu können ...), ist aufschlussreich und zeigt eine tiefe Vertrautheit mit der Triestiner Kultur an. Von Duino aus hat sich Raimund den Raum denn auch erschrieben. War dabei wohl auch die übermächtige Dichter-Vater-Imago Rainer Maria Rilke eine beständige Begleiterin, so gelang ihm doch, dies in – programmatisch anklingenden – Versen zu sublimieren, etwa indem die heroische Anrufung der Engel in den *Duineser Elegien* in eine lakonische, quasi alltagstaugliche und trotzdem poetisch eingestimmte Befindlichkeit kippt beziehungsweise bricht. Nicht gehört werden zwingt, auf das Schreien zu verzichten zugunsten von anderen, leiseren Formen der Wahrnehmung. Im Eröffnungsgedicht zum letzten Band *Choral Variationen* heißt es: »Zu lange schon hört niemand was er sagt ... und wenn er es schriee! schriee!« Daher – quasi als ernüchternde Bilanz im Sinn eines »Was bleibt« – verstummt das Sprechen: »Er schreit nicht. Er spricht leise zu sich selber/Er spricht sich vor ...«[27]

Rilke, und zwar jener, der mit Duino korrelierbar erscheint, ist nicht der Einzige, mit dem Raimund in einen intertextuellen Dialog tritt; ein zeitnäheres, ironisch grundiertes Beispiel liefert z.B. die Beschreibung eines Triest-Ausflugs mit Ulla Hahn im Text *Stippvisite*[28]. Auch die Rückkehr nach Österreich bedeutet nicht, dass der Triestiner Raum, freilich immer mehr Erinnerungsraum, an Bedeutung verloren hätte:

»Auch mit Triest hat er nie gebrochen. Immer wieder sind er und seine Frau – nach Jahren des Zauderns – dorthin zurückgekehrt. Daran erinnerte er sich: wie er jedes Mal von neuem darüber gestaunt hat, wie sehr er sich in dieser Stadt heimisch fühlte, wider Willen heimisch …«[29]

Zu nennen ist hier deshalb eines der Lebensprojekte, das Raimund de facto fertiggestellt hat, für das es aber an einem Verleger mangelt: die Ausgabe von Gedichten des Triestiner Lyrikers Virgilio Giotti. Vielleicht kann von dieser Tagung ein Impuls ausgehen, dieses Projekt zu realisieren.

Die vorgestellten Beispiel-Konstellationen könn(t)en natürlich durch andere substituiert oder erweitert werden; Vollständigkeit lautet hier nicht das Ziel. Wenn – abschließend – und ins Fragment (für Adorno bekanntlich das »Echtheitssiegel« und somit Zertifikat der Moderne) auslaufend ein Resümee anvisiert werden darf, dann dieses: dass Triest und sein Raum (topographisch-kulturell) geradezu gesegnet war und ist von Potentialen, wie sie in dieser Form kaum in einer Stadt vergleichbarer Größe anzutreffen sind. Dass sich dies in die Gegenwart – wieder unter neuen Vorzeichen, d.h. stärker globalisierungsbedingt oder auch von regionaler Konfliktualität her geprägt, fortsetzt, zeigt sich mittlerweile an der Präsenz von AutorInnen, die es aus verschiedenen Teilen der Welt hierher verschlagen hat, aus näheren wie Istrien, wenn ich an Kenka Lekovich denke und ihre an Vocci gemahnenden Pastiche-Texte aus Sprache, Dialekt-Experiment, kulinarischen Genüssen und politisch motivierten Ent-Ortungs-Erfahrungen wie z.B. im Band *La strage degli Anatroccoli* (1995) oder im Radio-Essay *I speak Gulasch*[30]. Oder aus ferneren wie Algerien und Argentinien, wenn die Namen Khaled Fouad Allam oder Juan Octavio Prenz fallen. Die Liste ließe sich mittlerweile um einige weitere Namen verlängern – und das scheint mir auch als Anregung für ein »neu zu denkendes Europa« zu stehen, das es gilt, künftig noch mehr fruchtbar zu machen.

Endnoten

1 Dieser Beitrag knüpft an einen früheren des Verfassers an: Kucher, Primus-Heinz, grenzüber: literaturen & räume im dialog, in: Rabenstein, Helga et al. (Hg.), *kultur. räume*, Klagenfurt/Celovec 2005, 48–65. Ferner sei verwiesen auf die Beiträge im genannten Band von Cristina Benussi: *Triest(e): Kultur, aber welche?* (52–67), Tatjana Rojc: *Kreuzungspunkt Kultur: Überlegungen zur Triestiner Literatur in slowenischer Sprache* (68–79) sowie des Verfassers *Triest/Trieste/Trst – Annäherungen an einen literarisch-kulturellen Raum* (42–51). Alle Beiträge in: Kacianka, Reinhard/Strutz, Johann (Hg.), *Sprachlandschaften. Regionale Literaturwissenschaft im europäischen Kontext*, Klagenfurt/Celovec–Ljubljana/Laibach–Wien/Dunaj 2010.

2 De Lugnani, Silvana, *La cultura tedesca a Trieste dalla fine del 1700 al tramonto dell'Impero absburgico*, Trieste 1986, 28f.

3 Vgl. Huyssen, Andreas, »Wie bedeutend waren Europas Metropolen?«, in: *Der Standard, Album*, 19. Mai 2012, 12.

4 Tschabuschnigg, Adolf von, Zur Frage der Nationalitäten (Sonntagsblatt 1848), in: Kucher, Primus-Heinz (Hg.), *Adolf Ritter von Tschabuschnigg (1809-1877). Literatur und Politik zwischen Vormärz und Neoabsolutismus*, Wien 2006, 289–301, bes. 293.

5 Zur Relevanz der Florentiner »Moderne« für die junge Triestiner Generation vgl. Marchi, Marco/Pellegrini, Ernestina/Steidl, Lodovico, Immagini di Trieste, in: Marchi, Marco et al. (Hg.), *Intellettuali di frontiera. Triestini a Firenze (1900–1950)*, Firenze 1983, 23–83, bes. betr. Slataper 36f. und 71f.

6 Vgl. Lunzer, Renate, *Triest. Eine italienisch-österreichische Dialektik*, Klagenfurt–Wien 1992, 153f. bes. 156. Cergoly, Carolus L., *Latitudine Nord. Poesie mitteleuropee*, Milano 1980, 207; dt. Kucher, Primus-Heinz, Triest mein Atem. Gedichte, in: *Wiener Tagebuch* Nr. 6/1989, 23.

7 Slataper, Scipio, *Mein Karst. Und andere Schriften*, hg. v. Primus-Heinz Kucher, Wien 1988, 7.

8 Ebd., 21.

9 Ebd., 58; die ital. Fassung wird zitiert nach: Slataper, Scipio, *Il mio Carso. Prefazione di Carolus L. Cergoly*, hg. v. Claudio Milanini, Roma 1982, 95.

10 Ebd., 25.

11 Vgl. Lunzer, *Triest*, 104f. mit entsprechendem dokumentarischen Material, insbesondere einem Brief Marins an Magris mit kritischer Distanznahme zu Cergoly.

12 Vgl. z.B. den Brief vom 26. März 1914 aus Hamburg an Amendola oder den an Prezzolini als Brief abgeschickten Essay *Trieste* vom Oktober / November 1914; in: Slataper, Scipio, *Epistolario. A cura di Giani Stuparich*, Milano 1949, 292–300 bzw. 233–240.

13 Slataper, Scipio, I Confini Necessari all'Italia, in: *I Problemi attuali* 11/12 (1915, Torino), im Bes. Kap. Il problema degli slavi e dei tedeschi, 33–36.

14 Zu Kristan und seiner Programmschrift von 1898, die vermutlich auch Karl Renner gekannt und deren Thesen auf dem Brünner Parteitag der gesamtösterreichischen Sozialdemokratie 1899 heftig diskutiert wurden vgl. Moritsch, Andreas, *Der Austroslavismus. Ein verfrühtes Konzept zur politischen Neugestaltung Mitteleuropas*, Wien–Köln–Weimar 1996, 196ff. Seine sozialkritischen Feuilletons wurden u.a. auch in deutscher Sprache zwischen 1898 und 1909 in der Wiener *Arbeiter-Zeitung* gedruckt, wo er auch als Übersetzer des bedeutenden slowenischen Lyrikers Anton Aškerc in Erscheinung trat, z.B. seines Gedichts *Die Tochter des Arbeiters* (AZ, 13. Februar 1898). Für Hinweise und Unterlagen zu dieser Beziehung zwischen Kristan und der AZ bin ich Eckhart Früh (Wien) zu Dank verpflichtet.

15 Vgl. dazu auch Campanile, Anna, The Torn Soul of a City: Trieste as a Center of Polyphonic Culture and Literature, in: Cornis-Pope, Marcel I./Neubaur, John (ed.), *History of the literary cultures of East-Central Europe. II: Juncutres and disjunctures in the 19th and 20th centuries*, Amsterdam–Philadelphia 2004, 145–161.

16 Košuta, Miran, *Scritture parallele. Dialoghi di frontiera*, Trieste 1997, ein Buch, das auch als eine Antwort auf die quasi Ausblendung der slowenischen Literatur in: Ara, Angelo / Magris, Claudio, *Trieste. Un'Identità di frontiera*, Torino 1982 (dt. Ausgabe 1987) gedacht war, – eine Ausblendung, die Magris spätestens seit seinem Buch *Microcosmi* (Milano 1997) freilich nicht mehr zum Vorwurf gemacht werden kann.

17 Cergoly, Carolus L., Hohò Trieste, in: Ders., *Latitudine Nord. Poesie mitteleuropee*, Milano 1980, 147.

18 Vgl. Fölkel, Feruccio, L'ebraicità triestina. Il coté intellettuale ebraico a Trieste, in: *Novecento. Cahiers du CeRCIC*, 15 (1992): *Littérature de frontière et méditations culturelles*, vol. 3, 141–147 bzw. Toaff, Ariel, Conclusione, in: Benussi, Cristina (ed.), *Storie di Ebrei fra gli Absburgo e l'Italia. Diaspore/Galuyyot*, Udine 2003, 163.

19 Fölkel, Feruccio, *Erzählung vom Jahr 5744*, übers. u. hg. v. Primus-Heinz Kucher, Klagenfurt 1993, 28.

20 Fölkel, Feruccio, *L'Olocausto dimenticato: Trieste e il Litorale Adriatico durante l'occupazione nazista*, 2. Aufl., BUR Biblioteca Univ. Rizzoli 2000 [1979].

21 Vgl. Bachmann, Ingeborg, Malina, in: Dies., *Werke*, hg. v. Christine Koschel u.a., Bd. 3, München–Zürich 1978, 2. Aufl., 1982, 99.

22 *Triest Trst Trieste*, hg. v. John Morrisey, Franz M. Rinner u. Claudia Strafner, Mödling–Wien 1992 u.a. mit Texten von Fulvio Tomizza, Virgilio Giotti und einem Abriss über die slowenische Literatur/Kultur Triests von Barbara Gruden und Miran Košuta, 108–114 bzw. »Trieste/Trst/Triest«, in:

Lichtungen. Zeitschrift für Literatur, Kunst und Zeitkritik 76 (1998), 8–63. Ferner: *Triest*, hg. v. Susanne Gretter, Klagenfurt 1997 (Europa Erlesen) bzw. *Karst*, hg. v. Lojze Wieser, Klagenfurt 1997 (= Europa Erlesen), 2. Aufl., 2010.

23 Sauer, Jörg Uwe, *Das Traumpaar*, München 2003, 11 bzw. 115.

24 Kerschbaumer, Marie-Thérèse, Laudatio für Gerhard Kofler, in: Dies., *Calypso. Über Welt, Kunst, Literatur*, Klagenfurt–Wien–Ljubljana 2005, 167–176, bes. 173.

25 Dazu ebf. Kerschbaumer, Marie-Thérèse, Gerhard Kofler. Warum italienisch?, in: Dies., *Freunde des Orpheus. Essays*, Klagenfurt/Celovec 2011, 85–94, bes. 86f.

26 Kofler, Gerhard, *Am Rand der Tage. Poesie da calendario*, Innsbruck 1996, 12, 38 und bes. 6.

27 Raimund, Hans, *Choral Variationen*, Horn 2011, o.S.

28 Raimund, Hans, *Trugschlüsse*, Klagenfurt 1990, 73–91.

29 Raimund, Hans, Wo ist hier bitte der Ausgang? Trieste! Hello Good Bye!, in: Ders., *Vexierbilder. Aus den Hochstrasser Heften*, Salzburg 2007, 66–77, hier 71.

30 Vgl. Lekovich, Kenka, *I speak Gulasch und andere Texte*, hg. u. übers. v. Primus-Heinz Kucher, Klagenfurt/Celovec 2006, bes. 9–63 (Radio-Essay, dt/ital.).

In der Bisiacaria[1]

Claudio Magris

1.

Das Wort *bisiaco*, im Dialekt *bisiàc*, bedeutet so viel wie Flüchtling, Verbannter, doch seine Etymologie - übrigens eine oftmals Manipulationen ausgesetzte Wissenschaft - wurde verfälscht.

Zur Zeit der Faschisten, die sehr darauf bedacht waren, die Gegenwart und die Spuren anderer Volksgruppen und Nationalitäten, speziell der slawischen, in den Gebieten an der Ostgrenze Italiens in Abrede zu stellen, leitete die offizielle Etymologie, die noch heute gemeinhin als glaubwürdig gilt, dieses Wort vom lateinischen *bis aquae*, also von der Gegend um Monfalcone zwischen dem Timavo und dem unteren Isonzo, ab. So wie der Lauf der Flüsse - auch der Isonzo hat über die Jahrhunderte seinen Weg geändert - ist jede Identität unbeständig, der Saum eines Strandes, der sich vorschiebt oder zurückweicht, eine Narbe in einem Gesicht. Auch *bislacco* - verschroben, sonderbar -, das ein ehrenvolles und beneidenswertes Stammwort wäre, hält dem Meißel der Sprachforscher nicht stand. Wie Silvio Domini und Aldo Miniussi schreiben, geht der Ursprung des Wortes über das slowenische *bežati* - fliehen - auf das alte nordische Verb *baegia* zurück; die im 7. und 8. Jahrhundert an der Grenze vordringenden Slowenen nannten die zurückweichenden italischen Volksstämme *Beziaki*, so dass *bezjak* nun auch Verbannter bedeutete.

Das *bisiaco* - das die Slawen im Mittelalter als *vlahicum*, neulateinisch, bezeichneten - ist vor allem eine Sprache; es ist ein Dialekt, der Giuseppe Francescato zufolge entstand, als das um Aquileia gesprochene Latein verschwand und sich aufspaltete: in den langobardischen Gebieten ins Friaulische und entlang des adriatischen Küstenstreifens ins Venetische (zu dem auch das *bisiaco* gehört). Heute wird es von etwa 60 000 Menschen gesprochen. Vor einigen Jahren rief der Entwurf eines nie verabschiedeten Gesetzes, demgemäß auch in der Bisiacaria Friaulisch in den Schulen unterrichtet werden sollte, den Protest der Bisiachi hervor, da sie befürchteten, ihre jahrhundertealte Individualitat könnte von der friaulischen, die weitaus größer und robuster war, absorbiert und ausgelöscht werden. Eine Ethnie, die sich behauptet, tut dies häufig auf Kosten einer schwächeren und negiert so das Prinzip, in dessen Namen sie gegen den stärkeren Staat oder gegen die stärkere Nation aufbegehrt, von dem oder der sie sich unterdrückt fühlt; die Geschichte ist wie ein schäumendes Aufbrodeln, in dem die aufsteigenden Bläschen sich gegenseitig zerstören und eines nach dem anderen zerplatzt.

Als Synonym für »Flüchtling« und für »Vertriebener« bezeichnete *bisiaco* in den vergangenen Jahrhunderten jemanden, der schlecht spricht und folglich schwer von Begriff ist, einen Dummen; wer unsere Sprache nicht spricht, ist, für jeden von uns, stets ein Barbar, so wie es schon bei den Griechen war. Ein Reisender, der auch immer ein wenig Nomade ist, fühlt sich leicht als Fremder, weil er die Sprache nicht gut versteht und auch die Gesten, die Empfindungen und die Götter der Leute nicht, so wie er auch die Stimmen der Vögel nicht unterscheiden kann – auf der Insel Cona, an der Mündung des Isonzo, sind an einem einzigen Tag 100 verschiedene Arten zu sehen – oder den Klang des Windes und die sich ankündigenden Wetteränderungen.

2.

Die Reisestrecken in der Bisiacaria, von einem Dorf zum nächsten, sind eher kurz, einmal acht Kilometer, einmal zweieinhalb. Doch wie die Zeit zieht sich auch der Raum zusammen oder dehnt sich aus, je nachdem, was ihn füllt; er fällt zusammen oder bläht sich auf wie ein Luftballon, vergrößert die Entfernungen und die Dinge, verändert ihre Proportionen. Ein neugieriger, aufmerksamer Müßiggänger, der auf einem eng begrenzten Terrain umherstreift, ähnelt einem Photographen, der Bilder vergrößert, wobei er aus der Verschwommenheit immer neue Details zutage fördert und ineinander verschachtelte Welten entdeckt. Ein Sumpf auf der Insel Cona ist ein undifferenzierter Fleck, doch nach und nach entdeckt das Auge unzählige Realitäten und holt sie in den Vordergrund, das reglose Maul eines Frosches an der Wasseroberfläche, die Schnörkel einer dahingleitenden Natter, ohne dass zu erkennen ist, ob sie an der schlammigen Oberfläche schwimmt oder kriecht. Zwischen den Dingen tun sich Entfernungen auf, und ein Röhricht, das man mit von der großen Sommersonne geblendeten Augen lange betrachtet hat, durchläuft den gleichen Prozess wie ständig wiederholte Wörter, die schließlich ihren Sinn verlieren und andere werden, die Resonanzen anderer Bedeutungen.

Eine Reise ohne festgelegte Route und Ziele – denn eigentlich gibt es in der Bisiacaria kaum Sehenswürdigkeiten – ist eine Schule der Wahrnehmung, erklärt Paolo Bozzi geduldig, ein Meister dieses Fachs, das nicht lehrt, wie die Welt gemacht ist, sondern wie unsere Sinne sie erfassen. Wahrnehmen braucht Zeit, Langsamkeit, die Freiheit der Muße, die es erlaubt, vor der Wirkung einer Lichtbrechung oder vor einer fleischigen Oleanderblüte zu verweilen; es verlangt, dass man weder von Eile getrieben ist noch von einem zu erzielenden Ergebnis und man die Zeit vergeuden kann, sie verstreichen lassen oder sie wegwerfen kann wie die kaum gekostete Scheibe einer Wassermelone, die man achtlos fortwirft, denn Wassermelonen, schön rot und groß, gibt es noch mehr als genug, genug, dass man sich mit dem Saft, der durch die Zähne spritzt, das Hemd bekleckert.

Die Bisiacaria ist eine jener an unsere Alltagsrealität grenzenden Parallelwelten, an denen man immer wieder vorbeikommt, die man allerdings fast nie betritt, so wie auch manche Straßen der eigenen Stadt nicht oder manche Dörfer am Rand der Autobahn. Ich war häufig in der Nähe dieser Flussniederungen und Ebenen am Meer, durchquerte sie oder fuhr daran vorüber, doch ohne sie je wirklich zu sehen, sie zu berühren; Turriaco, San Pier d'Isonzo, Staranzano waren nichts weiter als Namen. Das Umherstreifen durch diese Gegend, durch diese Dörfer sucht keine Erinnerungen, keine Nostalgien, keine zarten, vorläufigen Reliquien des Ichs, sondern die Welt hinter der Hecke. Eigentlich sucht man hier gar nichts: Man lässt sich treiben wie ein Stück Holz in einem Wasserlauf.

3.

Die erste Station ist Pieris. In der Kirche Sant'Andrea gibt es eine plumpe, doch wahrhaftige Via Crucis; die zu großen Köpfe und die Zehen haben die reizlose und entschiedene Deutlichkeit von Fleisch. Wir betreten in der Hitze einen Hof, auf dem unter üppig belaubten Kastanienbäumen Karten gespielt wird. Hier ist der Sitz der ARCI, der Associazione ricreativa comunista, des kommunistischen Freizeitzentrums, das gastfreundlich auch fremde Nichtmitglieder erquickt. Als wir hereinkommen, hört Margherita Bozzi jemanden an einem der Tische murmeln, dass »die da nicht unsere Genossen sind«. Für einen Momment ist uns unbehaglich zumute, ein Gefühl von unverdienter Diskriminierung, doch es tut auch gut, dieses

Wort wiederzuhören und vor allem zu merken, dass es noch einen gesunden Instinkt der Arbeiterklasse gibt, der erkennt, wer wirklich ein Genosse ist. Unter diesen Kastanien hätten radikale Achtundsechziger und APO-Leute kein Glück, man hätte sie noch vor ihrem vorherbestimmten Schwenk nach rechts entlarvt.

In der Bisiacaria gibt es solide *Case del Popolo* – Häuser des Volkes –, Straßen, die nach Gramsci und nach Tina Modotti benannt sind, und Aushänge, die Partisanentreffen ankündigen. Die Bauern und Arbeiter aus Ronchi, besonders die von der Werft in Monfalcone, waren unter den Faschisten harten Repressalien ausgesetzt und leisteten ihnen erbittert Widerstand, der – vor allem dank der kommunistischen Organisation – nie ganz gebrochen wurde, wie bei einer Armee, die sich selbst in einer verlorenen Schlacht nicht auflöst. Größtenteils Arbeiter aus Monfalcone waren auch die 2000 aktiven Kommunisten, die 1947 nach ihrer Heimkehr aus dem Partisanenkampf und teils auch aus dem spanischen Bürgerkrieg, aus den faschistischen Kerkern und aus den Konzentrationslagern der Deutschen freiwillig nach Jugoslawien gingen, um beim Aufbau des Sozialismus zu helfen, und die 1948, nach dem Bruch Titos mit Stalin, auf zwei Inseln in der Adria deportiert wurden und in zwei titoistischen Gulags schändliche Grausamkeiten erlitten, denen sie heroisch widerstanden, und dies im Namen Stalins, der für sie das Idealbild eines Revolutionärs war und der, wenn er gewonnen hätte, die ganze Welt in einen Gulag verwandelt hätte, in dem freie, stolze Menschen wie sie die ersten Opfer gewesen wären. Diejenigen, die Jahre später nach Italien zurückkehrten, wurden von der italienischen Polizei als Kommunisten schikaniert und von der Kommunistischen Partei boykottiert, für die sie unbequeme Zeugen der stalinistischen Politik der Partei waren, über die man gern Gras wachsen lassen wollte.

4.

Obwohl Monfalcone mit seiner Geschichte und seiner Industrie das wichtigste Zentrum bleibt, ist die Hauptstadt der Bisiacaria vielleicht Ronchi. Dort wurde im September 1882 in einem alten Gasthaus Guglielmo Oberdan festgenommen, der ein Attentat auf Franz Joseph geplant und dabei im Sinn hatte, für die Italianità von Triest eher zu sterben als zu töten, was zum Symbol nicht nur für eine patriotische Haltung wurde, sondern auch für eine allzu erhabene Moral, die dazu neigte, sich und andere zu opfern. Ernestina Pellegrini hat von einem »Oberdan-Komplex« der triestinischen

Schriftsteller gesprochen, der sich – zu ihrem liebevollen Verdruss – auch bei denen findet, die sie deshalb am meisten liebt, weil sie sich selig dem Wasser der Donau und des Meeres hingeben können, dem Fluss des Lebens.

Am Haus Nummer 59–61 der Via D'Annunzio erinnert ein Schild daran, dass der Dichter hier am 12. September 1919 »durchdrungen von heroischer Leidenschaft und Willenskraft« dem »strahlenden Morgen« des Marsches seiner Legionäre auf Fiume entgegensah. In Ronchi erinnert man sich vielleicht lieber an andere Persönlichkeiten, von Franz Joseph, der dieses Dörfchen 1912 zur *borgata* erhob und die kaiserliche Urkunde auf Italienisch unterschrieb, bis hin zu Maestro Rodolfo Kubik, halb Tscheche und halb Bisiaco, der sich 1926 weigerte, die von ihm dirigierte Stadtkapelle das Faschistenlied *Giovinezza* spielen zu lassen, und der als antifaschistischer Flüchtling in Argentinien General San Martin, den Libertador, mit einer Kantate ehrte. Ronchi hat D'Annunzio kein einziges Denkmal gesetzt, stattdessen errichteten, vielleicht als bösen Streich, die Einwohner Monfalcones ein solches nur wenige Schritte von dem Schloss entfernt, das die Grenze zwischen Ronchi und Monfalcone markiert.

»Quis contra nos« steht auf dem Denkmal. Wenige Jahre später sollten einige ehemalige Legionäre aus Fiume, auch mit der Waffe in der Hand, auf sich gegenüberliegenden Barrikaden beim Zusammenstoß von Faschisten und Antifaschisten gegeneinander antreten; 20 Jahre darauf sollten einige von ihnen Helden der Resistenza werden, wie Ercole Miani, den die Nazis folterten, ohne dass es ihnen gelang, auch nur ein Wort aus ihm herauszubringen, und Gabriele Foschiatti, der in einem Konzentrationslager starb. In Fiume stürzte D'Annunzio das Restaurant »Lloyd« in den Ruin, das der Familie von Marisa gehörte und in dem die Legionäre – wie sie in *Wassergrün* erzählt – kostenlos speisen durften. Ein Photo zeigt ihn, lächelnd und unbestreitbar sympathisch, inmitten unserer ganzen begeisterten Verwandtschaft.

5.

In Ronchi treffe ich mich mit Silvio Domini. Als Historiker, Sprachwissenschaftler und Verfasser zahlreicher Veröffentlichungen verschiedenster Art – so auch als Mitautor eines mächtigen *Phraseologischen Wörterbuchs des ›bisiàc‹-Dialekts* – weiß er alles über die Bisiacaria, doch er ist weit mehr als ein Gelehrter, denn seine von der Liebe zum Heimatort geprägten, präzisen Schriften, die frei von jeder partikularistischen Abschottung sind, zeugen von einem offenen Blick auf die Dinge; sie betten die Heimatliebe ein in ein Gefühl der Zugehörigkeit zu einer größeren nationalen Gemeinschaft und in den brüderlichen Dialog mit den anderen Kulturen, die zu dieser Grenzwelt gehören, wie etwa die slowenische. Domini ist in erster Linie ein waschechter, kraftvoller Poet des *bisiaco*; seine Verse drücken ohne jedes Lokalkolorit Leidenschaft und Melancholie aus, das Hinübergleiten in den Schatten, das Glühen des Essigbaums auf dem Karst, die Verwirrungen des Herzens, die schnell zu Sägespänen werden, den Tod, der unter dem weißen Flügel der hoch oben fliegenden Vögel auf dem »verblassten, morschen« Boot, das ihn erwartet, leichter erscheint. Es ist gewiss kein Unglück, ein Dichter des *bisiaco* zu sein, das sechs verschiedene Bezeichnungen für die diversen Liebestriller des Finken kennt und für das der Schlaf feminin ist, wie es sich für seine stärkende, mütterliche Harmonie gehört. Ein Gedicht Dominis beschreibt eine der heftigsten (auch irrationalen, verheerenden) Leidenschaften im Leben, die zugleich die von der Literatur am häufigsten vernachlässigte ist, die Liebe der Eltem zu den Kindern – die Angst, wie er schreibt, seinen Kindem nicht das Rüstzeug mitgeben zu können, mit dem sie sicher durch die Wirren kommen, die auf sie warten.

6.

Dicht beieinanderliegende Dörfer, von denen jedoch jedes unverwechselbar und nahezu einzigartig in der Ebene ist. In Turriaco bemängelt ein Barmann, bei dem sich Alberto Cavallari nach einem versierten Geigenbauer, dem verstorbenen Signor Clemente, erkundigt, die fehlende Strenge, mit der ich in einem Artikel für den *Corriere* über einige Badegäste geschrieben habe, die sich nicht um einen Toten kümmerten, der am Meer von Triest neben ihnen lag. In diesem kleinen Dorf schrieb Silvio Benco 1945, in der schrecklichen Zeit der Niederlage und der Gewalttätigkeiten der jugoslawischen Besatzer gegen die Italiener, ein tieftrauriges Pamphlet, *Contemplazione del disordine*, eine Betrachtung der Unordnung, in dem das ganze Jahrhundert und seine Kultur in Dekadenz und Chaos zu führen schien. Dieser hochherzige, verfehlte Essay zeigt den Schmerz eines Mannes, der seine Welt untergehen sieht und das mit dem Untergang der ganzen Welt verwechselt; man müsste jedoch, wie Evelyne Pieiller, stets sagen können: »Das ist nicht das Ende der Welt, es ist nur das Ende unserer Welt.« Doch der Schmerz ist ein schlechter Ratgeber, er trübt den Blick, und es ist leicht und ungerecht, seine Voreingenommenheit zu kritisieren: Um ihm

Gerechtigkeit widerfahren zu lassen, muss man sich in ihn hineinversetzen, muss man zusammen mit dem Leidenden den Gesamtüberblick über die Realität verlieren, der zwar auf das rechte Maß zurückführt, jedoch auch den Schmerz vergessen macht, muss man diese tiefgreifende Lebenserfahrung, diesen Augenblick, in dem nur noch der Schmerz existiert, ganz und gar durchleben.

In San Canzian d'Isonzo rät uns eine Passantin energisch vom Besuch der Kirche San Proto ab, in der der Sarkophag des heiligen Grisogono steht, eines Märtyrers, der in der Überlieferung auf verschiedene Weise bestattet wurde - auch auf See - und der vermutlich ein Vorfahre von mir ist, gehört er doch zu meiner Familie mütterlicherseits, von der Giorgio Pressburger anhand der Geschichte ihres Palazzos in Split ein literarisches Porträt schuf.

In San Pier d'Isonzo, wo wir uns zunächst einer alten Dame fügten, die uns auf der Straße anhielt, um sich mit uns photographieren zu lassen, machen wir uns auf die Suche nach Giuseppe Ermacora, der unter dem Namen Pino Scarel Gedichte schreibt. Da er taub ist, müssen wir lange klingeln, bis er uns öffnet, nachdem er sich ein Hemd und Knieschützer aus Wolle übergezogen hat. Er ist ein alter Mann und hat sein Leben lang auf der Werft und als Maurer gearbeitet; er hat einige schmale Bändchen veröffentlicht, auch an der Kirchentür und an der Wand eines Vereins hängen Gedichte von ihm. Er ist erfreut, doch macht ihn das Interesse der Fremden weder stolz noch schüchtern; er zeigt uns seine Gedichte mit vollkommener Natürlichkeit, so wie er den Rosmarin vor dem Haus zeigt oder wie ein Tischler das Möbelstück vorzeigt, das er soeben fertiggestellt hat. In seinen Gedichten finden sich starke, leise Bilder, die wie von guten Händen geformte Dinge hervortreten. »Fogo al veciun«, »Ins Feuer mit allem Alten«, heißt eines seiner Gedichte; das welke Gras, das verbrannt wird, ist auch das Alter. Doch er erzählt uns, dass seine über neunzigjährige Großmutter zwar über ihre Gebrechen klagte, doch auch hinzufügte, es sei besser, hier unten zu bleiben, »weil es immer etwas zu sehen gibt«; sie nahm das Leben, zu Recht, wie einen Kinofilm. Der Tod, schreibt Paola Cosolo Marangon in ihrer eindringlichen *Storia di Rosa*, die im Isonzo-Tal spielt, existiert nur für den, der an ihn glaubt.

»Tempo de soto«, »Wetter von unten«, sagte man früher, wenn der Duft des Meeres und des Sommers in diese Gegend kam, die Zeit des Eros. Benito Nonino erinnert sich noch, wie er als Kind von einer Frau aus der Bisiacaria sprechen hörte, die einfach »die Geliebte« war, ohne dass erklärt wurde, von wem – es will schon etwas heißen, wenn man von jemandem sagen kann, er sei schlichtweg ein Geliebter, und dies sein Hauptmerkmal ist. Das Meer ist nahe, es vermischt sich mit dem Süßwasser des Flusses und der Sümpfe. Der Strand von Staranzano ist mit trockenem Schlick bedeckt, das Wasser ist sehr flach, dicke Fische schwimmen zwischen unseren Beinen, eine Krabbe, die wir in die Hand nehmen, bewegt ihre Scheren und verschwindet im Sand, sobald sie wieder auf den Boden gesetzt wird. Viele große Häuser, wie früher gebaut und wunderschön, sind Schwarzbauten und der Anlass eines erbitterten Streits zwischen denen, die die traditionelle Landschaft verteidigen, und denen, die das Gesetz hüten. Hier verlief in der Antike die Bernsteinstaße. Der Schlick bricht unter den Füßen auf, Algen und leere Muschelschalen modern in der Sonne, der Nachmittag ist weit vorgerückt. »Eusebios altert in Würde«, sagt die lateinische Inschrift, die nicht weit von hier auf der Urne einer vornehmen römischen Familie entdeckt wurde.

7.

Die Sprachgrenzen sind nicht wahmehmbar, sie erfordern ein besonderes Ohr. Carlo Luigi Bozzi konnte das langsame Skandieren der Bewohner von Sagrado vom knappen, schnellen Rhythmus der Leute aus Fogliano unterscheiden, seinem benachbarten Geburtsort. Der Historiker, Erzieher und Dichter lebt in zwei Straßen, einer Schule und einem Grabstein fort, die seinen Namen tragen, sowie in zahlreichen gelehrten Büchern und in seiner Dichtung. Diese ist unauflöslich mit dem *bisiaco*-Dialekt verschmolzen, aus dem jede mundartliche Folklore entfernt wurde, so dass er zu einer Ausdrucksform der Welt wurde. In seinen Versen geht es um Fogliano mit seinen Kirchen, den Berg, die »lustigen Saufkumpane«, die düsteren Existenzen, die zwischen Kirche und Gasthaus zugebracht werden. Zur Gemeinde Fogliano gehört auch Redipuglia, die große Gedenkstätte für die gefallenen Soldaten; das Heilige ist das Gefühl der Gleichheit aller Menschen vor dem Tod, jeder – auch wenn er einen Namen hat – ist ein unbekannter Soldat.

Ganz in der Nähe Sagrado, dessen Zugehörigkeit zur Bisiacaria umstritten ist. Klein, doch mit einer städtischen Note, Palazzi in respektablem Alter und Dekor, leuchtende Farben von Blumen; der Schauplatz von Schlachten, von der Überquerung des Flusses. Über diese Brücke am Isonzo fuhr Anfang Juni 1882 der Leichenwagen von Angelo Musmezzi, des steinreichen »Piraten«, der zur Zeit der griechisch-türkischen Kriege abenteuerlustig auf den Meeren kreuzte; er wurde nicht von Kirchenliedem begleitet, sondern von dem Lied - die Chroniken sprechen von einem »Gegröle« - der Bocciaspieler. Auf dem Marktplatz gab es, wie sich Paolo Bozzi erinnert, in seiner Kindheit einen Brunnen mit Wasserrad, und die Kinder waren sich einig, wie sein Raunen zu deuten sei; das Knarren, das das Rad beim Aufsteigen verursachte, sagte: »Mein Schatz«, und der Kolben ergänzte beim Hinabtauchen ins Wasser: »Bist du.« - »Mein Schatz - bist du; mein Schatz - bist du.«

Wir gehen zum Kiesbett des Isonzo hinunter. Entwurzelte, morsche Stämme liegen zwischen den Steinen, das Wasser glitzert, das Himmelsgold, die Farbe dieser Jahreszeit, wird langsam braun, wie ein großes Herbstblatt. Hier und da umherstreifen, im Wasser planschen, sich auf den Steinen ausstrecken und sich, wie in den Kindheitsträumen, eine plötzliche, reißende Überschwemmung vorstellen. Das breite Flussbett ist fast leer, doch in dieser Leere bemerkt man Lichtreflexe, Echos, Laute, Rauschen, Fließen, Vogelkreischen. Heute fällt es mir etwas schwerer, all das wahrzunehmen und zu unterscheiden, Nuancen zu erkennen, Veränderungen und Verfärbungen, war ich doch daran gewöhnt, die Wirklichkeit nicht nur mit meinen Augen zu sehen, sondern auch und vor allem mit denen von Marisa, die, um vieles aufmerksamer, scharfsichtiger und liebevoller, fähig war, die Dinge zu erfassen. Eine Ehe, ein geteiltes Leben, kann, zum großen Teil, auch das sein, gemeinsam durch die Welt gehen und jenes Alles-oder-Nichts betrachten, das es zu sehen gibt. Die Sonne berührt die Ebene fast, scharlachrot und riesig. Wenn sie tief am Horizont steht, erscheint sie dem menschlichen Auge viel größer, als wenn sie im Zenit oder zumindest hoch am Himmel steht. Die Experimente des großen Wiener Psychologen von Allesch, einem Freund Musils, haben ergeben, dass es für die Lemuren offenbar umgekehrt ist. Doch wie dem auch sei, sie ist jetzt wirklich groß, glühend. »Al'ros/de na zornada finida«, heißt es in einem Gedicht von Domini, das Rot eines beendeten Tages.

21. September 1997

Endnote

1 Abdruck mit freundlicher Genehmigung des Carl Hanser Verlags München, dort erschienen in: Magris, Claudio, Ein Nilpferd in Lund. Reisebilder. Aus dem Italienischen von Karin Krieger, München 2009, 123–136.

Na mala racjun / Bescheidene Bitte
Resia – Die Stimme eines Tales

Silvana Paletti

La filosofia del pensiero positivo da sempre ha aiutato l'essere umano alla sopravvivenza ricercando e progettando nuove vie alternative per la propria sussistenza pur mantenendone la diversità. Ma a volte la realtà locale è ben diversa dal pensiero filosofico. La valle di Resia è situata a Nord-Est del Friuli su una superficie estensiva di 21 km x 5 con otto frazioni: S. Giorgio, Prato, Gniva, Lischiazze, Uccea, Oseacco, Stolvizza, Coritis con altre piccole borgate sparse. Oggi ha solo 1200 abitani. La valle da due secoli è meta di studiosi, linguisti, ricercatori, antropologi per la diversità della musica, danza, costume, tradizione, parlata locale. Anche se si parla un dialetto sloveno pur essendo un piccolo territorio si evidenziano cinque varianti cadenziali, suoni di diversa espressione, vibrazione, antiche leggende favole, canti, usanze sacre e profane risalenti ai periodi pagano-celtico. Il sisma del 1976 che ha colpito il Friuli ha cancellato gran parte della tipologia delle case resiane assieme alla loro storia antica e si è assistito a un graduale spopolamento della valle. Da allora ho iniziato a scrivere poesie, prose, a ricercare registrare le poche persone anziane rimaste affinché mi raccontassero quello che di bello era rimasto nella loro memoria riguardante la vita di questa valle dato che tutto o quasi in pochi secondi mi era scomparso per sempre.

Una minoranza etnica ha colori, suoni, vibrazioni che sono scritte nella memoria, nel sangue. Una scuola di vita che si impara dal grembo materno e che niente la può cancellare.

Ora vi leggo una prosa per farvi sentire la diversità dei suoni del nostro linguaggio.

POSTEGANA OSTAJKI

Se spomenjaš pomatko mäš
polneš kako to je bilo?
Zvedra srin poprašeta karčela
běka, werba, terta lešća.
Awfat lajfat šlajfat
piča, deda, trešika, zmarznina, baba
malafićina!
Zludej, mujić, hudić,
prakleti bramol,
mulon, ovan, wubac, mekić!
Waril, lun, wtić,
jä, jäs, ja, Ë, vë, Ä
Ǵo, ö, tadej koha?
Mama, meme, moma,
ragadin, manğes, korba zdräš
malajazino!
Stol, gora, brik, štodonäc
krawa, wol, svinja, saraböt,
boga jest!
Puji, kwiči, kukuriči,
buči, bleje, blačata, kokodeče,
bawči, laji, milja, brižği, liti
kwače, škače, štorwa, šćarbata,
kowa, kopje, ropota.
Vešća vešća nora!

Ćanen, laška Planja,
mali dul
to se smejalo, žlica nu pirun,
bose noge, prazan plät
fardonta wrća lüdra!
Sakira, plana, brus,
kjač, ćač, ples, cupin,
brucin, studunčel,
prosta skraža
šinta, merva, postergana
ostajka ostaje!

Un progetto per l'Europa Unita? Che cosa mi rimane oggi tra le mani di questa valle: la musica, la danza, la parlata, tanti libri, tante foto, tante registrazioni, il carnevale, un circolo culturale, il museo dell'arrotino, il museo della gente di Resia, il gruppo folkloristico, la sede del Parco delle Prealpi Giulie; questo è quanto posso farvi vedere. Ma tutto ciò non mi basta a salvare una minoranza etnica. Presto le scuole scompariranno dal territorio come pure il linguaggio antico. Si parla di tutela, ma quale tutela, è solo il gioco di una politica sbagliata o di incompetenze amministrative odierne locali che ci portano mentalmente a un isolamento – chiusura in una Europa unita. Non vorrei che si avverasse un antico detto della mia gente: il bosco prenderà il posto dei campi e dei prati, rimarrà solo la strada. La valle ancor più selvaggia, allora si, che sarà un bel museo da visitare: RISERVA INDIANA pardon RESIANA! Servirà un'altra generazione per lavorare questa terra se oggi non diamo «un input» una possibilità a tutto quello che abbiamo di nostro, di vivere per le generazioni future, affinché non perdano la loro antica radice.

La tradizione musicale e il carnevale di Timau

Ilia e Giorgio Primus

La nostra comunità è ricca di tradizione, leggende, riti pagani... Devo dire che da questo punto di vista non ci facciamo mancare niente. Dal drago del primo secolo ucciso da San Ermacora al Fischiosauro degli anni '50, dal *Pumarmandl*, una sorta di gnomo, che affoga i bambini nel fiume alla *Marangula*, che fa ammalare o morire il bestiame. Poi spiriti, fantasmi, anime dannate... in alcuni casi sono intervenuti persino i parroci con dei veri e propri esorcismi. La *Trûta*, che immobilizza nel letto, o la notte del 1° novembre, quando teniamo il fuoco acceso e apparecchiamo la tavola, perché i morti tornano dall'oltretomba. Il lancio della *Schaibm cìdules* (comuni a molti altri paesi della Carnia), rotelle infuocate lanciate dall'alto di una rupe con formule beneaugurанti alle coppie di fidanzati, vere o inventate.

Oggi ridiamo della fantasia e dell'immaginazione dei nostri avi, ma... quando una persona ha fama di essere una strega, stiamo ben attenti a non contrariarla, le facciamo tutti i favori che ci chiede e magari al suo passaggio sputiamo due volte dietro la schiena. Non si sa mai. Non c'è culla, comò o cruscotto della macchina dove non sia nascosto un *Petadàltschali*. Se siamo seguiti da un cane nero, non esitiamo ad esorcizzarlo: *pist da van taivl, gea mi'n taivl.* Mettiamo le catene sul fuoco quando si ammala la mucca in modo da spezzare l'incantesimo. La verità è che ci crediamo veramente, e per questo siamo tanto gelosi delle nostre tradizioni ed è molto, dunque molto difficilmente che ne parliamo e le facciamo conoscere.

A Timau esistono, o meglio esistevano, tre carnevali distinti che non si incontravano mai. Uno, quello fantasioso, comune un po' a tutto il mondo cristiano, con balli, mascherate, carri allegorici e rappresentazioni satiriche. Attenzione, tuttavia: a questo carnevale era affidato il compito di bruciare il ‹Voschino› (un fantoccio di stracci imbottito di fieno, dopo un processo nel quale esso veniva accusato di tutte le cose brutte e le disgrazie dell'ultimo anno).

Il secondo, certamente più interessante e antico, era caratterizzato da un baccano infernale, poiché la peculiarità principale di queste maschere (*Maŝrar, Krankl, Lorf*a) erano proprio i campanacci. Tali maschere si annerivano il viso con la fuliggine, avevano un cappello a tesa riabbassata e stretta (quello dei pastori, per intenderci), ornato da *tassn* (rami di abete), una mantellina, le fasce di lana che arrivavano al ginocchio, gli zoccoli di legno e una gobba sulla schiena che serviva per legare i campanacci in modo da tenerli staccati e non farli sbattere sul corpo. Attorno al collo, una ghirlanda con i pezzi meno pregiati del maiale: mascella, coscia, orecchie e cotiche. Dopo questa descrizione, chi è appassionato di folclore, nota subito la somiglianza con le maschere delle altre due comunità tedesche a noi più vicine, ovvero i *Kheirare Rollar* di *Zahre* (Sauris) e i *Rollaterdi Plodn* (Sappada) così conosciuti, organizzati, con le maschere scolpite nel legno, i costumi standardizzati, riconoscibili, curati, che richiamano centinaia di persone. Al loro confronto il nostro carnevale potrebbe sembrare una cosa da poco, ma era proprio la spontaneità, la mancanza di organizzazione, i poveri rami di abete, il continuare ad annerirsi il volto con la fuliggine, senza il bisogno di maschere intagliate, il farlo per noi stessi senza preoccuparsi se vi fossero dieci, cento o mille persone a guardarci che rendeva il carnevale vero, immutato da sempre.

L'altra maschera tipica di Timau che, ripeto, non si accompagnava mai al *Kranki* è il *Jutali*. Mentre la prima, brutta e sporca, incuteva paura, questa è gentile, bella, raffinata. Portava un cappello a larga tesa sormontato da un fazzoletto bianco legato con dei nastri colorati che scendevano sulla schiena e vestiva delle sottovesti bianche via via sempre più corte, le calze bianche, i *ŝcarpets* e in vita molti fazzoletti variopinti. Il viso era coperto da un fazzoletto molto sottile che le permetteva di vedere ma la rendeva irriconoscibile. Le *Jùtalan* si muovevano la sera, entravano di sorpresa nelle case accompagnate da uno o più musicisti, eseguivano tre balli e poi sparivano nella notte così come erano venute. Dopo aver ballato dovevano andar via subito, o altrimenti rendersi riconoscibili togliendo il fazzoletto dal viso, cosa che accadeva sempre nell'ultima casa visitata, dove finalmente bevevano e mangiavano quello che gli veniva offerto.

Quelli che nel frattempo non si sono appisolati, si chiederanno come sia possibile che un paesino come Timau potesse avere tre tipi di carnevale. Ebbene sì: eravamo sempre gli stessi, e non avevamo nemmeno spettatori perché eravamo tutti in maschera. Dopo aver sfilato con i carri satirici, ci vestivamo da *Jùtalan*, sempre attenti a mantenere i carnevali separati.

Vi sarete subito resi conto che, descrivendo il carnevale, ho usato verbi al passato. Il fatto è che dal 2007 i *Jùtalan* non visitano più le case alla sera ma sfilano insieme ai *Krankl* e alle altre maschere per le vie del paese. Si è infatti pensato che anche il nostro carnevale potesse essere organizzato, conosciuto, usato per richiamare magari centinaia di persone. Non voglio entrare nel merito, né far polemiche ormai inutili. Certo è, che siamo riusciti a dare al tartufo il sapore della patata.

3. Lebenswelt und Raum

Creative City: Between Grassroots Initiatives and Formal Policies

Dafne Berc

One of the important developmental aspects in today's Europe is the development of creative industries, many of which are related to culture. On the one hand, European regions can provide fertile ground for the development of such activities, due to their historically inherited multifaceted intensive relations between regional cities. On the other, the strengthening of the creative production could stand in favor of fortifying and/or upgrading not only the economic balance of the regions, but also their cultural and urban identities. Besides building up networks of existing creative workers, professionals, organizations and instructive cases on European or global level, it is equally important to network and collaborate regionally. Furthermore, it is beneficial to deploy creative activities in the passive urban zones with underused industrial legacy to trigger the emergence of quality urban life and public space. Such creative clusters should not only encompass comprehensive and inclusive program and spatial solutions providing accessibility and attracting interest from all age groups and social classes, but should also use the sites in a temporary and/or improvised way even before, and all the way through the never ending process of their redevelopment.

Enhancing Productivity and Urban Revitalization

Today, creative industries are embedded in various sectors of economic activity - for example IT departments, R&D departments, marketing departments etc. - all part of many companies and/or in prospect to become part of future venture capitals, as creative thinking and innovation represents an important asset in achieving successful competitiveness. Here, some sectors of creative industries have a gravitational impact, such as the role of copywriting in media campaigns and advertisement, or the role of informatics and information technology in the improvement of products and means of production. Another realm of creative industries, perhaps not as consolidated in the realm of main market trends as the aforementioned, is constituted by film, performing arts, graphic and product design, architecture, visual arts, social communication, education, and so on. The latter, frequently more social and culturally oriented, also presents a valuable social and political asset.

There are two relevant aspects of creative industries to point out in particular. On one hand, they are a strong developmental force in increasing profit and city's GDP share[1], attracting investment, increasing employment and small entrepreneurship, diversifying the city image, and contributing to the development of local communities, quality of life and cultural exchange as well as to the promotion of cultural tourism. Based on creativity, culture and information, such force is without a doubt sustainable, for it is clean industry that is at the same time able to improve social and cultural dynamics. The impact of creative industries can also be seen in the development of an improved cultural identity, even on national or regional level.

On the other, creative industries might create much more than just creative sectors with potential to contribute to economic and cultural sustainability. Developing creative industries could become a model in which social interaction, culture and technology provide urban assets warranting good quality and economic competitiveness of urban environments, especially when creative activity is grouped together in delimited urban localities. Consequently, the concentration of creative industries brings to fore social potential, having innovative thinking and local development become fundamental for the conception of future urban sustainability. Innovation emerges from a balance between wellbeing of human resources and their capacity to interact on all levels of the creative production process. Likewise, local development is strengthened by a balancing act of local values and generic tendencies. In this sense, urban and environmental conditions are essential for fostering social relations and encounters between people. The beneficial synergy between quality environmental conditions allocating creative activities and the proven qualities of the industries' close interaction could become the asset for direct improvement of local socio-urban dynamics.

In this regard, the relevance of these two aspects of creative industries lies in their «performative» faculties to foster economic and cultural growth and their effective transformative ability in the field of urban revitalization.

The challenge today is constituted by the recognition of the positive impact of creative industries, the necessity to facilitate the introduction of the aforementioned qualities regarding emerging and consolidated creative sectors that require more recognition and visibility (mostly to be constituted by young and small/middle size practices offering innovative solutions and consultancies, and other creative communities with comparable potential). The challenge is also about finding the suitable productive urban environments, able to cluster emerging and consolidated creative sectors scattered around the city, and help organize these sectors in order for the qualities of creative industries to develop further.

Various propositions of how the economic potential of creative industries could generate local production of the new spatial forms of cultural and economic development across distinct European regions should take into account the ever-changing pluralities of different societal and economic contexts, in which the concept of creative industries could be conceptually adapted and functionally imported as a valuable asset for enhancing cross-regional cooperation. There is a historical dynamics of the complex, unequal and ever-changing relationship between developed and less developed countries and regions of Europe, in which the relative position of each country and region within the ever-growing complexity of today's world economy has been made additionally visible by the detrimental effects of the ongoing eurozone crisis that has undermined all too fragile balance of the post-welfare state system. Therefore, one should take into account these structural economic preconditions when trying to devise a fruitful conceptual and practical framework for implementing the creative industries' transformative economic potential in the current situation marked by growing socio economic discrepancies between different European countries and regions.

Creative Economy Meets Urbanity: Innovation District in Barcelona

The Catalonian case 22@ Barcelona[2] on one side has to do with the ambition to recover the great industrial area of Poblenou[3] – a valuable yet decayed urban territory doted with a strong identity – and turn it into a dense, productive and active urban district, or a «creative city» within the city. On the other side, it has to do with launching an innovative economy of global scope and an ambitious process of social transformation. Together with addressing Barcelona's need to maximize its dormant and latent spatial resources, the recognition of Poblenou's productive tradition and industrial identity was taken as a departure point for its recovery.

In cultural and spatial terms, the strategy recognized the territorial characteristics of the various micro locations in order to act accordingly with what is to be preserved, to be renovated and to be transformed. Consequentially, in cultural and economic terms, the policy of converting obsolete industry into a new productive district had to be updated, thus allocating a knowledge economy based on human resources that can suit the principles of «compact city» with less required space for maximum productive results (like in the technology parks[4]), yet combined with quality of urban life.

The city's agenda was conceptualized based on several urban plans whose initial zoning and density levels were susceptible to small redefinitions along the process whenever this was unavoidable. Starting with persistence behind the acquisition of the plots of land in Poblenou, where the original owners were offered the chance to either sell their property or participate in the venture. This meant entering long negotiations concerning the reasons why owners should engage in the reform, how is it to be done and what is to be done – since many of the owners simply had their minds set on waiting for the right opportunity to sell directly to one single buyer – after which many opted to sell and some to become stakeholders in the venture. The assignation of contractual duties and financial responsibilities between institutions, private parties (both new developers and original owners) and the city (as main promoter-developer) was also long and difficult. Especially since part of the agenda concerning semi subsidized housing, cultural premises, hospitality, public squares and infrastructure was, and still is, meant to be financially shared as much as possible. Naturally, this reform was done in phases and zones.

Regarding the renovation of industrial patrimony, the toughest negotiations entailed the premises that were beyond salvage, and what actually constituted cultural value on the other hand. Preservation was particularly difficult, for such matter depends on specialized institutions that, after all, are subject to the city council or the political arena dominated by opposing parties and the general state of opinion of the citizenship. In the end very little was replaced of what was considered culturally relevant. Moreover, the most sensitive buildings were, naturally, turned to house cultural and social activities – in some cases, when the new program exceeded the existing capacity, new extensions were conceptualized and done based on prime and suitable architectural design.

All these required a flexible approach to accommodate differential urban plans in order to guide flexible timelines and changing demands of use proposed by current and future development partners. Even though this reform is still under process of becoming, and was actually put on hold last year due to the recent crisis, 22@ Barcelona is a step forward from the typical technology park on the periphery or recovery of industrial areas through high-end cultural programs and attractive housing. It is rather a mixed system, where the corporate concept of technology park is located in the city, sharing urban resources with universities, dwelling areas with shared amount of subsidized housing, cultural premises and hospitality, most of it in favor of launching a creative economy with emphasis on information technology and higher education.

However, although promoted as a «benchmark» applicable to other places, 22@ Barcelona is a strategy of special scale and magnitude, benefiting from Barcelona being one of the main European capitals able to plug in the innovative economy of global scope. While the real question stays for numerous other places that are less visible on European map, for example Trieste with its abandoned harbor area. In this respect, observing smaller, especially grassroots, initiatives might open up new perspectives, which might help envision strategies to serve better the local communities.

Points of Creativity: Grassroots Samples of Zagreb

From 1990s, Zagreb is undergoing a lengthy political, economic and cultural transition from the socialist self-management of Yugoslavia to post-industrial capitalism, in which, among numerous other changes, privatization of the societal property resulted in a significant rise of rental prices for both living and working spaces. On the other hand, this condition manifests in the appearance of many areas in state of semi abandonment, areas in transition and consolidated areas with unused potential within urban tissue, due to the new wave of deindustrialization of the country that made a radical shift towards service economy.

Most of the creative industries in Croatia are located in Zagreb, dispersed throughout the city. The current level of production of this rather small scene is fairly good, advanced and proficient. Festivals with outstanding curatorial work behind – such as Urban Festival, Subversive Festival, ZagrebDox Festival or D-Day Fair, just to name a few – have not only great public and media reception, but have become genuine Zagreb cultural/creative products and venues. Certain independent organizations are also contributing to the civil society and citizens in general. However, these vital activities are not recognized as a separate sector, neither statistically nor on the level of public policies. Additionally, they require more resources and support to grow further – especially regarding logistical needs. Zagreb has several passively used, misused and vacant complexes that could serve these needs. Complexes that are mainly ex industrial compounds or buildings, out which some already host creative events and activities.

In early 2000s, the new private owner of the former Zagreb Paper Factory, built in 1895, began to rent spaces of the complex for work, production and storage at much lower prices than the market ones. Beside retail, many crafts and young creative practices have found favorable conditions for their activity in this new *Business Center Zavrtnica*. Along with a favorable rent, the complex is located on the edge of the city center's 19th century block matrix, while on the other hand it offers spatial and logistics conditions like spacious halls, accessibility by car and so on, which the overcrowded city center cannot provide. Over time, the offer of this «business center» expanded into hospitality, recreation and entertainment. Although this case is not about a particularly valuable architectural heritage, the set of existing heterogeneous buildings of the complex recently got an improved unifying physical appearance at the initiative of their direct users, creative workers. Grassroots actors and activities in this area are a value *per se*, while in the meantime the activities spread on its surrounding by organizing events in the nearby complexes of former City Slaughterhouse and Katran Paint Factory, which comprise some outstanding examples of modern interwar industrial architecture.

Few years ago, local entrepreneur and art collector transformed the building of the former riding school of Austro-Hungarian Cavalry from 1910, which had also served as the weaving of Textile Combine Zagreb until 2008, into *People and Art House Lauba*. Lauba hosts a combination of offices for his enterprise and a private gallery exhibiting his collection of contemporary Croatian art scene. Over time, the exhibition space began to rent for various types of art, cultural and educational programs in collaboration with the profit sector and non-profit organizations. Recently, a part of workspaces as well began to low-rent in collaboration with the «coworking community», where the coffee bar at the entrance area started functioning as a common meeting place for all users. Although the place is mostly used by the creative scene and all activities are charged for, an interesting initiative of a «neighborhood ticket» with significantly reduced price has recently been introduced to diversify Lauba's visitors' social landscape.

The complex of the former City Fair in the city center since mid 1950s to the present is continuously used as *Student Center* that includes the student labor exchange, student restaurant, cinema, theater, multimedia and exhibition halls, hospitality services, etc. However, the infrastructure of the complex has never been used to its full capacity. With the emerging «shrinkage of the state support» for education, the center's administration, under the authority of the University of Zagreb, started renting spaces for both events and work. In order to regulate a quality cultural micro politics of the complex, a permanently open «call for proposals» of profitable and unprofitable cultural programs was introduced as an instrument of negotiation with all interested parties.

Common to all three cases described above, as well as to other unmentioned cases, is the self-initiated increase in the number and types of activities, in accordance with changes in the metabolism of the city. This in turn provokes the increase in the number and types of users of these points – from the creative workers themselves, residents of surrounding neighborhoods to the citizens of whole Zagreb. Some of these activities have even become significant interest points of the city's tourist offer.

Planning/Cultivating the Grassroots: Culture Park in Amsterdam

Cultuurpark Westergasfabriek [Eng. Culture Park Western Gas Factory] is an instructive transformation of an area of former gas plant complex that had served Amsterdam from 1885 until 1967, and was used mainly for maintenance and storage until 1993. Transformation of this «*heavily polluted former industrial site with a large number of protected historic buildings*»[5] started in 1992, before the gas and electricity authority left the premises, when a 14 hectares city park was planned as its future use and the Westergasfabriek project team established. Local residents had also unambiguously asked for a park, as there were hardly any green recreation areas in the densely populated neighborhoods bordering the site. In consultation with neighborhood organizations, the district council formulated some starting points for the new park, offering room for as many different users as possible and a wide variety of «green spaces» with the possibility of multifunctional use.

The district council and the Westergasfabriek project team went together through a lengthy and complex process of revitalization, combining the temporary use of the area with the development of the long-term plans. To avoid having the buildings stand empty, it was decided to rent them out for one year. Temporary cultural uses were intended to put the site on the cultural map, the potential tenants were strictly selected based on diversity and refreshing cultural life, and cafés and restaurants considered essential for a lively site. Instead of a year, the temporary cultural uses lasted until 2001 when the cleanup and redesign of the park began – to be resumed in 2003 after the official opening of the park. Between 1993 and 2001 hundreds of events took place at the site and over one hundred temporary tenants used the buildings. The possibilities were endless – from rehearsal space to studio, from opera to house party and from circus to congress. The creative energy had such a power of attraction that the temporary uses became permanent.

Substantial budget had to be involved in the creation of the culture park. The costs of the large-scale cleanup operation were covered mainly by the central government, with a large contribution from the City of Amsterdam. The district council wanted to lay down the cultural use of the buildings, reasonable rents for the cultural activities and to undertake the layout and maintenance of the park, but it did not regard restoring, developing and managing the buildings. A private developer became business partner for that part, while the financial risks for both parties were to be kept to a minimum[6].

Today, the use of the park is varied and intensive. After the opening, permanent tenants also found a place in the renovated buildings. The combination of permanent tenants in the form of cultural enterprises, temporary rentals for festivals and events, and commercial and cultural letting provides a sound basis for a healthy operation. The Westergasfabriek is the location for more than 250 large and small festivals, congresses, filming and TV recordings, fairs, exhibitions and presentations per year, which present the possibility to create something new all the time. As a complementary offer, various places to eat and drink attract visitors by day and in the evening.

Revitalization Policies upon Grassroots Tendencies

The cities are not only conceived by authorities and planners, political and economic agendas, market pressure and real estate operations or city branding, but also made by their users. The latter is defined through a continuous dialogue between the activities offered by the city and the ones spontaneously performed by the users. As spaces within the existing lively city fabric able to host a plurality of use and users, exactly the underused areas often have the potential to contribute. To add another layer of identity to local ambiences and, perhaps, to even host needs that are not fulfilled in the city. Let us not forget that their less defined status also allows for more informal use and users, not all of which find easy representation in the current protocols of urban management.

The cities should benefit from the urban transformative faculties of creative industries in triggering the emergence of quality urban life and public space, by deploying these activity clusters in the passive urban zones that also happen to have underused industrial legacy. It is not by chance that culture and industrial facilities are so often intertwined. In fact, there are many examples in which cultural programs are used to recover industrial heritage. Even to the point of profiling a particular district or help brand a city; think of Meat Packing District in Manhattan, New York or London's industrial premises at Thames Riverbank. The list goes on (Arthouse Tacheles, Berlin; LX Factory, Lisbon; Cultuurpark Westergasfabriek, Amsterdam; Centro Cultural Estación Mapocho, Santiago; etc.). The reason why happenings hosted in industrial zones are so successful is not only the thirst or demand for (sub)culture and leisure, or that these premises are mostly well situated and financially accessible - at least in the beginning. Atmosphere plays a key role; aesthetic values and logistical organization are equally important for the vigorous and beneficial symbiosis between industrial heritage and cultural activities. Industrial premises are frequently organized by a sequence of roomy and airy places. Most of all, they have spatial and aesthetic values that evoke a sense of informality and novelty on which the cultural scene is able to capitalize well. Gatherings, concerts, installations, lectures, fairs etc. are all manifestations of a cultural production, which almost by definition tends to pursue originality. In a way, expectations in novelty command experiencing novelty.

SESC[7] *Pompéia* is an instructive historical example of a guided revitalization of the drum factory complex in São Paulo from the 1920s. The complex, converted into a community center by Italian architect Lina Bo Bardi and collaborators in the period 1977–1986, communicates with its context in a multifaceted way. A key to the success of the project was the drawing up of such a comprehensive and inclusive sports, recreational, cultural, and educational program, as well as spatial solutions that would provide accessibility and attract interest from all age groups and social classes, without discrimination. An interesting common practice with the SESC centers is that they begin using the sites in an improvised way even before the renovation or construction work starts. In the words of its architects, at Pompéia they found

> «various five-a-side football teams, an amateur theatrical group getting by on minimal resources, a third-age dancing club, a barbecue on Saturdays, a troop of junior cub scouts, and indeed lots of kids all over the place, like a flock of birds»[8].

What architects wanted was «precisely to maintain and amplify»[9] what they had found on the location. For nine years they had developed the project by working every day in an office in the middle of the building site – monitoring the ongoing projects, the *in situ* experiments, the involvement of technicians, artists and workers. This approach was a genuine revolution in the *modus operandi* of architectural practice of the time – where the project and the program were formulated inseparably.

Exchange Policies through Creative Networking

The development of creative industries is an agenda gathering all the necessary conditions able to convoke local political will, as is it is economically and culturally sustainable while transcending political connotations and political polarization. On a European level, and in the long run, the substantial leap that many cities would make by embracing creative industries further, would contribute to the general European pursuit of achieving the benefits of a more balanced level of economic and cultural development among each of its constituting cities and countries.

One of the important goals is to nurture European cultural exchange and improve the existing knowledge on creative industries and their urban developmental agency. Especially the dissemination of knowledge and provisions, necessary for the systematization of the essential conditions for the performance of local creative industries, to be more efficiently recognized in local public strategies. Parallel to this, it is important to strengthen the internal capacities of professionals and civil associations involved in creative activity, making them sound local negotiators in future city policies regarding the development of creative industries. It is crucial to build further the network of existing creative workers, professionals and organizations that are raising awareness about the need to nurture creative industries all over Europe. As well, networking with instructive cases is important, where cities like Milan, Barcelona, Amsterdam, Helsinki, Tallinn or Leipzig, among others, could take the lead in sharing the accumulated successful experience and know-how with other cities. More than equally important is to recognize the potentials behind regional networking and collaborative work, perhaps more natural and plausible to build because of cultural similarities, shared interests and territorial proximity. Moreover, not to forget confronting European experience with the broader contexts.

Nevertheless, since creative industries cannot be built from nothing, it is necessary to connect and work from the existing assets such as the cultural identity, organizational infrastructure and human resource to be able to build a liable strategy. In this sense, every city needs to develop its own approach, learning from but not directly importing other experiences. All in order to avoid the nowadays omnipresent top-down initiatives, where developed infrastructure or staged networking activities are not recognized by the very users they seek to support.

Endnoten

1 Although already for a while, more relational indicators are being used to measure the development of the place, such as the Gini coefficient of income distribution, the Theil index or the Atkinson index.

2 22@ Barcelona is an urban revitalization strategy applied to a territory of 200 hectares of Poblenou district in Barcelona from 2000 until 2012. The strategy was based on the knowledge economy, aiming to provide infrastructure for an international urban, economic and social "innovation district" meant to be fuelled by a mix of public and corporate investment and to host a network of media, technology and research centers and residences.

3 Poblenou is Barcelona's ex industrial zone, at the peak of its productivity during the period 1860s–1960s nicknamed the »Catalan Manchester« for its bigness as well as its harsh working conditions. In the 1960s, Poblenou lost its initial function, remaining in the state of obsolescence and degradation until 1990s.

4 Technology or science park is a concept of a working complex outside of the city, firstly introduced in the early 1950s near Stanford University, foreshading the community known today as Silicon Valley. Such complexes offer working facilities and the necessary complementary hospitality and recreation services within green environments, for the employees to be able to spend an entire working day on the same locality.

5 See more on: http://www.project-westergasfabriek.nl/ (23.04.2013).

6 The cleanup of the Westergasfabriek finally cost a little over € 20 million. The district council financed most of the park layout also amounting to over € 20 million and, although every possible subsidy and grant is used, it also pays for the annual maintenance of the park. The renovation of the buildings could only begin once the National Restoration Fund was ready to give the developer a loan of € 26,5 million, which was guaranteed by district council and for which the buildings served as security. In total, the financial agreement between Amsterdam and the Restoration Fund amounted up to € 31 million, the largest contribution in the history of the fund.

7 SESC, Serviço Social do Comércio [Engl. Social Service of Commerce], is a non-profit institution established in 1946, acting throughout Brazil via a network of centers to promote culture and good-living among workers, traders and their families. SESC funding is completely private, where the companies with commercial activities pay 1,5 % of their employees' salary to finance it, getting the membership for their employees at 50 % off. Although the main users are employees and their families, the centers are also open to broader public. The State of São Paulo SESC has 30 centers, 15 of them located in the city of São Paulo – all working in collaboration, organized with a central office and people devoted to each center.

8 See more on: http://linabobarditogether.com/2012/08/03/the-making-of-sesc-pompeia-by-marcelo-ferraz/ (23.04.2013).

9 Ibid.

Glokalisierung: Raumorganisation und Bildproduktion

Christiane Feuerstein

Bereits vor der weltweiten Finanzkrise, die inzwischen auch die europäische Wirtschaft, die öffentlichen Haushalte und die privaten Lebenslagen erreicht hat oder diese zumindest beeinflusst, haben sich in Europa die Rahmenbedingungen für die Entwicklung von Regionen und Städten verändert und beeinflussen die Gestaltung konkreter städtebaulicher und architektonischer Projekte.

Globalisierung + Lokalisierung = Glokalisierung

Transportwege waren immer auch Wege der Informationsübermittlung. Bereits die frühen Handelsrouten, die Länder über den ganzen Erdball hinweg miteinander verbanden, etablierten ein Wegenetz zur Verteilung und Kanalisierung von Bewegungs- und Informationsströmen. Auf diesen Wegen, die sich weit in die Geschichte hinein zurückverfolgen lassen, wurden nicht nur Waren, sondern auch Geschichten und Informationen aus unterschiedlichen Kulturkreisen transportiert.

Doch erst im 19. Jahrhundert gab es erstmals große Anstrengungen, »Lokalitäten auf internationaler oder ökonomischer Basis miteinander zu verbinden«[1]. Imperialismus und Kolonialismus führten zu einer intensiveren, globalen Vernetzung Europas mit unterschiedlichen Kulturräumen auf allen Kontinenten. Neue Formen des Austauschs, wie zum Beispiel die seit 1851 stattfindenden Weltausstellungen, wurden geschaffen. Sie ermöglichten sowohl einen Transfer von technologischem Wissen als auch die Zurschaustellung nationaler Leistungen.

Nahezu zeitgleich »rücken« - verbunden durch die ersten Eisenbahnen - bisher weit entfernte Orte »näher zusammen«. Der Übergang von der Kutschen- zur Eisenbahntechnik verändert die Wahrnehmung räumlicher Entfernungen, die bis dahin vor allem durch die sinnliche Anschauung animalischer

Erschöpfung erfahren wurde. Indem »die sinnliche Anschauung der Erschöpfung verlorengeht, geht die der räumlichen Entfernung verloren«[2].

Die Eisenbahn begünstigte nicht nur Konzentrationsprozesse in Handel und Industrie, sondern förderte auch das Wachstum der europäischen Großstädte und wurde damit zum treibenden Motor von Industrialisierung und Urbanisierung. Technische Beschleunigung und die weltweite Ausdehnung von Verkehrsnetzen führen zu einer Steigerung von Reichweiten und Handlungsmöglichkeiten und begünstigen eine räumliche Differenzierung und arbeitsteilige Organisation des Raums. Die Relation zwischen geografischer Entfernung und dem zur Distanzüberwindung erforderlichen Zeitaufwand sowie der Sprung in Maßstab und Geschwindigkeit führen zu einer ersten Dynamisierung wirtschaftlichen und urbanen Wachstums. Das Bild *London by rail* von Gustave Dore vereinigt alle diese Elemente in einem Bild: Die Dampflok steht für die Industrialisierung, die Eisenbahn selbst für die Beschleunigung von Transport und Kommunikation und die Häuser im Vordergrund für die Urbanisierung und die mit ihr verbundene Armut für große Gruppen der Bevölkerung.

In den europäischen, sich industrialisierenden, rasch wachsenden Städten entwickelten sich vor dem Hintergrund allgemeiner Freizügigkeit – des Rechts auf freie Wahl des Wohnorts – und einer sprunghaften Bevölkerungszunahme Boden- und Immobilienmärkte. Bauindustrie und Immobilienwirtschaft verbanden – in Reaktion auf den massenhaften Wohnungsbedarf – den Wohn- und Städtebau mit spekulativen Gewinnerwartungen. Die Stadtverwaltungen übernahmen mit dem Ausbau städtischer Versorgungs- und Verkehrsinfrastrukturen die für die Existenz der privaten städtischen Haushalte notwendigen Versorgungsleistungen, die von den privaten, gewinnorientierten Akteuren nicht übernommen wurden.[3]

»Globalität« und »Lokalität«

Die expandierenden europäischen Metropolen wurden um 1900 zu Knotenpunkten von weit über den nationalstaatlichen Rahmen hinausreichenden wirtschaftlichen Verflechtungen: Handelsbeziehungen umspannten den gesamten Globus, Börsen reagierten in allen Erdteilen aufeinander und die Telegrafie unterstützte eine schnelle internationale Kommunikation. Die nationalstaatlichen, Grenzen überschreitenden Interaktionen verbanden – wirtschaftlich, sozial und kulturell – geografisch weit entfernte Orte. Es entstanden neue räumliche Zusammenhänge, die sich nicht mehr an einem geografisch erfassbaren Ort lokalisieren lassen. Der Raum trennt sich vom Ort:

»›Ort‹ begreift man am besten, wenn man sich an die Vorstellung eines lokalen Schauplatzes hält, womit auf die im geografischen Sinne verstandenen physischen Umgebungsbedingungen gesellschaftlicher Tätigkeiten Bezug genommen wird. In vormodernen Gesellschaften fallen Ort und Raum weitgehend zusammen, weil die räumlichen Dimensionen des gesellschaftlichen Lebens für den größten Teil der Bevölkerung in den meisten Hinsichten von der ›Anwesenheit‹ bestimmt werden: an einen Schauplatz gebundene Tätigkeiten sind vorherrschend. Mit dem Beginn der Moderne wird der Raum immer stärker vom Ort losgelöst, in dem Beziehungen zwischen ›abwesenden‹ anderen begünstigt werden, die von jeder gegebenen Interaktionssituation mit persönlichem Kontakt entfernt sind.«[4]

Die raumzeitliche Abstandsvergrößerung, die zu neuen Verknüpfungen sozialer Tätigkeiten und Ereignisse führt, ist für den britischen Soziologen Anthony Giddens »das« charakteristische Element der Globalisierung:

»Definieren lässt sich der Begriff der Globalisierung demnach im Sinne einer Intensivierung weltweiter sozialer Beziehungen, durch die entfernte Orte in solcher Weise miteinander verbunden werden, dass Ereignisse in einem Ort durch Vorgänge geprägt werden, die sich an einem viele Kilometer entfernten Ort abspielen und umgekehrt. Dies ist ein dialektischer Prozess ...«[5]

»Globalität« und »Lokalität« sind relativ zu sehende Begriffe, denn in der räumlichen Vorstellung ist die Dorfgemeinschaft im Verhältnis zum Nationalstaat lokal, ebenso erscheint der Nationalstaat im Verhältnis zum Kulturraum bzw. einer Staatengemeinschaft lokal usw.[6]

Die weltweite Intensivierung wirtschaftlicher und sozialer Beziehungen hat am Beginn des 20. Jahrhunderts die Wahrnehmung von Raum und Zeit gravierend verändert und zu »einer Standardisierung von Raum und Zeit«[7] geführt, die in den 1980er Jahren als eine Tendenz zur Einheitlichkeit, zur globalen Homogenisierung sowie zur Entortung sozialer und wirtschaftlicher Prozesse in vielen Bereichen sichtbar wurde. Lokale Differenzen schienen zu verschwinden. Der verstärkte Wunsch nach der Bewahrung lokaler Eigenarten spiegelt sich auch im damals begonnenen wissenschaftlichen Diskurs über Orte wieder. Orte, verstanden »als geografisch lokalisierte, durch ihre Geschichte und materielle Gestalt bestimmte Schauplätze alltäglicher Aktivitäten, die mit Sinn und Bedeutung belegt sind«[8].

Das Lokale, gleichgesetzt mit Heterogenität, und das Globale, gleichgesetzt mit einer hegemonialen Homogenität, wurden als entgegengesetzte

Pole betrachtet – eine Position, die zum Teil auch heute noch vertreten wird. So sieht der scharfe Kritiker der ökonomischen Globalisierung und des Neoliberalismus, der Geograph David Harvey, in der Idee des Lokalen eine Form der Opposition gegen hegemoniale Ansprüche. Orte sind aus seiner Sicht daher potenzielle Widerlager der Globalisierung, während die Humangeographin Doreen Massey Orte als »Kreuzungspunkte translokaler Prozesse«[9] definiert.

Glokalisierung

Andere Positionen bemühen sich, differenziert mit »der Dynamik und Reproduktion von Differenz und im weitesten Sinne von Lokalität«[10] umzugehen. So hat für Anthony Giddens der Prozess der Globalisierung zu einem dis-embedding, zu einer Ortlosigkeit des modernen Menschen geführt, die dieser durch re-embedding, eine Rückbettung, zu kompensieren versucht.[11] Der Bedeutungsgewinn des Lokalen und Regionalen ist daher kein Gegentrend zur Globalisierung, sondern ein komplementärer Prozess. Meine weiteren Überlegungen zur Problematik des »Globalen – Lokalen« folgen daher den Gedanken des britischen Soziologen Roland Robertson, der die Auseinandersetzung um Homogenisierung versus Heterogenisierung für überholt hält.[12] Es ist für ihn nicht eine Frage des »Ob«, sondern eine Frage des »Wie«. Mit seinem Konzept der »Glokalisierung« konzentriert er sich auf die Möglichkeiten, wie globale und lokale Tendenzen, wie »Homogenität und Heterogenität bzw. Universalismus und Partikularismus miteinander zu verbinden sind«.[13] Für die komplexe, wechselseitige Verschränkung von Globalisierung und (Re-)Lokalisierung, von Gleichschaltung und Differenzierung prägte er den Begriff »Glokalisierung« – eine Synthese aus den Worten Global/Globalisierung und Lokal/Lokalisierung.

Sozio-ökonomischer Strukturwandel und Raumorganisation

Zu den elementaren Ursachen des aktuellen sozio-ökonomischen Strukturwandels, dessen Anfänge bereits bis in die 1970er Jahren zurückgehen, gehören vor allem Innovationen im Bereich der Informations- und Kommunikationstechnologien, welche die globale Vernetzung unterstützen, aber auch die Aufhebung nationalstaatlicher Handels- und Investitionsbeschränkungen sowie die Deregulierung der Finanzmärkte. In den letzten Jahrzehnten wurde nicht nur der physische Transport von Personen und Gütern, sondern auch die virtuelle Präsenz von Daten und Informationen systematisch optimiert. Mit der ständig steigenden Mobilität von Personen sowie von Kapital, Waren und Informationen erfährt der sich ständig verstärkende und beschleunigende Prozess von Interaktionen über große geografische Distanzen hinweg eine extreme Intensivierung und Verdichtung. Die veränderten Bedingungen, unter denen Zeit und Raum strukturiert[14] werden, führen erstens zu neuen Formen der Organisation von Arbeit, zweitens zu Veränderungen der Alltagskultur und zur Entstehung neuer Konsumwelten und drittens zu einer Parallelität von wachsenden und schrumpfenden Städten und Regionen.

Neue Formen der Organisation von Arbeit

Technische Basis ist die Digitalisierung, die in vielen Bereichen an die Stelle der auf analogen Technologien basierenden Automatisierung getreten ist. Arbeitsteilige Prozesse können nun nicht mehr nur innerbetrieblich, sondern auch über große geografische Distanzen hinweg - also weltweit - noch dazu »in-time« organisiert werden. Dies ermöglicht eine gleichzeitige Internationalisierung und Dezentralisierung der Produktion und damit eine Optimierung von Standortvorteilen in einer bisher ungeahnten Intensität.[15] In Europa führte diese Entwicklung zu einer Reduktion bzw. Verlagerung der industriellen Produktion in außereuropäische Länder (Niedriglohnländer) und zu einer steigenden Produktivität im Bereich der neuen wissensbasierten Produktionen, der Dienstleistungen und der Finanzwirtschaft.

Veränderung der Alltagskultur und Entstehung neuer Konsumwelten

Die neuen, standortunabhängigeren Produktionsformen haben zu einer Reduktion der *Nine-to-five-Jobs* geführt und fordern von den Beschäftigten eine erhöhte Flexibilität. Mit der Reduktion struktureller Kontinuitäten in wirtschaftlichen Tätigkeiten ist eine allgemeine Lockerung der Formen sozialer Interaktionen verbunden. Bisher gewohnte Muster und Übereinkünfte über die Art zu arbeiten und zu leben werden in Frage gestellt. Die lineare Arbeitsbiografie und tradierte Lebensformen erodieren: Es ist immer weniger üblich, *einen* Beruf, *einen* Arbeitgeber, *einen* Arbeitsort, *eine* Ehe und immer gleich getaktete Arbeitstage und Ladenöffnungszeiten zu haben. Aktivitäten, die bisher in einer raum-zeitlichen Kontinuität organisiert waren, nämlich an einem Ort, in einem Unternehmen, in einem Arbeitsverhältnis, in einer Lebensbeziehung, werden zerlegt und neu organisiert. Die Grenzen zwischen den Lebensbereichen – *Arbeiten, Wohnen* und *Entspannen* – werden fließend, denn nur diese Form der *Flexibilisierung* ermöglicht es, auch im privaten Leben Einzelaktivitäten in ihrer Organisation, in ihrer Effektivität und in ihrer Lokalität jeweils für sich zu optimieren. Parallel dazu erfährt das Spektrum alltäglicher Tätigkeiten eine Erweiterung und stellt den Einzelnen vor zunehmend komplexer werdende Anforderungen. Zu den alltäglichen Tätigkeiten gehören nicht nur Einkaufen, Kochen, Kinderbetreuung, Treffen mit Freunden oder sportliche Aktivitäten, sondern auch Entscheidungen über die sich ständig weiter diversifizierenden Angebote der Energie- und Kommunikationstechnologieanbieter etc. Alle diese unterschiedliche Fähigkeiten erfordernden Tätigkeiten müssen nun – natürlich entsprechend effizient – in dem keineswegs verlängerten 24-Stunden-Tag untergebracht werden. Damit entstehen auch auf der Ebene des privaten Lebens neue Zeit- und Raumnutzungsmuster, die neue Formen der Organisation alltäglicher Tätigkeiten erfordern. Nachgefragt werden Orte, an denen ein Kompetenzaustausch stattfinden kann.

Die Entstehung der Wissens- oder Dienstleistungsgesellschaft verstärkt das Interesse an Orten mit einer leistungsfähigen, unterstützenden und entsprechend qualifizierten Infrastruktur, die sich als komplexe Optionsräume präsentieren.[16] Die Beschäftigten der neuen Dienstleistungsökonomie legen Wert auf – zum Teil sehr exklusive – Angebote, zu denen nicht nur kulturelle Einrichtungen, wie Museen, Bibliotheken, häufig in Kombination mit Restaurants und Cafés, sondern auch aufwendige, teilweise neu renovierte, möglichst in geschichtsträchtigen Innenstädten gelegene Wohnungen gehören.[17] Dies fördert die Entstehung von Erlebnis- und Konsumwelten, die den Konsum von Waren mit Erlebnissen verknüpfen. Design und symbolischer Wert einer Ware werden als Prestige- und Statussymbole immer wichtiger. Durch ihre kulturelle Distinktion ermöglichen sie ihrem Besitzer die Signalisierung der Zugehörigkeit zu einer bestimmten Lebensstilgruppe. Dabei lassen sich Gebrauchs- und Zeichenwert in der Praxis nicht so klar unterscheiden. »Auf jeden Fall leben wir in einer Welt, welche die alltäglichen Verflechtungen des Ökonomischen und des Kulturellen zunehmend anerkennt.«[18]

Die neuen Konsumwelten haben inzwischen die im wohlfahrtsstaatlichen Rahmen etablierte standardisierte Massenproduktion von Gütern und den damit verknüpften Massenkonsum abgelöst. Im Gegensatz zu früher, wo ein Produkt in allen Ländern gleich vermarktet wurde, bemühen sich global agierende Konzerne heute, ihre Produkte »kulturadäquat«, das heißt, angepasst an regionale Gewohnheiten und Wertesysteme, zu vermarkten. Die Produktpaletten werden durch spezielle Angebote entsprechend diversifiziert und tragen damit zu einer Konstruktion zunehmend differenzierter Verbrauchermärkte bei, die sowohl die unterschiedlichen finanziellen Möglichkeiten als auch die verschiedenen Lebensstilgewohnheiten der jeweiligen Zielgruppe berücksichtigen.

»Der Gedanke der Glokalisierung ist in seiner ökonomischen Bedeutung eng mit dem verbunden, was in manchen Zusammenhängen in expliziter ökonomischer Begrifflichkeit Mikro-Marketing heißt: das Zuschneiden von und Werben für Güter und Dienstleistungen auf globaler und fast-globaler Ebene für zunehmend differenzierte und partikulare Märkte. Fast überflüssig zu erwähnen, dass die Anpassung an lokale und andere spezielle Umstände in einer Welt kapitalistischer Produktion für zunehmend globale Märkte nicht einfach ein Fall unternehmerischer Reaktion auf existierende globale Vielfalt ist - auf kulturell, regional, gesellschaftlich, ethnisch, sexuell und anders differenzierte Verbraucher -, als gäbe es eine solche Vielfalt oder Heterogenität einfach ›an sich‹. Mikro-Marketing - bzw. allgemeiner ausgedrückt: Glokalisierung - beinhaltet in einem beträchtlichen Umfang die Konstruktion von zunehmend differenzierten Verbrauchern, die ›Erfindung‹ von ›Verbrauchertraditionen‹ (wovon der Tourismus, wohl die größte ›Industrie‹ der heutigen Welt, zweifellos das offensichtlichste Beispiel darstellt). Um es sehr einfach auszudrücken, Vielfalt verkauft sich gut.«[19]

Damit trägt der aktuelle Strukturwandel »zu einer eigentümlichen, neuerlichen Inwertsetzung von Orten«[20] - verstanden als konkrete Lokalität - bei. In diesem Prozess bedingen sich »Verortungslogiken - als Push-Faktoren - und Attraktionsqualitäten - als Pull-Faktoren«[21].

Parallelität von wachsenden und schrumpfenden Städten und Regionen

Die sich ändernden Formen der Produktion und die damit verbundene Verlagerung von Produktionsstandorten haben lokal ganz unterschiedliche Auswirkungen und führen zu regionalen Auf- und Abwertungen und einer Parallelität von schrumpfenden und wachsenden Städten und Regionen. In den letzten Jahrzehnten haben in Europa viele bisher industriell geprägte Städte und Regionen ihre ökonomische Basis verloren. Diesen deindustrialisierten, oft von dramatischen Schrumpfungsprozessen betroffenen Regionen stehen neue Zentren gegenüber, deren Stadtbild von Kultur, Entertainment und Shopping geprägt ist und die sich als Reiseziele für eine boomende Tourismusbranche vermarkten.

Die regionalen Auf- und Abwertungen spiegeln sich auch in demografischen Veränderungen wider: Schrumpfende, wirtschaftlich wenig attraktive Regionen verlieren Einwohner und überaltern, während wirtschaftlich prosperierende Regionen und Städte einen Bevölkerungszuwachs zu verzeichnen haben. Vor allem jüngere Menschen wandern in die Wachstumsregionen mit attraktiveren Ausbildungs- und Arbeitsmöglichkeiten ab, während die ältere, häufig weniger gut ausgebildete Bevölkerung in den strukturschwächeren, peripheren Regionen bleibt. Verstärkt wird diese Entwicklung durch die sich kontinuierlich verschlechternde Erreichbarkeit (vor allem mit öffentlichen Verkehrsmitteln) strukturschwacher Regionen, da Räume, die keine Funktion mehr haben, aus den Verkehrskreisläufen herausfallen. Die Möglichkeiten selbstbestimmter Mobilität sind dadurch ungleich verteilt, und nicht alle können – wie die gut ausgebildeten Kreativen – die neuen Möglichkeiten internationaler Vernetzung für sich nutzen. Die aktuellen Globalisierungsprozesse eröffnen somit verschiedenen Bevölkerungsgruppen unterschiedliche Handlungsräume. Zunehmende Mobilität und der Bedeutungsverlust räumlicher Grenzen und Entfernungen sind daher differenziert zu betrachten.

Transformationsprozesse und Bildproduktion

Die Stadtstruktur vieler europäischer, aber auch nordamerikanischer Städte ist durch die großen städtebaulichen Setzungen des Industriezeitalters, wie Häfen, Bahnhöfe oder industriell genutzte Flächen, geprägt.[22] Mit der Reduktion der industriellen Produktion verlieren diese Orte ihre ursprüngliche Funktion und Leistungsfähigkeit und werfen als städtische Leerstellen die Grundsatzfrage nach einem angemessenen Umgang auf. So werden bereits seit den 1970er Jahren die Folgen der De-Industrialisierung in Bezug auf die Stadt- und Regionalentwicklung diskutiert. Mit der Aufgabe der industriellen Nutzung waren die vormaligen Industrieareale ökonomisch entwertet, und die Stadtverwaltungen bemühten sich zunächst um eine erneute gewerbliche, gewinnbringende Nutzung, was jedoch häufig – aufgrund des prinzipiellen Strukturwandels – misslang.

Die »Rückeroberung des Geländes für die Imagination des Stadtraumes«[23] war somit keinesfalls sofort gegeben. Doch machten der günstige Preis und ein Erodieren und Umdeuten des Schönheitsbegriffs, der zu neuen ästhetischen Sichtweisen führte, diese Areale für Künstler und finanzschwache Kulturinitiativen interessant. Diese hatten, zunächst in New York und anderen großen Städten, schon in den 1960er Jahren begonnen, in nicht mehr genutzten Industriebauten Ateliers einzurichten, die an anderen Orten der Stadt unbezahlbar gewesen wären. Die Industriebrachen boten nicht nur viel Platz für unterschiedlichste kulturelle Aktivitäten, wie Ausstellungen, Techno-Events oder andere Musik- und Kunstereignisse, sondern auch Spielraum für die Erprobung neuer ästhetischer Prinzipien und künstlerischer Konzepte. Die Ästhetisierung von Alltag und Peripherie machten das Alltägliche zum neuen Leitparadigma und die *Situationistische Internationale* erkundete die städtische Umgebung durch zielloses Umherschweifen und veränderte damit die Wahrnehmung von Stadt.[24]

> »An solchen ungenutzten alten Industriestandorten entwickelt sich eine Spannung zwischen dem Gehäuse, das noch Geschichten von industrieller Herrschaft, von Ausbeutung, Lärm, Maloche und Widerstand erzählt, und den Nutzern, die eben dieser Herrschaft nicht mehr unterworfen sind und die deshalb deren Räume als ihre Spiel- und Möglichkeitsräume uminterpretieren können.«[25]

In wachsenden Städten wie London oder Amsterdam wurden die Künstler bald von den aufgegebenen Gewerbe- und Industriegebieten verdrängt (Gentrifizierung) und die Flächen zur Ansiedlung neuer wissensbasierter Industrien oder für die Entwicklung neuer Wohnstandorte genutzt. So entstanden seit den 1980er Jahren, z.B. auf den Londoner Docklands, neue Stadtteile mit gemischten Nutzungen, die Wohn- und Bürobauten mit Schulen, Veranstaltungsräumen, Geschäften, Gastronomie und öffentlichen Freiflächen verbanden. In den wachsenden und prosperierenden Städten und Regionen wurden die ehemaligen Hafen- und Industrieanlagen bald zu willkommenen innenstadtnahen bzw. innerstädtischen Flächenpotentialen, und die wirtschaftliche Entwicklung unterstützte die Re-Definition von Funktionen sowie die Integration der neu genutzten Gebiete in das Gefüge der bestehenden Stadt.

In vielen von der De-Industrialisierung betroffenen Städten und Regionen ließen sich jedoch nicht so schnell neue gewerbliche oder andere gewinnbringende Nutzungen finden, und die aufgegebenen Gewerbe- und Industriegebiete wurden als Krisen- und Armutssymptom wahrgenommen. Hier galt es nicht, für ein Teilgebiet einer wachsenden Stadt eine neue Nutzung auszumachen, hier musste für die – häufig von Abwanderung betroffene – gesamte Stadt bzw. Region eine neue Zielvorstellung, eine neue Vision entwickelt werden. Diese Orte erforderten eine andere Strategie, da für die gesamte Stadt als wirtschaftlicher Standort geworben werden musste. Die inzwischen geforderten neuen Standortqualitäten stimmten nur teilweise oder gar nicht mit den Anforderungen an Industriestandorte überein. Während im Industriezeitalter – wie viele wirtschaftsgeografische Positionen es darlegen – zu den bestimmenden »harten« Standortfaktoren vor allem die Verkehrsanbindung (Auto, Zug, Flugzeug, Schiff), die Energieversorgung, die Ressourcenverfügbarkeit, das Arbeitskräftepotential sowie Steuern und Abgaben gehörten, spielen heute soziale, kulturelle und politische Prozesse eine zunehmend wichtigere Rolle. Städte, die global agierende, hochtechnisierte Betriebe und Dienstleistungsunternehmen und deren international tätige, hochqualifizierte Arbeitskräfte ansprechen wollen, müssen diesen – unter Berücksichtigung der zunehmenden Pluralität von Lebensstilen – ein attraktives Umfeld bieten. Dazu gehören kurze Kommunikationswege, repräsentative Bürobauten und Wohnungen, Bildungs- und Kulturangebote, vielfältige Möglichkeiten der Freizeitgestaltung und des Konsums sowie ein Anschluss an den globalen Flugverkehr.

Der »Bilbao«-Effekt

Auch Kultur hat als »weicher« Standortfaktor seit den 1980er Jahren beständig an Bedeutung gewonnen. Spätestens seit der Fertigstellung des von Frank O. Gehry entworfenen Guggenheim Museums in Bilbao im Oktober 1997 ist ein Museum nicht mehr nur ein Museum, sondern elementarer Teil einer Gesamtstrategie zur Regeneration von Städten und ihrer Wirtschaft. Mit seiner spektakulären Formensprache ist das Gebäude – in einer optisch sonst wenig reizvollen Stadt – außerordentlich fotogen. Im journalistischen Sprachgebrauch wurde es daher rasch zur »Ikone«, zu einem »Wunder«, zu einem »Retter einer notleidenden Region« stilisiert. Das Wechselverhältnis von baulich-materieller Manifestation und medialer Berichterstattung führte zum sogenannten »Bilbao«-Effekt – der Behauptung, mit einem einzigen kulturellen Bauwerk ein Wirtschaftswunder auszulösen.[26] Dahinter lag jedoch – von den Medien weniger beachtet – ein komplexes innerstädtisches Sanierungskonzept, das die Transformation einer alten Industrie- und heruntergekommenen Hafenstadt zu einem neuen Zentrum wissensintensiver wirtschaftlicher Dienstleistungen sowie Handel und Tourismus ermöglichte. Elementare Bestandteile waren Investitionen in die technische Infrastruktur der Stadt, wie der Bau einer Metro von Norman Foster, der Bau eines Flughafens von Santiago Calatrava, ein neues Abwassersystem und Luft- sowie Wasseraufbereitungsanlagen.

»Wohn-, Freizeit- und Gewerbeanlagen entstanden in der Innenstadt, das Flussufer und der Strand wurden umgestaltet, ein Hafen sowie Industrie- und Technologieparks wurden im Hinterland von Bilbao gebaut.«[19]

Dass viele dieser Projekte keinen Bezug zum Museum hatten und zum Teil auch bereits viel früher fertiggestellt worden waren, tat dem Mythos des »Bilbao-Effekts« keinen Abbruch. Viele Stadtverwaltungen glaubten, »dass der ›Bilbao-Effekt‹ sich in einer Stadt nach der anderen reproduzieren ließe. Die Ruinen dieses irreführenden Systems, das häufig versagt und sogar den Bürgern die Rechnung für das Versagen der Politiker überlässt, sind an vielen Orten sichtbar.«[28] Dabei zeigt gerade das Beispiel Bilbao, wie wesentlich ein ganzheitlich ausgerichtetes Vorgehen bei der Umgestaltung einer Stadt ist. Die Stadtverwaltung Bilbaos erhielt den im Juni 2010 erstmals verliehenen Lee Kuan Yew World City Prize »nicht weil durch ein paar bauliche Wahrzeichen [...] wirtschaftlicher und sozialer Aufschwung erreicht«[29] wurde, sondern wegen ihrer langfristig angelegten Planung. In der Begründung des Preisgerichts heißt es:

»Vielmehr hat Bilbao gezeigt, dass eine starke Führung und das Engagement für eine systematische und langfristige Planung, die auf solider Durchführung und unterstützender Infrastruktur beruht, die wichtigsten Faktoren für den Erfolg einer städtischen Umstrukturierung sind.«[30]

Re-Vitalisierung und Re-Programmierung sind inzwischen wichtige Aufgabengebiete aktueller Architekturproduktion und Stadt- bzw. Regionalentwicklung geworden. Großräumige, durch öffentliche Gelder geförderte Stadtumbauten sollen – national und europaweit – Rahmenbedingungen für neue ökonomische Entwicklungen schaffen. Auf unterschiedlichsten Maßstabsebenen wurden neue Formate, wie z.B. die Internationale Bauausstellung Stadtumbau Sachsen-Anhalt (2002 bis 2010), geschaffen, an der 19 Städte mit Themen wie *Homöopathie als Entwicklungskraft* (Koethen) oder *Urbane Kerne – landschaftliche Zonen* (Dessau-Roßlau) teilgenommen haben.[31] Initiativprojekte wie *Shrinking Cities – Schrumpfende Städte*, das zwischen 2002 bis 2008 von der Kulturstiftung des Bundes[32] unter dem leitenden Kurator Philipp Oswalt konzipiert und organisiert wurde, entwickelten neue Strategien zur Neuinterpretation oder Umkodierung vorhandener baulicher Strukturen.

»CityBranding«: Translokale Prozesse und Planung

Inzwischen wird »das sogenannte Lokale zu einem großen Maß auf trans- oder superlokaler Ebene gestaltet«[33]. Nationalstaaten verlieren zunehmend an Bedeutung, und die Städte und Regionen treten nun nicht mehr nur auf nationaler Ebene, sondern direkt weltweit in Konkurrenz. Für lokale Akteure und Entscheidungsträger wird es zunehmend schwieriger, lokale Entwicklungen zu beeinflussen, da über viele lokal wirksame Entwicklungen und Ereignisse, wie zum Beispiel die Absiedlung von Betrieben, in sich irgendwo auf der Welt befindlichen Headquarters transnational agierender Gesellschaften entschieden wird. Der permanente globale Wettbewerbsdruck zwischen den Städten und Regionen und die Notwendigkeit, sich international zu profilieren, wird durch immer kurzfristigere Entscheidungen über Standortverlagerungen noch verschärft.

Diese Konkurrenzsituation hat dazu geführt, dass auch Stadtverwaltungen zunehmend eine »unternehmerische« Haltung einnehmen und um Positionen in der globalen Arbeitsteilung, um Kontroll- und Steuerungsfunktionen und um öffentliche Gelder konkurrieren. Davon bleiben auch Stadt- und Regionalplanung nicht unbeeinflusst. Sie waren am Ende des 19. Jahrhunderts als Reaktion auf die dramatischen Wohnprobleme der europäischen Stadt entstanden.[34]

Die frühen Regelwerke von Reinhard Baumeister und Joseph Stübben waren von sozialreformerischen Ansätzen und hygienischen Argumenten geprägt. Auch in den am Beginn des 20. Jahrhunderts entstehenden Visionen städtischen Lebens, die im Kontrast zur bestehenden Stadt Licht, Luft und Sonne für alle forderten, waren Fragen nach dem Umgang mit Partikularinteressen, nach dem Verhältnis von privatem und öffentlichem Eigentum zentrale Anliegen. Le Corbusier verstand sich als »Raumarzt«, der Städtebau und Gesellschaft auf der Grundlage eines Planes verändern wollte. Eine Haltung, die bis in die 1970er Jahre hinein Planungskonzepte dominierte und die in den meisten westlichen Industrieländern von einer Politik unterstützt wurde, die von der Idee geprägt war, dass negative Auswirkungen von Marktprozessen durch sozialstaatliche Maßnahmen ausgeglichen werden können und sollten. In den letzten vier Jahrzehnten wurde diese Position jedoch zunehmend von marktfundamentalistischen, neoliberalen Wirtschaftstheorien verdrängt. »Gleichzeitig werden Prinzipien des Wettbewerbs auf Bereiche ausgedehnt, wo diese bisher nicht galten, seien es Verwaltung, Bildung oder die öffentliche Daseinsvorsorge.«[35] Damit halten nun auch bisher nur im privatwirtschaftlichen Bereich verwendete Managementkonzepte und Strategien Einzug in die Stadtverwaltungen.

Um sich von der internationalen Konkurrenz abzuheben, sind Alleinstellungsmerkmale gefragt und »CityBranding« wird zum neuen Schlagwort. Während Planer an übergeordneten Leitbildern für städtische Entwicklungen und dem Ausgleich von Interessenskonflikten interessiert waren, geht es Marketingexperten vor allem um Imagemanagement. Stadtpolitiker und Marketingagenturen werden nicht müde, die Besonderheiten, das Ortsspezifische ihrer Städte zu betonen: Berlin gilt als sexy, München als gemütlich, Hamburg als kreativ ... Die Bilder dienen als symbolische Verdichtungsleistungen und sind ebenso wie architektonische Ikonen, Kulturbauten etc. wichtige Elemente einer Strategie, mit der um internationale Investoren, hochqualifizierte Arbeitskräfte und zahlungsfähige Touristen geworben wird.

Traditionen und Festivals

Doch nicht nur teure, architektonisch spektakuläre Bauvorhaben sollen die Städte als attraktive Zentren von Konsum und Kultur ausweisen, auch Festivals und große Events sollen dazu beitragen, eine kontinuierliche Aufmerksamkeit der Medien zu sichern. Festivals erzeugen einen »Ausnahmezustand« und bieten damit eine Möglichkeit, die eigene Welt einmal anders als bisher wahrzunehmen. Gerade an Orten, an denen ein historischer Umbruch stattfindet und neue Identitäten begründet werden sollen, wie dies zum Beispiel im Ruhrgebiet der Fall war, bieten sie auch die Möglichkeit – vor allem wenn sie auf regelmäßige Wiederholungen hin angelegt sind – neue Traditionen zu erfinden. Die ehemals industriell geprägte Region erlebte nicht nur einen dramatischen ökonomischen Wandel, sondern auch einen Verfall der Alltagskultur und der lokalen Verständigung, deren Grundlage die Industrie gewesen war. Die zwischen 1989 und 1999 durchgeführte Internationale Bauausstellung (IBA) Emscher Park verwandelte die früher industriell geprägte Landschaft in einen Erholungsraum mit Rad- und Spazierwegen und transformierte Produktionsstätten in Industriedenkmäler. Seit 2002 werden diese im Rahmen der *Ruhrtriennale* regelmäßig mit Produktionen, die den Dialog mit diesen spektakulären

Aufführungsorten suchen, bespielt. Mit diesem besonderen Programm gelang es dem Gründungsintendanten Gerard Mortier, die *Ruhrtriennale* als ein bedeutendes europäisches Festival zu etablieren.

Inzwischen bemühen sich Verwaltungen und politische Vertretungen von Orten jeder Größenordnung, vom Dorf bis zur Metropole,

»um den Erhalt und die Ausgestaltung einer ›lokalen Identität‹. Lokales Engagement, das seine Adressaten vor Ort sucht, und auf Außenwirkung bedachte Marketinganstrengungen sind dabei nicht immer leicht zu unterscheiden.«[36]

Die Suche nach Alleinstellungsmerkmalen ist nicht nur mit einem verstärkten kulturellen Interesse, sondern auch mit der Frage nach der Identität von Orten verknüpft. Gerade in Städten oder Quartieren, die einen wirtschaftlichen Niedergang erlebt haben, verbinden sich Umdeutungs- und Reaktivierungsprozesse häufig mit einer (Wieder-) Entdeckung des »Narrativen«, denn im Wettbewerb um Touristen wird es zunehmend wichtiger, eine lokalspezifische kulturelle Identität vorzuweisen.[37]

Baukultur und Gedächtnis

Die Diskussion über die Identität von Orten hat zu einem neu erwachten Interesse an Baukultur geführt. Die physische Stadtgestalt und damit der Städtebau spielen für die Wahrnehmung der Städte - nach innen wie außen - eine entscheidende Rolle. In der aktuellen Konkurrenzsituation ist es wichtig geworden,

»ein möglichst markantes Selbst- und Außenbild vorweisen und kommunizieren zu können; ein Prozess, in dem die Architektur nicht selten die Rolle einer unterstützenden Bildproduzentin übernimmt«[38]. Identität entsteht u.a. über das Erzählen von Geschichten, und eine Stadt erzählt ihre Geschichte entlang ihrer Bauten. »Allerdings trifft jede Entscheidung über Erhalt, Abriss oder Rekonstruktion baulicher Strukturen eine Auswahl aus vergangenen Zeitschichten und bringt andere Vergangenheiten zum Verschwinden.«[39]

Es stellt sich also die Frage, wer wessen Geschichte erzählt. Es nimmt daher nicht wunder, dass Entscheidungen über den Erhalt oder den Abriss von Bauwerken sowie über Eingriffe in städtebauliche Ensembles so häufig umstritten sind. Stadterneuerungsprojekte aber müssen immer die Frage nach Erhalt und Abriss von Bauwerken stellen. Die Relation zwischen Erfordernissen aktueller Um- und Neunutzungen und der materielle Erhalt baulicher Strukturen als Zeugnisse älterer Baukultur und Lebensweisen müssen im ortsspezifischen Kontext immer neu verhandelt werden.

Gelebter Raum

Image und Atmosphäre kann man – in einem gewissen Umfang – erzeugen. Wenn jedoch alle Städte und Regionen das gleiche Alleinstellungsmerkmal – (Bau-)Kultur – für sich beanspruchen, führt dies zu einem »Überfluss an Ikonen, an Stätten des Weltkulturerbes, an umgenutzten Hafenanlagen, an sanierten innerstädtischen Industriebrachen«[40] und damit

»zu einer merkwürdigen Situation, in der jeder mit jedem wetteifert. Das Sichtbare eines einmaligen Angebots wird plötzlich zu einem überall gegenwärtigen Angebot: Jede Stadt hat zumindest einen Hafen, eine Industriebrache, ein Museum und so weiter.«[41]

Eine weitere Musealisierung und Kommerzialisierung historischer Bausubstanz ist daher auch aus wirtschaftlichen Gründen fragwürdig. Eine alltäglich genutzte historische Bausubstanz hingegen erinnert »an die abgelebten Möglichkeiten städtischen Lebens«[42] und hält das Wissen wach, »dass auch die gegenwärtige städtische Realität nur eine von vielen Möglichkeiten städtischen Lebens darstellt«[43].

Die gewisse gestalterische Prägnanz historischer Bausubstanz eröffnet einerseits Möglichkeiten der Identifikation und lässt andererseits, da die Nutzung nicht mehr vorgegeben ist, Spielräume der Aneignung – Möglichkeitsräume – offen. Die Nutzung historischer Bausubstanz kann somit einen Beitrag zum *re-embedding*, zur Rückbettung bzw. Rückaneignung »an lokale raumzeitliche Gegebenheiten«[44] leisten, denn für Menschen persönlich bedeutsame Orte entstehen erst im Gebrauch. Räume, deren Bedeutung nicht eindeutig festgelegt ist, bezeichnet der Psychoanalytiker Winnicott als Möglichkeitsräume.

»Diese Räume benötige das Kind, um sich als selbstständige Person entwickeln zu können. Möglichkeitsräume kann das Kind mit eigenen Bedeutungen besetzen, und indem es dies tut, erfährt es sich selber als aktives, eigenständiges, seine Umgebung gestaltendes Subjekt und übt sich zugleich in der Aneignung seiner Umwelt. Das Gehäuse einer vergangenen gesellschaftlichen Formation, das seine Zwecke überlebt hat und nun für ganz andere Zwecke in Dienst genommen wird, weist ökonomisch und symbolisch jene Überschüsse und Hohlräume auf, in denen sich Fantasie entfalten kann.«[45]

Menschen, die sich ständig in global determinierten Aktionsmustern bewegen und behaupten müssen, haben nicht nur ein Bedürfnis nach einer Home- bzw. Ausgangsbasis, sondern möchten sich auch »kulturell mit einer

›Heimat‹ identifizieren«[46] können. Diese Wünsche nach Beheimatung und Verortung sind in der Planung und bei der - heftig umstrittenen - »Konstruktion von Orten und Identität« ernst zu nehmen. Architektur und Stadtplanung sind also mit der Herausforderung konfrontiert, den Bewohnern einer Stadt oder Region eine materielle Struktur zur Verfügung zu stellen, die einerseits ausreichend Spielraum für die räumliche Entfaltung der Bewohner - einen Spielraum für ein gewisses Spektrum an Handeln und Gebrauch - lässt und andererseits über die notwendige architektonische Prägnanz verfügt, die eine emotionale Ortsbezogenheit ermöglicht.

Endnoten

1 Robertson, Roland, Glokalisierung: Homogenität und Heterogenität in Raum und Zeit, in: Beck, Ulrich (Hg.), *Perspektiven der Weltgesellschaft*, Frankfurt am Main 1998, 210.

2 Schievelbusch, Wolfgang, *Geschichte der Eisenbahnreise. Zur Industrialisierung von Raum und Zeit im 19. Jahrhundert* [1977], Frankfurt am Main–Berlin–Wien 1979, 18.

3 Vgl. Häußermann, Hartmut / Siebel, Walter, *Soziologie des Wohnens. Eine Einführung in Wandel und Ausdifferenzierung des Wohnens*, Weinheim–München 1996, 21.

4 Giddens, Anthony, *Konsequenzen der Moderne*, Frankfurt am Main 1995, 30.

5 Ebd., 85.

6 Vgl. Robertson, Glokalisierung: Homogenität und Heterogenität in Raum und Zeit, in: Beck (Hg.), *Perspektiven der Weltgesellschaft*, 202.

7 Ebd., 210.

8 Hauser, Susanne, Orte und Identitäten. Zur Einführung, in: Hauser, Susanne / Kamleithner, Christa / Meyer, Roland (Hg.), *Architekturwissen. Grundlagentexte aus den Kulturwissenschaften. Zur Logistik des sozialen Raums*, Bd. 2, Bielefeld 2013, 26.

9 Ebd., 33.

10 Robertson, Glokalisierung: Homogenität und Heterogenität in Raum und Zeit, in: Beck (Hg.), *Perspektiven der Weltgesellschaft*, 199.

11 Vgl. Giddens, *Konsequenzen der Moderne*, 103.

12 Vgl. Robertson, Glokalisierung: Homogenität und Heterogenität in Raum und Zeit, in: Beck (Hg.), *Perspektiven der Weltgesellschaft*, 196.

13 Ebd.

14 Giddens, *Konsequenzen der Moderne*, 24.

15 Vgl. Brake, Klaus, Reurbanisierung – Interdependenzen zum Strukturwandel, in: Brake, Klaus / Herfert, Günter (Hg.), *Reurbanisierung. Materialität und Diskurs in Deutschland*, Wiesbaden 2012, 23.

16 Ebd., 23f.

17 Vgl. Hauser, Susanne, Märkte, Eigentum und Verwertung. Zur Einführung, in: Hauser u.a. (Hg.), *Architekturwissen. Grundlagentexte aus den Kulturwissenschaften. Zur Logistik des sozialen Raums*, 304.

18 Robertson, Glokalisierung: Homogenität und Heterogenität in Raum und Zeit, in: Beck (Hg.), *Perspektiven der Weltgesellschaft*, 201.

19 Ebd., 198.

20 Brake, Reurbanisierung – Interdependenzen zum Strukturwandel, in: Brake / Herfert (Hg.), *Reurbanisierung. Materialität und Diskurs in Deutschland*, 26.

21 Ebd.

22 Vgl. Eisinger, Angelus / Seifert, Jörg, *urban reset. Freilegen immanenter Potenziale städtischer Räume*, Barcelona–Basel–New York 2012, 7.

23 Hauser, Susanne, Industrieareale als urbane Räume, in: Walter Siebel (Hg.), *Die europäische Stadt*, Frankfurt am Main 2004, 148.

24 Vgl. Feuerstein, Christiane, Anfänge der sanften Stadterneuerung. Die Entdeckung der alltäglichen Stadt, in: Feuerstein, Christiane / Fitz, Angelika, *Wann begann temporär? Frühe Stadtinterventionen und sanfte Stadterneuerung in Wien*, Wien–New York 2009, 44ff.

25 Siebel, Walter, Einleitung: Die europäische Stadt, in: Siebel (Hg.), *Die europäische Stadt*, 49f.

26 Vgl. Curtis, William J. R., Anmerkungen zum „Bilbao-Effekt", in: Wang, Wilfried (Hg.), *Kultur:Stadt*, Zürich 2013, 58ff.

27 Plaza, Beatriz, Der »Bilbao-Effekt«, in: Wang (Hg.), *Kultur:Stadt*, 62.

28 Vgl. Curtis, Anmerkungen zum »Bilbao-Effekt«, in: Wang (Hg.), *Kultur:Stadt*, 60.

29 Urban Redevelopment Authority (URA), Singapur, Zitiert nach: Plaza, Der »Bilbao-Effekt«, in: Wang (Hg.), *Kultur:Stadt*, 63.

30 Ebd.

31 Vgl. http://iba-stadtumbau.de (19.08.2013).

32 Vgl. http://www.kulturstiftung-des-bundes.de/cms/de/programme/kunst_und_stadt/archiv/schrumpfende_staedte.html (19.08.2013).

33 Robertson, Glokalisierung: Homogenität und Heterogenität in Raum und Zeit, in: Beck (Hg.), *Perspektiven der Weltgesellschaft*, 193.

34 Vgl. Feuerstein, Anfänge der sanften Stadterneuerung. Die Entdeckung der alltäglichen Stadt, in: Feuerstein / Fitz, *Wann begann temporär? Frühe Stadtinterventionen und sanfte Stadterneuerung in Wien*, 18.

35 Hauser, Märkte, Eigentum und Verwertung. Zur Einführung, in: Hauser u.a. (Hg.), *Architekturwissen. Grundlagentexte aus den Kulturwissenschaften. Zur Logistik des sozialen Raums*, 299.

36 Hauser, Orte und Identitäten. Zur Einführung, in: Hauser u.a. (Hg.), *Architekturwissen. Grundlagentexte aus den Kulturwissenschaften. Zur Logistik des sozialen Raums*, 26.

37 Vgl. Helbrecht, Ilse, Stadt- und Regionalmarketing: Neue Identitätspolitiken in alten Grenzen, in: Scholz, Christian (Hg.), *Identitätsbildung: Implikationen für globale Unternehmen und Regionen. Strategie- und Informationsmanagement*, München 2005, 197.

38 Ebd., 26.

39 Ebd., 29.

40 Thierstein, Alain, Die Kreativwirtschaft und die Wissensökonomie, in: Wang (Hg.), *Kultur:Stadt*, 45.

41 Ebd., 45.

42 Siebel, Einleitung: Die europäische Stadt, in: Siebel (Hg.), *Die europäische Stadt*, 49f.

43 Ebd., 49f.

44 Giddens, *Konsequenzen der Moderne*, 102.

45 Siebel, Einleitung: Die europäische Stadt, in: Siebel (Hg.), *Die europäische Stadt*, 49f.

46 Vgl. Brake, Brake, Reurbanisierung – Interdependenzen zum Strukturwandel, in: Brake / Herfert (Hg.), *Reurbanisierung. Materialität und Diskurs in Deutschland*, 26.

Energiefeld Störungszone

Blanka Stipetić

Betrachtet man Berlin vom Weltall aus, erkennt man auch nach 30 Jahren noch, wo die Mauer stand. Im Ost- und Westteil der Stadt wird eine unterschiedliche Beleuchtungstechnik verwendet, die bei Nacht und aus weiter Ferne erkennen lässt, dass wir auf eine Grenzregion blicken. Man könnte nun aus diesem Bild schlussfolgern, dass Grenzen niemals wirklich ganz verschwinden oder aber dass man manchmal die Perspektive ändern, heran- oder wegzoomen muss, um Grenzen zu erkennen, die sich nicht auf den ersten und manchmal nicht einmal auf den zweiten Blick erkennen lassen. Berlin eignet sich besonders für eine Grenzbetrachtung, da sich wie unter einem Brennglas und im Zeitraffer Entwicklungen abspielen, die ihre Entsprechung in der Entwicklung Europas finden. Blicken wir also zunächst nach Berlin.

Der Bau der Berliner Mauer schuf eine Grenze, die sichtbar, unüberwindbar und tödlich war. Nach 28 Jahren fiel diese Mauer. Die hässliche Narbe, die sie hinterlassen hatte und auf die man noch jahrelang bei Streifzügen durch die Stadt immer wieder stieß, ist heute kaum noch sichtbar. Berlin ist zu einer Stadt geworden, einer Stadt, die alles Mögliche ist, piekfein und schmuddelig, hip und altmodisch und nicht zuletzt deutsch und kosmopolitisch. Die »Störungszone« Mauer hat sich beruhigt. Doch zoomen wir etwas näher heran.

Nach dem Fall der Mauer entstanden Freiräume. Insbesondere für Künstler boten sich auf einmal unbeschriebene, buchstäblich weiße Flecken, in Form von brachliegendem Gelände, leer stehenden Fabriken und unsaniertem, vielseitig nutzbarem Wohnraum. Arrivierte Künstler konnten sich austoben und der bezahlbare Wohn- und Arbeitsraum ließ eine reiche Subkultur erblühen. Plätze und Straßenzüge wurden neu gestaltet und bebaut, ein Regierungsviertel wurde buchstäblich aus dem Boden gestampft.

Mit der zunehmenden Attraktivität Berlins setzte jedoch eine Verdrängung der alteingesessenen Bewohner ein, weil zahlungskräftigere Menschen aus dem Westen Deutschlands oder anderen Ländern ganze Stadtteile »aufkauften«. Dies führte zu rasant steigenden Mietpreisen und zu ganz neuen Störungszonen. Als Beispiel für die Entwicklung der letzten Jahre schauen wir uns den Berliner Bezirk Prenzlauer Berg genauer an.

Als ehemaliger Arbeiter- und Künstlerbezirk ist der Prenzlauer Berg heute ein idyllisches Viertel mit ausgeprägter Cafékultur. Alles wirkt gesittet, harmonisch, ökologisch. Hier leben hipe Akademikerfamilien mit ihrem Nachwuchs, gut situierte Senioren und Studenten, die es sich leisten können – in den Medien auch als Café-latte-Fraktion verschrien. Ausgerechnet hier nun entspinnt sich eine nahezu absurde Geschichte, die zunehmend an Fahrt gewinnt.

Ins mediale Interesse geriet das Ganze, als Wolfgang Thierse, deutscher Bundestagsvizepräsident, sich in einem Interview mit der Berliner Zeitung u.a. folgendermaßen äußerte:

> »Ich ärgere mich, wenn ich beim Bäcker erfahre, dass es keine Schrippen gibt, sondern Wecken. Da sage ich: In Berlin sagt man Schrippen, daran könnten sich selbst Schwaben gewöhnen.[1]

Und er wünscht sich weiter, »dass die Schwaben begreifen, dass sie jetzt in Berlin sind. Und nicht mehr in ihrer Kleinstadt mit Kehrwoche.«

Die schwäbische Politprominenz ließ den Affront nicht unbeantwortet: Gunther Öttinger (EU Energiekommissar): »Ohne die Schwaben wäre die Lebensqualität in Berlin nur schwer möglich. Denn wir zahlen jedes Jahr viel Geld über den Länderfinanzausgleich ein.«[2] Dirk Niebel (Deutscher Entwicklungsminister): »Die Schwaben in Berlin passen zum modernen Deutschland weitaus besser als mancher pietistische Zickenbart.«[3] Cem Özdemir (Parteivorsitzender der Grünen): »Die Berliner sollen uns Schwaben dankbar sein.«[4]

Die am Prenzlauer Berg ansässigen Schwaben antworten mit einer Spätzle-Attacke auf das Käthe-Kollwitz-Denkmal, den geografischen und kulturellen Mittelpunkt des Bezirks. Sie fordern in einem ironischen Manifest ein freies Schwabengebiet, genannt Schwabylon. Die Gegenseite wiederum beschmiert eine Büste des schwäbischen Philosophen Hegel mit Currysoße und fordert – inzwischen ist der Ton nicht mehr ironisch oder satirisch – die Schwaben auszubürgern. Im begleitenden Manifest heißt es dazu:

> Der in Stuttgart geborene Philosoph Georg Wilhelm Friedrich Hegel hatte von 1818 bis 1831 einen Lehrstuhl an der Berliner Universität inne. Sein schwäbisches Zischeln legte er nie ab. Er ist nicht nur der Urvater der schwäbischen Besatzer Berlins. Er ist auch die schwäbische Urkatastrophe des 20. Jahrhunderts. Über Marx gelangte seine Dialektik zu Lenin, von Moskau gelangte sie zurück nach Ostberlin. Wegen Hegel war Berlin 42 Jahre geteilt. Geteilt ist es auch nach der Wende: in schwäbische Invasoren und Berliner.[5]

Des Weiteren fordern die Verfasser des Manifests, ein Übergangsquartier für »Displaced Swabians« einzurichten und sie dann bis Ende des Jahres endgültig nach Schwaben zu verabschieden. Das Ganze hat hier schon längst den Bereich der Satire verlassen. Inzwischen springen Leute auf diesen Zug auf, deren Äußerungen alles andere als witzig sind. Sie beschmieren Wände mit Grafitti wie: *Schwaben raus - Tötet Schwaben - Schwaben verpisst euch.* Das ist mittlerweile an vielen Stellen des Prenzlauer Bergs zu lesen. Und vielleicht als Höhepunkt, weil man damit sofort eine andere Zeit assoziiert: *Kauft nicht bei Schwaben.* Der Schwabe ist zur Inkarnation eines Wohnraum fressenden, Preis treibenden Monsters geworden, sogar über die Berliner Grenzen hinaus. »Schwaben zurück nach Berlin«, fordert ein Grafitti vor dem Leipziger Hauptbahnhof. In Berlin ist »Schwabe« nicht mehr das einzige Feinbild. In der ganzen Stadt ist der »Tourist« im Allgemeinen zum bösen Kumpel des »Schwaben« geworden.

Dies geschieht in einer Stadt, die symbolisch für das Zusammenwachsen von Ost und West steht. Symbol nicht nur für die deutsche Wiedervereinigung, sondern auch für den Wegfall des Eisernen Vorhangs. Einer Stadt, die von außen betrachtet zu einer Ikone geworden ist, zu einem magischen Anziehungspunkt für junge und kreative Menschen aus aller Welt. Einer Stadt, die gerade wegen ihrer Widersprüche und Reibungen inspiriert und bewegt. Berlin und der Prenzlauer Berg sind ein Beispiel dafür, wie Interessenkonflikte in einem nationalen bzw. ethnischen Kontext ausgefochten werden. Durch Feindbilder werden tiefergehende Probleme artikuliert. Ob wir auf Berlin blicken, auf das Baskenland, die Vojvodina oder Bosnien, immer geht es um unterschiedliche Interessen, um Bevölkerungsteile, die sich gegenüber anderen Bevölkerungsteilen im Nachteil sehen. Das Unvermögen, die eigenen Interessen auf eine demokratische und zivilisierte Art und Weise zu artikulieren, bzw. das Gefühl, dies nicht wirkungsvoll tun zu können, führen zu Nationalismus.

Die Grenzregion Berlin entwickelt sich weiter und sortiert sich neu nach Kriterien, die nicht Nationalität, Kultur oder Religion heißen, sondern, zumindest scheinbar, Einkommenshöhe. Wer reich ist, wohnt im

Prenzlauer Berg, und wer arm ist, muss in die Platte nach Marzahn. Wenn wir nun aber arm und reich durch andere, gängigere Begriffe ersetzen, verändert sich das Bild erneut. Menschen mit geringem Einkommen werden in der Regel als »sozial schwach« bezeichnet. Und genau dieser Ausdruck beinhaltet vielleicht unbeabsichtigt den Kern des Problems. Wenn wir sozial als die Fähigkeit verstehen, an der Gesellschaft teilzunehmen, sie mitzugestalten und zu formen, dann bedeutet das, dass Menschen mit wenig Geld auch nur schwache Einfluss- und Gestaltungsmöglichkeiten haben. Nur wer über Geld verfügt, ist sozial stark und kann bestimmen, wie sich die Gesellschaft entwickelt. Gefühle, die damit einhergehen, sind Macht und Ohnmacht.

In Berlin werden Bezirke wie der Prenzlauer Berg, der Friedrichshain und bald auch Kreuzberg und Neukölln von Künstlern und vor allem jungen aktiven Menschen jenseits des Mainstreams erst attraktiv gemacht. Sie machen aus ehemals langweiligen Vierteln Szenebezirke, die sie anschließend verlassen müssen, weil sie die Miete nicht mehr bezahlen können. Sie müssen dem finanzkräftigen Mainstream weichen. Bei einer Umdeutung der Begrifflichkeiten wären solche Menschen sozial stark, denn sie tun etwas fürs Gemeinwesen, stehen den wirtschaftlichen Konsequenzen dann jedoch ohnmächtig gegenüber. Betrachtet man den Aspekt der sozialen Schwäche in Europa, so wird deutlich, dass wir uns auch hier einem Kernproblem annähern. Das Gefühl, nicht mitgestalten zu dürfen, ist in weiten Teilen der Bevölkerung spürbar. Brisanz erhält es im Zusammenspiel mit der Verantwortung. Ich darf nicht mitbestimmen, muss aber die Folgen mittragen. Vielleicht würde das funktionieren, gäbe es ein ungebrochenes Vertrauen in die sozial Starken unserer europäischen Gesellschaft, in die Politik oder auch in zivile Organisationen. Gäbe es ein klar definiertes Ziel, dem alle gemeinsam zustreben. Aber es gibt keine einheitliche europäische Vision. Stattdessen stolpern und straucheln wir von Krise zu Krise und fragen: Wozu? Wohin?

Es gibt in Europa wahrscheinlich keine andere Grenzregion, die so viele Voraussetzungen hätte, zu einem europäischen Vorbild zu werden, wie Berlin. Vielfalt ist ein Kriterium, das Berlin auf allen Ebenen erfüllt. Jeder Bezirk hat sein eigenes typisches Straßenbild, oft eine ganz eigene Architektur. Migranten aus Europa, dem arabischen und asiatischen Raum prägen das Stadtbild und bereichern nicht nur die kulinarische Vielfalt vom Imbiss bis zum Edelrestaurant. Die Theater-, Musik- und

Literaturszene spielt sich zwischen Hoch- und Subkultur ab, in allen Variationen. Kulturelle Veranstaltungen, die oft interkulturell und Kunstsparten übergreifend sind, leben vom ehrenamtlichen Engagement junger kunstbegeisterter Menschen. Und natürlich führt diese Vielfalt zu Reibungen und lässt Brennpunkte entstehen, ob in Neukölln oder im Prenzlauer Berg. Doch im Unterschied zu anderen europäischen Städten könnte Berlin auf etwas zurückgreifen, das andere nicht haben: auf eine Geschichte, die alles bietet, um zu einem Mythos zu werden. Und ich meine damit vor allem die jüngste Geschichte. Der Mauerfall transportiert so viele positive Emotionen, dass es reichen müsste, um darin allen Urberlinern und Neuberlinern ein Wir-Gefühl zu vermitteln. Doch leider ist dem nicht so. Wenn Berliner in bester Absicht auf symbolische Bilder zurückgreifen, dann sind es nicht die vom Mauerfall. Als Beispiel kann ein Plakat dienen, das von der Initiative Hipster Antifa verbreitet wird. Es richtet sich gegen Schwaben- und Touristenhetze. Als Symbol für eine offene, tolerante und gastfreundliche Stadt wird ein Bild aus der Besatzungszeit gewählt. Das Motto »Party like it's 1945« greift auf eine Zeit zurück, die von den Autoren scheinbar als positiver und vereinender empfunden wird als der Fall der Mauer. Zudem ist es viel offener für Interpretationen. Was die Autoren als positiv empfinden, wird von in Berlin lebenden Amerikanern häufig missverstanden. Sie stellen die Frage: Seht ihr uns immer noch als Besatzer? Und damit geht der Schuss leider nach hinten los. In jedem Fall wird deutlich, dass naheliegendere Bilder nicht berücksichtigt wurden.

Dieses Phänomen wiederholt sich in Europa. Es gibt keine positiven Bilder, die denen von Demonstrationen gegen Deutschland, gegen die EU entgegengestellt werden. Es gibt keinen Gründungsmythos der EU, keine narrative Grundlage, die die politische Ordnung der EU untermauert. Folgt man Heribert Münkler in seiner Argumentation, dass in Ermangelung eines Mythos Schlagzeilen dessen Funktion übernehmen,[6] dann wäre Europa eng verbunden mit Krise, Schuldenberg, Zinslast, Abstufung usw. Und ganz falsch liegt man damit nicht. Europa wird als Markt wahrgenommen, der aufgeteilt ist zwischen sozial Schwachen und sozial Starken, zwischen ohnmächtigen Bürgern und mächtigen Banken, zwischen mächtigen Eliten und ohnmächtigen Bürgern. Die alten Grenzen zwischen den Ländern sind offen für Waren, nicht immer für Menschen. Noch bevor die alten Grenzen völlig verschwunden sind, entstehen neue

Grenzen, die Staaten voneinander teilen, aber auch kreuz und quer durch die europäischen Nationen gehen. Und irgendwie macht das Europa zu einer einzigen großen Grenzregion, in der sich gerade entscheidet, ob die Konflikte sich in wachsendem Nationalismus und immer lauter werdenden Rufen nach neuen Grenzen entfalten. Oder ob es gelingen wird, der Idee Europa eine Vision zu geben.

Endnoten

1 http://www.morgenpost.de/politik/article112322462/Schwaben-sollen-Schrippe-sagen-findet-Thierse.html (03.02.2014).

2 http://www.bild.de/regional/berlin/dr-h-c-wolfgang-thierse/schwaben-haben-keinen-humor-27921388.bild.html (03.02.2014).

3 http://www.welt.de/politik/deutschland/article112332113/FDP-Minister-Niebel-nennt-Thierse-Zickenbart.html (03.02.2014).

4 http://www.welt.de/politik/article112323729/Wir-Schwaben-retten-die-Lebensqualitaet-von-Berlin.html (03.02.2014).

5 http://www.schwabenausbuergern.tumblr.com/ (03.02.2014).

6 Münkler, Herfried, *Die Mythen der Deutschen*, Berlin 2009, 477ff.

Frontiere in movimento. Una regione emblematica

Cristina Benussi

In alcuni romanzi istriani si racconta di persone nate in Austria, cresciute in Italia, sposatesi sotto l'amministrazione inglese, pensionatesi in Jugoslavia, morte in Croazia, e tutto senza mai spostarsi dal luogo natale. Se fossero sopravissute, tra poco sarebbero finalmente in Europa.

Sono le frontiere, dunque, ad essersi mosse. Il paradosso è che siamo in una regione, il Friuli Venezia Giulia, in cui i confini continuano a muoversi, a partire dall'onomastica. Prima del 1918, infatti, la denominazione Venezia Giulia trovava spazio piuttosto nelle rivendicazioni irredentiste, mentre in ambito austriaco il nome dell'area dalla valle d'Isonzo all'Istria era «Litorale», inventato nel 1849 e conservato in tempi recenti in ambito sloveno (*Primorska*) per indicare una zona più limitata, estesa tra Carso e costa triestina. Tra il 1947 e il 1954 prevaleva, nelle indicazioni territoriali, la dicitura «Territorio Libero di Trieste», effimera entità statuale prodotta della conferenza di pace. Oggi la Venezia Giulia comprende Trieste e Gorizia e le rispettive province.

Se riprendiamo le categorie descrittive usate da March Bloch e Lucien Febvre sulla loro rivista *Les Annales d'histoire économique et sociale*, e privilegiamo la lettura di fatti economico-sociali rispetto a quelli politici, ci accorgiamo subito che per l'altra parte della Regione, il Friuli, il nome rimanda a una realtà più stabile. Fino al secondo dopoguerra era un'area povera, essenzialmente agraria, da cui molti emigranti erano costretti a partire, ma verso cui mandavano i loro risparmi, creando una rete robusta di solidarietà e di riconoscibilità identitaria. Tendenzialmente omogenee erano anche le parlate friulane, seppur diversamente modulate a seconda che i parlanti abitassero in pianura, in montagna o in città. L'identità veniva enfatizzata anche attraverso la fondazione all'estero di associazioni etniche, i *Fogolârs Furlans*, che ricordavano la piccola patria, la casa, la famiglia, elementi tipici di una cultura contadina. Poi, dopo il terremoto del 1976, e in sintonia con le trasformazioni economiche globali, il Friuli si è modernizzato, sia incrementando lo sviluppo della piccola e media impresa, spesso a gestione familiare, con i relativi servizi, sia investendo in cultura, di cui l'Università è forse l'emblema più vistoso. Mantiene un profilo omogeneo in cui settori primari, secondari e terziari sembrano essersi fusi e integrati verso un obiettivo comune di sviluppo. Il Friuli[1], a parte l'attuale fase di crisi che investe tutta l'Europa, si presenta come una regione economicamente forte, che guarda collaborativamente oltre gli ex confini, che sa fare impresa, insomma che si propone come parte nobile e ben identificabile di un Nord-Est europeo. L'esigenza di competere con la globalizzazione ha saputo rilanciare la specificità locale, soprattutto in alcuni settori agroalimentari, dove la *marilenghe* ha assunto un'altra connotazione: espressione non più di una parlata bassa e popolare, è divenuta esibizione di una specificità che può creare sviluppo economico, fare *distretto*, rispondendo alle grandi *corporation* con l'offerta di prodotti agroalimentari locali[2] e turistici capaci di integrarsi con quelli di Austria e Slovenia. Friulano è un marchio economico-culturale che viene reclamizzato e venduto con profitto.

Trieste ha una storia diversa: da secoli sotto l'impero asburgico, entità composita e plurietnica, dai confini mobili e permeabili, è cresciuta solo quando Carlo VI, nel 1719, la dichiarò porto franco[3]. Qui sono confluiti mercanti, artigiani, imprenditori da tutto il bacino mediterraneo, oltre che dal centro Europa. Alla guida della città si formò presto un ceto cosmopolita unito dall'interesse di reciproche relazioni di fiducia. I triestini non avevano un'identità forte: essere cittadini o residenti non faceva gran differenza e dunque le tensioni si avvertivano piuttosto nel rapporto tra il proprio status sociale e l'assunzione di oneri economici, quali il pagamento delle imposte, la partecipazione alla difesa della città o alla sua vita cerimoniale[4]. L'appartenenza municipale poteva apparire una categoria labile, tanto più che alla massa degli abitanti locali si affiancava una folla di forestieri «fluttuanti» leggermente inferiore uguale o superiore a seconda dei casi, ma sempre paragonabile in ordine di grandezza[5]. Non si chiedeva mai chi eri ma cosa eri in grado di fare, non contavano le differenze religiose o linguistiche, mentre gli scambi matrimoniali furono sempre numerosi e continui. Nell'Ottocento il criterio di cittadinanza era divenuto già meno fluido, mentre il ceto mercantile, dovendo rinegoziare il proprio ruolo nell'impero, cominciava a perdere il suo profilo cosmopolita[6]. Col Romanticismo, sui nostri confini come altrove, gli idiomi forgiati sulle identità nazionali, con i loro vischiosi poteri di identità, diventarono uno strumento centrale della concorrenza tra i tre poli dell'impero (Vienna, Praga e Trieste). La lotta pertanto non fu tanto fuori quanto dentro l'impero per la conquista del predominio.

È ben noto che a Trieste nel tempo si sono formate almeno due diverse identità, quella cosmopolita, cittadina ed europea, e quella piccolo-borghese nazionalista ed italiana. Quando, all'inizio del Novecento, si avviò il processo di ridefinizione dei linguaggi per la legittimazione della propria appartenenza, prevalse l'affermazione di italianità che divenne elemento cardine nell'agone politico cittadino. Fu messo in secondo ordine l'interesse economico, che avrebbe dovuto suggerire piuttosto fedeltà all'impero. Nonostante fosse ancora una città popolata da persone provenienti da culture e lingue diverse, e unite da incroci matrimoniali, il suo progetto cosmopolita era ormai passato in secondo piano. Era diventata la Trieste romana quella cui guardare[7]. E quello che non era successo nei due secoli precedenti, accadde col fascismo, che adottò infine la lingua come dispositivo di selezione[8].

Se il progetto cosmopolita era scomparso, dovevano essere cancellati anche i suoi lasciti, ovvero la pluralità linguistica e culturale. Con l'italianizzazione, venne la proposta di un nuovo possibile destino, quello di « porta orientale », per l'imperialismo fascista, verso i Balcani. Ma se «Trieste per gli italiani era diventata ‹ la porta orientale ›, per gli sloveni era ‹ la finestra sul mondo › *okno v svet*»[9]. La città era palesemente multiculturale e dunque, come accade spesso in questi casi, destinata a subire violenza allorché un regime totalitario, come fu quello fascista, che proprio in questa città nel 1938 annunciò le leggi razziali, impose di annientare le diversità. Come è noto, la violenza innesca meccanismi espiatori, attivati allo scopo dichiarato di purificare, eliminando qualsiasi elemento di contaminazione, come spiega bene René Girard nel suo *La violenza e il sacro*. Trieste fu dunque l'unica città italiana dove si organizzò un campo di concentramento per ebrei, slavi, zingari, ecc., allo scopo di reprimere *l'altro*.

Con la sconfitta del fascismo, e la vittoria, tra gli altri, di Tito, dopo la seconda guerra mondiale Trieste visse il dramma dell'esodo degli italiani d'Istria, e ritrovò un ruolo quale città nuovamente di frontiera, quella cosiddetto cortina di ferro, che divideva il mondo nelle due sfere d'influenza, americano e sovietico, del capitalismo e del socialismo reale. In realtà il confine era poroso, e l'antislavismo, che negava il cosmopolitismo, non vietava tuttavia ai commercianti triestini di arricchirsi con società di import-export, con reti commerciali al dettaglio alimentate anche da un poderoso flusso umano che ogni giorno attraversava la «cortina» per recarsi negli empori del borgo teresiano. La delusione per la politica nazionale[10] alimentava il rimpianto per il periodo in cui la città era parte dell'impero: lo hanno in qualche modo «mitizzato» Lino Carpinteri & Mariano Faraguna con le *Maldobrìe*, in chiave umoristica, Magris con *Il mito asburgico*, in uno stile «sublime» e, in una prospettiva multipla, Ferruccio Fölkel, con *Giallo e nero era il mio impero* e Carolus L. Cergoly, con *Il pianeta Trieste*, nel volume scritto a quattro mani, *Trieste provincia imperiale. Splendore e tramonto del porto degli Asburgo*.

Ma la città con il suo traffico di confine che ha portato nel borgo teresiano tanti acquirenti e che probabilmente si trovava all'incrocio di traffici ben più redditizi, seppur non palesi, ha assunto anche un altro volto, che comincia ad incrinare la compattezza degli altri due. Se ne è fatto interprete Mauro Covacich, intento a seguire percorsi non tanto dell'io quanto dell'immaginario contemporaneo, alimentato dall'orrore quotidiano dei reportage sulla guerra che ha insanguinato le repubbliche confinanti. Questa ha contagiato le cronache quotidiane di un opulento Nord Est invaso dalla «banalità del male», come direbbe Hanna Arendt: l'apartheid, la crudeltà dei rapporti interpersonali, la rivalità generazionale, la difficoltà ad accettare il diverso generano racconti raccapriccianti nella loro apparente normalità. Situazioni affettive, emotive, intellettuali, sociali, sessuali, biologiche sono colte nella loro degenerazione per l'intromissione di una follia che ormai fa parte della comune dimensione del vivere, accresciuta dagli imperativi posti della società dei consumi. A Covacich si deve dunque una rivisitazione del mito di Trieste, reso esplicito in un saggio di costume: con *Il piercing di Sissi* l'autore descriveva una città tutt'altro che asburgica, ma carioca, in cui fitness e godimento stanno alla base di un edonismo un po' easy going, alla californiana, che i nostri vicini friulani considerano erroneamente godereccio, «qualcosa che non si confà agli standard della produzione e del profitto nordestino»[11]. I contatti promiscui che resero la città campione di cosmopolitismo mitteleuropeo non si svelavano nei caffè letterari, ma davanti alla stazione delle autocorriere, trasformata in sala teatrale, la Tripcovich, ove nel tardo pomeriggio stazionavano sui suoi scalini ungheresi, serbi, boemi, croati in attesa che arrivasero i loro pullman per tornare a casa. Un'ora dopo signori più o meno eleganti salvano quei gradini per andare al concerto. Trieste, mare a parte, è però in questo simile a tutto il resto del mondo industrializzato e dunque anche Covacich, che scrive da un interessante punto di vista «giovanilistico», sa bene che il mito della città cosmopolita andrebbe assolutamente ridefinito ed aggiornato.

Dopo la caduta del muro di Berlino, l'apertura delle frontiere, lo spaccarsi della Jugoslavia, il sorgere di un nuovo confine interno in Istria, la città si è trovata al centro d'Europa sia sull'asse Est-Ovest che su quello Nord-Sud. Trieste, e con lei la Venezia Giulia, bisogna dunque che torni a riprogettarsi dentro gli spazi fluidi ampi e plurali in cui era nata una seconda volta nel 1719. Ma stenta a farlo, perché non sembra in grado di attrarre innanzitutto nuovi traffici o imprese, di qualunque tipo si voglia. Perciò, contrariamente a quella friulana, legata all'economia, l'immagine di Trieste, dove pur non mancano imprese, appare più consona alla cultura, ma a quella di un passato lontano, seppur dal punto di vista letterale.

Jan Assmann afferma che se «un essere umano - e una società umana - è capace di ricordare solo ciò che si può ricostruire come passato all'interno di quadri di riferimento di un presente dato, allora ciò che verrà dimenticato sarà precisamente ciò che in tale presente è privo di quadri di riferimento»[12]. Ma se tutto questo è vero, allora forse bisognerebbe recuperare altri ricordi rispetto a quelli di una storiografia che è stata tirata per le giacchetta da ideologie, irredentiste o mitteleuropee che fossero, ormai superate dai tempi. Il dialetto triestino ha componenti molto più eterogenee rispetto a quello friulano (era stato adottato quel dialetto veneto divenuta lingua franca degli spazi commerciali in tutto il Mediterraneo, ma poi entrarono termini tratti dalle più diverse lingue, greca, tedesca, slava, serba, ebraica ecc.) e non si accompagna a un prodotto innovativo[13]. Il ricordo dei tempi d'oro ha mantenuto nel tempo il mito della città che un tempo fu porto dell'impero asburgico. I monumenti più significativi restano ancora quelli letterari piuttosto che le realizzazioni materiali della creatività umana. La città continua ancora ad evocare alcuni nomi, meno quello di Slataper, più quelli di Svevo, Saba, Joyce, ecc. rappresentanti di una mitteleuropa di carta[14] che gli altri ci riconoscono ma che è difficile, stando qui, accettare come realtà davvero viva: non c'è progetto alcuno che ridia senso al mito, che è stato ripreso recentemente, questa volta non in contrapposizione alla romanità, ma al cosmopolitismo cittadino, allorché, allorquando ad esempio, nel 2000, si era parlato di costruire in città una moschea: Trieste, attraverso la stampa cittadina, si dichiarava mitteleuropea, ma nel senso di una città quasi alpina, vicina alla Padania, all'Austria e alla Svizzera[15].

Probabilmente si è commesso un errore di prospettiva esaltando questo aspetto, invocato da una categoria dello spirito percepita da alcuni intellettuali, e dimenticando la dimensione marittima di questa «enclave» adriatica, spezzata dalla sua storia, ma unificata dalla lingua, dalla sua cultura, nonché dalla sua letteratura a partire da Tommaseo. All'inizio del Novecento non c'erano confini con la Slovenia e i 57 mila abitanti di «lingua d'uso slovena» avevano fatto di Trieste la città in cui massima era la concentrazione urbana di quel popolo, che, come diceva il deputato al parlamento di Vienna Ottokar Rybar nel 1913 «Nella lotta per Trieste noi faremo il nostro interesse e l'interesse di tutti i popoli slavi»[16]. Del resto Ivan Cankar, il padre della prosa e del dramma moderno sloveno, nella sua ultima conferenza *Očiščenje in pomlajejie (Purificarsi e ringiovanire)* aveva detto che «Lubiana è il cuore della Slovenia, ma Trieste ne è il polmone»[17]. Gli ebrei, classe dirigente triestina che nei primi del Novecento dotarono la città della più grande sinagoga d'Europa, insieme ai greci, che costruirono i palazzi più prestigiosi della città, misero a disposizione i capitali necessari per fondare banche e assicurazioni, insieme a Croati e Serbi, la comunità più numerosa presente sul territorio.

La creolizzazione c'era, e si coagulava in quel frammento vitale di territorio il cui centro era il porto, fervido di attività e crocevia di arrivi e partenze. Lo mostra bene la documentazione depositata al Museo del mare relativamente ai diari dei capitani di lungo corso reclutati sul litorale tra Rovigno e le Bocche di Cattaro per le navi della marina mercantile austriaca della «Società Lloyd», dove erano imbarcati nostromi, timonieri, marinai, cuochi o semplici manovali[18]: Bugliovaz, Bogdanvich, Bussanich, Nicolich, Jurissevich, sono alcuni dei nomi che compaiono anche nelle *Maldobrie*. Non tanto la terraferma mitteleuropea, ma la fluidità del mare, luogo naturalmente di scambio, i cui confini sono le altre sponde del Mediterraneo, è stata la dimensione entro cui è ripartita la storia, le cui tracce sono ancora evidenti, seppur poco evidenziate. Eppure i segni ci sono: Fincantieri, con i suoi uffici di progettazione e i suoi cantieri navali, la Wartsila, produttrice di motori navali, un porto le cui acque sono le più profonde del Mediterraneo, un'abitudine alla vela, sport e diporto praticato da molti, tanto da ispirare il prodotto più noto di Trieste, la «Barcolana»; né va dimenticata, tra le altre, l'industria produttrice di vernici navali antivegetative, quella Veneziani che ha permesso a Svevo di cogliere le dinamiche culturali di un ceto produttivo e di scrivere il suo capolavoro. Ma anche nell'aspetto architettonico il mare è centrale: il porto vecchio, esempio ineguagliabile di archeologia industriale il cui riuso tutta la città attende; il borgo teresiano stesso, progetto architettonico unico in Europa con il suo canale pensato per portare le merci nel cuore della città, con le sue case-magazzino.

Ci piacerebbe poter applicare quelle categorie che Fernand Braudel[19] assegnava al Mediterraneo, e considerarle come proprie non di un altro mare, ma di una sua porzione nord orientale. Un confine dilatato e proteso. Certo, ci vuole ora un progetto di rilancio di respiro europeo e non basterà il ricordo seppur nobile di qualche scrittore a trattenere i nostri giovani in regione. Quell'eredità culturale potrà certamente aiutare a essere cosmopoliti di fatto, in maniera silenziosa e meno identitaria possibile: Trieste è una città che si lascia vivere e, almeno, lascia ancora vivere. Ma deve avere un progetto che non la obblighi ad entrare in conflitto con le realtà vicine, e che piuttosto contribuisca a coordinare i reciproci interessi di qua e di là del confine; la lotta sarebbe questa volta non per le conquiste territoriali, ma per le tariffe e i patti sociali. Scelte locali e globali, come è per l'economia del Friuli, dovrebbero interessare anche la Venezia Giulia, visto il futuro che ci attende. Se è vero che nel giro di 40 anni gli europei scenderanno dagli attuali 333 milioni a 242 milioni, per colmare il divario saranno necessari almeno 30 milioni di nuovi arrivi, altrimenti la nostra economia europea subirà un tracollo, e con essa lo stile di vita cui teniamo tanto. Per integrare comunità così differenti Richard Sennet suggerisce che una collaborazione informale è la via migliore per fare esperienza della «differenza»[20]. I confini probabilmente non conteranno più, l'Europa, se non ci sarà catastrofe, dovrebbe contenere lingue e popoli anche disomogenei, dentro un'unica entità, possibilmente anche economica. Dunque la comunicazione fra persone dotate di competenze diverse dovrebbe produrre interessi tanto più solidi quanto più disordinati e non regolamentati saranno gli stessi. Insomma si dovrebbe desiderare di scoprire l'altra persona senza sapere o progettare prima dove ciò condurrà. Dice bene Zygmunt Bauman[21] quando sottolinea che nella collaborazione tutte le parti devono guadagnarci, non una soltanto, e che in questo rapporto sia necessario guadagnare o perdere soltanto se lo si fa insieme. Aggiunge poi che bisognerebbe imparare innanzitutto per noi - ed è la cosa più importante - a trasmettere la nostra esperienza e il nostro sapere a tutti coloro che sono chiamati e desiderano imparare da noi. Ed è su questi temi che queste terre possono ancora insegnare qualcosa.

Se sono stati ricordati dei percorsi diversi e contraddittori che hanno contribuito a scrivere le storie della città, ciò è stato fatto per mettere in evidenza la specificità del problema. Di fatto, sappiamo bene che la nazione moderna, segnata da confini nazionali, è un'invenzione dell'Europa, esportata, nei due secoli appena trascorsi, in tutto il resto del mondo. Le nazioni della parte occidentale del nostro continente, fucine di grandi civiltà nate dalla fusione di culture ed etnie diverse, sono passate almeno attraverso un paio di momenti critici, di cui oggi portiamo le conseguenze: la purificazione unificatrice, prevalentemente di natura religiosa, e la sacralizzazione delle frontiere. La prima forza disgregatrice corre lungo l'asse dei secoli, e sorregge, come si sa, in prima battuta progetti di potere. La seconda nasce alla caduta degli imperi, napoleonico, ottomano, austro-ungarico, zarista, ecc., ed ha nuovamente un fine politico condiviso dai gruppi egemoni. Sono stati questi poi a creare, con i mezzi di comunicazione di cui hanno disposto nel tempo, l'opinione pubblica, istillando e gestendo le paure, per stabilirne poi gli antidoti. Tendenzialmente passive, le masse, sono state usate e aizzate contro i nemici di volta in volta additati come mortali, siano essi rappresentanti di altri gruppi antropologici, di altre religioni, di altre fedi politiche, di altri costumi sessuali. La storia del «capro espiatorio» è antica, anche se forse ormai pochi sono messi nella condizione di riscoprire le sue diverse incarnazioni nei secoli: il sapere umanistico, infatti, quello che è più impermeabile alle lusinghe del potere e della ricchezza, da troppo tempo è stato messo fuori causa. È giudicato inutile, improduttivo, tendenzialmente eversivo, incontrollabile. E invece è proprio da questo sapere, antieconomico, che ci vengono alcuni suggerimenti suggestivi. Gayatri Spivak propone infatti che possa essere messa da parte ogni presunzione di differenza, qualunque sia, e che si presupponga il pianeta come uno spazio collettivo in cui ogni gruppo agisca per sineddoche, ovvero pretenda di rappresentare, attraverso una sola parte, il tutto. È un'indicazione preziosa per curare una cultura che a un certo punto si è settorializzata, abbandonando ai margini del sapere lo studio dell'uomo, della sua capacità di esprimere emozioni, sentimenti, fantasie, dubbi, del suo bisogno di ritrovarsi in valori per cui val la pena lottare e di comunicare attraverso elaborazioni concettualmente universali. Ovvero ha rinunciato a considerare attivo un patrimonio artistico, letterario, pittorico, musicale, l'unico capace di dar forma a bisogni primari dello spirito che altrimenti sono difficili da riconoscere e da gestire.

Se leggiamo il romanzo che sta all'origine della tradizione narrativa occidentale, il *Chisciotte*, non dobbiamo meravigliarci se il suo autore, nella cristianissima Spagna, confessa di aver trovato quella storia in un manoscritto arabo comperato a Toledo, fatto poi tradurre da un moro. Toledo ospitava comunità arabe ed ebraiche ed era stata sede di una scuola di traduzione, dall'arabo in volgare romanzo, dal volgare in latino: decadde con la cacciata degli arabi e degli ebrei. Cervantes, creatore di un personaggio che è diventato simbolo universale di un modo d'essere uomo, era erede di una cultura rinascimentale ed umanistica che anche in Italia aveva saputo intrecciare saperi diversi, lungo assi che andavano dal Nord al Sud, e da Est ad Ovest del mondo conosciuto. L'umanesimo e il rinascimento, e anche il barocco, a partire da Leonardo per arrivare a Bruno e Galileo, consideravano tendenzialmente unitario il sapere, che si è separato in umanistico e scientifico con la nascita dell'industria, responsabile di cambiamenti epocali, sia antropologici che etici. Questa nuova realtà, per crescere, ha avuto bisogno, infatti, di tecnicizzare la scienza, ovvero di enfatizzare il mezzo senza riguardo al fine.

Così, con la vittoria inesorabile della cultura imposta dalla rivoluzione industriale, che ha creato le guerre di mercato, l'uomo non è più stato al centro del mondo, perché la logica economica mal si adatta ai suoi bisogni, piuttosto ne crea di altri, alimentando così un conformismo comportamentale ed emotivo che ha portato la letteratura e l'arte ad essere, tendenzialmente, contro quel sistema. Dal di fuori, e con la perfetta consapevolezza che la battaglia era perduta in partenza, scrittori ed artisti dall'Ottocento in poi hanno attaccato la morale distorta di una società che ha come fine supremo il denaro e che ha trasformato l'uomo in acquirente, un essere debole e succube di un sapere arrogante, che schiaccia chi non si allinea coi suoi valori, e che divide. Certo, indietro è difficile tornare, ma si può cercare di progettare un futuro che corregga, per quanto possibile, gli errori che sono evidenti non a tutti, ma certamente a chi spera che altri modelli di convivenza possano essere culturalmente attivi.

È da una prospettiva umanistica che forse, prima di parlare di unità politica ed economica d'Europa, dovremmo ripartire, una volta considerato che se il vecchio continente vuole avere una sua autonomia deve essere necessariamente multiculturale, così come plurimo è ognuno di noi. Ci vorrà ancora del tempo ma, come è emerso anche in questo convegno, sarebbe auspicabile che le nazioni comprendano di far parte di un territorio comune ben più ampio. È evidente che lo sbocco auspicabile sarebbe una federazione economica e politica. Naturalmente a nessuno sfugge che prima ogni paese deve assumersi le proprie responsabilità e lavorare perché le regole siano rispettate da tutti. La sociologia più moderna, Sennet, Bauman, Spivak, ci suggerisce che la logica va ribaltata e che i confini, se significano contrapposizione identitaria, sono non solo speciosi, ma dannosi per chiunque, se solo unificando strategie politiche ed economiche sia possibile progettare una salvezza comune. Il vincitore, altrimenti, sarà fuori d'Europa. Il dialogo, non lo scontro, lo scambio e non la colonizzazione, una volta compiuto un risanamento necessario, sembra la via per accettare la caduta di ogni frontiera nazionale, pur nell'osservanza delle più diverse, macro e micro, identità e culture. Certo, vanno a modificarsi innanzitutto modelli e costumi di vita cui eravamo da molti decenni abituati. Salman Rushdie, erede di un altro sapere, quello d'oriente ma, umanisticamente, pregno anche della cultura d'occidente, in un suo romanzo, *The Enchantress of Florence*, ci conduce dall'India fino nel cuore dell'Umanesimo e del Rinascimento italiano e dei suoi protagonisti. Dalla cultura di un paese che è ormai economicamente leader mondiale, prima che venga omologata a quella capitalistica, riceviamo dunque l'invito a calibrare i desideri su uno spettro di bisogni d'altro genere che il possesso e il potere.

A questo punto è possibile allora tornare a Trieste e alle sue frontiere in movimento, tralasciando in questo caso proprio l'aspetto che sembra più prezioso, che è il più ovvio, quello della sua multiculturalità: certo è importante che si riproponga come la città in cui la percezione dell'alterità è un dato costante, per quanto riguarda la presenza di altre culture e lingue, come quella in cui si esprime la minoranza autoctona slovena: Miroslav Košuta, Marko Kravos o Aleksij Pregarc, Alojs Rebula, e, primo fra tutti, Boris Pahor. Anche Veit Heinichen, scrittore tedesco di gialli inquietanti, ha scelto di vivere in questa città, come Khaled Fouad Allam, algerino naturalizzato italiano, ricercatore presso il nostro ateneo ed autore di molti libri su tematiche inerenti ai rapporti tra mondo arabo-islamico ed occidente. Ma l'appartenenza ad altre culture non mi sembra essere la frontiera più significativa, al di là di una memoria storica che è giusto mantenere viva, ma che forse va indirizzata verso altre finalità. Ci sono infatti confini ben più difficilmente rimovibili, come quelli di natura economica, ad esempio, o culturale per quanto riguarda la scolarità. In questo ambito Trieste è stata, a mio avviso, davvero esemplare. Quando il sud del mondo era chiamato il terzo mondo, ricordo che in città, se si vedeva un uomo di colore, non si pensava che fosse un lavoratore umile, ma probabilmente uno scienziato, di quelli che si chiudevano nelle aule e nei laboratori del Centro Internazionale di Fisica Teorica Abdus Salam, fondato nel 1964, dove s'imparavano teorie scientifiche e tecnologie da esportare nei paesi più deboli.

Questo è forse l'aspetto che più mi piace sottolineare quando si parla di frontiere e dei loro movimenti: il dono del proprio sapere, e, forse, a Trieste, la possibilità di confrontare tra di loro i due linguaggi dei due principali pilastri della cultura, quella umanistica e quella scientifica. Perché qui si potrebbe giocare il futuro, che non va lasciato andare al caso, ma che va invece stimolato, ideato, soprattutto ora che si profila un destino di impoverimento generale e di ingiustizie sociali. Avere un'idea è molto più importante ai fini del successo di quanto non lo siano il territorio, la popolazione, le risorse naturali o la leadership tecnocratica. Anzi, per dirla con una famosa frase pronunciata da Keynes durante la grande crisi del 1929, il mondo è governato quasi solo da esse. L'idealismo in questo caso ha una ragione produttiva, per questo è necessario immaginare il futuro, pensarlo prima che i suoi rudi o corrotti costruttori lo distruggano in nome di un sedicente progresso materiale e di una sedicente società del benessere.

L'incongruenza tra bisogni del capitale, ricerca tecnologica e bisogni umani era già stata segnalata dagli scrittori triestini di primo Novecento, quando stava nascendo la civiltà ora in forte crisi, quella industrial-capitalistica: Svevo e Saba, allora poco conosciuti ed ascoltati, rispetto ai portabandiera dell'irredentismo nazional-liberale, avevano ben diagnosticato il grado d'alienazione cui era giunta quella cultura diffusa e omologante. Anticipavano le riflessioni di Carlo Michelstaedter, che nella sua tesi di laurea *La persuasione e la rettorica* (1910) assegnava proprio alla facoltà analitica all'arte, scienza felicemente inesatta e capace di operare attraverso incognite infinite, la funzione primaria di mostrare le incongruenze di scelte dettate dalla *rettorica* sociale, basata sulla logica della convenienza sistemica:

> «... soltanto se questa vastità di vita viva tutta attualmente, saranno vicine le cose lontane. Soltanto se essa chieda nel presente la persuasione, essa potrà reagire in ogni presente con una sapienza così squisita ed enunciando il sapore che le cose hanno per lei, costruire la presenza d'un mondo che poi gli uomini dicano sapere o arte o sogno o profezia o pazzia a parer loro»[22].

Questa era la *persuasione*.

Il giovane goriziano lo scriveva riprendendo ed aggiornando alla luce dei nuovi sviluppi storici quanto già detto e ripetuto da Parmenide, Eraclito

Empedocle, Socrate, l'Ecclesiaste, Cristo, Eschilo, Sofocle, Simonide, Petrarca, Leopardi, Ibsen e Beethoven. Queste suggestioni sono state in qualche modo poi riprese da Bobi Bazlen, un altro intellettuale triestino che fece pubblicare i più importanti scrittori del Novecento europeo. Di cultura ebraica, come Kafka, Saba, Svevo e Michelstaedter, anche lui condannava la *rettorica*, e cercava di individuare l'impervia strada della *persuasione* per provare a vivere una vita autentica. Ma sapeva che, per mostrare le cose come davvero stavano, bisognava ribaltare la logica della vita «banale», coi suoi ideali utili alla sopravvivenza di un potere ideologico condizionante e castrante. Bazlen dunque, di fronte ai miti di massa del successo, della ricchezza e della potenza sessuale, giunse a teorizzare, attraverso il riuso di archetipi antichi, la superiore saggezza di un soggetto debole e la bellezza del naufragio. Questo dunque potrebbe essere il destino dell'uomo che non si fa difensore di una Kultur, quale che sia, e che preferisce fluttuare nel perenne divenire del tao, comprensivo di ogni cosa e del suo opposto, per trovare altre vie in un sistema che ha organizzato un mondo secondo tautologie assurde.

Dunque se frontiere nazionali, culture, ricostruzioni storiche, miti, in questa piccola porzione di una regione più ampia si sovrappongono e si moltiplicano senza azzerarsi, se è aperto il carattere di una letteratura capace di teorizzare la polivalenza, allora si può sperare che davvero un'altra barriera possa andare in frantumi: la contrapposizione tra ideali di una cultura che mette al centro la persona, e quelli di un'industria che deve tener d'occhio il profitto. Mi piace concludere riprendendo alcune riflessioni di un triestino che qui è stato citato solo di sfuggita e che non è tra quelli di cui si parla spesso, Scipio Slataper. Le sue tre anime, italiana, slovena, tedesca, gli impedirono di considerare separatamente le tre possibili identità e dunque, di fronte all'ipotesi della guerra, la prima guerra mondiale, gli proibirono di considerare il conflitto una forma di conquista territoriale. Al contrario, al possibile vincitore, chiunque sarebbe stato, raccomandava di amare il nemico vinto, di non usurparne il territorio e di non voler distruggere la sua cultura: era il federalismo che auspicava, non l'annessione. Lo scrive nel *Mio Carso* (1912), mentre infuria la guerra di Libia, coloniale dunque, e le tensioni che si avvertivano nell'aria non lasciavano prevedere sui tempi lunghi la pace in Europa. Il giovane protagonista, vagando tra magazzini e depositi sulle banchine della città da cui salpavano navi per tutto il mondo, si compiaceva della vista di tante merci che davano potere e ricchezza e lavoro a Trieste. Ma, provato il dolore per il suicidio della donna amata, comincia a vedere diversamente il lavoro, che dà ricchezza ma il cui valore forse va rapportato ad altre dimensioni dell'anima. Non più strumento di realizzazione, sociale e morale, in quanto sfruttamento dell'uomo sull'uomo, diventa così ai suoi occhi viatico per l'espiazione delle proprie colpe. «Amare e lavorare» è l'endiadi di un finale che nel romanzo ribalta il punto di vista del mercante, e ne fa un ideale che contempla la dedizione all'altro, così come, in caso di guerra, prevede comunque una fratellanza tra vincitore e vinto: «vi tendiamo la mano, e vi preghiamo d'essere giusti con noi come noi cerchiamo d'essere giusti con voi. Perché noi vi amiamo, fratelli, e speriamo che ci amerete. Noi vogliamo amare e lavorare»[23].

Credo che questo auspicio, la rinuncia al profitto per il rispetto dell'altro, possa minare tutte le frontiere, e non mi stupisce che un messaggio del genere, capace di rimescolare saperi e ideali, sia potuto giungere da uno scrittore triestino che nel 1915 morì volontario sul Podgora. La frase, rivolta alla sua città, continuava nei modi che prevedono sacrificio in cambio del privilegio di aver avuto in dono da lei un' «anima in tormento»: «Noi ti vogliamo bene e ti benediciamo, perché siamo contenti di magari morire nel tuo fuoco»[24].

Endnoten

1 Il Friuli ha una rappresentazione più coesa, anche perché, probabilmente, facendo parte per un periodo molto più ristretto di un impero dai confini in assestamento continuo, come quello asburgico, ha avuto una storia non solo più omogenea, ma anche caratterizzata da un'evoluzione improntata a valori coesi e riconosciuti da una collettività estesa.

2 Sono alcuni temi ripresi dagli autori di un volume curato dalla Provincia di Udine, AAVV, *Lingue minoritarie e identità locali come risorse economiche e fattori di sviluppo*, Udine 2004.

3 Cfr: Andreozzi, Daniele, in: Andreozzi, Daniele/Finzi, Roberto/Panariti, Loredana, *Lo specchio del confine. Identità, economia e uso della storia in Friuli Venezia Giulia (1990–2003)*, numero monografico de «Il Territorio», 21/22, XXVII, 32–49.

4 Cerutti, Simona/Descimon, Robert/Prak, Maarten, Premessa, in: *Quaderni storici* 89 (1995), 282.

5 Gatti, Carlo, Numeri, forse uomini. Riflessioni quantitative sulla Trieste di metà Settecento, in: Andreozzi, Daniele/Gatti, Carlo (eds.), *Trieste e l'Adriatico. Uomini, merci, conflitti*, Trieste 2005, 35–72.

6 L'avvio della trasformazione da emporio a porto di transito, infatti, con la maggiore articolazione della società locale, e il minor afflusso di ricchezze, provocarà la segmentazione degli interessi in campi non più riassumibili nel ceto mercantile, che perdeva le sue connotazioni di ceto dirigente e cosmopolita. Uno dei paradigmi che più ha influenzato la storiografia su Trieste è l'evidenziazione del ruolo centrale, dal 700 ai primi anni del XX secolo, dei legami della città col suo retroterra danubiano balcanico e la conseguente dissociazione tra la razionalità economica che la spingeva verso la fedeltà all'impero asburgico e l'idealità politica che la portava a parteggiare per il Regno d'Italia.

7 Vivante, Angelo, nel suo *Irredentismo adriatico*, Firenze 1912, La Voce, 1912, lo aveva subito notato: nazionalisti ed antislavi erano i piccoli borghesi; i proletari privi di coscienza e di classe e di stirpe eranó indifferenti alla nazionalità, così come l'alta borghesia.

8 Walter, François, Frontiere, confini e territorialità, in: *Storica* 19 (1991), 138.

9 Marta Ivašič, Lessico familiare: l'uso delle parole quando si parla di storia, in: AA.VV. *Frontiere invisibili? Storie di confine e storie di convivenza*, a cura di Anna Maria Vinci, Trieste 2010, 31. Anche la « landa carsica », come viene comunemente denominata, cioè un luogo piano e deserto, è in sloveno *kraška gmajna*, la terra della comunità, dei pascoli, dei boschi e degli stagni comuni, dal tedesco *gemeinde*», ibidem.

10 Intanto, alla fine degli anni 70, intellettuali e professionisti triestini hanno dato vita al movimento del Melone, che ha intercettato un generalizzato sentimento anti – partitico prima che antipolitico. Evento scatenante non fu tangentopoli ma il trattato di Osimo con cui si chiudeva la partita riguardo ai destini dell'Istria ed egli istriani.

11 Covacich, Mauro, Il piercing di Sissi, in: AA.VV., *Dal centro dell'Europa culture a confronto fra Trieste e i Carpazi*, Pécs 2002, 102.

12 Assmann, Jan, *La memoria culturale. Struttura e ricordo e identità politiche nelle grandi civiltà antiche*, trad. it, Bologna 1997, 12.

13 L'offerta di prodotti locali è limitata a prodotti di nicchia, vista l'esiguità del territorio agricolo a disposizione nella sua provincia, la più piccola d'Italia, seppur sia stata stimolata anche dai mutamenti climatici (olio, vino), ma il vero prodotto cosmopolita, indebolitosi il sistema economico e accentuatasi la caduta demografica, dovrebbe nascere dalla presenza dell'Università e degli importanti centri di ricerca in essa localizzati, per fare della pluralità un marchio doc. La città della scienza e del sapere invece non è mai decollata come realtà specifica e immagine centrale.

14 Cfr. Cary, Joseph, *A Ghost in Trieste*, Chicago 1993.

15 Cfr. Parotto, Giuliana, Il linguaggio del multiculturalismo. Trieste cosmopolita tra identità e differenza, in: AA.VV., *Trieste multiculturale. Comunità e linguaggi d'integrazione*, a cura di Roberto Scarciglia, Bologna 1911, 56–61.

16 Pirjevec, Marija, Una storia triestina, in: *L'altra anima di Trieste*, a cura di Marija Pirjevec, Trieste 2008, 7–8.

17 Ivi, 8.

18 Mitrović, Marija, Trieste nelle memorie marittime, in: AA.VV., *Cultura serba a Trieste*, a cura di Marija Mitrović, Lecce 2009, 187.

19 Braudel, Fernand, *Civiltà e imperi del Mediterraneo nell'età di Filippo II*, trad. it. Torino 1953.

20 Sennett, Richard, *Insieme. Rituali, piaceri, politiche della collaborazione*, Milano 2012 (*Toghether: The Rituals, Pleasurese and Politics of Coopertation*, Yale 2012).

21 Il testo parziale dell'intervento ai *Dialoghi sull'uomo* a Pistoia il 27 maggio 2012 è riportato sul quotidiano «la Repubblica» del 21 maggio 2012, 49.

22 Michelstaedter, Carlo, La persuasione e la rettorica, in: Idem, *Opere*, a cura di G. Chiavacci, Firenze 1958, 178 (appendice II).

23 Slataper, Scipio, *Il mio carso*, Firenze, « Libreria della Voce » (ristampa anastatica), 1912, 124.

24 Ibidem.

Melting pot Italian style

Patrizia Vascotto

Multicultura, intercultura - Il caso Trieste

In un'Europa teatro di nuove fortissime ondate migratorie, in un continente che ha già conosciuto nella propria storia fenomeni di integrazione culturale e di conflitti per la difesa delle micro e macroculture, in una realtà planetaria caratterizzata dalla globalizzazione a tutti i livelli di interazione societaria, si rende purtuttavia ancora necessario un chiarimento terminologico.

Multicultura è la compresenza su un territorio di culture differenti l'una dall'altra. Una semplice giustapposizione di realtà, che hanno momenti di contatto ma non necessariamente di scambio o di osmosi.

La città di Trieste, conosciuta e proposta come luogo multiculturale *par excellence*, non può però limitarsi ad esibire i reperti delle culture esistenti su una passerella o in una vetrina. Non è inoltre, la multicultura, una specificità esclusiva di Trieste. Molte città del Mediterraneo possiedono le medesime caratteristiche, e molte grandi metropoli italiane, europee e di altri continenti annoverano tra i propri abitanti individui o gruppi di individui provenienti da altri paesi e portatori di altre culture radicate sul territorio. Trieste è una città in cui, peraltro, si vedono le chiese degli Altri del passato ma non si vedono i veli e i colori degli Altri del presente, né tantomeno gli Altri (del presente e del passato) che non hanno chiese diverse.

La multicultura non è infine un obiettivo attuale - riconoscere gli Altri dovrebbe essere già scontato, fa parte della storia, non è ammissibile ignorarli soprattutto dopo 50 anni di un'Europa Unita di cui andiamo fieri, in modo particolare quando parliamo di euroregioni.

Significato ben diverso ha invece il termine *intercultura*, inteso come interdipendenza e reciprocità. Un rapporto tra culture teso quindi non solo a riconoscere ed accettare la presenza dell'altro ma soprattutto alla conoscenza delle esperienze dell'altro e allo sforzo di condividere con l'altro l'interpretazione di tali esperienze e la costituzione di un percorso comune nel presente e nel futuro. L'intercultura pertanto, fondata sul processo di confronto e di scambio, tende al cambiamento reciproco, ribadendo al contempo l'unità e la convivenza democratica nel rispetto delle specificità di ciascuno.

La progettualità di un'euroregione deve tener conto di questa precisazione e prevedere azioni finalizzate alla realizzazione dell'intercultura.

La città di Trieste, che entra di diritto – assieme alla regione Friuli Venezia Giulia – nella configurazione dell'euroregione, fa ancora fatica a riconoscere o ricordare alcune delle parti fondanti della propria storia, fa fatica ad affrontare con la distanza e l'obiettività necessarie le vicende pur drammatiche del proprio passato, tendendo a ritenerle una peculiarità unica mentre eventi analoghi si sono verificati in più parti del continente come pure in altri continenti. La mancanza di relativizzazione rende la situazione locale statica e riversa su se stessa in un processo di autocompiacimento al negativo e di consolidamento del vittimismo, impedendo concrete prospettive evolutive.

Caratteristiche queste che trapelano dalle opere di autori e artisti triestini (Italo Svevo, Vito Timmel, Giuseppe O. Longo, Fulvio Tomizza) in forma di disagio, sensi di colpa, malattia interiore, come pure dalla fortuna ottenuta dalla psicoanalisi e dalla vivacità degli studi psichiatrici. Una città, Trieste, definita «cara alla patria» dalla retorica nazional-patriottica con abitanti che però si sentono italiani «speciali» o ancora un «non luogo» (Jan Morris), una Vienna mediterranea, un mito da demitizzare sospeso tra ideale e realtà – un ossimoro, insomma. Che sia, in fondo, semplicemente una città «schizzofrenica?»

Formazione di un'identità interculturale europea

La formazione di un'identità interculturale è oggetto di molteplici studi e dibattiti.

In un'indagine dell'Unione Europea (2007)[1], i due terzi degli intervistati nei 27 paesi membri hanno dichiarato di avere abitualmente interazioni con almeno una persona di lingua, religione, appartenenza etnico-nazionale diversa. Tra essi la maggioranza sono cittadini del Lussemburgo e dell'Irlanda (82 % e 77 %), percentuali più contenute si registrano in Estonia (43 %) e Romania (44 %).

Inoltre un'ampia maggioranza di cittadini europei ritiene che la presenza di lingue, religioni e appartenenze nazionali diverse rappresentino motivo di arricchimento per il proprio paese, anche in situazioni particolari (come Malta e Cipro) in cui i dati riportano un minor interesse per questo genere di interazioni.

Il dialogo interculturale è generalmente ritenuto positivo (83 %), al pari del mantenimento delle tradizioni culturali locali e familiari (55 %), sebbene vi sia anche una percentuale piuttosto interessante (25 % – in gran parte giovani) che non ritiene questo secondo aspetto di fondamentale importanza.

Per dialogo interculturale, infine, si intende un'ampia gamma di variabili che vanno da conversazione a cooperazione, da scambio a comprensione reciproca tra nazioni, religioni e culture.

La presenza di comunità o minoranze autoctone agevola, in un determinato territorio, questo tipo di interazioni e quindi offre delle basi già in qualche modo consolidate su cui poter operare in direzione di una identità interculturale. Nel caso di un territorio di confine quale è Trieste con la regione FVG, una progettualità interculturale troverebbe quindi terreno fertile e già predisposto.

Nel percorso educativo scolastico, la pedagogia interculturale si pone come finalità l'identificazione delle strategie più adeguate a far comunicare tra loro soggetti di appartenenza culturale diversa. Ciò è tanto più semplice laddove vi siano comunità autoctone che già conoscono la lingua utilizzata dalla comunità di maggioranza. Situazione piuttosto comune lungo le frontiere degli stati europei, come in Friuli Venezia Giulia.

La pedagogia interculturale, inoltre, agisce contro il pericolo, sempre più manifesto, del riacutizzarsi di intolleranza e razzismo, comportamenti basati su stereotipi e pregiudizi che si combattono e si sconfiggono esclusivamente attraverso la conoscenza e la comprensione delle diversità e della storia degli Altri.

L'intellettuale europeo, altro soggetto cardine nel processo di consolidamento dell'identità interculturale, riceve la propria formazione plurima dal confronto e dallo scambio di reciproche esperienze; condizione già esistente – sebbene spesso unilaterale – nelle aree di frontiera.

Un'euroregione costruita attorno al vertice verso il quale convergono mondo romano, slavo e germanico, dispone di tali fondamentali presupposti in quanto la convivenza in termini di multicultura conta su secoli di esistenza. Il passo verso l'intercultura diviene quindi più breve.

L'euroregione che interessa questo territorio, risulta però, al momento, imperfetta, in quanto non comprende ancora la Slovenia, uno dei tre mondi che ne giustificano la costituzione.

La multicultura storica del continente europeo negli ultimi decenni si sta ulteriormente arricchendo, e al contempo si trova davanti ad una nuova prova (o sfida) a seguito delle ondate migratorie. L'intercultura che va perseguita è oggi maggiormente complessa in quanto la diversità religiosa appare ancora più acuita che nel passato. Nuovi moderni stereotipi e pregiudizi si profilano o si sono già affermati, complice una situazione internazionale delicata che spesso induce a generalizzazioni che non tengono conto delle specificità individuali né della contestualizzazione. Basti pensare al rapporto con la presenza islamica, fortemente compromesso dallo scenario planetario che impedisce l'approccio obiettivo con i singoli individui o con piccoli gruppi al di fuori dei loro paesi di provenienza e in una situazione di disagio determinata dalla condizione di migrante.

La città di Trieste e la regione Friuli Venezia Giulia sono già toccate da questo fenomeno, che ha avuto inizio fin dagli anni Novanta con le ondate di profughi provenienti, tra l'altro, dalla penisola balcanica a seguito delle guerre in Jugoslavia. Sulla multicultura *storica* sono andati quindi via via innestandosi nuovi rami che hanno creato un tessuto socioculturale ed anche economico profondamente mutato, in cui l'integrazione si registra non solo in ambiente italiano ma anche, per vicinanza linguistica, in ambiente sloveno, come attestano ricerche dello SLORI (Istituto sloveno di ricerca) di Trieste in merito a esempi di inserimento dei bambini immigrati dalla ex Jugoslavia anche nelle scuole del territorio con lingua di insegnamento slovena (Bogatec-Bufon, 2008).

Del resto è proprio questo fenomeno, indice del dinamismo sociale, ad aumentare da un lato le caratteristiche della pluralità culturale e dall'altro le opportunità di interscambio, conferendo al tessuto sociale di una città come Trieste una nuova vitalità che dia corpo a quello che può invece facilmente apparire come un'immagine da cartolina: un ‹mosaico di culture› che rischia di permanere nella fissità propria, appunto, di un mosaico.

Le diverse componenti culturali e linguistiche del passato emporiale della città, sono infatti oggi fortemente ridotte, e non emergono nel mondo economico-finanziario o artistico-culturale. Vale a dire che la loro presenza è oggi, per quanto numericamente in alcuni casi crescente (ad esempio la comunità serbo-ortodossa), soprattutto testimonianza del loro passato radicato in città e punto di riferimento per i connazionali che vivono nei paesi di origine di queste stesse comunità o che da lì provengono.

Sono le nuove comunità immigrate, dai Balcani come dall'Est Europa, dal Nord Africa come dall'Asia, a profilarsi come futuri soggetti di una società multiculturale che al momento non ha ancora contribuito a segnare il territorio in modo visibile come è accaduto nel passato: non vi sono infatti né grandi palazzi né luoghi di culto caratteristici degli uni o degli altri che si impongano all'occhio. Del resto anche la loro incisività sul piano economico non è ancora significativa.

Ciò non toglie che i contatti, i confronti, i contrasti e gli scambi sul piano culturale inteso nella sua accezione più ampia, siano già evidenti e tangibili.

A tale proposito Bogatec-Bufon (2008) riferiscono:

> «Due sono i processi che secondo Sciolla (2002) favoriscono la formazione di società multiculturali o multietniche: il primo riguarda i flussi migratori, il secondo invece le minoranze culturali, ovvero le comunità e i popoli che all'interno di un determinato stato sono contraddistinte da peculiarità linguistiche, religiose e/o confini territoriali e che hanno alle spalle una storia di «assorbimento» attraverso la conquista o la colonizzazione.»[2]

Nel caso di Trieste va aggiunto che la comunità nazionale slovena, di lingua e tradizione culturale diversa, è presente sul territorio da oltre un millennio, ma non è il risultato né di conquista né di colonizzazione quanto piuttosto di naturale insediamento.

I contatti tra le comunità numericamente più forti sul territorio (quella di lingua italiana e quella di lingua slovena) sono quindi radicati, a rallentare però la loro trasformazione in una società interculturale si sono frammessi eventi storici le cui ripercussioni (negative) non sono ancora completamente scomparse.

«Se l'Europa fosse partita dalla cultura ...» – Il ruolo di un'euroregione

Il progetto operativo dell'euroregione deve necessariamente tenere in debita considerazione gli aspetti culturali e di integrazione. Non è infatti sufficiente la condivisione di beni, di risorse e di servizi. «Se l'Europa fosse partita dalla cultura» è un'affermazione condizionante che deve indicare il percorso dell'euroregione. La pluralità deve divenire garante della accettazione della e ‹delle› diversità, al di là degli aspetti economici.

Nel passato di Trieste la molteplicità culturale ha ingenerato soprattutto intese economiche tra i diversi soggetti, scaturite dai forti interessi commerciali e mercantili degli stessi e dalla capacità di interagire e cooperare

– anche nella creazione di grosse realtà finanziarie quali ad esempio le Assicurazioni Generali – superando ogni barriera di ordine linguistico, religioso e culturale. Nel primo consiglio di amministrazione della compagnia assicurativa sedevano infatti assieme ebrei, protestanti, armeni, valdesi, illirici, e greci. Le richieste culturali sono state d'altra parte sostanzialmente limitate. Le ‹Nazioni› di Maria Teresa hanno ottenuto la libertà di culto (e quindi la facoltà di poter erigere delle chiese di confessione diverse da quella cattolica) e la libertà di potersi organizzare in comunità rette da statuti che realizzavano anche delle scuole per l'insegnamento e il mantenimento della lingua d'origine. Strumenti che garantivano alle comunità la salvaguardia della propria identità originaria. Ma la lingua d'uso nelle realtà economiche non era una commistione di lingue che avesse generato una qualche sorta di lingua *pidgin* bensì la lingua parlata dalla maggioranza. Questa però non assunse valore di lingua franca bensì confermò la propria priorità sugli idiomi degli altri. Inoltre non risulta che i parlanti la lingua italiana (o per meglio dire la sua varietà dialettale locale) abbiano mai appreso o utilizzato una delle altre lingue presenti in città. L'unico cambiamento è avvenuto agli inizi dell'Ottocento quando la parlata locale di chiara impronta ladina, ha lasciato il posto ad una varietà dialettale di impostazione veneziana: da un idioma sentito come rurale si è passati ad un altro considerato più adeguato alla nuova borghesia mercantile. Ma si tratta di un fenomeno interno alla comunità autoctona di origine latina, non un risultato di integrazione o di interculturalità.

Al contrario, la multicultura triestina si presenta in realtà come una cultura di base (in gran parte di origine latina ma con una forte presenza di origine slava – la comunità nazionale slovena, presente da secoli nell'area suburbana e urbana) su cui si sono inseriti alcuni elementi di provenienza diversa che si manifestano soprattutto in una certa porzione di lessico e nella tradizione gastronomica. L'integrazione, in sostanza, oltre che nell'alta finanza, è avvenuta soprattutto in cucina, dando come risultante una tavolozza culinaria che spazia dalle abitudini centroeuropee a quelle balcaniche e mediterranee.

Nel tempo presente, in cui il ruolo delle nuove comunità culturali nell'economia locale non ha ancora raggiunto vette importanti e determinanti per lo sviluppo imprenditoriale; e l'incisività delle culture sul tessuto di arrivo appare ancora labile, l'integrazione deve procedere attraverso canali diversi dal passato, perché diverse sono le caratteristiche del contatto tra comunità. E, in fondo, nel contesto attuale, appaiono più apprezzabili la conoscenza e l'integrazione sul piano socioculturale e antropologico.

L'impatto, talvolta non graduale, tra culture a volte altamente diverse, può produrre infatti da un lato irrigidimenti, conflitti, incertezze, disorientamento, ma dall'altro nuove conoscenze ed esperienze, e trasformazioni significative che incidono sensibilmente sulle identità sia del migrante che della società di accoglienza.

A ciò va aggiunto il rapporto interno alle comunità originarie (di lingua italiana e di lingua slovena), dove, come si è già visto, una vera integrazione non è stata ancora mai raggiunta.

La storia del XX secolo ha segnato in modo molto profondo entrambe le comunità, e la rielaborazione del passato e delle sue conseguenze non ha ancora raggiunto la necessaria distanza con cui deve essere affrontata. La ricerca di una *condivisione* di memorie e di dolori, nel tentativo di superare le tragedie del passato e di edificare un nuovo presente capace di favorire l'integrazione tra le due componenti culturali fondamentali della città e della fascia confinante, è un obiettivo ancora lontano. Forse anche un obiettivo impossibile. Più opportuno e realizzabile appare il conseguimento del *rispetto* delle memorie e dei dolori degli Altri. La chiave dell'intercultura sta nella conoscenza di quanto dell'Altro sia dentro ciascuno di noi. Un percorso che può passare attraverso la cultura in tutta la sua ampiezza – dall'educazione scolare al lavoro intellettuale. E che in un'euroregione potrebbe trovare spazio, risorse e sostegno economico e istituzionale.

Il terzo aspetto da considerare è il pericolo delle piccole patrie, che si ergono a difesa di un'identità sentita vacillante o minacciata. Nell'Europa che vanta l'abbattimento delle frontiere e la libera circolazione tra stati, nuove barriere simboliche vengono marcate per proteggere la specificità e l'originalità, individuando la minaccia più forte nelle migrazioni anziché nella globalizzazione dei costumi, nell'omologazione indotta dai media, nell'appiattimento prodotto dall'impoverimento dei modelli culturali, nell'individualismo orientato alla difesa del singolo (e talvolta del suo interesse particolare – in senso guicciardiniano) piuttosto che alla salvaguardia delle collettività e della solidarietà.

Uniti nella diversità, la parola d'ordine dell'Unione Europea, può restare uno slogan vuoto se non si interviene con strumenti adeguati a consolidare le diversità anche da parte di chi non ne fa parte. Le diversità intese come ricchezza sono patrimonio anche delle comunità di accoglienza (nel caso delle migrazioni) o delle comunità di maggioranza (nel caso delle minoranze linguistico-nazionali). E' soltanto nell'acquisizione delle diversità che si consolida anche l'unità, ma il processo deve necessariamente essere biunivoco.

Solo in questo modo anche l'eventuale minaccia di 'contaminazione' da parte di altre culture (soprattutto di quante siano fortemente connotate dalla pratica religiosa) o di rifiuto da parte di queste di accettare le norme societarie dei paesi di accoglienza può essere ridimensionata ed eliminata.

Forse il taglio di un'euroregione immaginata solo negli spazi nodali dei contatti interculturali - come ad esempio sul triangolo romanzo-germanico-slavo, non è sufficiente. Forse un'euroregione significativa potrebbe essere una fascia da Danzica a Fiume, oppure dall'Andalusia a Tangeri e Casablanca.

Neocosmopolitismo illuminista

Nel dibattito sulle società globalizzate si profilano con sempre maggiore intensità l'esigenza e la ricerca di un nuovo umanesimo, volto a contrastare da un lato l'eccesso di informatizzazione e di disumanizzazione di una quotidianità dominata da rapporti uomo-macchina e dall'altro il progressivo depauperamento dei valori propri dell'umanità, quali lo sviluppo dell'intelletto, la dignità dell'uomo, i diritti inalienabili, il rispetto dell'infanzia e di quanti siano, in modo diverso, emarginati.

Accanto all'aspirazione ad un nuovo umanesimo si fa strada però anche la necessità di un nuovo cosmopolitismo, che si ispiri ai valori dell'Illuminismo. L'apertura verso una dimensione non costretta da barriere geopolitiche deve produrre anche la dimensione di disponibilità e di curiosità intellettuale presupposto dell'integrazione. Assumendo come principio fondamentale la tutela dei diritti dell'uomo (libertà individuale, rispetto, dignità, lingua, religione, tradizioni) vanno ridefiniti i rapporti tra ciò che è necessario mantenere e ciò che è possibile smussare.

Con il termine cosmopolitismo intendiamo il sentirsi parte di una formazione unitaria ideale (nel nostro caso l'Unione Europea) dove ognuno possa conservare la propria distinzione nazionale.

Nella sua accezione settecentesca il cosmopolitismo si basa sull'ordine universale di cui fa spontaneamente parte ogni singolo uomo, «cittadino e abitante del mondo», quindi esso implica lo spirito di collaborazione e di solidarietà sociale condiviso anche da Rousseau il quale inoltre sostiene la necessità di perseguire il cosmopolitismo senza però rinnegare un sentimento patriottico nazionale.

A tale proposito va rivisitato il senso di appartenenza patriottica nazionale o appartenenza nazionale.

La già citata indagine tra i cittadini dei paesi membri dell'UE approda infatti alla conclusione che la disposizione cosmopolita, in cui l'apertura verso altre culture *non* si accompagna con la necessità di mantenere consapevolmente le proprie tradizioni, è più diffusa nei paesi del nord, specie nell'ambito dell'Europa a 15 (Danimarca 56 %; Svezia 48 %; Olanda 46 %). I cittadini dei nuovi stati membri sono comunque favorevoli alle diversità ma al contempo inclini a conservare la propria cultura, come dimostrano ad esempio Polonia (75 %), Repubblica Ceca e Cipro (entrambi 74 %).

Qualche esempio concreto

L'associazionismo culturale è un ulteriore soggetto che può agire nel processo di integrazione culturale.

Nella città di Trieste vi sono numerosissime realtà associative costituitesi a scopo di promozione e mediazione culturale che si configurano come organizzazioni di differenti tipologie e che perseguono un medesimo scopo: la conoscenza delle diverse culture e la diffusione della loro presenza in città.

Alcune altre, operanti già da decenni, si impegnano a favorire quanto più possibile la diffusione di conoscenza ed esperienze dell'Altro nel territorio di confine, in particolar modo con l'obiettivo di contrastare le conflittualità radicatesi nel secondo Novecento.

Il loro interesse riguarda soprattutto i rapporti tra maggioranza di lingua italiana e minoranza nazionale slovena *(Gruppo 85)*, e i rapporti tra le comunità istriane giunte in Italia dopo il Memorandum di Londra e quelle che hanno invece scelto di rimanere oltre confine *(Circolo di cultura istroveneta Istria)*.

Molti i progetti già realizzati ed avviati negli anni da queste associazioni: da convegni internazionali su temi di interesse transfrontaliero, a corsi di formazione per docenti e studenti. Attorno a tali iniziative si è già costituito un polo operativo che coinvolge - sebbene in modo non sempre sistematico - anche delle realtà istituzionali, quali le amministrazioni locali e istituzioni culturali (biblioteche civiche e statali, università, teatri).

In un progetto culturale dell'Euroregione prassi già avviate quali queste indicate a titolo esemplificativo potrebbero costituire un punto di partenza concreto che troverebbe potenziamento e riconoscimento in un contesto istituzionale di portata ancora più ampia.

Il nodo centrale dell'intercultura e dell'integrazione non è infatti presentare le diversità bensì, a partire da tali diversità elaborare un progetto comune a beneficio della società nella sua interezza. Partendo dalle singole differenti esperienze, conoscenze, sensibilità, tradizioni, affrontare un tema o più temi e trovarvi una soluzione comune.

Le diversità, nel territorio di Trieste e del Friuli Venezia Giulia, già esistono e in parte sono già avviate su una strada di integrazione. Ciò che è necessario è fornire loro gli strumenti e le opportunità per creare e progettare assieme, favorendo l'inserimento a tutti i livelli sociali, economici, politici e culturali dei soggetti provenienti da aree culturali differenti.

Riprendendo il titolo

Melting pot è un'espressione che indica un contenitore in cui degli elementi si fondono per creare un prodotto originale risultato dalla commistione degli elementi di partenza in cui questi condividano tratti comuni.

Un ottima metafora per indicare l›intercultura, che deve essere quindi integrazione e non insieme di separatezze.

Italian style può indicare due cose diverse, entrambe caratteristiche del paese dell'Italia: lo stile italiano, noto ed apprezzato in tutto il mondo, ma anche ‹alla maniera italiana›, anche questa nota in tutto il mondo ma talvolta non esattamente apprezzata perché indice di certa faciloneria e superficialità.

Le risorse che Trieste possiede, la sua anima imprenditoriale non del tutto sopita, il suo antico cosmopolitismo soffocato da una storia spesso spietata, possano contribuire affinché la varietà culturale di questo territorio diventi un vero e proprio melting pot, esempio del più nobile stile italiano.

Endnoten

1 http://ec.europa.eu/public_opinion/index_en.htm

2 Bogatec, Norian / Bufon, Milan, *Pre-misliti manjšino. Slovenci v Italiji in skupni slovenski kulturni prostor po padcu meje. Anketa med člani slovenskih društev v Italiji*, Trieste 2008.

Letterature «minori», identità culturale e globalizzazione[1]

Helena Peričić

Quando, qualche anno fa, scrivevo di lingue «minori» e delle relative letterature, avevo pensato di collegare la cultura a cui appartengo all'immagine della sponda croata dell'Adriatico, bagnata dal mare: se vi s'immerge il dito – vi si tocca il mondo intero.[2] La posizione adriatica, mediterranea, centroeuropea o, a seconda del punto di vista, europea orientale dell'area in cui sono nata e vivo – l'area della piccola Croazia, con la sua letteratura cosiddetta «minore» – non si può certamente paragonare alle aree dell'Europa occidentale e «pacifica», aree non falciate dalla guerra o economicamente paralizzate dalla tempesta di una guerra nefasta com'è stata, nei primi anni novanta del secolo scorso, quella nelle terre dell'ex Jugoslavia, guerra che si è mescolata alla rovina del precedente assetto statale e sociale che ha portato alla dissoluzione dello stato jugoslavo in entità statali minori e alla rinuncia dell'ordinamento socialista, che ancora negli anni ottanta jugoslavi aveva i suoi molti sostenitori, perché considerato migliore, in paragone agli altri stati dell'allora Europa dell'est, in quanto «socialismo dal volto umano». La situazione economica nella Croazia di allora, che apparteneva alla Jugoslavia, era considerata dai più serena, adatta al vivere, «a misura d'uomo», e si può dire che a un numero relativamente esiguo mancassero le condizioni primarie per una vita dignitosa. Questa, tuttavia, era solo una faccia di quell'impressione; l'altra presentava aspetti ben più cupi nell'economia e nella politica, e altri che riguardavano l'identità culturale, spesso tenuta sotto silenzio, dell'area croata. In queste condizioni di relativa stabilità economica capitò un ribaltamento, un terribile conflitto interentitario che coinvolse Croazia, Bosnia ed Erzegovina, Serbia e Montenegro, riflettendosi inoltre sulle altre repubbliche jugoslave ed anche su altri paesi. Devo dire che non era mia intenzione parlare della guerra.[3] Quest'introduzione è piuttosto un tentativo di spiegare le circostanze che governavano lo spazio geografico al quale personalmente appartengo e dalla cui unica prospettiva posso valutare ciò di cui oggi stiamo parlando.

La letteratura di questa mia area geografica è scritta nella lingua parlata oggi da poco più di quattro milioni di persone e in questo senso la si può mettere in collegamento col patrimonio letterario di altre lingue parlate relativamente da pochi, come quella irlandese, albanese, macedone, catalana o basca. In linea di principio direi che, salvo nel caso di possibili ex colonie, le sorti, qualunque esse siano, delle singole lingue «minori» e relative letterature non dipendano dalle lingue «maggiori» come possono essere quella inglese già globale o quella cinese in espansione, ma che il problema risieda nell'impossibilità delle comunità piccole di curare la propria ricchezza artistica e a presentarla adeguatamente fuori dai propri confini. Ricorderei in questa sede alcuni punti salienti del Manifesto della Dichiarazione Universale sui Diritti Linguistici proclamato dal Comitato del PEN International il 13 maggio 2011 a Girona:

- *La diversità linguistica è un'eredità mondiale che deve essere valorizzata e protetta.*
- *Ogni individuo impara a parlare nel cuore di una comunità che gli dà vita, lingua, cultura e identità.*
- *Lingue diverse e diversi modi di parlarle sono non solo mezzi di comunicazione, ma anche l'ambiente sociale in cui gli esseri umani crescono e le culture vengono edificate.*
- *Il diritto ad usare e proteggere la propria lingua deve essere riconosciuto dalle Nazioni Unite come uno dei diritti umani fondamentali.*

Una lingua, quindi, viene qui intesa come l'indicatore base di un'identità, l'elemento base dall'acculturamento, ragion per cui essa, in quanto fondamento per la creazione letteraria, va tutelata. Tuttavia, ribadirei in questa sede ciò che è noto: che la vita di una lingua quale organismo filologico nell'epoca contemporanea si sviluppa a contatto con altre lingue che la vanno ad influenzare, modificare ed arricchire.[4]

Le sorti, fortunate o sfortunate, storiche e politiche dell'area da cui provengo, area a tutti gli effetti vicina a un mare attraverso il quale i politici dopo la seconda guerra mondiale tracciarono un confine tra Est ed Ovest europei, e dove secoli prima Alberto Fortis nel suo *Viaggio in Dalmazia* vedeva una sorta di estremo limite dell'Europa civilizzata rispetto all'esotico Levante, la quale, nella sua visuale protoromantica, era da annoverare nell'immaginario ottocentesco *delle belles lettres*... – questo luogo, dicevo, rappresenta la mia «culla» linguistica e letteraria e il mio punto di partenza per i miei viaggi per il mondo a spiegare il mio punto di vista sull'identità culturale e quindi letteraria e su una letteratura «minore» all'interno delle grandi comunità europee e mondiali. Da comparativista letteraria quale sono di professione, non ho mai appoggiato quella corrente purista che celebrava la letteratura croata come «bastante a sé» perché basata su una lingua «autarchica», cosa che si era soliti fare e auspicare negli anni novanta, tra l'altro proprio nella mia Zara, già capitale culturale della Dalmazia, oggi proverbialmente considerata baluardo conservatore di un sentimento nazionale espresso in forme alquanto esaltate.

Se posso dire due parole sull'impegno personale che ho profuso in quegli anni di rivolgimenti politici ed estremi accadimenti bellici allo scopo di tutelare un'entità statale ed identità nazionale, questo si basava su una fatica, invero erculea, nello spiegare che il mio lavoro di pedagoga letteraria comparativista era di natura squisitamente cosmopolita, guidato dal compito principale di presentare ai miei studenti il concetto dell'importanza di collocare la propria letteratura, che sin dal Medioevo era scritta nella lingua che chiamiamo croata, in un contesto europeo e mondiale. La lingua in cui questa letteratura veniva scritta nel corso dei secoli si era formata a partire dalle opere letterarie e dibattiti degli scrittori del passato, soprattutto ragusèi e dalmati; tuttavia, rimarcavo sempre ai miei studenti che né la letteratura croata né le altre letterature europee si erano formate isolatamente da altre letterature e culture, partendo dall'antichità e attraversando il rinascimento per arrivare fino ai nostri giorni.[5] Lo spirito identitario, ciò che Slavoj Žižek chiama «identificazione immaginaria», in altre parole, l'immagine di se stessi, negli anni novanta - anni di guerra - doveva necessariamente rimanere «inviolata», poiché quelli erano gli anni in cui l'identità del popolo croato si era trovata in pericolo di esser cancellata dalla faccia della terra a cui essa apparteneva. La lingua croata, lingua parlata da quattro milioni e mezzo di persone in Croazia e, a occhio e croce, da altrettanté all'estero, lingua che, bene o male, viene tutelata attraverso la letteratura e, ovviamente, la stampa e la corrispondenza privata e professionale - questa lingua, dicevo, ha prodotto una letteratura a mio giudizio molto buona, ma del tutto sconosciuta al resto del mondo.

Mi preme, quindi, di sottolineare un fatto incontrovertibile: la letteratura croata - s'intendano i suoi numi tutelari oppure gli autori viventi - è troppo poco presente nel mondo. E' un fatto, questo, che ci turba talmente tanto che spesso preferiamo ignorarlo, convincendoci del contrario. Questo è un appunto che io, da comparativista letteraria impegnata in ambito accademico nell'insegnamento e nella ricerca al fine di promuovere la letteratura croata, ho fatto spesso ai miei colleghi croati. Se facessimo una ricerca in Italia, in Inghilterra, in Germania – ma anche, per dire, in una terra slava come la Cechia dove noi croati troveremmo molte corrispondenze letterarie in senso culturale, storico o politico – ci renderemmo presto conto che l'italiano, l'inglese, il tedesco e il ceco medio conoscono poco o niente della letteratura croata. Spesso i miei colleghi fanno finta di non sapere che la letteratura croata, dai Marko Marulić, Petar Zoranić, Marin Držić, fino ad arrivare ai contemporanei Marinković, Krleža, Desnica e Šoljan, è un vuoto totale per quello stesso mondo con il quale la Croazia è geograficamente – attraverso il summenzionato mare – collegata. Continuiamo a illuderci che le opere di Tin Ujević, Janko Polić Kamov e di altri autori eccellenti sorti in quel cuore d'Europa sarebbero irrinunciabili per l'Europa stessa. Tuttavia: noi professionisti delle lettere croati, cos'abbiamo davvero offerto al resto del mondo? Quel poco di Krleža noto al lettore italiano per gli sforzi di alcuni editori italiani (alcuni dei quali, come Studio Tesi, non più attivi); quel poco di Matvejević e di scrittori croati di lingua italiana; quel poco di scrittura croata nota agli studenti di croatistica cechi e basata quasi interamente su Krleža e sui *feuilleton* storici di Marija Jurić Zagorka; quel poco di Slavenka Drakulić o Dubravka Ugrešić, due dei pochi nomi di autori croati letti nell'ultimo decennio in terra germanofona; alcuni giovani scrittori croati che all'alba degli anni duemila hanno dato un'impronta più *pop* (il che è molto «O.K.»!) o addirittura più nazional-popolare (il che non è molto «O.K.»!) alla letteratura croata contemporanea, organizzando tournée, presentando i propri libri all'estero e collaborando con i colleghi stranieri, facendo conoscere a questi ultimi la «piccola» Croazia dal punto di vista dei temi letterari, ma soprattutto della cucina (la grigliata, per l'esattezza). (Per inciso, a suo tempo chiesi a chi di dovere le ragioni per cui Krleža non è mai stato tradotto in inglese, ricevendone un laconico: «Per motivi politici, di politica di certi paesi occidentali verso la Croazia».) Prima o poi, comunque, la lamentela sulle tristi sorti della letteratura croata all'estero ritornerà al mittente, in quello stesso ambiente che le ha generate: un ambiente che quella letteratura la produce e celebra con convegni, festival e rinfreschi, al contempo però non interessandosi al suo destino e accoglienza fuori dai propri confini.

Gli istituti di cultura croata all'estero, dai quali ci si attende che, tra le altre cose, promuovano la letteratura del loro paese, raramente acquistano libri e diffondono la scrittura croata presso librerie e biblioteche estere. Persino i dipartimenti di filologia che comprendono le lettere croate sono carenti in fatto di disponibilità di titoli croati nelle loro biblioteche. La distribuzione e promozione dei libri croati nel mondo è spesso iniziativa di sconosciuti volenterosi che intraprendono ciò a proprie spese, spesso abbandonando a metà dell'opera perché scoraggiati e delusi dalle montagne di libri che, regolarmente indirizzati e impacchettati, languono intoccati e non classificati in corridoi e magazzini di enti di cultura stranieri che mancano di spazi per la loro corretta sistemazione. La traduzioni delle opere di August Šenoa, Ivana Brlić Mažuranić, A.B. Šimić, A.G. Matoš o I.G. Kovačić sono carenti, o al massimo costituiscono delle scadenti e grottesche approssimazioni in forma di tesi di laurea che non fanno che rendere un pessimo servizio ai grandi della narrativa e poesia croate. Tuttavia, ribadisco: se non ci sono traduzioni decenti è solo colpa nostra. Come possiamo aspettarci che il mondo sia ricettivo alla nostra scrittura e la traduca nelle sue varie lingue, se noi stessi evitiamo di impiegare traduttori di qualità ed elargir loro il giusto compenso per un lavoro così faticoso?

Alla luce dei recenti eventi catastrofici (catartici?... vogliamo sperarlo) nella civiltà contemporanea - una sequela di attacchi terroristici su base integralista che vanno dall'11 settembre a New York, all'11 marzo a Madrid, al 7 luglio a Londra - il mondo probabilmente si è reso conto di quanto esso sia fragile. In un'epoca in cui è possibile vedere una decapitazione in diretta televisiva comodamente seduti davanti a un piatto fumante - neanche in terza serata, ma in pieno giorno - mentre nella mente del telespettatore è in corso un processo di adattamento ed assuefazione ad istinti oggettivamente mostruosi; in un periodo pieno di *anchormen* raccomandati con difetti di pronuncia che reinventano involontariamente le regole linguistiche, e le autobiografie di veline canterine assurgono al rango di bestseller - in una simile epoca, la stessa creatività letteraria è probabilmente il risultato dell'assorbimento di queste degenerazioni mediatiche di cui spesso non siamo neppure consapevoli.

Lo scarso interessamento, spesso sfociante nel rifiuto, del mercato e degli editori verso temi «pesi» come può esserlo la rielaborazione letteraria della Guerra di difesa patriottica, soprattutto nel caso questa non venga implicitamente condannata - si riflette in una carenza di ispirazione e motivazione di potenziali nuovi autori che temono, a ben vedere, una condanna aprioristica per il tema prescelto (spesso anche su basi ideologiche) da parte della critica, dalla quale si vedrebbero screditati in partenza. Un ulteriore motivo di preoccupazione è una dilagante e fasulla ironia a buon mercato che investe internet, dove si possono leggere racconti, poesie, romanzi, editoriali e commenti piagati da una ricerca ossessiva dell'effetto, della battuta, della *gag* letteraria; una spiritosità di grosso calibro, spesso fondata su un riciclo di luoghi e contrapposizioni comuni: omosessuali ed etereosessuali, serbi e croati, promiscuità e celibato... La letteratura, insomma, come campo di gioco di una volontà di sembrare «all'avanguardia» a tutti i costi, non nel campo letterario, ma in quello della vita sociale. Personaggi famosi che diventano opinionisti, poi narratori ed infine, Gotha del mercato letterario ed organizzano *eventi* culturali, nelle interviste dei quotidiani si definiscono «mediaticamente consapevoli» e scrivono libri che a quegli stessi quotidiani verranno poi allegati in forma di libricini su carta riciclata di poco peso e a poco prezzo, del tutto similmente a quanto accade nel resto del mondo. Scrittori che scrivono per vendere, e vendono per poter scrivere. Nel frattempo le università esprimono il loro apprezzamento della letteratura in forma di numero di ore di lettura e accumulazione di crediti a carico degli studenti (il sistema ECTS vigente), con l'effetto di produrre un nuovo positivismo; a questo mi sono riferita in un mio saggio, il cui titolo rimanda a quello di René Wellek («Ribellarsi al positivismo») e in cui parto dal presupposto che il processo della lettura, da cognitivo/emozionale/etico/spirituale, comunque squisitamente individuale, viene ora costretto ad un metro che si vorrebbe oggettivo e valutato da dei «misuratori di livello» (level descriptors) e secondo i parametri delle scienze naturali[6], ottenendo l'effetto di negare la natura umanista ed individuale della produzione e ricezione letteraria ed artistica in generale.

Se consideriamo i criteri che abitualmente guidano la critica letteraria croata e mondiale, notiamo che essi appartengono a quella zona d'ombra insidiosa, delicata e sottile detta «letterarietà» (analoga, ad esempio, alla «plasticità» nel contesto delle arti figurative). A questo criterio di valutazione possono eventualmente aggiungersi i valori medievali di *claritas, integritas e consonantia*, riconoscervi determinate caratteristiche di stile e registro, tematiche, valori ontologici e così via. Spesso, però, mi sembra di notare che nel mio contesto di provenienza godano purtroppo di gran considerazione alcuni metri di valutazione aprioristici ed extraletterari, siano essi di stampo ideologico, di appartenenza a determinati clan, circoli o gruppi d'interesse o altro. Credo tuttavia che questa piaga interessi anche le letterature del resto del mondo. Se ci poniamo la domanda elementare: tra dieci o vent'anni, cosa rimarrà inscritto nelle antologie letterarie, quali titoli di quelli che oggi troviamo nelle classifiche di vendita verranno confermati di indubbia qualità letteraria senza tempo? Difficilmente otterremo una risposta ovvia e semplice, poiché la decisione sui destini della letteratura oggi è sempre meno nelle mani del lettore, in quanto la strada che porta ad esso è lunga e contorta e lastricata da stratagemmi pubblicitari e populismo, consumo coatto del *kitsch*, favoritismi della critica, filtri d'interesse.

Il grande fisico, filosofo e scrittore croato Ivan Supek (1915–2007) inizia la sua discussione *A favore di una comunità globale* (da cui ho estratto, nella lista allegata tradotta in inglese, i nomi dei capitoli ovvero gli obiettivi che si propone il mondo contemporaneo) con una serie di domande anaforiche che cominciano tutte con *E' possibile avere fiducia in una globalizzazione che ...?* Tra queste ne pone una che, considerato che lo scritto fu pubblicato nel 2001, suona profetica: *E' possibile avere fiducia in una globalizzazione che distrugge le economie dei paesi piccoli o tecnologicamente arretrati e ne aumenta la disoccupazione?* E un'altra: *E' possibile avere fiducia in una globalizzazione che nasconde la povertà dei popoli e la chiusura culturale con la pubblicità alle comodità, la propaganda politica e l'intrattenimento di massa?*[7]

Infatti: se l'economia e l'industria dei paesi «minori» diventano superflue perché non riescono a stare al passo con le grandi forze industriali che hanno imposto l'iperproduzione e il basso prezzo dei prodotti – se le cose stanno così, dovremmo chiederci: queste culture «piccole» hanno le ore contate dinanzi a quelle «grandi», ai movimenti e tendenze culturali sponsorizzate dalla Coca-Cola? Ad ogni modo, permangono previsioni per niente rosee sul futuro del mondo basate sul presupposto che il mercato mondiale sarà finanziato dai servizi di una manciata di giganti industriali, i quali avranno certamente influenza sulle singole letterature e culture di appartenenza. Una mescolanza di comunità (neo)liberali, democratiche, totalitarie, integraliste, autocratiche, socialdemocratiche ecc. pervase da una globalizzazione che, se da una parte indebolisce le strutture esistenti del potere, dall'altra ne conserva paradossi e contraddizioni: i mass media e le multinazionali distribuiscono «cartoline dal globo unificato» (Supek) che sotto la patina multicolore nascondono vuoto di senso, alienazione, povertà e disperazione (cfr. Supek, 2001: X). La discussione di Supek si conclude con l'antidoto da lui proposto a questa situazione: «Essere buono». Personalmente a questa bontà d'animo aggiungerei il coraggio, il piglio di difendere la libertà dello spirito, di tutelarla ed esserle solidale; non può esserci vera bontà d'animo senza coraggio individuale.

Cerchiamo tuttavia di ridimensionare la cupezza di queste previsioni e, come già in passato hanno fatto molte persone sagge, constatiamo che non ci sono valori umanistici più grandi della tutela della vita umana. In questo senso la perdita del passato implica, lo credo fortemente, la perdita del futuro. Consegnare Mozart all'oblio a favore della cultura audio-tecnologica di massa, o fare lo stesso con Michelangelo a favore della distribuzione mediatica di un'iperproduzione visiva, porta sicuramente alla dissoluzione totale della fiducia nell'esistenza umana. La minaccia che il sapere diventerà il «capitale» più ambito e non privatizzabile ci porta a concludere che lo sviluppo delle multinazionali non andrà ad intaccare del tutto i singoli stati o caratteristiche nazionali o regionali, né riuscirà a mettere in pericolo l'importanza del singolo e del suo potenziale spirituale. Secondo Supek le persone piombano nella rassegnazione e nell'apatia «quando della loro vita decidono istituzioni distanti quanto il cielo» (Supek, XXXIV). Ben detto: un'universalità effettiva non può affermarsi senza un'adeguata importanza dell'istruzione, della scienza e della cultura, in altre parole, dei valori umanistici. Cultura che, ritengo, dovrebbe avere un'identità forte e fondare le sue radici nel primario, nell'essenziale e tangibile (e non nel globale o «celeste»). Se ci atteniamo alle nostre tradizioni culturali ed osserviamo i nostri traguardi individuali o regionali, rafforziamo i valori umanistici e costruiamo il rapporto con l'Altro e quindi con il Diverso rispetto alla nostra cultura, lingua, letteratura, visione del mondo e così via. Credo che insistere a richiamarsi a una sedicente «balcanicità» della cultura croata non abbia portato a nulla di buono; discorrendone con intellettuali stranieri, ivi inclusi alcuni storici specializzatisi nel Novecento, mi sono trovata d'accordo con la conclusione che il termine «balcanico» (etimo legato al vocabolo turco che indica una montagna) non può essere definizione geografica, politica né culturale, ma rappresenta piuttosto una definizione artificiale, una categoria mentale (sulla scia della *mentality research* contemporanea) che per la sua diversificazione e non omogeneità difficilmente può avere un significato preciso e fare da «minimo comune denominatore», quand'anche volessimo riferirci alle interpretazioni di viaggio di Alberto Fortis o alle cartografie geopolitiche di Winston Churchill.

Ritorno pian piano al punto di partenza di questo discorso, al problema comparativista delle letterature «minori». La produzione letteraria croata sente il polso del mondo anche a questo livello, anche quando soffre ancora di malattie proprie dell'età dello sviluppo delle letterature nazionali in «transizione» al volgere dell'ultimo secolo. La lingua, in Croazia come nel resto del mondo, sempre più si restringe in iniziali, contrazioni e cifre, in formule matematiche che per la loro stessa natura semioticamente spoglia non permettono nessuna figurazione o scarti stilistici. La «faccina» inserita in un sms o in una mail sostituisce il sorriso fisico, superando i contorni della comunicazione linguistica. La predominanza di racconti brevi (tuttora si istituiscono concorsi di poesia, ma ci sarà chi la leggerá poesia, terribile dubbio di noi professionisti delle lettere) privi di densità narrativa, solidità compositiva e tensione drammatica degni di questo nome ma sempre più incentrati su un'episodicità spicciola e un intellettualismo decorativo la cui ragion d'essere riempirebbe molte cartelle di testo; i frequenti nomi stranieri, spesso latinoamericani, dei personaggi; il citazionismo o addirittura l'intertestualità riferita perlopiù alla produzione letteraria, rock e pop angloamericana... tutto questo mi porta a concludere che la produzione letteraria dell'area geografica alla quale appartengo e la sua stessa cultura comunicano effettivamente con il resto del mondo, ne sono parte integrante, però lo influenzano in misura minima, colpevolmente inerte, o al massimo tanto quanto quel resto del mondo permette loro di farlo. Non un millimetro di più, e non una goccia di mare di più.

Endnoten

1 Traduzione del testo: Max Blažević.

2 Peričić, Helena, «Pišem da bih se prodao – prodajem se da bih pisao (Neka obilježja dodira suvremenoga hrvatskog sa stranim književnim stvaralaštvom)» / I Write to Sell – I Sell to Write (Contemporary Croatian literature and the outside world), in: *Suvremena književnost i jezici Europe, 27. zagrebački književni razgovori/Contemporary literature and languages of Europe, 27th Zagreb Literary Talks*, a cura di Lara Hoelbling Matković e Sofija Babic, Zagabria, Società dei letterati croati, 2005, 82–85.

3 Peričić, Helena, *On the Red Horse, Peter and Paul – A Small Book about a Big War: Diary Entries, Articles, Letters, 1991–1998*, [bilingual edition: English/Croatian], translated by Petra Sapun, proofread by Nick Saywell, Newcastle upon Tyne, Cambridge Scholars Publishing, 2010.

4 La lingua, quindi, non è solo mezzo di comunicazione ma il risultato dell'esigenza di esprimere il proprio patrimonio culturale, naturale, ontologico ecc.; infatti, ogni comunità offre soluzioni linguistiche differenti da quelle di un'altra perché provenienti da quella esigenza specifica in quel dato luogo.

5 Peričić, Helena, Die kroatische Literatur Dalmatiens im mediterranen Kontext, in: Kacianka, Reinhard / Strutz, Johann (Hg.), *Sprachlandschaften. Regionale Literaturwissenschaft im europäischen Kontext*, Klagenfurt 2010, 118–130.

6 Peričić, Helena, «Pobuna protiv pozitivizma ...» (Omaggio a R. Wellek alla luce della letteratura e critica croata e mondiale degli inizi del secolo 21°) / «Revolt against Positivism» (A Hommage to R. Wellek through the Prism of Croatian/World Literature and Literary Criticism at the Beginning of the 21st Century), in: *Komparativna povijest hrvatske književnosti*, atti del X convegno sul tema: Direzioni e metodologie di uno studio comparativo della letteratura croata, 2008, a cura di Cvijeta Pavlović e Vinka Glunćić-Bužančić, Spalato, Književni krug, 2008, 20–31.

7 Supek, Ivan, *Za svjetsku zajednicu/In Favor of a Global Community*, Zagreb, DHK/Hrvatski P. E. N. Centar, 2001, V.

Sozialer Motor – Urbane Musik als Wirtschafts- und Identitätsmedium

Stefan M. Schmidl

Nicht anders als andere Komponenten des Georaumes entsteht die Region im menschlichen Bewusstsein erst durch Akte der Kommunikation wie dem Sprechakt[1] und dem Bildakt[2]. Diese prägen in entscheidender Weise kollektive Vorstellungsgrundlagen und tragen darin zur Konstitution dessen bei, was »Region« heißt. Regionen werden aber auch durch Musik »gemacht«, als es der Hörakt ist, der Akt des Wahrnehmens von Klängen, der ebenfalls wichtige Wahrnehmungskonventionen hervorbringt. Die »symbolische Wirksamkeit«[3] solch hörbarer Vergegenwärtigung zeigt die enorme Potenz von Musik sowohl als ökonomisches Element als auch als Identitätskommunikator (und beides hängt ja unweigerlich zusammen, steht in wechselseitiger Abhängigkeit).

Regionen als »sonore Objekte«[4] zu zeichnen, die Idee von Regionen hörbar zu inszenieren, ist dabei vor allem ein städtisches Phänomen. Die musikalische Vorstellung des Regionalen vollzieht sich auf diese Weise mehrheitlich aus einer urbanen, metropolitanen Perspektive. Als Opposition zu urbaner Zentralität oszilliert der Mythos »Europäische Region« in Musik dementsprechend zwischen dem Triangel spöttischer Skepsis, nationalisierender Besetzung und zivilisationskritischer bzw. touristisch-wirtschaftlicher Apotheose.

Die komplexen Implikationen solcher Repräsentationen lassen sich unmittelbar an historischen Beispielen aufzeigen, etwa den *Ruralia hungarica* (1924) des ungarischen Komponisten und Pianisten Ernst von Dohnányi, einem der wichtigsten Protagonisten des Nexus Budapest 1900. Der Titel seines Werkes, *Ruralia*, verheißt Ländlichkeiten, Landszenen, die adjektivisch national ausgewiesen sind: hungarica (ungarisch). Im musikalischen Text wird dieser Titel mit Aufrufen mehrerer Volkslieder in Beziehung gebracht. Die Orte dieser Lieder wiederum, die Orte ihres vornehmlichen Vorkommens, ihres Erklingens, sind konkretisiert. Durch diese Lokalisierung gerieten die Ruralia zur musikalischen Repräsentation eines regionalen

Territoriums, dem ein Phantasma eingeschrieben war: Nimmt man nämlich die Indikationen wörtlich und kartographiert die Topographie der *Ruralia hungarica,* ergibt sich ein Bild Ungarns, das 1924, nach dem Friedensvertrag von Trianon, gar nicht mehr existierte, das bedeutet: Die Komitate, in denen die von Dohnányi paraphrasierten Volkslieder verbreitet waren, gehörten damals bereits seit vier Jahren nicht mehr dem ehemaligen Königreich Ungarn an, sondern Rumänien. War dem Regionalen davor in der ungarischen Moderne größtenteils mit Vorbehalt, wenn nicht mit Argwohn begegnet worden,[5] wurde es nun zu einer mythischen Pastorale, zu einem nationalisierten, verlorenen Arkadien.

Volkslieder als hörbare Signifikanten des Regionalen verwendete auch Alfredo Casella in seiner symphonischen Rhapsodie *Italia* (1909), 48 Jahre nach der italienischen Einigung komponiert. Erneut spielt das geografische Vorkommen von Volksliedern eine Rolle, wenn Casella sie im Vorwort des Werkes penibel auflistete und außerdem über das Programm vermerkte:

«Il compositore ha voluto evocare in quest'opera due degli aspetti più caratteristici dell'Italia meridionale: quello tragico della Sicilia, dell'isola vulcanica dale vaste zone desertiche arse da un sole torrido, e dalla vita superstiziosa e febrile, l'altro, quello di Napoli e del suo golfo, pieno invece della più esuberante forza di vita e della più spensierata allegria.»[6] (Der Komponist wollte in diesem Werk zwei der charakteristischsten Aspekte des südlichen Italien evozieren: das Tragische Siziliens, jener vulkanischen Insel mit ihren ausgedehnten Ödzonen, verbrannt von der sengenden Sonne, mit ihrem abergläubischen, fiebrigen Leben, und andererseits Neapel und sein Golf, voll der überschwänglichen Lebenskraft und der sorglosen Freude.)

Abb. 1 Regionen in Casella's Italia (1909)

Abb. 2. Regionen in Albéniz' Iberia (1905-1908)

Offen imaginierte Casella hier unter dem Titel des unifizierten Italien nur dessen südliche Regionen und reagierte mit seiner Komposition darin auf das alte wirtschaftliche Gefälle der Apenninhalbinsel (Abb.1). Nicht anders geartet die Strategie des Zyklus von »Impressionen«[7] der iberischen Halbinsel, *Iberia* (1905–1908), des spanischen Klaviervirtuosen Isaac Albéniz. Auch in diesem Fall stehen zwei partikulare Regionen, Andalusien und die Comunidad de Madrid, für den Gesamtstaat, ja die gesamte Halbinsel (Abb.2).

In *Iberia* und *Italia* stehen Regionen für den Nationalstaat, werden Regionen zu Synekdochen, zu Teilen, die das Ganze symbolisieren. Als Nachhall und späte Transformation der verbreiteten Titelillustration von Thomas Hobbes' *Leviathan*, in dem der Körper des absolutistischen Souveräns aus seinen menschlichen Untertanen gebildet wird, sind Regionen in vielen musikalischen Imaginationen als Glieder des Staatskörpers gezeichnet. Dass nach solchem Verständnis auch die Möglichkeit besteht, die Sezession, die Ablösung der Region aus ihrer übergeordneten Körperschaft zu beschreiben, liegt nahe und wurde auch oft angewandt, zum Beispiel in den *Sunčana polja* (Sonnenfeldern) des kroatischen Komponisten Blagoje Bersa. Bersa war zunächst von der Utopie eines geeinten südslawischen Staates beflügelt, dann aber enttäuscht von der Realität des tatsächlich gegründeten Königreichs der Serben, Kroaten und Slowenen, in dem die Prinzipien Föderalismus und Zentralismus fortwährend und immer heftiger miteinander rangen.[8] 1919, nur ein Jahr nach der Staatsgründung, schrieb Bersa aus dieser Desillusionierung heraus die genannte Tondichtung. In ihr feierte er eine einzelne Landschaft des späteren Jugoslawien, ohne auf den Partialstatus der Region im Geringsten einzugehen:

»Dalmatien. Ein Mittag im Sommer. Heißer Sonnenschein, drückendes Wetter. Bauern arbeiten und singen. Es wird zwölf Uhr, Kirchenglocken läuten (...). Die Bauern (...) machen Rast. Nachmittagsfrieden. Stille und Abgeklärtheit. Von der Ferne der Klang einer Hirtenflöte.«[9]

Wieder erscheint die Region als pastorale Idylle und wieder handelt es sich dabei um eine politische Argumentation.

Die musikalische Darstellung von Regionen kann aber auch ironischer Natur sein, wie Vincent d'Indy's *Helvétia* (1882) zeigt, ein Zyklus aus drei Walzern, denen jeweils Namen nördlicher Schweizer Städtchen überschrieben sind (Laufenburg, Schinznach und Aarau), Städtchen, die ausdrücklich nicht Teil der normierten assoziativen Landschaft Schweiz[10] mit ihrem

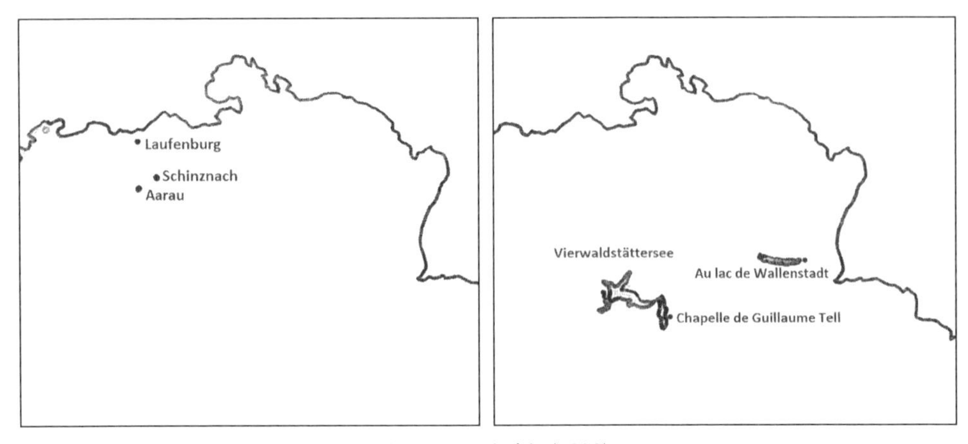

Abb. 3 (links): Schweizer Regionen in d'Indy's Helvétia (1882)
Abb. 4 (rechts): Schweizer Regionen in Liszts Années de pèlerinage I (1855)

Zentralraum Vierwaldstättersee sind (dem z.B. Franz Liszt im ersten Teil seiner *Années de pèlerinage* noch prominent entsprochen hat; Abb. 3 und 4).

Das Beispiel der musikalisch regionalisierten Schweiz zeigt außerdem, dass die kompositorische Inszenierung des Regionalen gleichermaßen endogen und exogen verwirklicht wird,[11] also von Komponisten, die sich jeweils als innerhalb oder außerhalb einer bestimmten »nationalen Gemeinschaft« stehend identifizieren. Letztere, kaum weniger praktiziert als Erstere, definierte der amerikanische Musikwissenschaftler Richard Taruskin treffend als »tourist nationalism«[12]. Als ein Beispiel dieser Ausprägung kann Edward Elgar mit seinen symphonischen *Bavarian Highlands* (1894–1896) genannt werden. Von der Literatur als auditive Analogie der besonders um 1900 in der Funktion verknappter Weltimagination so wichtigen visuellen Gattung der Postkarte bezeichnet,[13] bediente das musikalische Bayern Elgars alle touristischen Standardsituationen, die das kulturelle Kapital des widerwillig in das Deutsche Reich eingegliederten Königreichs ausmachten, zwischen Alm, Volkstanz und Schützenaufzug.[14]

War die Nation für Herder und Schiller noch eine Qualität unabhängig von realen Topographien, so erfuhr das nationale Phantasma in der Musik des 19. und 20. Jahrhunderts eine territoriale Aufladung, indem in ihr, gestützt auf programmatische Über- und Einschreibungen, eine symbolische Durchmessung national gedachten Raumes evoziert wurde – Bedřich Smetanas *Vltava* kann als Prototyp des Verfahrens gelten. Für die Vorstellung und damit für den Diskurs über Europa und die Regionen Europas stellt Musik somit assoziative Grundlagen bereit, die hörbar repräsentieren und Raumbewusstsein schaffen. Musik ist dadurch zirkulierender Ideenträger, sie »verkauft« das Regionale, wird selbst jedoch auch verkauft, ist selbst Konsumgut und damit ein Element realer Ökonomie. Diese Funktionen von Musik als kreativer Agent von Identität und Wirtschaftsinteressen sind ungebrochen dynamisch, aber auch gekennzeichnet durch eminente Widersprüchlichkeit. Musik ist eben ein *Agent provocateur.*

Endnoten

1 Zur konstitutiven Rolle des Sprechaktes siehe vor allem die Arbeiten von John R. Searle, zuletzt in: Searle, John R., *Wie wir die soziale Welt machen*, Berlin 2012.

2 Bredekamp, Horst, *Theorie des Bildaktes*, 3. Aufl., Berlin 2013, 48–56.

3 Žižek, Slavoj, *Die Tücke des Subjekts*, Frankfurt am Main 2000, 443–460.

4 Ruhs, August, *Lacan. Eine Einführung in die strukturale Psychoanalyse*, Wien 2010, 174.

5 Schmidl, Stefan, Unterhaltungsmusik und Urbane Milieus um 1900, in: Balogh, András F./Leitgeb, Christoph (Hg.), *Mehrsprachigkeit in Zentraleuropa. Zur Geschichte einer literarischen und kulturellen Chance*, Wien 2012, 226.

6 Alfredo Casella, zit. nach: Amico, Fedele d'/Gatti, Guido M. (Hg.), *Alfredo Casella*, Milano 1958, 34.

7 Clark, Walter Aaron, *Isaac Albéniz. Portrait of a Romantic*, Oxford University Press 1999, 223.

8 Siehe dazu umfassend: Djokić, Dejan, *Elusive Compromise. A History of Interwar Yugoslavia*, London 2007.

9 Zit. nach dem Vorwort; Bersa, Blagoje, *Sunčana polja*. Simfonijska pjesma za veliki orkestar, Zagreb 1950 [Übers.: S. Sch.].

10 Piatti, Barbara, *Die Geographie der Literatur. Schauplätze, Handlungsräume, Raumphantasien*, Göttingen 2008, 191.

11 Darauf wies Moritz Csáky hin, in: Csáky, Moritz, *Das Gedächtnis der Städte. Kulturelle Verflechtungen – Wien und die urbanen Milieus in Zentraleuropa*, Wien–Köln–Weimar 2010, 69–75.

12 Taruskin, Richard, Nationalism, in: Stanley Sadie (Hg.), *The New Grove Dictionary of Music and Musicians*, Second Edition, Volume 17, London 2001, 699.

13 Riley, Matthew, *Edward Elgar and the Nostalgic Imagination*, Cambridge University Press 2007, 83.

14 Man vgl. die Sätze des Werkes: *The Dance (Sonnenbichl) – False Love (Wamberg) – Lullaby (In Hammersbach) – Aspiration (Bei Sankt Anton) – On The Alm (Hoch Alp) – The Marksman (Bei Murnau).*

Adriatico, una storia scritta sull'acqua

Martina Vocci

Io penso che il mare, così come si può amarlo e vederlo, sia il più grande documento esistente della sua vita passata.

Fernand Braudel, 1946

Adriatico, una storia scritta sull'acqua è il titolo del mio intervento per questo convegno il cui tema sono le Regioni come luogo privilegiato di osservazione e punto imprescindibile di partenza per lo sviluppo transfrontaliero di una cultura e di una civiltà all'interno di questa nostra Europa in un momento di profonda crisi economica e non solo. «Pensare in modo nuovo all'Europa» non può prescindere dalla considerazione che il nostro vecchio continente ha al suo interno regioni in cui vi sono legami e rapporti profondi che ignorano i confini nazionali. Questi si esplicitano nelle attività fondamentali della vita degli individui che abitano queste terre: dalla cultura alla religione, dall'economia all'immaginario. I rapporti e i legami tra le genti e le culture hanno tempi di sviluppo molto più lunghi e sedimentati rispetto agli «esplosivi» e dolorosi avvenimenti storici che hanno segnato e ferito profondamente le terre in cui sono avvenuti e così accade anche per il mondo che si affaccia sull'Adriatico.

«Nell'ultimo millennio, le popolazioni delle due sponde dell'Adriatico hanno maturato le stesse conoscenze tecniche in materia di costruzioni navali, e di coltivazione della terra; applicano le stesse pratiche nello sfruttamento delle saline, gli stessi metodi per la navigazione. Hanno, soprattutto, il sentimento di appartenenza ad una cultura comune, il sentimento di vivere nello stesso universo simbolico e morale. In questo senso l'Adriatico è veramente «il mare che unisce», il luogo dell'incontro di culture e popolazioni diverse.»[1]

In questo senso, l'Adriatico offre uno straordinario esempio di Euroregione in cui diversi attori per secoli (per non dire millenni) ne hanno plasmato identità e cultura. L'Adriatico è un luogo di immaginario, di senso e di civiltà comuni che si sono sviluppati e consolidati attraverso natura, cultura, economia e paesaggio legati all'elemento predominante di questa regione: il mare. L'Adriatico, che in tempi remoti veniva chiamato il Golfo di Venezia, come ricorda anche Pedrag Matvejevic',[2] tradendo così fin dagli esordi un tributo a uno dei principali attori di questo specchio d'acqua, è il mare dell'intimità e dell'amicizia e proprio grazie ad esso si sono creati nei secoli collegamenti e navigazioni, vere e proprie economie del mare su cui si sono sviluppate grandi civiltà. A differenza dei confini naturali montuosi, quasi mai il mare rappresenta una barriera, anzi per le genti adriatiche è sempre statu un ponte[3], uno stimolo al collegamento, allo sviluppo dell'ingegno umano, alla sopravivenza attraverso la pesca, l'economia del sale e non dimentichiamo che città come Venezia e Trieste proprio al mare devono la loro più grande fortuna. Proprio per quiesto il grande Fernand Braudel sostenva che «L'Adriatico è forse la regione marittima più coerente. Da solo, e per analogia, pone tutti i problemi impliciti nello studio dell'intero Mediterraneo»[4], Matvejevic aggiunge «L'Atlantico o il Pacifico sono i mari delle distanze, il Mediterraneo è il mare della vicinanza, l'Adriatico è il mare dell'intimità»[5].

Il mio intervento non mira all'esaustività, vi sono infatti ricche bibliografie dedicate all'argomento, ma, come spesso accade agli esploratori che si muovono osservando le tracce di civiltà, vuole essere una chiave di lettura possibile per il mosaico Adriatico, che lungo i millenni e i secoli ha conservato (e conserva tutt'oggi) nella propria economia, cultura, natura e paesaggio una straordinaria diversità nella comune appartenenza alla civiltà adriatica. Sarebbe più corretto da un punto di vista marinaro dire che questo intervento vuole essere un *portolano*, lo strumento usato sin dal Medioevo da marinai e navigatori per orientarsi in mare, di alcuni dei valori che per secoli hanno unito le due sponde dell'Adriatico attraverso due sezioni che offriranno spunti di riflessione sulla cultura antica e più recente e sull'economia di questo spazio marittimo. Nel terzo millennio, infatti, le tracce di un passato «scritto sull'acqua» sono fondamentali e possono ma soprattutto devono essere un comune punto di partenza per la grande sfida che il futuro ci pone: la convivenza e, sperando ardentemente che questa non sia più il nodo centrale della questione, il lavoro comune. Dal luglio del 2013, infatti, é caduto un altro confine nazionale e anche la Croazia è ritornata a far parte della Casa Comune Europea e l'Adriatico sarà dunque un mare europeo. L'urgenza sarà trovare chiavi di accesso comuni alla lettura, all'interpretazione e valorizzazione del vivere e crescere insieme di questi luoghi che nel Novecento sono stati martoriati da memorie forti, prepotenti e soprattutto non condivise, che hanno creato non pochi problemi alle questioni identitarie. Memorie forti, tagliate solo dal bianco e dal nero o imposte dall'alto, strumenti di potere e di politica internazionale che hanno aprioristicamente escluso tutta la gamma di grigi che in queste terre sono predominanti insieme al verdeazzurro del ricco mare Adriatico.

Storie d'adriatico

Da un punto di vista storico, letterario e culturale fin da tempi antichissimi l'Adriatico, come più in generale tutto il Mediterraneo, è presente nei miti e nelle leggende. Sebbene Orazio ed Esiodo avessero sostenuto che l'Adriatico fosse un mare *turbidum e iracondum*, senza veri e propri spazi di approdo e pericoloso per la presenza di navigatori dediti alla pirateria (Illiri), fin dall'antichità l'Adriatico è stato percepito come il mare del viaggio e soprattutto come il ponte tra le due sponde che vi si affacciavano. Come ricostruito puntualmente da Giacomo Scotti nel suo volume *Un mare, due sponde*[6] sulle acque dell'Adriatico trovano la proprio scena numerosi miti classici, dalle narrazioni epiche greche con Omero alle Argonautiche di Apollonio Rodio, storie mitiche che raccontano ancora una volta come le due sponde dell'Adriatico fossero unite da immaginari comuni e soprattutto dagli uomini che solcavano quel mare. In primo luogo al teatro adriatico è legata la lunga raccolta delle imprese degli Argonauti. L'affascinante ciclo di racconti raccolti secondo diverse versioni, come quasi sempre accade per le grande narrazioni dell'antichità in cui la tradizione orale era di gran lunga preponderante sulla cristallizzazione scritta tra le quali la più importante è quella di Apollonio Rodio, fa risalire l'origine mitica di alcune località affacciate sull'Adriatico alle imprese degli Argonauti. Le isole di Cherso e Lussino vengono infatti chiamate Abisrtidi o Assirtidi, amate dallo scrittore e intellettuale Claudio Magris[7], e l'etimologia del loro nome è legata alla storia di Apsirto il cui corpo fu straziato dalla sorella Medea come diversivo per permettere la fuga dell'amato Giasone con il Vello d'oro.

Navigando oltre nel mito adriatico troviamo un altro personaggio presente nei racconti Diomede, eroe acheo della guerra di Troia che rappresenta nell'immaginario collettivo l'emblema del grande navigatore ed esploratore. Tale fama è dovuta alla sua scelta di navigare dopo il suo rientro ad Argo alla fine delle guerra di Troia dove insieme al più famoso Ulisse ordì numerosi inganni. L'importanza di questa figura mitologica è riconosciuta anche dal sommo poeta Dante che nella sua *Divina Commedia* pone Diomede insieme a Ulisse nel cerchio dei Traditori, puniti per aver fatto cattivo uso dell'ingegno, adoperato per conseguire con frode il trionfo del singolo: i due bruciano nella stessa fiamma a due lingue. Il maestro Virgilio li descrive così al pellegrino Dante:

> «Là dentro si martira
> Ulissse e Diomede, e così insieme
> Alla vendetta vanno come all'ira»[8]
> Inf. XXVI, vv. 55-57

Secondo il mito, le navigazioni di Diomede nell'Adriatico portarono alla fondazione di alcune importanti città sulle sponde di questo mare: Vasto *(Histonium)*, Andria, Brindisi, Benevento, Canusio *(Canosa di Puglia)*, Ariano Irpino *(Equo Tutico)*, Venosa *(Venusia)*. Ma soprattutto le isole Tremiti sono legate alla leggenda di Diomede e proprio all'eroe devono l'antico nome di Insulae Diomedee. La figura di Diomede, tra le altre cose, è strettamente legata all'opera di civilizzazione che l'eroe fece in Italia poiché il suo viaggio, compiuto per ottenere il perdono di Afrodite, segnò il destino delle genti delle città in cui approdò insegnando loro l'attività che ha sempre caratterizzato questo mare: la navigazione di cui Afrodite, nata dalla spuma del mare, era dea. La sua fama di benefattore si diffuse ampiamente in tutto l'Adriatico ed è testimoniata dal culto che si diffuse nelle città toccate dai suoi viaggi: Inoltre ebbe un tempio a lui dedicato, come quello di Pola e in la Dalmazia fino ad arrivare al punto più a nord, le foci del Timavo, dove secondo lo storico Strabone[9] vi sorgeva un santuario a lui dedicato.

La zona Adriatica viene utilizzata anche dal poeta Virgilio come teatro di uno dei libri fondamentali per la nostra cultura occidentale, l'Eneide, il poema dei ritorni dopo le guerre di Troia. Citando le avventure di Antenore[10], il fondatore di Padua (oggi Padova), nelle lunghe navigazioni si rifugiò proprio nello stesso luogo in cui secondo il mito giunse anche Diomede: le bocche del Timavo[11]. Questo straordinario luogo dell' Adriatico ha esercitato grande fascino nella letteratura del passato classico poiché non essendo ancora noto il tratto sotterraneo del fiume Timavo gli antichi credevano con grande meraviglia che quelle fossero le uniche sorgenti del corso d'acqua. La zona del Timavo è ricca di storia e offre al viaggiatore la possibilità di osservare in un concentrato di qualche chilometro finestre sul nostro passato: da quello antichissimo (resti dell'adrosauro Antonio che risale a

80 milioni di anni fa) e dal periodo romano (la mansio romana, come luogo di sosta e crocevia tra le strade romane che qui si intersecavano[12]) alla storia recente, poiché la zona è stata triste teatro della Prima Guerra Mondiale, di cui presto ricorrerà il centesimo anniversario. Questo meraviglioso e fantastico luogo è citato più volte in altri autori come Tito Livio (*Historiae* XLI, 1,2) e anche in Plino Il Vecchio (*Naturalis Historia* XIV, 60), quest'ultimo in particolare descrive diffusamente l'amnis Timavus, il Tergestinus sinus e il vino pucinum, di cui racconta le qualità benefiche. Questo vino, che molti identificano con l'attuale Terrano, sarebbe stato l'elisir di Livia, moglie di Augusto, che giunse all'età di 86 anni proprio grazie al consumo della bevanda che «...veniva prodotta in piccole quantità nel Golfo dell'Adriatico non lontano dalle sorgenti del Timavo su un colle sassoso, dove le viti si aprivano al caldo influsso marittimo»[13].

La storia del vino[14] Pucino ci permette di saltare qualche millennio più avanti nel tempo e rimanere nella stessa zona geografica, grazie ad una splendida e conosciutissima poesia di Umberto Saba, il grande poeta, che parla di quell'« aspro vino » bevuto all'osteria con il « mare sterminato sotto » La poesia è *Contovello*[15] in cui il poeta si immagina seduto all'osteria a contemplare la bellezza del mare Adriatico e dell'entroterra abbarbicato sulle falesie della costiera triestina. La città di Trieste racconta una bellissima storia di mare, legata alla cultura e alla letteratura del Novecento. La grande letteratura italiana (e mondiale) si incontra con Trieste, anzi sarebbe più corretto dire che gran parte della letteratura italiana del Novecento trova nella città adriatica/mitteleuropea[16] un crocevia fondamentale di tradizioni e ...soprattutto note estetiche e poetiche caratterizzate dalla diversità e dalla questione dell'identità che caratterizza in maniera preponderante gran parte della produzione novecentesca. Trieste agli inizi del 1700 era poco più grande di un villaggio di pescatori, gente comune che trovava nel mare la propria fonte di sussistenza, ma con la costituzione del porto franco nel 1719 da parte dell'Impero Asburgico la città grazie al mare e alle navigazioni conobbe una crescita e uno sviluppo esponenziale non solo da punto di vista economico, come vedremo più avanti. Per favorire l'insediamento delle grandi famiglie di commercianti, infatti, a Trieste era stata concessa la libertà di culto: giunsero così in città molte comunità diverse come quella greca, quella serbo-ortodossa, quella ebraica, quella protestante. Tale caratteristica ha segnato anche l'urbanistica di Trieste in cui sono presenti chiese dedicate a tutti i maggiori culti. Un'isola di libertà, ma soprattutto un'isola in cui per secoli hanno convissuto pacificamente all'insegna del grande commercio e della navigazione (da cui le grandi compagnie marittime e assicurative) popoli di culture e religioni diverse. In che senso questa peculiarità ha segnato la cultura di Trieste? In questo crocevia di popoli alla fine della grande parabola dell'Impero Austro-Ungarico nacquero alcuni tra più grandi scrittori della letteratura italiana del Novecento, anch'essi «misti»: Umberto Saba (pseudonimo di Umberto Poli, nome scelto in omaggio alla sua balia slovena Peppa Sabaz e al nome ebraico del pane) e Italo Svevo (pseudonimo anche questo di Hector Schmitz, scelto in virtù dell'auspicata unione del mondo italiano e quello tedesco). Recentemente la loro produzione è stata rivalutata dal canone della letteratura italiana e i due scrittori si sono posti come i più significativi del secolo appena trascorso. Molto probabilmente ciò è dovuto da una parte alle complesse questioni identitarie che all'inizio del secolo dei nazionalismi già travagliavano gruppi e individui, dall'altra alla possibilità di usare un nuovo strumento di comprensione per cui Trieste era all'assoluta avanguardia in quel periodo, perché grazie al dominio austriaco a Trieste, prima che in altre città italiane, era penetrata una nuova corrente di pensiero legata a quella che poi sarebbe diventata la psicanalisi. Proprio a Trieste infatti operava Edoardo Weiss che, membro della società Psicanalitica di Vienna fin dal 1913 e nel 1932 fondò a Roma la Società Psicanalitica Italiana, ebbe un ruolo primario nella diffusione di questa nuovo strumento per la comprensione della psiche umana in Italia con il suo volume Elementi di Psicoanalisi[17]. Ma non dimentichiamo che anche il padre della psicanalisi Sigmund Freud visitò Trieste e sicuramente la città con le sue psicosi e la sua libertà devono avergli suscitato grande fascino.

A Trieste, il grande porto dell'Impero, passarono però anche altri importanti scrittori e artisti che in città si stabilirono per un periodo: James Joyce, che insegnava inglese alla famiglia Schmitz dopo averlo fatto per quasi sei mesi alla Berlitz School di Pola; un giovanissimo Franz Kafka lavorò per qualche mese alla sede delle Generali di Trieste. E ancora a proposito di arte e artisti citando il grande critico artistico Gillo Dorfles, che a Trieste ha i suoi natali, che parlava di Lojze/Luigi Spacal diceva che egli era stato un grande interprete di questi mondi complessi, soprattutto del Carso, la zona a ridosso di Trieste, che era «una regione aspra e affascinante dove si percepisce l'incontro tra una natura solare, mediterranea, colma di umori marini e meridionali e una seconda natura nordica, severa, mitteleuropea».

Grazie al mare e allo spazio adriatico Trieste è stata una terra di passaggi e di mescolamenti in cui le dicotomie erano continuamente presenti e la mente compiva uno sforzo continuo per ricomporre, o meglio per pensare in modo plurimo. Parafrasando le parole dello scrittore Scipio Slataper a Trieste tutto è almeno doppio, se non triplo o quadruplo.

Economie del mare

Non è sempre stato tutto tranquillo sulle sponde dell'Adriatico, anzi esse sono state teatro di grandi battaglie e guerre per il dominio di quei mari che per secoli hanno rappresentato la porta tra Oriente e Occidente. Nel periodo a cui mi sto riferendo, pressoché corrispondente agli splendori di uno dei grandi protagonisti di questo mare, La Repubblica di Venezia ha esercitato il vero e proprio dominio dei traffici su questo mare. In modo diverso le coste dell'Adriatico erano coinvolte nell'economia della Serenissima a partire dal legnatico che giungeva dal bosco di Montona attraverso la valle del fiume Quieto, ma anche attraverso lo sfruttamento di una risorsa capitale: il sale. Per parlare di questi due aspetti importanti dell'economia veneziana che hanno in qualche modo plasmato e dato forma all'economia della civiltà adriatica prenderò spunto da un antico documento che dimostra come fin dall'antichità la città lagunare fosse considerata uno snodo importante e una ricca provincia caratterizzata dall'abilità nella navigazione e dall'economia del sale. Il documento è una lettera datata 537 scritta ai Veneziani dal senatore Cassiodoro, noto soprattutto per le sue *Institutiones* che erano una sorta di manuale didattico per la formazione dell'uomo di cultura e che crearono la celeberrima divisione medievale delle Arti Liberali tra Trivio e Quadrivio. In questa lettera Cassiodoro chiede agli abitanti della Laguna di portare a Ravenna, a quel tempo sede dell'Impero, il raccolto di vino e olio provenienti dall'Istria, particolarmente fiorente quell'anno con le loro navi e a proposito della loro arte nella navigazione dice:

«Siete quindi assai preparati a percorrere spazi vicini, voi che spesso percorrete spazi infiniti. Voi che navigate attraverso i mari della patria, in qualche modo correte qua e là per luoghi ospitali che vi appartengono. Se aggiunge anche ai vostri vantaggi il fatto che per voi è accessibile un altro percorso tranquillo e sempre sicuro. Infatti, quando il mare non è navigabile a causa dell'infuriare dei venti, si apre a voi una via comodissima attraverso i fiumi. Le vostre navi non temono venti violenti, toccano il terreno con grandissima facilità senza subirne danni e non si rovinano anche se urtano frequentemente.»

E nella missiva è contenuta una splendida descrizione che denota da parte di Cassiodoro una conoscenza della vita e dell'ambiente lagunare, genti accomunate da uno stesso alimento, il pesce, e dediti, oltre alla costruzione delle navi, alla produzione del sale. Nella lettera si legge:

«Tutto il vostro impegno è rivolto alla produzione del sale: fate girare i rulli al posto dell'aratro e delle falci: da qui nasce ogni vostro guadagno dal momento che in ciò possedete anche le cose che non avete. Lì in qualche modo viene coniata una moneta che vi permette di vivere. Ogni flutto è al servizio della vostra arte. Qualcuno forse può non cercare l'oro, ma non c'è nessuno che non desideri avere il sale e giustamente, dal momento che ogni cibo che ha buon sapore lo deve a questo.»

L'antica testimonianza di Cassiodoro pone l'attenzione su due aspetti fondamentali dell'Adriatico impressi dalla grande regina del Mediterraneo, Venezia: da una parte la navigazione, attività fondamentale che ha caratterizzato questo mare e ha unito porti da una e dall'altra parte per gli scambi commerciali; dall'altra il sale la cui produzione avveniva su entrambe le sponde e fin da tempi antichissimi.

La navigazione commerciale dell'Adriatico, oltre all'apertura verso l'Oriente, anticamente segna le rotte che corrono lungo i paralleli pur essendo l'Adriatico un mare che si sviluppa longitudinalmente. Giacomo Scotti ricorda come la pietra d'Istria abbia svolto fin da tempi antichissimi la funzione di ponte tra le due sponde. Ne è un esempio l'imponente frammento di pietra d'Istria che ricopre il Mausoleo di Teodorico a Ravenna: «Quel Mausoleo è solo il monumento più noto eretto con la pietra d'Istria sulla costa occidentale dell'Adriatico, di quella pietra che per duemila anni ha unito e continua ad unire le due sponde nella costruzione di chiese, palazzi, ponti, moli»[18]. Tornando a tempi più recenti, la fortuna di Trieste è dovuta al mare e alle navigazioni e, come già ricordavamo, il punto di svolta nella storia di quello che sarebbe diventato il porto dell'Impero Austroungarico è proprio l'editto di Carlo VI con cui veniva ufficialmente costituito il Porto Franco. Grazie ai traffici e alla navigazione la città di Trieste diventò in pochi decenni lo sbocco privilegiato dell'Impero sull'Adriatico, fortuna che accrebbe maggiormente con la caduta di Venezia nel 1797 e con la successiva costituzione del Porto di Fiume come porta sull'Adriatico per l'Ungheria. L'Adriatico diventò così lo sbocco di grani imperi continentali e ciò contribuì a creare uno stretto legame e rapporti dell'entroterra con questo mare anche per le terre che storicamente non vi si erano affacciate non solo da un punto di vista infrastrutturale ed economico ma anche e soprattutto culturale. L'economia triestina è stata fortemente influenzata da questo editto, come già accennato, oltre a cambiare la vocazione culturale della città ne plasmò profondamente l'economia: sorsero Società di Navigazione, le grandi compagnie assicurative e furono creati cantieri navali, la cui tradizione continua fino ai primi del Novecento, come per esempio con la «dinastia adriatica» dei Cosulich.

Altro capitolo fondamentale della civiltà adriatica è rappresentato dal sale, vera fortuna della Repubblica di Venezia e dell'intero Adriatico. In passato il sale era considerato, come già evidenziato nelle parole di Cassiodoro, il vero e proprio oro bianco, moneta di scambio e risorsa fondamentale nella conservazione dei cibi, nella concia delle pelli, nelle cure mediche, nell'alimentazione. L'etimologia della parola salario (in francese salaire e in spagnolo salario) deriva proprio dall'aggettivo latino di *sal, salis*, a testimoniare ancora una volta come tale elemento sia parte fondamentale nell'economia del passato. Come documentato dal suo lavoro e dalla sua vita dedicata alle ricerche in questo campo, Jean-Claude Hocquet ricostruisce puntualmente le tappe dell'economia del sale che hanno caratterizzato l'economia della Serenessima[19] che grazie al prezioso oro bianco è stata fino al trattato di Campoformido del 1797 l'indiscussa regina del Mediterraneo. L'importanza di questo elemento in un'economia di scambio è testimoniata, tra le altre cose, dalla presenza dell'*Ordo salis* un documento datata 17 giugno 1281 che raccoglieva le disposizioni che regolavano, incoraggiavano e proibivano l'importazione del sale a Venezia, definivano sia la qualità che la quantità da produrre, che i prezzi e le deroghe. L'*Ordo salis* era il vero centro del potere a Venezia ed era gestito da quattro Magistrati che dirigevano l'Ufficio del Sale a Rialto. In merito alla storia cito alcune date significative: 7 ottobre 1571 Battaglia di Lepanto, con l' offensiva... cristiana (Santa Lega) per bloccare... il Turco: questo dopo l'attacco ottomano del 1570 a Cipro, che è una delle zone più importanti del Mediterraneo anche per il sale. Risale agli anni 1615-1618 la guerra adriatica (detta anche di Gradisca e degli Uscocchi) tra la veneziana Muggia e l'austriaca Trieste anche per controllo mercato (e del contrabbando) del sale.

Altro capitolo fondamentale per la storia dell'economia adriatica è quello legato forse all'attività produttiva che ha sempre caratterizzato questo «mare nostrum»: la pesca. Attività di sostentamento per le genti adriatiche, anche la pesca racconta delle belle storie di condivisione. Tema particolarmente caro soprattutto a chi si occupa di sviluppo sostenibile della zona

Adriatica e che non può essere trascurato in un'ottica di condivisione delle risorse (sempre meno, purtroppo) per il futuro. Non dobbiamo mai dimenticare quando parliamo di regioni o di aree che le attività economiche non sono mai completamente slegate dal territorio in cui si svolgono, anzi l'economia dei luoghi plasma profondamente il paesaggio e l'ambiente. Un paesaggio che produce è quasi sempre un paesaggio anche culturale: l'ambiente delle saline per esempio, oltre a essere caratterizzato da una determinata flora e fauna, porta con sé storie legate alla vita e alla cultura di coloro che in salina lavoravano durante il periodo estivo. I salinari sono portatori di una determinata identità culturale e gastronomica: esistono tutta una serie di valori legati al lavoro in salina e alla sopravivenza dell'uomo in quell'ambiente, uomini e donne che per 6/7 mesi l'anno lasciavano la città e vi si trasferivano stabilmente con la famiglia. Vi erano le case dei salinari e le donne cucinavano ciò che madre natura rendeva loro disponibile in quei territori: sgombri che venivano intrappolati nelle chiuse, insalata di salicornia (che è bene ricordare è oggi una specie protetta). Le attività economiche creano così un paesaggio che è assolutamente culturale che porta su di sé le tracce dell'attività dell'uomo. Così accade anche per la pesca che racconta di volta in volta storie di uomini che della generosità dell'Adriatico hanno vissuto: le storie della Batana di Ligio Zanini, quelle dei cavatori di marmo di Aurisina dediti alla pesca dei tonni, le barche dei contadini pescatori del litorale triestino.

Da un punto di vista più squisitamente «ecologista», che non posso trascurare da rappresentante dell'Associazione Ambientalista Marevivo, bisogna elaborare inoltre politiche condivise per la gestione del mare. Tra qualche mese infatti anche la Croazia tornerà a far parte della Casa Comune Europea e bisogna studiare e rilanciare un progetto/Convenzione che tenga conto, passato il secolo breve o secolo dei lupi in cui guerre di ogni genere hanno martoriato le genti dell'Adriatico, della condivisione delle risorse economiche e culturali e ...ittiche. Capita sempre più spesso che i pescherecci tornino a riva con pochissimo pescato, il mare più generoso e ... gustoso del Mediterraneo rischia, come gran parte dei mari e degli oceani mondiali, di rimanere senza pesce se non si troveranno politiche condivise per la gestione del mare che ...biologicamente non ha confini. La vita di un gustosissimo abitante del mare è in questo senso significativa: l'orada *(Sparus aurata)* che non a caso viene chiamata così anche in sloveno e in croato. La vita di questo pesce è assolutamente transfrontaliera: la riproduzione avviene per lo più lungo la costiera istriana e quindi slovena e croata, la nursery e lo sviluppo dei giovani nelle lagune e nei bassi fondali della costa italiana e il pascolo degli adulti spesso nelle zone di acque internazionali. L'orata e il mare ancora una volta ci insegnano che non esistono confini e che gli schemi etnici che hanno martoriato queste terre e acque non hanno alcun valore in prospettiva futura. Esistono altri valori da esaltare quali la molteplicità, la diversità e la condivisione delle risorse: se un pescatore di Pirano cattura un'orata che ancora non si è riprodotta interrompe il ciclo biologico del pesce, che rischia quindi di scomparire la stagione successiva. La storia dell'orata deve essere esemplare e emblematica anche per tutti gli altri aspetti coinvolti in queste terre: esistono legami tra le genti dell'Adriatico, come ho cercato di dimostrare attraverso qualche esempio, molto più forti dei confini nazionali ed è da quelli bisogna ripartire per costruire un futuro che ci permetta di guardare nella stessa direzione, verso uno sviluppo sostenibile su tutte le scale di valori dalla cultura all'economia, passando per l'ambiente. Bisogna lasciare da parte i particolarismi e gli «egoismi» nazionali che tante ferite hanno lasciato per creare le basi condivise di un lavoro comune per questo mare europeo.

L'Euroregione Alto adriatica, partendo anche dalla positiva esperienza della Comunità di lavoro Alpe Adria, può e deve essere una concreta opportunità per mettere insieme, oltre a quelle regioni continentali che con quel mare hanno costruito secolari e proficue relazioni, in particolare quelle regioni che condividono questo mare dell'amicizia.

Endnoten

1 Pizzolitto, Gianfranco, Il mare che unisce, in: Scotti, Giacomo *Un mare, due Sponde*, Pubblicazione realizzata dal Comune di Monfalcone nell'ambito del progetto Adriatic Seaways – Le Rotte dell'Europa Adriatica, Monfalcone 2007, VII.

2 «Il mare che si chiamava Golfo di Venezia era il più celebre dei mari del Mediterraneo. Prima e dopo ebbe il nome di Adriatico, non sempre. E con ciò potrebbe cominciare e concludersi la sua storia, e anche questo racconto» Pedrag Matvejevic', *Cenni sull'Adriatico.*

3 Sull'idea dell'Adriatico come ponte e crocevia si sofferma particolarmente Giacomo Scotti nel suo volume *Un mare, due sponde, L'Adriatico dai miti alla storia contemporanea: scambi di merci, di uomini di lingue e di culture*, in: G. Scotti, Un mare, due sponde, op. cit., 11–13.

4 Braudel, Fernand, *Mediterraneo*, Milano 2002.

5 Matvejevic', Pedrag, *Breviario Mediterraneo,* Milano 2006.

6 Scotti, *Un mare, due Sponde*, op.cit.

7 Magris, Claudio, *Microcosmi*, Milano 1997.

8 Dante Alighieri, *La Divina Commedia*, Vol. I: Inferno, a cura di N. Sapegno, La nuova Italia, Firenze 1955, 289.

9 Strabone dice « In fondo al Golfo Adriatico sorge il santuario di Diomede. Il Timavo vi ha un porto, un bosco sacro e bellissimo e sette bocche, con sette corsi, che confluiscono in un solo fiume largo e profondo, che dopo breve tratto sfocia nel mare».

10 Antenora è il nome che Dante sceglie per una parte dell'ultimo cerchio dell'Inferno (i traditori contro chi si fida, i traditori), quella dedicata ai traditori della patria, riferendosi ad Antenore di Troia, che secondo una tradizione medievale consolidata aiutò i greci a prendere di sorpresa la città. Guido delle Colonne – per es. – narra come Antenore ed Enea convincessero Priamo a far entrare in città, attraverso una breccia nelle mura, l'enorme cavallo di bronzo. Quest'ultima ancora una volta lega Ulisse e Diomede alle storie mitologiche di queste terre. Confr. D. Alighieri, *Commedia*, a cura di Giorgio Inglese, Roma 2007, 359, nota 88.

11 La zona del Timavo viene nominata per tre volte nell'opera virgiliana: *Ecl.* 8,6; *Georg.* II, 475; Aen I, 244. Antenore si rifugia nelle bocche del Timavo « Antenor potuit mediis elapsus Achiuis/ Illyricos penetrare sinus atque intuma tutus/ regna Liburnorum et fontem superare Timaui / unde per ora nouem uasto cum murmure montis / it mare proruptum et pelago premit arua sonantis» *Aen*, I, 244 (Fu in grado Antenore, sfuggito alla stretta achivae, di risalire nei golfi dell'Illiria, e al sicuro fin dell'interno del regno dei Liburni e valicare le fonti del Timavo, di dove per nove bocche tra lo scrosciare lungo del monte una marea prorompe e ne copre i campi il risonare dell'onda), Virgilio, *Eneide*, Introduzione di Antonio La Penna, Traduzione e note di Riccardo Scarcia, Milano 2002, 275–277.

12 La zona del Timavo è una ricca zona di transito e commercio, testimoniato dai resti delle antiche ville Romane

risalenti al periodo di Augusto. Da qui infatti passava la via Gemina che da Aquileia portava a Nord verso Emona (l'attuale Lubiana) e a sud si divideva in due con la via timavi che portava alla Colonia Polensis e la Tarsatica che portava a Fiume. Per questa posizione sul crocevia è probabile che la mansio romana fosse parte di un più grande edificio con uno stabilimento balneare e ricca presenza di acqua usata come stazione di sosta dai viaggiatori che percorrevano la rete viaria romana della zona X Regio Venetia et Histria.

13 Plinio Il Vecchio, *Naturalis Historia* «gignitur in sinu Hadriatici maris non procul Timavo fonte saxoso colle, maritimo adflatu paucas coquente amphoras» 14,60.

14 Molto interessante sarebbe uno studio delle tecniche di vinificazione e delle caratteristiche dei vini che vengono prodotti nel mar Adriatico: esistono infatti moltissime varietà e diversi metodi di coltivazione e vinificazione in questo stretto mare. E poi non dobbiamo mai dimenticare che nell'Alto Adriatico soprattutto per secoli si sono mescolate e scambiate diverse caratteristiche alimentari e della cultura e civiltà della tavola. In questo senso proprio qui si incontrano due culture completamente diverse: da una parte le civiltà del vino e dell'olio, che caratterizzano più in generale l'alimentazione mediterranea come sosteneva anche Braudel (Braudel, *Mediterraneo*, op.cit.); dall'altra quella del burro e della birra che invece è tipico delle popolazioni Nord Europee.

15 Saba, Umberto, Ultime Cose, in: *Poeti italaiani del Novecento*, a cura di P.V. Mengaldo, Milano 1978, 228

«Un uomo innaffia il suo campo. Poi scende
così erta del monte una scaletta,
che pare, come avanza, il piede metta
nel vuoto. Il mare sterminato è sotto.

Ricompare. Si affanna ancora attorno
quel ritaglio di terra grigia, ingombra
di sterpi, a fiore del sasso. Seduto
all'osteria, bevo quest'aspro vino.»

16 Il termine Mitteleuropa è stato ampiamente utilizzato negli ultimi anni a partire dalle riflessioni del germanista e scrittore Claudio Magris. Lo stesso Magris sottolinea come il termine, più che identificare una zona geografica classica poiché non ha confini ben definiti, identifichi una regione e un territorio caratterizzato da tratti culturali comuni imperniati sulla molteplicità. Secondo le parole di Magris: «Il discorso sulla Mitteleuropa genera un cortocircuito fra coatta celebrazione e denigrazione altrettanto coatta, in una soffocante coazione a ripetere. Mitteleuropa e' divenuta una metafora onnivalente, che puo' designare tutto e il suo contrario, nostalgie regressive e aspirazioni emancipatorie, chiusura e apertura, progresso e reazione». In questo caso la parola viene usata nel senso geografico del termine, si veda più avanti Gillo Dorfles.

17 Weiss, Edoardo, *Elementi di Psicoanalisi*, con prefazione di Sigmund Freud, Istituto Editoriale Cisalpino-La Goliardica, Milano 1976.

18 Scotti, *Un mare, due Sponde*, op.cit., 29.

19 Hocquet, Jean-Claude, *Il sale e la fortuna di Venezia*, Roma 1990.

CRISTINA BENUSSI (TRIEST)
Literaturwissenschafterin, Dipartimento di Letterature straniere, Comparatistica e Studi Culturali, Universität Triest
www2.units.it/clettere/benussi.htm

DAFNE BERC (ZAGREB)
Architektin und Stadtplanerin
www.wonderland.cx/tcdms.coratia/analog.html

RUT BERNARDI (KLAUSEN)
Romanistin, Publizistin, Redakteurin, Übersetzerin und Schriftstellerin, derzeit unter anderem Lehrbeauftragte an der Freien Universität Bozen
www.literatur.bz.it/autoren/bernadi.htm

CHRISTIANE FEUERSTEIN (WIEN)
Architektin, Autorin und Lehrende an der FH Joanneum Graz
www.christianefeuerstein.at

MICHAEL FISCHER (SALZBURG)
Sozial-, Rechts- und Kulturwissenschafter, Leiter Programmbereich Arts & Festival Culture am Schwerpunkt Wissenschaft und Kunst der Universität Salzburg / Universität Mozarteum, Leiter der Salzburger Festspiel-Dialoge
www.w-k.sbg.ac.at/arts-festival-culture.html

MICHAEL FLEISCHHACKER (WIEN)
Journalist, 2004–2012 Chefredakteur *Die Presse*, Wien
www.kurier.at/autor/michael-fleischhacker/1.551.247

VOLKER GERHARDT (BERLIN)
Rechts- und Sozialphilosoph, Institut für Philosophie an der Humboldt-Universität Berlin
www.philosophie.hu-berlin.de/institut/lehrbereiche/politik/gerhardt/mitarbeiter/gerhardt

ALESSANDRO GILLERI (TRIEST)
Produktionsdirektor Fondazione Teatro lirico »Guiseppe Verdi« Trieste (bis November 2013)

JOHANNES HAHN (BRÜSSEL)
EU-Kommissar für Regionalpolitik, Politiker, 2007–2010 österreichischer Bundesminister für Wissenschaft und Forschung
ec.europa.eu/commission_2010-2014/hahn/index_en.cfm

REINHARD KACIANKA (KLAGENFURT)
Kultur- und Kommunikationswissenschafter, Übersetzer, Institut für Kultur-, Literatur- und Musikwissenschaft an der Universität Klagenfurt,
campus.aau.at/org/visitenkarte?atoken=1569736875

HEDWIG KAINBERGER (SALZBURG)
Journalistin und Wirtschaftswissenschafterin,
Ressortleiterin Kultur *Salzburger Nachrichten*
www.salzburg.com/online/team/team+kultur/Dr-Hedwig-KAINBERGER.html

GERHARD KATSCHNIG (KLAGENFURT)
Kulturwissenschafter, Lehrbeauftragter an der Universität Klagenfurt
campus.aau.at/org/visitenkarte?atoken=-899775213

PRIMUS-HEINZ KUCHER (KLAGENFURT)
Literaturwissenschafter und Übersetzer, Institut für Germanistik an der Universität Klagenfurt
www.uni-klu.ac.at/germ/inhalt/396.htm

ROBERT LEXER (KLAGENFURT)
Kommunikations- und Kulturwissenschafter, Universität Klagenfurt

CLAUDIO MAGRIS (TRIEST)
Schriftsteller, Germanist, Übersetzer, Essayist und Kolumnist des *Corriere della Sera*
www.dtv.de/autoren/claudio_magris_2791.html

FRANZ MERLI (Graz)
Öffentlichrechtler, Institut für Österreichisches, Europäisches und Vergleichendes Öffentliches Recht, Politikwissenschaft und Verwaltungslehre, Universität Graz
oeffentliches-recht.uni-graz.at/de/abteilung-merli/merli

HENNING OTTMANN (München)
Philosoph, Politikwissenschafter, Geschwister-Scholl-Institut für Politikwissenschaft an der Universität München (em.)
www.gsi.uni-muenchen.de/personen/emeriti/ottmann/index.html

SILVANA PALETTI (RESIA)
Dichterin, Kräuterexpertin

HELENA PERIČIĆ (ZADAR)
Schriftstellerin, Vergleichende Literaturwissenschafterin, Universität Zadar
www.helena-pericic.com

CHRISTINE PERISUTTI (KLAGENFURT)
Philosophin, Kulturwissenschafterin
erwachsenenbildung.at/magazin/archiv_artikel.php?mid=5993&aid=6003

GIORGIO PRIMUS (TIMAU)
Kunsterzieher

ILIA PRIMUS (TIMAU)
Tanzlehrerin

HELGA RABL-STADLER (SALZBURG)
Präsidentin der Salzburger Festspiele (seit 1995), Journalistin, Politikerin, Rechtswissenschafterin und Unternehmerin
www.salzburgerfestspiele.at/biografie/artistid/10938

STEFAN M. SCHMIDL (WIEN)
Musikwissenschafter, Institut für kunst- und musikhistorische Forschungen an der Österreichischen Akademie der Wissenschaften und am Konservatorium Wien Privatuniversität
www.oeaw.ac.at/kmf/mitarbeiter/m_sch.html

BLANKA STIPETIĆ (BERLIN)
Slawistin, Politologin, Verlegerin, Autorin und literarische Übersetzerin aus dem Serbischen, Kroatischen und Bosnischen
www.schruf-stipetic.de/dsbs

STEFAN STORR (GRAZ)
Verwaltungs-, Wirtschafts- und Europarechtler, Institut für Österreichisches, Europäisches und Vergleichendes Öffentliches Recht, Politikwissenschaft und Verwaltungslehre, Universität Graz
oeffentliches-recht.uni-graz.at/de/storr/univ-prof-dr-stefan-storr

MICHAELA STRASSER (SALZBURG)
Sozial- und Rechtsphilosophin, Fachbereich Sozial- und Wirtschaftswissenschaften an der Rechtswissenschaftlichen Fakultät, Universität Salzburg
www.uni-salzburg.at/portal/page?_pageid=205,108417&_dad=portal&_schema=PORTAL

PATRIZIA VASCOTTO (TRIEST)
Sprach-, Literatur- und Kulturwissenschafterin, Autorin, Übersetzerin
www.gruppo85.org/page-ita.asp?idpag=1

MARINO VOCCI (TRIEST)
Journalist, Kulturmanager, Autor, Kurator von Slow Food Trieste

MARTINA VOCCI (TRIEST)
Redakteurin, Autorin
www.scropolo.it/martina vocci

GORAN VOJNOVIĆ (LJUBLJANA)
Schriftsteller, Film- und Fernsehregisseur, Filmemacher
jakrs.si/fileadmin/user_upload/Brosure_in_katalogi/Katalogi/VOJNOVIC_katalog_low_2012.pdf

DUBRAVKA VRGOČ (Zagreb)
Intendantin Zagreb Youth Theatre und World Theatre Festival, Literatur- und Theaterwissenschafterin, Autorin
www.zekaem.hr

PETER J. WEBER (CALW)
Sprach- und Wirtschaftswissenschafter, Rektor an der SRH Hochschule für Wirtschaft und Medien Calw / Baden-Württemberg
www.hochschule-calw.de/de/unsere-hochschule/hochschulleitung/detailansicht/team/peter-j-weber